Isolde Charim, Gertraud Auer Borea (Hg.)

Lebensmodell Diaspora

Kultur und soziale Praxis

Isolde Charim, Gertraud Auer Borea (Hg.)

Lebensmodell Diaspora

Über moderne Nomaden

[transcript]

Dieser Band beruht auf einer Vortragsreihe, die seit 2007 vom »Bruno-Kreisky-Forum für internationalen Dialog« veranstaltet wird. Kooperationspartner der Reihe ist die Zeitschrift »Falter«. Die Reihe ist gefördert aus Mitteln des Bundesministeriums für Wissenschaft und Forschung; für die Redaktion der Beiträge in dieser Publikation standen Fördermittel der Republik Österreich zur Verfügung.

Gefördert mit freundlicher Unterstützung von:

- Nationalfonds der Republik Österreich für Opfer des Nationalsozialismus
- Zukunftsfonds der Republik Österreich
- Bundesministerium für Wissenschaft und Forschung

bm:uk

Bibliografische Information der Deutschen Nationalbibliothek
Die Deutsche Nationalbibliothek verzeichnet diese Publikation in der Deutschen Nationalbibliografie; detaillierte bibliografische Daten sind im Internet über http://dnb.d-nb.de abrufbar.

Umschlaggestaltung: Kordula Röckenhaus, Bielefeld
Korrektorat: Alexandra Redmann, Sarah Ress
Satz: Jörg Burkhard, Bielefeld
Druck: Aalexx Buchproduktion GmbH, Großburgwedel
ISBN 978-3-8376-1872-3

Gedruckt auf alterungsbeständigem Papier mit chlorfrei gebleichtem Zellstoff.
Besuchen Sie uns im Internet: *http://www.transcript-verlag.de*
Bitte fordern Sie unser Gesamtverzeichnis und andere Broschüren an unter: *info@transcript-verlag.de*

Inhalt

Kapitel III
Veränderung Europas

Leben in der Diaspora

Was tun? Gegenstrategien

Kapitel IV
Ästhetisches Exil

Kapitel V
Was heißt »Wir« sagen?

Judentum

Israel

Palästina

Kapitel VI
Experimente: Kreative Anwendung des Begriffs Diaspora

Vorwort

Vor vier Jahren startete das »Kreisky-Forum« die Reihe »DIASPORA. Erkundungen eines Lebensmodells« mit Isolde Charim. Aus dem geplanten Jahresthema 2007 wurde mittlerweile eine sich über mehrere Jahre erstreckende »geistige Ölbohrung«, eine Suche nach mentalen Ressourcen für das Leben moderner Nomaden.

Ausgangspunkt dafür ist das Konzept der »Diaspora«. Nicht als Synonym für Leid und Vertreibung soll die jahrhundertealte Zerstreuung unterschiedlichster Völker gesehen werden, sondern in ihrem positiven Aspekt, als reicher Erfahrungsschatz. Die Reihe versucht, diese Quelle anhand unterschiedlicher Zugänge zu erschließen.

Daraus ist dieses Buch entstanden.

Ich bedanke mich bei allen Autorinnen und Autoren, bei der Übersetzerin Mechthild Yvon, bei meinen Mitarbeiterinnen und bei den Sponsoren.

Ich bedanke mich bei Isolde Charim und dem transcript Verlag.

Ich freue mich, dass die Reihe weitergeht.

Gertraud Auer Borea

Einleitung

Warum sprechen wir eigentlich von Diaspora? Warum nicht von Parallelgesellschaft, Multikulturalismus, Exil, Migration oder Integration? Denn natürlich sind das alles Themen, die in der einen oder anderen Form hier behandelt werden. Aber all diese Begriffe sind Master-Kategorien, wie Saskia Sassen das nennt, Kategorien, deren unmittelbare, einleuchtende Eindeutigkeit die Verschiebungen und Veränderungen, die wir in den Blick bekommen wollen, verdecken.

»Parallelgesellschaft« (einmal abgesehen von ihrer politischen Konnotation) rückt ebenso wie »Exil« die Abgrenzung ins Zentrum und verkennt, dass es immer auch – egal wie abgeschottet eine Gemeinschaft leben mag – eine Interaktion mit der umgebenden Lebensrealität gibt. »Migration« und »Integration« erfassen zwar Bewegungen, bleiben aber völlig einseitig. Und »Multikulturalismus« befriedigt zwar unsere Sehnsucht nach dem Echten und Ursprünglichen, aber um den Preis, den Fremden zum Träger einer authentischen und eindeutigen Identität zu machen. Gegen diese Eindeutigkeiten und Einseitigkeiten brauchte es also einen Begriff, der dem widerspricht, was ein Begriff leisten soll: Es brauchte einen uneindeutigen Begriff. Genau dieses Paradoxon erfüllt »Diaspora«. Das ist die konzeptionelle Erklärung für diese Wahl.

Historisch betrachtet ist Gertraud Auer »schuld« daran. Sie war es, die mir im Februar 2007 die Frage stellte: Wäre »Diaspora« nicht ein Thema? Sie ist Generalsekretärin des »Bruno-Kreisky-Forums« – eines Think-Tanks mit Sitz in Wien, dessen Präsident Rudolf Scholten ist. So begann mit dieser Frage eine langjährige Veranstaltungsreihe. Nun besteht eine Reihe nicht nur aus einer Serie von Vorträgen, die für sich stehen, sondern auch aus den Verknüpfungen, Verbindungen und Widersprüchen zwischen ihnen, die dem wechselnden Publikum meist verborgen bleiben. Deshalb ist das, was Sie hier in Händen halten, nicht einfach ein Sammelband, sondern das Produkt eines jahrelangen Diskussionsprozesses, dessen Teilnehmer einander nie zu Gesicht bekommen haben und der in diesem Buch seine nachholende Gestalt erhält.

Der Begriff »Diaspora« wurde bekanntlich in den letzten 20 Jahren aus der bedrängenden 2000-jährigen Geschichte des Judentums befreit und damit auch von seinen negativen Konnotationen wie Zerstreuung, Vertreibung, Exil erlöst. Die Umcodierung hat dem Begriff eine unglaubliche Karriere ermöglicht. In seiner positiven Version hat er es zum Lebensmodell gebracht. Ein Lebensmodell, das viele Minderheiten für sich reklamieren. »Es gibt heute eine schwule, lesbische, transgender Diaspora, deren VertreterInnen sagen: Wir sind eine Diaspora, weil wir kein Territorium haben und uns über unseren Lebensstil oder über unsere sexuelle Orientierung identifizieren.« (Rainer Bauböck, S. 20 in diesem Band) Etliche Autoren beklagen die Ent-Territorialisierung des Begriffs, die damit einhergeht, als »Begriffsinflation«. Die damit einhergehende Schwammigkeit ist aber auch erhellend: Diese Vermehrung ist eine produktive Uneindeutigkeit. Sie macht den Begriff »Diaspora« zum Symptom einer Entwicklung.

Wenn Gruppen sich als Minderheiten bezeichnen, dann setzt das nicht nur voraus, dass es eine Mehrheit gibt, es setzt auch voraus, dass beide Seiten – Mehrheit wie Minderheit – intakte Gruppierungen sind. Wenn immer mehr Gruppen für sich den Diaspora-Status reklamieren, wenn Diasporas inflationär werden, dann zeigt das genau jene Veränderung an, um die es mir hier geht: eine Veränderung in der Art, wie Gruppierungen heute funktionieren, eine Veränderung, die langsam alle Gruppen, Mehrheiten wie Minderheiten, erfasst und affiziert, eine Veränderung in der Art der Bindung.

»Was habe ich mit Juden gemeinsam?« – die Distanz in Franz Kafkas Frage ist für Vivian Liska bestimmend für jede Gruppenzugehörigkeit: Was habe ich, der ich kein autonomes, volles Subjekt bin, mit meiner Gruppe gemeinsam? Wie kann man »einer Gemeinschaft voll und ganz angehören«, schreibt sie, »wenn man doch kaum sich selbst angehört« (Vivian Liska, S. 179 in diesem Band). Aber könnte man dies nicht auch anders betrachten?

Bisher war unsere konstitutive Spaltung, die existenzielle De-Zentrierung des Subjekts, wie sie Freud und Lacan namhaft machten, gerade durch unsere Identität zugedeckt. Genau darin bestand ja die ideologische Konstruktion jeder Identität: dass sie unsere grundlegende Spaltung »geschlossen hat«, indem sie uns eine imaginäre Ganzheit angeboten hat. Identität war also die Illusion, man könne sich sehr wohl angehören. Und genau darin bestand das Versprechen der Gemeinschaft: Man könne ihr voll und ganz angehören. Mehr noch, Gemeinschaft suggerierte: Man kann nur dann mit sich zusammenfallen, wenn man Teil der Gemeinschaft ist. Nur in der, graduell verschiedenen, Entäußerung an die Gemeinschaft erhält man sich als Ganzes zurück. Denn eine Gemeinschaft versorgt ihre Mitglieder mit einem Herrensignifikanten, der alle unsere Teile zusammenfügt. Kurzum – Gruppen erzeugten die Ideologie der vollen Identität, die als solche, als Ideologie, funktioniert hat. (Nur weil etwas ideologisch ist, heißt das ja nicht, dass es nicht funktioniert.)

Ich schreibe das in der Vergangenheitsform, weil sich eben dieses Verhältnis verschoben hat. Nicht weil wir heute so aufgeklärt wären – nichts ist so aufklärungsresistent wie eine Identität. Auch nicht, weil wir heute so fragmentiert wären oder weil es keine funktionierenden Gruppen mehr gäbe. Die vollen Identitäten, die vollen Zugehörigkeiten zu einer Gemeinschaft sind deshalb Vergangenheit, weil heute die Spaltung Eingang in die Identität, Eingang in die ideologische Konstruktion selber gefunden hat. Ob dies ein zivilisatorischer Fortschritt ist, bleibt offen. Das, was die Illusion der vollen Zugehörigkeit im alten Sinne heute verhindert, ist jedoch nicht Vernunft, Erkenntnis oder Einsicht, sondern schlicht deren Pluralisierung, die Vielzahl von »vollen« Identitäten, die heute nebeneinander existieren. In seiner Studie »Ein säkulares Zeitalter« schreibt Charles Taylor[1], der Gläubige könne heute nicht mehr im vollumfänglichen Sinn gläubig sein, da sein Glaube immer neben anderen Glauben ebenso wie neben dem Nichtglauben bestehen muss. Die Pluralität konkurrierender Identitäten, Überzeugungen, Gemeinschaften hat Eingang in den Glauben selbst gefunden. Dieser funktioniert nur noch als Gegenbehauptung, nicht mehr als einfache Behauptung. Das gilt auch für ganz andere Identitätsangebote, weltliche, kulturelle, politische. Jede Identität, jede Gruppenzugehörigkeit steht heute, nach Verlust der Dominanzstellung von Kirche und Nation, von Hochkultur und was es mehr an solchen homogenisierenden Instanzen gab, neben anderen und das Wissen darum schränkt diese ein. Selbst der überzeugteste Gläubige, selbst der glühendste Patriot gehört heute seiner Gemeinschaft nicht mehr voll an, sondern gewissermaßen nur noch nicht-voll. Nicht-voll heißt, dass die eigene volle Überzeugung und auch Bindung immer Bescheid weiß, dass sie nur eine Option unter anderen ist. Sie ist also, in den Worten Taylors[2], gleichzeitig engagiert und distanziert, in dem Sinne, dass sie sich selber als Vertreter eines Standpunkts neben anderen sieht. Man könnte das als eine partielle Säkularisierung bezeichnen.

Rainer Bauböck unterscheidet heiße von kühlen Formen des Transnationalismus (siehe S. 26 in diesem Band), Vivian Liska starke von gleichgültigen Identitäten (siehe S. 179 in diesem Band) – ich ziehe es vor, von nicht-vollen Identitäten zu sprechen. Denn die Veränderung der Zugehörigkeiten findet sich nicht nur bei abgekühlten Leidenschaften, sondern auch bei vollem Hitzebetrieb.

Und genau hier wird das Konzept der Diaspora virulent. »Jeder diasporisch Lebende«, so Gayatri Spivak (S. 65 in diesem Band), »fühlt sich zu einem anderen Ort hingezogen.« Das heißt, jede diasporische Gemeinschaft, egal wie offen oder abgeschottet sie lebt (und machen wir uns keine Illusionen, Diasporagemeinschaften sind nicht alle Versuchsstationen für progressive Lebensformen) ist immer von einer tiefen Spaltung durchzogen: räumlich zwischen einem Hier und Dort, emotional zwischen einem unmittelbaren Erleben und einer ex-

1 | Taylor, Charles: *Ein säkulares Zeitalter*, Frankfurt a.M.: Suhrkamp 2009, S. 14.

2 | Ebd.

ternen Bindung. Diaspora ist nicht nur eine »Beschwörung von Vergangenheit« auf eine Zukunft hin (Bauböck, S. 19), sondern auch die Eröffnung, das Offenhalten einer Differenz in der Gegenwart: Hier und jetzt ist das diasporische Leben eines, das gespalten ist. Eben deshalb ist Diaspora der Schlüsselbegriff für heutige Gruppenbildungs- und Identifikationsprozesse: Weil eine Diaspora immer eine gespaltene Gemeinschaft ist, egal wie eng sie sein mag. Sie ist die Erfahrung einer Spaltung.

Nicht aus einer romantisierenden Perspektive, nicht als Sehnsuchtsort, auch nicht als Anmaßung einer Leiderfahrung wird Diaspora zum Paradigma, sondern weil unsere gesamte Gesellschaft nach dem Modell der Spaltung und nicht mehr nach dem Modell der vollen Identitäten funktioniert.

Diese Veränderung macht auch vor dem Konzept der Nation nicht Halt. Die Nation war der Versuch, die Gemeinschaft unter den Bedingungen der Moderne in die Gesellschaft einzuführen – eine vorgestellte Gemeinschaft, wie wir seit Benedict Anderson wissen, die suggeriert, einander völlig Unbekannte würden einen Verbund von Gleichen bilden. Die Erzählung von der Nation war also ein Weg, in Massengesellschaften tatsächliche Bindungen herzustellen.

Heute erodiert das Konzept der Nation – nicht nur weil deren Souveränität eingeschränkt wird. Es erodiert auch, weil die Nation weniger denn je eine volle Gemeinschaft herzustellen vermag. Wir leben in Gesellschaften, die kulturell, religiös, ethnisch so vielfältig sind, dass sie nicht einmal mehr in der Erzählung homogenisierbar sind. Nun lässt sich aber das Konzept einer homogenen Nation nicht einfach durch das einer pluralen Nation ersetzen. Eben weil Nation auch eine bestimmte Art der Bindung des Einzelnen ans Ganze bedeutet. Die Nation war das Angebot einer vollen Identität, während plurale Gesellschaften, eben weil sie plural sind, nur mehr nicht-volle Identitäten, Identitäten, die das Faktum des Pluralismus einbegreifen, anbieten können. Das ist eine Verschiebung auf der Ebene der Bindungen, eine Verschiebung in der Art, seine Identität zu bewohnen.

Migranten werden immer wieder danach gefragt, für wen sie beim Fußball die Daumen drücken, um daran den Grad ihrer Integration abzulesen. Die Frage verkennt aber diese Verschiebung völlig. Selbst wenn ein türkischer Migrant die Daumen für Österreich drückt, so hat er trotzdem keine volle österreichische Identität. Und wenn er zur Türkei hält, so ist er deswegen doch kein voller Türke. Die Nation selbst hat gewissermaßen ein diasporisches Element bekommen: das einer nicht-vollen Identität ihrer Bürger. Emotion ist da kein Indikator, denn nicht-voll ist nicht gleichbedeutend mit abgekühlt. Es hat aber auch nichts mit Hybridisierung oder Bindestrich-Identitäten zu tun. Die partielle Säkularisierung geht solchen Formen vielmehr voraus. Anders gesagt: Sogar wenn wir nicht gemischt sind, sogar wenn wir der kulturellen und nationalen Identität genügen, sogar katholische Österreicher und protestantische Norddeutsche sind heute nicht-volle Identitäten, nicht-volle Bürger.

Die Staatsbürgerschaft hat sich also identitätspolitisch verändert. Natan Sznaider bezieht sich in seinem Beitrag auf jenes Modell, das mit der französischen Revolution in Europa Einzug hielt: Staatsbürgerschaft als »universelle Gleichheit« (S. 188 in diesem Band). Um Staatsbürger zu werden, müsse man, so Sznaider, seine partikulare Identität »an der Garderobe« abgeben. Staatsbürgerschaft bedeute zu konvertieren, »weiß« zu werden. Dieses Modell setzt aber eine volle Minderheitenidentität ebenso wie eine volle nationale Identität voraus. Die Staatsbürgerschaft in Europa hat diese Funktion nicht mehr. Identitätspolitisch bedeutet Staatsbürger-Werden heute keine Konversion, sondern vielmehr eine partielle Säkularisierung bestehender partikularer Identitäten. Es ist ein Abzug, eine Einschränkung, ein Weniger an Identität und nicht ein Mehr. Es ist eine Spaltung und nicht ein Wechsel von der einen zur anderen Identität.

In diesem Band wird mehrfach die Frage gestellt: Integration – wohin? Wir können diese Frage nicht beantworten. Aber nicht nur, weil es uns an Wissen von der eigenen Kultur, von der eigenen Gesellschaft mangelt, sondern in einem weiterreichenden Sinn: weil der nationale Herrensignifikant nicht mehr in dieser Art funktioniert. Die Eindeutigkeit, was es bedeutet, Österreicher, Deutscher oder Niederländer zu sein, gibt es nicht mehr. Das lässt sich auch nicht durch Kurse in Staatsbürgerkunde wiederherstellen.

Aber was ist mit der Leitkultur, mit dem Abendland, mit der Rede von »unseren Leuten«? All diese Beschwörungen widerlegen diese Ausführungen nicht, sondern bestätigen sie vielmehr indirekt. Sie sind Teil einer Rekonstruktion. Eine solche braucht es erst nach einem Verlust. Gerade weil sich die nationale Gemeinschaft, die nationale Bindung verändert hat, bedarf es überhaupt einer Rekonstruktion. Gerade weil die vollen nationalen, religiösen, kulturellen Identitäten nicht mehr greifen, kommt es zu einer massiven Gegenbewegung. Eine solche findet sich bei den Rechten auf beiden Seiten: bei jenen der Mehrheits- und bei jenen der Minderheitsgesellschaft.

Die Rekonstruktion kann jedoch nicht mehr volle, sondern nur geschlossene Identitäten herstellen. Das ist nicht dasselbe. War die volle Identität vorwiegend durch einen gemeinsamen, positiven Bezug auf ein Zentrum gekennzeichnet, so ist die geschlossene Identität nach Verlust des Zentrums nur noch qua Ausschluss zu haben. Bei den Minderheitengruppen heißt diese Strategie: Abschottung, niemand darf hinaus. In der Mehrheitsgesellschaft bedeutet das: Keiner darf herein. So soll etwa die Staatsbürgerschaft wieder mit ihrer alten Bedeutung aufgeladen werden, indem man sie anderen verweigert. Nur durch Exklusion lässt sich eine ganze Zugehörigkeit noch herstellen.

Diese aggressive Identitätspolitik ist eine Verneinung – eine Leugnung der Realität, eine Abwehr jener Spaltung, die man als »Diasporisierung der Gesellschaft« bezeichnen könnte. In diesem Sinne ist die Wahl des Terminus' »Diaspora« Programm einer drängenden politischen Agenda.

In diesem Sinne wurde auch diese Reihe konzipiert. Nicht als akademische Übung, sondern als öffentlicher Nachdenkprozess. Zu dieser Öffentlichkeit gehört zum einen eine Kooperation mit der Stadtzeitung »Falter« und zum anderen ein Selbstverständnis des »Bruno-Kreisky-Forums« als einem öffentlichen Think-Tank – einer Schnittstelle zwischen Theorie und Politik. Das muss man sich so vorstellen, dass die Vorträge, Diskussionen, Gespräche mit den einzelnen Gästen in Kreiskys ehemaligem Wohnhaus, dem Sitz des »Kreisky-Forums« – manche sogar in Kreiskys Salon – als öffentliche, frei zugängliche Veranstaltungen stattfanden. Schweren Herzens haben wir uns aus Platzgründen dazu entschlossen, die Diskussionen nicht abzudrucken – mit Ausnahme einer einzigen Frage: Unser allererster Gast, jener Redner, der die Reihe im Juni 2007 unter großem (wenn auch durchwachsenem) Publikumsinteresse eröffnet hat, war Tony Judt. Kurz darauf ist er Opfer einer schrecklichen Krankheit geworden und im August 2010 gestorben. Nach seinem Vortrag meldete sich sein damals zehnjähriger Sohn mit einer äußerst luziden Frage zu Wort, die Tony Judt mit dem vollen Ernst des Theoretikers beantwortet hat. Diese unglaubliche Szene ist, *in memoriam* Tony Judts, in das Buch aufgenommen worden.

Um die Lebendigkeit dieses jahrelangen Prozesses zu erhalten, wurden keine geschriebenen Manuskripte, sondern die Transkripte der Vorträge verwendet. Dadurch wurde bewusst der Charakter der gesprochenen Rede gewahrt. Es spricht für die Souveränität der Autoren, die sich ausnahmslos damit einverstanden erklärt haben, die Lebendigkeit der Perfektion vorzuziehen.

Die Gruppierung der Texte folgt nicht der historischen Chronologie der Vorträge, sondern den einzelnen Themenkomplexen, wobei die vollständige Abdeckung des Begriffs »Diaspora« nicht Teil des kuratorischen Prinzips war, sehr wohl aber der Versuch, Veränderungen nicht nur thematisch zu fassen, sondern auch operativ. So kam es zu dem Kapitel »Experimente. Kreative Anwendung des Begriffs Diaspora« – auch auf die Gefahr hin, der eingangs erwähnten Begriffsinflation noch weiter Vorschub zu leisten.

Anzumerken wäre noch, dass die uneinheitliche Verwendung des Binnen-Is auf die Entscheidung der Autoren zurückgeht. Dieser Bezug aufs Geschlecht führt mich dazu, einem wunderbaren Frauenteam zu danken: Melitta Campostrini für die jahrelange Betreuung der Reihe, Karin Mendel für die mühsame Arbeit der Transkription aller Vorträge und Mechthild Yvon für die ebenso genaue wie kreative Übersetzung der englischen Texte.

Wien, im August 2011, Isolde Charim

Kapitel I

Veränderung der Nation

Diaspora als transnationales Projekt

Diasporа und transnationale Demokratie

Rainer Bauböck

Diaspora als politische Mobilisierung transstaatlicher Identitäten

Der Begriff Diaspora diente ursprünglich als Beschreibung einer Ausnahmesituation des jüdischen und dann noch des armenischen Volks. Erst im Laufe der letzten 25 Jahre ist er sukzessive verallgemeinert und auf andere Gruppen ausgedehnt worden. Es gibt in der Literatur zahlreiche Versuche, die Gemeinsamkeiten der verschiedenen Diasporas in einer Definition zusammenzufassen, wobei die meisten Definitionen sich auf die folgenden vier konstitutiven Merkmale reduzieren lassen. Das erste Merkmal – und darin steckt ja die etymologische Grundbedeutung des Wortes – ist Zerstreuung, das heißt eine in der Regel gewaltsame oder jedenfalls traumatische Form der Vertreibung aus einem angestammten Siedlungsgebiet und die Verteilung der betroffenen Personen über viele verschiedene Zielgebiete. Das zweite Merkmal ist Kontinuität: eine kollektive Identität, die über viele Generationen auch außerhalb des ursprünglichen Herkunftslandes reproduziert werden kann. Es ist ja keineswegs selbstverständlich, dass sich auch noch die Kinder und Enkelkinder der Vertriebenen mit dem Herkunftsland ihrer Eltern und Großeltern identifizieren. Das ist zumindest ein erklärungsbedürftiges Phänomen. Drittens ist Diaspora eine transversale Gemeinschaft. Es gibt Verbindungen und Solidarität zwischen den verstreuten Gruppen, die sich in verschiedenen Territorien niedergelassen haben. Man fühlt sich zugehörig, obwohl man nicht am selben Ort zusammenlebt. Diese Zugehörigkeit speist sich meist aus der gemeinsamen Erinnerung an die Vertreibung. In gewisser Weise versuchen Diasporas, räumliche Trennung durch Wiedervereinigung im kollektiven Gedächtnis zu überwinden. Viertens, und das ist das entscheidende Merkmal, ist Diaspora nicht nur eine Beschwörung von Vergangenheit, sondern auch eine Projektion von Zukunft. Die Botschaft lautet: Die Zukunft ist nicht dort, wo wir heute leben, sondern dort, wo wir hergekommen sind. Wir fühlen uns verpflichtet, dieses Heimatland zu befreien, zu entwickeln oder vielleicht auch dorthin zurückzukehren.

So in etwa lassen sich die frühen Diasporastudien der 1970er und 1980er Jahren zusammenfassen. Was wir in den 1990er Jahren erleben, ist ein in den Sozialwissenschaften bekanntes Phänomen, nämlich die Begriffsinflation. Diaspora bezeichnet heute die unterschiedlichsten sozialen Konstellationen und sie wird auch nicht mehr so sehr als Situation eines existenziellen Mangels, eines Verlustes von Herkunft beschrieben, sondern vielmehr als ein Vorteil, eine Alternative zu einem überkommenen traditionellen, orthodoxen Lebensmodell. Minderheiten aller Art stilisieren sich selbst als Diasporas. Es gibt heute eine schwule, lesbische und transgender Diaspora, deren VertreterInnen sagen: Wir sind eine Diaspora, weil wir kein Territorium haben und uns über unseren Lebensstil oder über unsere sexuelle Orientierung identifizieren. Es gibt auch eine islamische Diaspora, deren imaginierte Heimat weder die Herkunftsstaaten von Migranten sind, noch das als das »Haus des Islam« verstandene Territorium islamischer Gesellschaften, sondern die Umma als personale Gemeinschaft aller Muslime weltweit, wo immer sie leben.

Die Liste virtueller Diasporas ließe sich beliebig lange fortsetzen. Angesichts dieser Begriffsinflation hat der amerikanische Soziologe Rogers Brubaker ironisch von der »Diaspora-Diaspora« gesprochen. Der Begriff der Diaspora ist selbst in die Diaspora gegangen. Er hat sich zerstreut im semantischen, im begrifflichen und im disziplinären Raum der Sozialwissenschaften und kann nirgendwo mehr festgemacht werden.

Angesichts dieser Inflation macht es heute wenig Sinn, Diasporas noch zählen zu wollen, indem man mittels statistischer Identitätskategorien festlegt, wer aufgrund seiner oder ihrer Herkunft als Diaspora registriert wird und wer nicht. Entgegen solchen Zuschreibungen kann Diaspora heute jederzeit neu konstruiert und erfunden werden. Herkunftsmerkmale sind nicht mehr entscheidend. Was wir seit den 1980er Jahren über »Nation« gelernt haben, nämlich dass diese keine objektive Kategorie ist, die man mit Kriterien messen kann, welche unabhängig von Identitätskonstruktionen sind, das gilt auch für »Diaspora«. »Diaspora« ist im Kern ein politisches Projekt. Es geht um die Konstruktion einer politischen Gemeinschaft über staatliche Grenzen hinweg. Und vielleicht noch mehr als »Nation« ist »Diaspora« ein evokativer und performativer Begriff. Man sollte sich, wenn man das Wort hört, immer ein Ausrufezeichen danach dazudenken. Diaspora ist ein Begriff, der etwas hervorrufen möchte. Was beschworen wird, ist das Zugehörigkeitsgefühl von Menschen der gleichen Herkunft, des gleichen Lebensstils, der gleichen Orientierung verbunden mit der Aufforderung, sich zu dieser kollektiven Identität zu bekennen.

Wenn man dieses Phänomen nüchtern und von außen als Sozialwissenschaftler analysieren will, dann tut man daher klug daran, sich auf die sogenannten Eliten zu konzentrieren. Was ist der strategische Nutzen des Begriffs und wer sind die Akteure? Es gibt zumindest vier Typen von Akteuren, die den Begriff für ihre eigenen Interessen und Zwecke benützen.

Da sind zunächst ethnische, religiöse, sexuelle und andere Minderheiten und deren Eliten oder Organisatoren, die Diaspora als ein Identitätsprojekt formulieren. Worum es geht, ist Widerstand gegen Assimilation, gegen den Druck sich anzugleichen an die umgebende Gesellschaft. Diese Akteure verbinden die Vorstellung von Diaspora mit dem Kampf um Rechte nicht nur in Bezug auf ein Herkunftsland, sondern vor allem im Staat der Niederlassung. Und Widerstand gegen den Homogenitätszwang in der weiteren Gesellschaft erfordert fast immer eine Homogenisierung von Interessen und Identitäten innerhalb der Gruppe. Wer dazugehört, soll sich auch dazu bekennen. Erfolgreiche Mobilisierung einer kollektiven Identität im Inneren ist die Basis für den Anspruch von Eliten auf Repräsentation der Gruppe nach außen.

Die zweite Gruppe von Akteuren sind zunehmend die Herkunftsstaaten von Migranten, was in gewisser Weise paradox ist. Wenn man Diaspora im ursprünglichen Sinn mit Vertreibung aus einem Heimatland assoziiert, dann würde man ja nicht erwarten, dass Herkunftsstaaten sich als Fürsprecher ihrer Diasporas gerieren. Aber im Kontext von Migration geschieht heute genau das. Es gibt immer mehr Staaten, die ihre Auslandsbürger und -bürgerinnen bewusst als Diaspora bezeichnen und zwar in der Absicht, aus politischen, aus kulturellen und aus wirtschaftlichen Gründen die Loyalität dieser Menschen zu erhalten und zu mobilisieren. Politische Motive können sein, dass man darauf hofft, über die Einwanderer die Politik des Landes, in dem sie sich niedergelassen haben, auch beeinflussen zu können. Zu den kulturellen Gründen zählt etwa die Erhöhung des internationalen Prestiges und Kommunikationswertes einer Nationalsprache. EmigrantInnen werden daher aufgefordert, die Muttersprache zu bewahren und an ihre Kinder weiterzugeben. Ökonomische Gründe – und diese stehen oft im Vordergrund – sind, dass der Herkunftsstaat Auswanderer als Wirtschaftsfaktor entdeckt, und zwar vor allem ihre Rücküberweisungen und manchmal auch ihr Humankapital. EmigrantInnen werden aufgefordert, zur Entwicklung des Herkunftslandes beizutragen, indem sie ihr Geld oder im Ausland erworbene Qualifikationen dort investieren. Beides funktioniert nur, wenn diese Menschen sich nicht vollständig assimilieren und ihre Herkunftsidentität nicht ablegen, daher die Verwendung des Begriffs Diaspora. Heute lässt sich diese Entwicklung sehr gut in den südostasiatischen Staaten wie Indien, Südkorea, den Philippinen und zunehmend auch China beobachten. Früher lautete die offizielle Sprachregelung *Overseas Indians* und *Overseas Chinese*, heute wird der Begriff »Diaspora« strapaziert und eigene Staatssekretariate und Ministerien damit beauftragt, das Geld und das gesammelte Knowhow dieser Gruppe abzuschöpfen.

Die dritten Akteure sind wiederum Staaten, allerdings eines etwas anderen Typs. Im Englischen nennt man sie *kin states*. Ich finde keine gute deutsche Übersetzung für diesen Begriff. »Vater- und Mutterland« wäre viel zu stark mit emotionalem und symbolischem Gehalt befrachtet. Vielleicht sollte man ironischerweise von »Onkel- oder Tantenstaaten« reden. Es sind Staaten, die sich als Schutzmächte ethnisch verwandter Gruppen in ihrer Nachbarschaft verstehen. In der Regel entstehen solche Beziehungen aus einer Verschiebung von Grenzen, durch die ein Teil des Territoriums abgetrennt wurde, dessen Bewohner sich jedoch weiterhin sprachlich und kulturell mit der Mehrheitsbevölkerung des Nachbarlandes verwandt fühlen. Dieses Phänomen ist in Südosteuropa sehr weit verbreitet. Ein Beispiel ist die dramatische Verkleinerung Ungarns durch den Vertrag von Trianon. Derzeit leben noch geschätzte drei Millionen Menschen ungarischer Muttersprache in den Nachbarstaaten Rumänien, Slowakei und in der zu Serbien gehörenden Vojvodina. Diese Bevölkerung wird heute oft in Ungarn als Diaspora gesehen und angesprochen. Hier finden wir eine zweite paradoxe Abweichung von der ursprünglichen Definition, denn diese Minderheiten sind ja nicht vertrieben und zerstreut worden. Sie sind dort geblieben, wo sie schon seit hunderten Jahren gelebt haben. Nicht die Diaspora ist ausgewandert, sondern der Heimatstaat, der sich aus ihrem Territorium zurückziehen musste. Es ist die doppelte Mobilisierung der Minderheit und nationaler Kräfte im *kin state*, die diese merkwürdige Karriere des Begriffs Diaspora erklärt. Das politische Ziel ist auf der Seite der Minderheiten der Schutz ihrer Kultur vor Assimilation und die Erweiterung der Chancen ihrer Angehörigen durch privilegierten Zugang zu den Institutionen und Märkten des *kin state*. Nationale Parteien innerhalb des *kin state* können wiederum durch die Mobilisierung einer extraterritorialen Klientel hoffen, die innenpolitischen Kräfteverhältnisse zu ihren Gunsten zu verschieben.

Die vierte Gruppe von Akteuren – und das ist vielleicht die eigenartigste Verschiebung des Begriffs Diaspora – sind die Aufnahmestaaten von Einwanderern. Dort wird »Diaspora« zunächst oft negativ besetzt, weil sie als Integrations- und Assimilationshindernis verstanden wird. Die Bewahrung diasporischer Identität führt dann schnurstracks in die »Parallelgesellschaft«. Aber gleichzeitig beobachten wir heute ein Umkippen dieses Integrationsdiskurses, sobald man auf die Herkunftsländer blickt. In den jüngsten Dokumenten der europäischen Kommission zum *co-development*, also zum europäischen Beitrag zur Entwicklung der Herkunftsländer der Einwanderer, taucht auf einmal der Begriff »Diaspora« in positiven Konnotationen auf und zwar verknüpft mit der Vorstellung, dass die Einwanderer, die sich in der EU niedergelassen haben, über ihre Rücküberweisungen in die Herkunftsländer so zur Entwicklung beitragen, dass möglichst wenig Leute von dort in Zukunft nach Europa auswandern werden. Man versucht also Diasporas zur Bekämpfung der Wurzeln des Auswanderungsdruckes zu instrumentalisieren. Und dann dreht man sich herum und sagt, aber als Einwanderer sollen sie sich doch bitte integrieren und ihre bisherigen Herkunftsidentitäten und -sprachen möglichst vergessen. Das sind zwei miteinander unvereinbare Diskurse, die in der Europäischen Kommission und einigen Zuwanderungsstaaten parallel und offensichtlich weitgehend unbeeinflusst voneinander geführt werden.

Was können wir aus diesen merkwürdigen Begriffsverschiebungen und -umkehrungen lernen? Rogers Brubaker zieht die simple Schlussfolgerung, dass Diaspora eine Kategorie der politischen Praxis und nicht der sozialwissenschaftlichen Analyse ist. Man sollte den Begriff möglichst nicht verwenden, wenn man sozialwissenschaftlich über das Phänomen spricht. Ich möchte dieser Empfehlung jedoch nicht folgen. Die bloße Dekonstruktion von Diaspora als strategisches Projekt ist notwendig, aber unbefriedigend. Danach muss man ja noch immer Antworten auf drei Fragen geben können. Die erste lautet: Was sind die Bedingungen, unter denen diasporische Mobilisierungen erfolgreich sein können? Die zweite ist: Was sind die Wirkungen solcher diasporischer Mobilisierungen? Und die dritte Frage ist die normative nach der demokratischen Rechtfertigung von diasporischen Projekten.

Was die Entstehungsbedingungen betrifft, so müssen wir zunächst verstehen, dass Diaspora nicht durch gemeinsame Abstammung oder Geschichte vorprogrammiert ist, sondern immer aktueller Bezugspunkte bedarf, um aufrechterhalten zu werden oder sogar im Kontext vom Emigration neu zu entstehen. Mein Beispiel für Letzteres ist die Mobilisierung der Kosovo-Albaner 1998-1999. Die hatte man davor als ex-jugoslawische Gastarbeiter gekannt. Aber als die ethnischen Repressionen und Säuberungen im Kosovo eskalieren und vielfach als versuchter Genozid interpretiert werden, organisieren sich die albanischen Emigranten weltweit und spenden massiv für den bewaffneten Widerstand. Viele melden sich sogar freiwillig für den von der UCK organisierten Guerillakampf. Das waren großteils schon Angehörige der zweiten Generation, die im Ausland geboren wurde. Dies ist ein Beispiel für eine Art Flash-Diaspora, die fast aus dem Nichts heraus entsteht, weil im Herkunftsland plötzlich etwas geschieht, das existenzielle Identitäten zu bedrohen scheint. Und dieses Beispiel ist kein Einzelfall, sondern liefert uns eine allgemeine These, wie Diasporas entstehen. Der Anlass ist meist die akute Gefährdung oder auch die chancenreiche Mobilisierung politischer Selbstbestimmungsprojekte im Herkunftsland, welche selbst für die nachgeborenen Generationen noch kollektive Identitäten stiften können.

Die zweite Frage war jene nach den Wirkungen diasporischer Mobilisierung. Trägt diese zur Konsolidierung von Demokratie und Rechtsstaat, zum innerstaatlichen oder zwischenstaatlichen Frieden oder auch zur individuellen Freiheit bei oder gefährdet sie diese Grundwerte? Benedict Andersons skeptische Diagnose des Langstreckennationalismus geht davon aus, dass die Diaspora Anreize hat, radikaler zu sein als die Bevölkerung im Herkunftsland, weil sie deren Risiken nicht tragen muss (siehe Benedict Anderson, S. 41 in diesem Band). Wenn Geld dorthin geschickt wird, mit dem Aufständische finanziert werden, die je nach Perspektive als Freiheitskämpfer oder Terroristen gelten, dann tragen die Geldgeber in der Regel ein sehr geringes Risiko für die Folgen, während die ortsansässige Bevölkerung der staatlichen Repression im Zuge von *counter insurgency* ausgesetzt ist. Wir kennen das Phänomen, dass die radikalen jüdischen Siedler im Westjordanland häufig von jüdischen Gemeinden in den USA finanziert werden (siehe Tony Judt, S. 210 in diesem Band). Wir wissen auch, dass die IRA sehr lange ebenfalls aus New York und Boston finanziert wurde. Auch die Tamil Tigers in Sri Lanka lebten von der Unterstützung der Exil-Tamilen. Diese externe Förderung aufständischer Selbstbestimmungsbewegungen durch die Diaspora funktioniert dann besonders gut, wenn die Diaspora ein Idealbild des fernen Landes bewahrt hat, aber dem, was dort geschieht, nicht wirklich ausgesetzt ist.

Allerdings gibt es auch das Gegenbeispiel von Diasporas, die friedensstiftend wirken. Vielleicht illustriert gerade Nordirland den Übergang vom einen zum anderen Phänomen. Eine Diaspora, die den Konflikt anheizt, wird zu einer Diaspora, die sich in einem Friedensprozess engagiert. Auch der Demokratisierungsprozess in Mexiko ist durch die mexikanischen Auswanderer in den USA sicherlich begünstigt worden. Oppositionskandidaten haben unter diesen Auswanderern Geld gesammelt, um die Staatspartei PRI erfolgreich in Wahlkämpfen schlagen zu können. Es wäre daher wichtig zu untersuchen, unter welchen Bedingungen Diaspora demokratisierend wirken kann. Ich habe in diesem Zusammenhang den Begriff der »demokratischen Rücküberweisungen« geprägt. Man sollte nicht nur die Geldflüsse untersuchen, die von der Diaspora zurückfließen ins Herkunftsland, und deren Wirkung auf wirtschaftliche Entwicklungen, sondern auch die Flüsse der politischen Ideen und deren Einfluss auf die politische Entwicklung. Ob dieser politische Beitrag positive Wirkungen zeitigt, hängt von drei Faktoren ab: erstens, ob es demokratische Partizipationschancen im Aufnahmeland gibt, zweitens, ob es einen endogenen Demokratisierungsprozess im Herkunftsland gibt, und drittens, wie die Beziehungen zwischen diesen beiden Staaten sich gestalten.

Die dritte große Frage ist jene nach der Rechtfertigung diasporischer Partizipation. Wie sollten demokratische Staaten oder wie sollte internationales Recht auf Forderungen mobilisierter Diasporas antworten? Gibt es Kriterien für die Legitimität diasporischer Ansprüche? Aus liberaler und demokratischer Sicht existieren drei Bedingungen für die Rechtfertigung von diasporischen Projekten. Die erste ist individuelle Wahlfreiheit bei der Entscheidung über Identität und Zugehörigkeit. Diaspora darf nicht vorgeschrieben sein. Niemand sollte in ein Korsett gezwungen werden, dass er oder sie sich nicht anlegen lassen will. Die zweite Bedingung ist ein demokratischer Test. Jene, die Anerkennung als Vertreter einer Diaspora fordern, müssen nachweisen, dass sie ausreichende demokratische Unterstützung unter jenen erhalten, die von ihnen als Mitglieder der Diaspora angesprochen oder identifiziert werden. Drittens – und das ist die entscheidende Bedingung – müssen Selbstbestimmungsforderungen vereinbar sein mit anderen legitimen Projekten politischer Gemeinschaft. Sie dürfen nicht auf Kosten alternativer Selbstbestimmungsprojekte realisiert werden. Dieses Prinzip erfordert die Bereitschaft zur wechselseitigen Anerkennung historischer Narrative und die Suche nach institutionellen Arrangements für rivalisierende Selbstbestimmungsprojekte.

Ein Beispiel dafür sind die ungarischsprachigen Minderheiten in Rumänien und der Slowakei. Für die Angehörigen dieser Gruppen bzw. deren intellektuelle und politische Eliten gibt es vier grundlegende Alternativen. Die erste ist jene der Selbstaufgabe als Minderheit durch Auswanderung. Die deutschsprachige Minderheit in Siebenbürgen ist ja auch durch Auswanderung praktisch verschwunden (wozu sowohl die Repression und das allgemeinen Elend im Ceauşescu-Regime beigetragen haben als auch die Aussiedlerpolitik der Bundesrepublik Deutschland). Die zweite Option für territoriale Sprachminderheiten ist die Selbstaufgabe durch Assimilation in eine nationale Mehrheitsbevölkerung. Assimilation kann durch staatlichen Druck und die Verbannung der Minderheitensprache aus dem Bildungssystem erzwungen werden, oder aber freiwillig erfolgen, wenn es genügend Anreize durch individuelle Aufstiegschancen innerhalb der Mehrheitsbevölkerung gibt. Die dritte Alternative ist, dass sich solche Minderheiten selbst als eine eigene politische Gemeinschaft innerhalb des staatlichen Territoriums konstituieren. Die Anerkennung dieser Variante würde voraussetzen, dass Rumänien oder die Slowakei sich in plurinationale Staaten verwandeln, etwa nach dem Vorbild Spaniens, Großbritanniens oder Kanadas. Die vierte Möglichkeit wäre für die Minderheit die radikalste, nämlich Sezession und territorialer Anschluss an das externe »Mutterland«. Dies würde eine Revision der Friedensverträge nach dem Ersten Weltkrieg bedeuten und unabsehbare Konflikte in der gesamten Region auslösen.

Die erste, zweite und vierte dieser Optionen lösen den Konflikt jeweils einseitig zugunsten eines der involvierten territorialen Selbstbestimmungsprojekte auf. Lediglich die dritte Variante, jene der Minderheitenautonomie, versucht, eine Gleichgewichtslösung auf der Basis wechselseitiger Anerkennung zu finden.

Zwischen diesen vier Grundvarianten gibt es jeweils Zwischenlösungen, die tendenziell instabil sind, jedoch als Übergangsarrangements funktionieren können. Diaspora ist die erste dieser Zwischenlösungen. Sie bewegt sich zwischen den Polen von Auswanderung und Assimilation. Der Herkunftsstaat und die Minderheiteneliten, die diese Lösung propagieren, sagen: Wir wollen hier bleiben, aber wir identifizieren uns primär durch unseren Bezug auf ein externes Heimatland, dem wir uns verbunden fühlen, und von dem wir geschützt werden wollen. Die zweite Zwischenoption wäre das, was man »Volksgruppe« oder ethnische Minderheit nennt. In diesem Fall wird eine primär innerstaatliche Lösung angestrebt, wobei das einzige Anliegen an den Staat der Erhalt einer Minderheitensprache (in der Regel als Zweitsprache) durch ihre Verankerung in Bildungsinstitutionen oder topographischen Bezeichnungen ist. Diese Konzeption der Minderheit pendelt zwischen Autonomie und Assimilation. Eine solche Lösung ist deshalb meist instabil, weil es sehr schwierig ist, eine Minderheitensprache ohne territoriale Basis und lokale Regierungsinstitutionen, die in dieser Sprache funktionieren, aufrechtzuerhalten. Die dritte und unwahrscheinlichste Zwischenvariante liegt auf halbem Weg zwischen Autonomie und Sezession. Man kann sie als Kondominium, das heißt gemeinsame und geteilte Herrschaft durch zwei Souveräne, bezeichnen. Das wäre ein territorialer Sonderstatus mit doppelter Staatsbürgerschaft für die Bevölkerung und gemeinsamer Verwaltung durch die zwei involvierten Staaten. Das Karfreitagsabkommen für Nordirland enthält einige Elemente einer solchen Lösung und man könnte sich ähnliche Varianten auch für umstrittene Territorien wie die Provinz Kaschmir oder Jerusalem vorstellen.

Welche Lösung jeweils aus welchen Gründen vorzuziehen ist, darüber lässt sich wenig Allgemeines sagen. Es geht daher auch aus normativer Sicht um eine Abwägung zwischen unterschiedlichen Werten und Zielen. Prinzipien wie das sogenannte nationale Selbstbestimmungsrecht, die territoriale Integrität souveräner Staaten oder der Minderheitenschutz bieten wenig Anhaltspunkte, da sie meist mit dem Anspruch der Letztbegründung und Ausschließlichkeit erhoben werden. Hilfreicher scheint mir die Vorstellung, dass es darum geht, ein demokratisches Spielfeld zu schaffen, auf dem diese verschiedenen Optionen miteinander nach fairen Regeln konkurrieren, ohne dass sie die individuellen Freiheitsrechte auf Selbstbestimmung von Identität und Zugehörigkeit einschränken und ohne dass sie rivalisierende kollektive Identitätsprojekte vom Spiel ausschließen können.

Transnationale Demokratie durch pluralisierte Staatsbürgerschaft

Diaspora ist eine heiße Form des Transnationalismus. Sie ist ein Projekt der Gemeinschaftsbildung gegen staatlichen Widerstand und verknüpft mit politischen Forderungen an den Staat. Aber nicht jedes Projekt des politischen Transnationalismus ist so aufgeladen. Es gibt auch die kühle Institutionalisierung transnationaler Demokratie und Bürgerschaft, mit der man keine besonderen Leidenschaften verbindet, die aber trotzdem für immer mehr Demokratien wichtig ist. Im soziologischen Verständnis sind ja Institutionen nichts anderes als gefrorene Normen, die mit Autorität bewehrt sind und die routinemäßig ohne viel Widerstand befolgt werden, weil sie als selbstverständlicher Hintergrund des sozialen Lebens akzeptiert werden. Ich meine, dass das zunehmend auch für politischen Transnationalismus zutrifft, der zur Normalität geworden ist, ohne dass wir uns dessen bisher so recht bewusst geworden sind. Transnationale Bürgerschaft wird keineswegs nur mehr von Minderheiten gefordert, sondern auch von Staaten und Regierungen. Und sie wird von den extern betroffenen Staaten mehr oder weniger stillschweigend toleriert. Sie artikuliert sich in drei Formen, als Aktivität, als Status und als Bündel von Rechten und Pflichten.

Transnationale politische Aktivitäten in Form eines grenzüberschreitenden politischen Engagements werden einerseits von Individuen, andererseits von Regierungen und auch von nichtstaatlichen Organisationen gesetzt. Im Kontext von Migration äußert sich dies einerseits in der Unterstützung von Auswanderern für politische Parteien oder bestimmte politische Anliegen im Herkunftsland und andererseits im Versuch der politischen Institutionen dieses Staates, Auswanderer politisch zu kontrollieren, für eigene Zwecke zu instrumentalisieren, aber auch sie zu unterstützen und ihnen Partizipationsrechte einzuräumen. Der politische Aktivismus unter Migranten ist dabei oft gar nicht so sehr auf den Staat fixiert, sondern auf eine darunterliegende Ebene. Er ist eher translokal als transstaatlich. MigrantInnen bauen dann Verbindungen zwischen der Gemeinde oder der Region, aus der sie gekommen sind, und der Stadt oder dem Stadtviertel, in dem sie sich niedergelassen haben. Auf dieser lokalen Ebene lässt sich auch gut zeigen, wie ökonomischer und politischer Transnationalismus sich miteinander verbinden. In den USA gibt es zahlreiche Untersuchungen zu den mexikanischen *hometown associations*, die dem Zweck dienen, Beiträge zur Entwicklung der Herkunftsgemeinde zu organisieren (etwa durch Spenden für den Bau von Schulen und Straßen). Und in einigen Fällen kandidieren dann die Aktivisten dieser Vereinigungen, die auf diese Weise jenseits der privaten Rücküberweisungen an die Familien Geld in Infrastrukturprojekte pumpen, selbst bei den Bürgermeisterwahlen in der Herkunftsgemeinde. Andererseits sind auch die Herkunftsstaaten selbst aktiv, indem sie etwa konsularische Dienstleistungen anbieten und kulturelle Bindungen von Auslandsbürgern fördern und diese als politische Lobby für das Herkunftsland im jeweiligen Einwanderungsland ansprechen. Wie etwa der türkische Premier Erdogan in seiner Rede in Köln im Frühjahr 2008, in der er seine Landsleute als eine türkische Diaspora ansprach und vor Assimilation warnte, aber gleichzeitig Integration und Einbürgerung in der deutschen Gesellschaft begrüßte. Transnationaler Aktivismus kann unter solchen Vorzeichen daher auch das Anliegen einer Diaspora artikulieren, bleibt aber in den meisten Fällen auf alltägliche demokratische Politik beschränkt, die sich nicht an den Fragen der Grenzen und Identitäten politischer Gemeinschaften entzündet.

Zweitens gibt es auch das Phänomen eines transnationalen Bürgerschaftsstatus, dessen deutlichste Manifestation die Zunahme mehrfacher Staatsbürgerschaften ist. Die Zahl der Menschen, die mehrere Pässe und Staatsangehörigkeiten besitzen, ist in den letzten 50 Jahren exponentiell gestiegen. Eine wichtige Ursache dafür sind veränderte völkerrechtliche Normen. Geschlechterneutralität im Staatsbürgerschaftsrecht war in dieser Hinsicht vielleicht die wichtigste Neuerung. Weil die Staatsbürgerschaft heute in den meisten Demokratien sowohl vom Vater als auch von der Mutter vererbt wird, sind die Kinder aus Mischehen Doppelstaatsbürger per Geburt. Auch das Zusammentreffen des Abstammungsprinzips mit dem Territorialprinzip erzeugt Doppelstaatsbürgerschaft. Kinder, die in der zweiten oder dritten Generation in den USA geboren werden, sind fast alle automatisch Doppelstaatsbürger, weil sie ja die eine Staatsangehörigkeit von ihren Eltern erben und jene der USA automatisch per Geburt bekommen. Schließlich gibt es eine immer größere Zahl von Staaten, die die Beibehaltung einer früheren Staatsbürgerschaft bei Einbürgerung sowohl für Auswanderer als auch für Einwanderer akzeptieren. Im Grunde genommen sind auch die niedergelassenen AusländerInnen Doppelstaatsbürger in einem weiteren Sinn, weil ihre Bürgerrechte im Einwanderungsland von Beschäftigung, Wohnsitz und Aufenthaltsdauer abgeleitet werden und im Auswanderungsland von der formalen Staatsangehörigkeit. Wenn wir ihre Situation analysieren, dann sollten wir sie also immer als Quasi-Doppelstaatsbürger sehen, deren Rechte gleichzeitig von zwei unabhängigen Staaten produziert werden.

Drittens werden die mit dem Status der transnationalen Bürgerschaft verknüpften Rechte allmählich ausgeweitet. Das betrifft insbesondere das Wahlrecht. Einerseits gibt es in Europa inzwischen 15 Staaten, in denen das kommunale Wahlrecht nicht mehr von der Staatsangehörigkeit abhängt, sondern vom Wohnsitz. Für die Unionsbürger wurde darüber hinaus mit dem Vertrag von Maastricht seit 1993 in allen Mitgliedsstaaten der EU ein kommunales Wahlrecht unter den gleichen Voraussetzungen wie für einheimische Staatsbürger eingeführt. Andererseits ist die Zahl der Staaten, die ihren Auslandsbürgern Wahlrechte auf nationaler Ebene gewähren, in den letzten Jahrzehnten dramatisch gestiegen. Das schwedische Institut für Demokratische Wahlhilfe IDEA hat 115 Staaten und selbstständige Territorien gezählt, die in irgendeiner Form den Auslandsbürgern und -bürgerinnen externe Wahlrechte einräumen. Das ist die große Mehrheit aller demokratischen Staaten. Hier handelt es sich um eine signifikante Entwicklung demokratischer Normen, die bisher kaum analysiert und studiert worden ist.

Die Frage nach der Rechtfertigung dieser doppelten Ausweitung von Wahlrechten für AusländerInnen und für die AuslandsbürgerInnen ist gerade deshalb spannend, weil beide eine Verletzung ursprünglicher Vorstellungen von Demokratie darstellen, in denen das Wahlrecht wie selbstverständlich sowohl an die Staatsbürgerschaft als auch an den Wohnsitz im Territorium geknüpft war. Welche Antworten wir auf diese Frage geben, ob transnationale Wahlrechte eine zwingend gebotene oder eine zumindest legitime Weiterentwicklung von Demokratie sind oder vielmehr deren Pervertierung, das hängt im Grunde genommen davon ab, was für eine Vorstellung von demokratischer Gemeinschaft wir zu Grunde legen.

Die Frage nach dem Wahlrecht für AusländerInnen und AuslandsbürgerInnen wird daher von vier ideologischen Positionen unterschiedlich beantwortet.

Die erste nenne ich traditionellen Republikanismus. Was ist damit gemeint? Wenn man die Klassiker der politischen Theorie liest, vor allem Aristoteles, Machiavelli und Rousseau, dann findet man dort die Vorstellung, dass Demokratie nur dann funktionieren kann, wenn Bürger sich aktiv und mit großem Zeitaufwand und großer Energie für das Gemeinwohl engagieren. Das ist eine sehr exklusive Vorstellung, weil dabei immer unterstellt wird, dass die große Mehrheit der Gesellschaft passiv ist und daher gar nicht berechtigt, vollwertige Bürger zu sein. Der entscheidende Punkt für mich ist hier, dass diese republikanische Konzeption von Demokratie nicht nur nach Klasse und Geschlecht exklusiv ist, sondern auch eine starke territoriale und personale Grenzziehung erfordert. Man kann sich nach dieser Vorstellung eigentlich nur dann beteiligen, wenn man dabei ist, wenn man in diesem Land lebt, wenn man den Debatten ausgesetzt ist, wenn man auch selbst die Verantwortung übernehmen muss für die Folgen der politischen Entscheidungen. Insofern wäre das Recht von Auslandsbürgern, sich zu beteiligen, in dieser traditionellen Konzeption klar ausgeschlossen.

Diese Vorstellung von Republikanismus ist meistens damit verknüpft, dass es keine Schranken für die Selbstbestimmung des Demos gibt. Er konstituiert sich selbst und kann über alles entscheiden, also auch darüber, wer dazugehört. Die Staatsbürgerschaft ist sozusagen eine Klubmitgliedschaft, und die Mitglieder des Klubs oder ihre Repräsentanten bestimmen, wer neu aufgenommen wird. Dies ist eine zutiefst populistische Vorstellung von Demokratie. Sie führt logischerweise zur Konsequenz, dass Einwanderer keinen Zugang zum Wahlrecht haben, es sei denn, sie assimilieren sich. Die meisten westeuropäischen Demokratien haben heute ein rechtsstaatliches Verfahren zur Einbürgerung, aber nur eine Minderheit von ihnen akzeptiert den Grundsatz, dass der Zugang zu Staatsbürgerschaft und Wahlrecht nicht eine Frage des staatlichen Ermessens ist, sondern ein Rechtsanspruch niedergelassener Einwanderer.

Die zweite ideologische Position kann man als ethnischen Nationalismus bezeichnen. In dieser Auffassung ist der Demos eine Nation, die als historische, kulturelle, sprachliche oder Abstammungsgemeinschaft der politischen Gemeinschaft vorgegeben ist und deren Grenzen bestimmt. Einwanderer haben dann und nur dann Anspruch auf Staatsbürgerschaft und Wahlrecht, wenn sie sich vollständig assimilieren oder wenn sie schon vorher aufgrund ihrer Herkunft zur Nation gehören, wie etwa die Aussiedler in Deutschland, die japanischstämmigen Einwanderer in Japan oder die Juden in Israel. Gleichzeitig bewirkt dieses ethnische Nationsverständnis, dass Nationsangehörige das Recht und die Pflicht haben, am Schicksal der Nation teilzunehmen, egal wo sie sich befinden. Die Nation ist in dieser Auffassung nicht ans staatliche Territorium gebunden. Staatsbürgerschaft und Wahlrecht gehen daher durch Emigration nicht verloren. Und weil die Nation eine Gemeinschaft über die Generationen hinweg ist, werden Zugehörigkeit und Beteiligungsrechte auch im Ausland weitervererbt.

Beides ist aus der Sicht liberaler Demokratietheorie schwer zu rechtfertigen. Daher betrachten wir nun zwei Alternativen, die unterschiedliche liberale Vorstellungen skizzieren, wie der Demos konstruiert werden sollte. Beide scheinen auf den ersten Blick plausibel, führen aber letztlich zu inakzeptablen Konsequenzen.

Die eine Vorstellung ist, dass alle, die den Gesetzen unterworfen sind, auch das Recht haben, in der Gesetzgebung repräsentiert zu sein. Die Gesetzgebung demokratischer Staaten ist im Allgemeinen territorial begrenzt. Der Staat darf nur Gesetze innerhalb eines bestimmten Territoriums erlassen und durchsetzen. Daher haben alle Personen, die auf Dauer innerhalb eines Territoriums leben, einen Anspruch auf Staatsbürgerschaft und Wahlrecht. Damit sind die Einwanderer selbstverständlich eingeschlossen. Ob ihr Anspruch auf politische Beteiligung über offenen Zugang zur Einbürgerung oder über staatsangehörigkeitsneutrale Wahlrechte eingelöst wird, ist eine interessante, aber zweitrangige Frage. Aus denselben Gründen sind alle, die das Territorium auf lange Sicht verlassen, automatisch ausgeschlossen. Sie sind ja den meisten Gesetzen nicht mehr unterworfen und sollten daher auch nicht mehr in der Gesetzgebung repräsentiert sein.

Neben der rein territorialen Konstruktion des Demos, die sich auf den Gedanken der Legitimierung politischer Herrschaft durch die ihr Unterworfenen stützt, gibt es ein zweites demokratisches Grundprinzip, nach dem demokratische Entscheidungen dann legitim sind, wenn die betroffenen Interessen in der Entscheidung repräsentiert werden. Im Vordergrund steht hier nicht mehr die Rechtfertigung von Zwangsgewalt, sondern Demokratie als Verfahren zur Aggregierung von Interessen. Jede politische Entscheidung betrifft die Interessen einer bestimmten Zahl von Menschen. Nur wenn diese Individuen jeweils als Gleiche in der Gesetzgebung repräsentiert sind, gibt es eine ausreichende Begründung, warum die Minderheit sich Mehrheitsentscheidungen beugen sollte.

Dieses Prinzip der betroffenen Interessen lässt sich so interpretieren, dass es inklusiver ist als jenes der territorialen Unterwerfung. Denn StaatsbürgerInnen, die im Ausland wohnen, aber Familienangehörige in einem Herkunftsland haben oder dorthin zurückkehren wollen, können in vielfacher Weise von der Gesetzgebung in diesem Staat betroffen sein, auch wenn sie ihr nicht unterworfen sind.

Das Problem ist jedoch, dass sich das Betroffenheitsprinzip nicht eignet, überhaupt eine klare Grenze des Demos zu ziehen. Wie einige Theoretiker scharfsinnig erkannt haben, müsste sich eigentlich für jede einzelne Entscheidung die Zusammensetzung des Wahlvolks ändern, weil jede Entscheidung ja einen unterschiedlichen Kreis von Personen betreffen kann. Das gilt sowohl im Inland als auch im Ausland. Manche schlagen schon in diese Kerbe und sagen, da sollte man vielleicht differenzieren. Da langfristige Zukunftsentscheidungen die Pensionistengeneration und die kinderlosen Singles weniger betreffen, sollten diese BürgerInnen jeweils nur eine Stimme haben, während die Eltern minderjähriger Kinder auch gleich für diese abstimmen dürfen. Solche Argumente für unterschiedliche Stimmgewichte, die sich aus dem Betroffenheitsprinzip ableiten lassen, könnten das demokratische Grundprinzip »eine Person – eine Stimme« in Frage stellen.

Repräsentative Demokratie kann nicht aufgrund des Betroffenheitsprinzips funktionieren. Abgeordneten wird durch die WählerInnen ein Mandat zur allgemeinen Gesetzgebung innerhalb eines Territoriums erteilt. Es steht schon vor jeder konkreten Entscheidung fest, wer diejenigen sind, die in ihr repräsentiert sind. Der politische Theoretiker Robert Goodin hat als Verteidiger des Betroffenheitsprinzips vor kurzem die Schlussfolgerung gezogen, dass es im Grunde eine globale Form der Demokratie erfordert. Das mag aus kosmopolitischer Sicht ein durchaus attraktives Argument sein, hilft uns aber jedenfalls nicht weiter, wenn wir begründen wollen, warum ausgerechnet EmigrantInnen einen besonderen Anspruch auf Staatsbürgerschaft und Wahlrecht im Herkunftsland haben sollten.

Als Ausweg aus diesem Dilemma, dass keine der hier skizzierten vier Positionen geeignet scheint, den Trend zur transnationalen Erweiterung von Demokratie durch Einschluss von MigrantInnen zu begründen, möchte ich eine Alternative vorschlagen, die sich zwischen den beiden liberalen Grundpositionen bewegt. Ich nenne das ein Stakeholder-Prinzip der demokratischen Zugehörigkeit. Es lässt sich kurz so zusammenfassen: In einer selbstregierenden demokratischen Gemeinschaft müssen alle jene als Mitglieder anerkannt werden, deren Lebensumstände ihre persönliche Zukunft mit der Zukunft des Gemeinwesens verknüpfen. Diese Personen können als politische Stakeholder bezeichnet werden. Sie sind nicht jene, deren Interessen von einer bestimmten Entscheidung betroffen sind, sondern jene, die ein biographisch bedingtes Interesse an einer dauerhaften Zugehörigkeit zu diesem Gemeinwesen haben und daher in dessen Entscheidungen repräsentiert sein müssen.

Ein solches Interesse an dauerhafter Mitgliedschaft kann offensichtlich allen auf lange Sicht niedergelassenen Einwanderern zugeschrieben werden. Es begründet aber auch einen Anspruch auf externe Staatsbürgerschaft für Auswanderer und deren unmittelbare Nachkommen der zweiten Generation und rechtfertigt Wahlrechte für AuslandsbürgerInnen der ersten Generation. Gleichzeitig begrenzt Stakeholdership auch interne und externe Ansprüche. TouristInnen sind den Gesetzen in gleicher Weise unterworfen wie WohnbürgerInnen, aber die ersteren haben keine langfristigen Interessen an Mitgliedschaft und daher keinen Anspruch auf Wahlrecht. Und jene, die aus reinen Opportunitätsgründen, etwa zwecks visafreier Einreise oder steuerschonender Vermögensanlage, an der Staatsbürgerschaft eines bestimmten Landes interessiert sind, können ebenso wenig beanspruchen, Stakeholder zu sein, deren persönliches Schicksal mit den kollektiven Interessen der BürgerInnen des Landes verknüpft ist. Das Prinzip erfordert daher einen stärkeren Nachweis von Bindungen an eine spezifische politische Gemeinschaft als bloße territoriale Unterwerfung, Betroffenheit von Entscheidungen oder individuelle Interessen jeweils für sich genommen erbringen können.

Stakeholdership ist auch in territorialer und zeitlicher Hinsicht begrenzt. In einer Weltgesellschaft, in der nur drei Prozent aller Menschen internationale MigrantInnen sind, die sich schon länger als ein Jahr außerhalb ihres Geburtslandes aufhalten, wird nur eine relativ geringe Zahl von Menschen Anspruch auf doppelte Staatsbürgerschaft haben und noch viel weniger ein legitimes Interesse an drei oder mehr Staatsangehörigkeiten. Die zeitliche Begrenzung bezieht sich sowohl auf das Beginn- wie auf das Ablaufdatum eines Anspruchs auf mehrfache Zugehörigkeit. Man kann nicht behaupten, dass man unmittelbar nach seiner Niederlassung in einem anderen Land schon das Recht erworben hat, sich an Parlamentswahlen zu beteiligen. Man muss erst eine Zeit lang dort leben, bevor man sagen kann, jetzt will ich auch die Staatsbürgerschaft, um dort politisch mitzubestimmen. Aus demselben Grund können Kinder, die im Ausland aufgewachsen sind, nicht ohne weiteres von sich behaupten, dass sie Stakeholder sind in dem Land, aus dem ihre Eltern gekommen sind. Sie müssten jeweils nachweisen können, dass sie Bindungen an dieses Land haben, die sie existenziell betreffen, um begründen zu können, warum sie ein »Rückkehrrecht« beanspruchen oder aus der Ferne die politische Zukunft dieses Landes mitgestalten wollen.

Stakeholdership ist ein allgemeines Prinzip, das auf die Frage antwortet, nach welchen Kriterien in liberalen Demokratien über Fragen der Staatsbürgerschaft und des Wahlrechts entschieden werden sollte. Es ist kein Kochrezept, dessen Anwendung immer zu gleichen Resultaten führt. Für jede Gruppe potenzieller Stakeholder und für jeden spezifischen politischen Kontext muss erst einmal nachgedacht werden, wie sich das Prinzip anwenden ließe und gegen welche anderen Grundsätze und Werte es abzuwiegen wäre. Ich habe mich hier auf einige Andeutungen beschränkt.

Beim Problem der Grenzziehung zwischen politischen Gemeinschaften handelt es sich, metaphorisch betrachtet, nicht um einen individuellen Wettkampf wie etwa bei Skirennen, sondern um ein Mannschaftsspiel wie Fußball. Allerdings wird dieses auf einem sehr unebenen Spielfeld mit unterschiedlich großen Toren ausgetragen und es wird dadurch noch verwickelter, dass die Spieler während des Spiels die Mannschaften wechseln können, gleichzeitig für verschiedene Teams spielen oder sich gruppenweise abspalten und neue Mannschaften gründen können. Die Schwierigkeit liegt also darin, eine demokratische Theorie zu entwickeln, wie ein solches komplexes Spiel zwischen rivalisierenden Projekten politischer Gemeinschaft funktionieren sollte. Klar ist, dass die Regeln nicht eine Mannschaft begünstigen dürfen. Wir müssen daher versuchen, das Spielfeld einzuebnen, die Tore gleich groß zu machen, aber auch akzeptieren, dass sich Zusammensetzung und politische Ziele der verschiedenen Teams im Laufe des Spiels ändern können.

Was herauskommt, wenn solche Spielregeln akzeptiert würden, ist jedenfalls eine Welt, in der die territorialen und personalen Grenzen politischer Gemeinschaften nicht mehr deckungsgleich sind mit jenen von Staaten. Es ist eine Welt von verschachtelten und überlappenden politischen Gemeinwesen. Gleichzeitig ist es eine Welt, in der sich territoriale politische Gemeinschaften im Gegensatz zu den Ansichten mancher postmoderner Theoretiker nicht auflösen oder an Bedeutung verlieren, sondern in der die Zugehörigkeit zu manchen dieser Projekte sogar wichtiger wird, weil sie endlich Spielraum gewinnen, sich zu realisieren.

Wir können uns noch nicht so recht vorstellen, wie diese Welt demokratisch gestaltet werden könnte. Wir wissen noch nicht, wie Demokratie in jedem dieser Gemeinwesen, die voneinander nicht mehr unabhängig und daher auch nicht mehr souverän sind, realisiert werden kann. Ich meine aber, dass sowohl der heiße Transnationalismus der Diaspora als auch die kühle Institutionalisierung von Doppelstaatsbürgerschaft und transnationaler politischer Beteiligung zugleich Indikatoren und Katalysatoren für einen Übergangsprozess zu einer postwestfälischen Ordnung sind, für die wir erst geeignete normative Prinzipien finden müssen. Ich habe hier lediglich versucht, einige davon anzudenken.

Mutationen des Nationalismus

Benedict Anderson

Man kann über Diaspora und Nationalismus nur sprechen, wenn man versteht, in welchem Umfeld die Nationalismen unserer Zeit funktionieren. Denn das, was ich als fernen Nationalismus (*long distance nationalism*) bezeichne – diese meine Formulierung geht auf das Jahr 1992 zurück –, ist eine Folge des sozialen, politischen und kulturellen Umfelds, das sich seit dem Ende des Zweiten Weltkriegs herausgebildet hat. Wesentlich ist, dass Nationalismus nicht als etwas Statisches oder Fixes verstanden werden darf. Seit seinen Anfängen hat er sich immer wieder verändert und wird das auch weiterhin tun. Er wird nicht verschwinden. Die erste große Veränderung, auf die ich hier aufmerksam machen möchte, wird kaum wahrgenommen: So weit ich weiß, gibt es weltweit kein einziges Land, das noch ein Kriegsministerium hat. Bis 1945 hatte jedes wichtige Land ein solches. Alle diese Länder sind nach wie vor kriegerisch und führen auch Kriege, die man jedoch nicht mehr so nennt: Sie tun es für die Sicherheit, aus friedlichen Gründen, zu unserer Verteidigung usw. Diese Änderung des Vokabulars ist bezeichnend.

Um 1946/47 herum geschah etwas ganz Wichtiges: Ab diesem Zeitpunkt wurde es für Nationalstaaten unmöglich, noch irgendjemanden zu erobern. Man kann zwar immer noch einen Krieg gewinnen, man kann aber nicht mehr das tun, was historisch der Zweck des Krieges war, nämlich das Territorium eines anderen Staats erobern oder dessen Einwohner umbringen. Das ist heute nicht mehr möglich. Staaten können zerfallen, wie etwa die Sowjetunion, das alte Äthiopien, Pakistan oder Jugoslawien. Auch wenn dies äußerst blutig sein kann, so wird es dennoch nicht als Krieg verstanden, sondern als eine Art von Implosion. Wie es dazu kam, dass Nationalstaaten heute sakrosankt sind, möchte ich anhand eines einfachen Beispiels erläutern. Mit dem typischen Sadismus des Lehrers stelle ich meinen amerikanischen Studenten gerne die Frage: »Wie wurde Alaska Teil der Vereinigten Staaten?« Jene Studenten, die gerade nicht schlafen, antworten dann: »Wir haben es den Russen 1867 abgekauft.« »In der Tat! Die Auslandsverschuldung der Vereinigten Staaten ist bekanntlich ziemlich hoch. Wir haben ein riesiges Defizit an den internationalen Finanzmärkten, das laufend größer wird. Mit dem Verkauf von Alaska wären wir das Problem im Handumdrehen los – etwa an die Japaner oder vielleicht will jemand in Saudi-Arabien Alaska haben!« Interessanterweise werden die Studenten daraufhin völlig sprachlos. Sie trauen ihren Ohren nicht. Alaska verkaufen? »Warum nicht, es wurde ja auch vor etwas mehr als 100 Jahren gekauft.« Landbesitz hat heute eine ganz andere Bedeutung, Grund und Boden sind zu einer Art Heiligtum mutiert. Das gilt keineswegs nur für die Vereinigten Staaten. Die geben nur ein ausgezeichnetes und unterhaltsames Beispiel dafür ab, wie diese Veränderungen ablaufen. Einer der wichtigsten Kriegsgründe ist also weggefallen, vielleicht nicht für immer, aber für lange. Der Imperialismus der alten Schule hat ausgedient. Territoriale Eroberungen sind nicht mehr möglich. Sogar Israel, das einzige Land, das seine Grenzen faktisch ausgeweitet hat, wird sie vermutlich auf lange Sicht nicht halten können.

Diese Entwicklung der Kriegsführung, zu der auch ein Atomkrieg gehört, hat das Zeitalter der allgemeinen Wehrpflicht im Wesentlichen beendet. Manche Staaten behalten zwar nominell eine Art allgemeiner Wehrpflicht bei. Aber Kriege wie der Erste und der Zweite Weltkrieg, die von riesigen Armeen mit Millionen von Menschen geschlagen wurden, haben ausgedient. Sie werden nie wieder auf diese Art stattfinden. Das bedeutet die Auflösung der grundlegenden Verbindung zwischen der Bevölkerung eines Landes und ihrem Nationalismus. Mehr als ein Jahrhundert lang waren Männer die wichtigsten Träger des Nationalismus, der den Kämpfenden eine privilegierte politische Position verlieh. Sie waren jene, die ihr Leben opferten. Sie waren jene, die schicke Uniformen trugen. Sie haben fremde Länder besetzt und ausgeplündert. Dieser Weg steht der Masse der jungen Männer heute in keinem Land mehr offen. Damit ist ein wichtiger Grund für die Diskriminierung von Frauen in nationalen Angelegenheiten hinfällig. Die Frauenbewegung, die Suffragetten, das Frauenwahlrecht – das alles wurde erst nach der Katastrophe des Ersten Weltkriegs Realität. Bei den danach einsetzenden antikolonialen Bewegungen war von Anfang an klar, dass Frauen – im Gegensatz zum vorherigen Jahrhundert – eine wesentliche Rolle übernehmen würden.

Wir haben es also heute mit einem Umfeld zu tun, in dem militärische Expansion, Eroberung und die allgemeine Wehrpflicht nicht mehr zeitgemäß sind, während gleichzeitig das nationale Hoheitsgebiet zunehmend heilig wird. Dafür gibt es viele Gründe. Einer davon ist die Besessenheit, mit der die Nation ständig imaginiert wird. Ein wunderbares Beispiel dafür ist der Wetterbericht im Fernsehen. US-Wetterberichte zeigen US-Wetter. Gelegentlich bekommt man etwas kalte Luft aus Kanada oder einen Sturm aus Mexiko, aber man erfährt nichts über die Wetterlage in Kanada oder in Mexiko. Tag für Tag ein absolut vertikales Amerika. Bis in eine Höhe von 12.000 Meter ausschließlich amerikanisches Wetter, alles andere ist nicht von Belang. Ich habe einmal einen Test gemacht und die Umrisse der USA ganz grob auf der Tafel skizziert, ohne irgendeine Erläuterung. Auf meine Frage, ob die Studierenden das seltsame Tier auf meiner Zeichnung identifizieren könnten, bekam ich zur Antwort: »Das ist kein Tier, das sind die Vereinigten Staaten.« Sehr erstaunlich. Sie können ihr Land trotz meiner schlechten Zeichnung und ohne Legende erkennen. Es ist tief in ihrem Bewusstsein verankert, sogar Alaska. Das heißt nicht, dass der Wettbewerb der Nationen nicht weitergeht. Aber er wird anderswo ausgetragen. In der Wirtschaft, im Sport, in einem Wettbewerbstourismus, der sagt: »Unser Land und unsere Kultur sind interessanter als eure und wir machen mehr Geld damit.«

Ein anderer Aspekt der Veränderung des nationalen Umfelds ist die Sprachenfrage. Bis zum Zweiten Weltkrieg gab es einen ernsthaften Wettstreit der Weltsprachen. In der kommunistischen Welt war Russisch sehr wichtig. Französisch war eine große internationale Sprache. Spanisch sprach man in ganz Lateinamerika. Deutsch war in vielen ost-, mittel- und nordeuropäischen Ländern verbreitet. Die Sprachenfrage war mit den imperialen Abenteuern verbunden. Sprachen waren gewissermaßen welterobernd. Doch dann setzte sich das Englische so nachdrücklich durch, dass es zu einer Art Lingua franca wurde, die weder besonderen Stolz, noch besondere Begeisterung weckt. Es gibt sie eben. Die Menschen gewöhnen sich daher zunehmend an Zwei- oder sogar Dreisprachigkeit. Eine fixe Idee des 19. Jahrhunderts war die der eigenen Sprache, die auch den Minderheiten in einem Staat aufgezwungen wurde. So wurde in Frankreich etwa das Bretonische, das Katalanische oder das Korsische äußerst aggressiv unterdrückt – jeder musste Französisch nach Art der Pariser sprechen. Dahinter stand die Ideologie, dass es ein Standardfranzösisch gibt, das jeder verstehen und sprechen sollte. Diese Einsprachigkeit ist heute im Aussterben begriffen. Die Menschen haben sich daran gewöhnt, neben ihrer eigenen noch eine zweite Sprache für die Kommunikation mit allen anderen zu haben. Dass es dafür nur mehr eine einzige Sprache gibt, vereinfacht die Sache. Man muss sich nicht mehr zwischen Russisch, Französisch und Spanisch entscheiden. Eine Lingua franca löst den Solipsismus der eigenen Sprache auf. Man kann seine Sprache lieben, aber sie hat keinen sakralen Raum mehr. Und das ist auch gut so.

Ein weiterer Aspekt der Veränderung betrifft eine tief im Nationalismus verankerte Triebkraft. Von Anfang an beschränkte sich der Nationalismus nicht auf die Liebe zum eigenen Land, sondern war zutiefst gesellschaftsverändernd in Richtung Gleichheit und Demokratie. In »Die Erfindung der Nation« zitiere ich den unglaublichen Satz von Bolivars Stellvertreter: »In Zukunft sollen die Ureinwohner weder Indianer noch Eingeborene genannt werden; sie sind Kinder und Bürger Perus und sollen als Peruaner bezeichnet werden.«[1] Aus heutiger Sicht kann man dies als das Aufzwingen einer kulturellen Identität bezeichnen. Aber die Folge davon war, dass Menschen spanischer Abstammung

---

1 | Anderson, Benedict: *Die Erfindung der Nation*, Berlin: Ullstein, 1998, S. 57.

nicht mehr über den einheimischen Inkas standen. Auch in den europäischen Unabhängigkeitsbewegungen des 19. Jahrhunderts findet man dies: Alle sollten das Recht auf eine eigene Sprache haben. Dasselbe erleben wir Anfang des 20. Jahrhunderts mit den aufkommenden Unabhängigkeitsbewegungen in Asien und Afrika. Auch hier ist der Nationalismus kein Privileg der Weißen. Jeder hat das Recht auf seine eigene Nation.

Kaum war der Nationalismus nach dem Zweiten Weltkrieg mit dem Völkerbund universell geworden, tauchte ein ganz einfaches und naheliegendes Problem auf: Wie vereinbart man Nationalismus und Patriarchat? Nach der alten Ordnung – sogar im hochzivilisierten Europa oder was die Europäer für hoch zivilisiert hielten – gehörte eine Frau erst ihrem Vater und dann ihrem Ehemann. Grundsätzlich galt, Frauen sind zwar vollwertige Staatsbürger, haben aber kein Wahlrecht, deshalb braucht man sie nicht zu berücksichtigen. Kaum wurde jedoch erwogen, auch Frauen das Wahlrecht zu geben, stellte sich ein naheliegendes Problem. Wenn sich zum Beispiel eine charmante Österreicherin unsterblich in einen Peruaner verliebt und ihn heiraten will, dann taucht die Frage auf: Soll sie ihrem Mann zuliebe Peruanerin werden oder Österreicherin bleiben? Damals begannen die Regierungen in Europa auf ihre Bürgerinnen stolz zu sein. Und als die Frauen ihre – französische, österreichische oder britische – Staatsangehörigkeit nicht wegen der Heirat mit einem Ausländer aufgeben wollten, stieß das bei den Regierungen auf Verständnis. Auf der anderen Seite sagte der Ehemann in Peru, sie wird ja hier mit mir und meinen Kindern leben, also sollte sie auch Peruanerin sein. Für dieses Problem gibt es keine einfache Lösung. Studien haben gezeigt, dass hier der Ursprung der Doppelstaatsangehörigkeit liegt. Die Wegbereiterinnen waren vor allem Frauen, die außerhalb ihrer nationalen Gemeinschaft heirateten. Männern war es untersagt, zwei Nationalitäten zu besitzen. Aber es dauerte nicht lange, bis die Männer fragten, weshalb den Frauen erlaubt war, was ihnen verwehrt blieb? Und so hat sich seit dem Ersten Weltkrieg die Doppelstaatsangehörigkeit, die für die Nationalisten des 19. Jahrhunderts ein reiner Horror gewesen wäre, langsam verbreitet. Und dies hat tiefgreifende, wenngleich wenig beachtete Auswirkungen auf das Umfeld heutiger Diasporas. Laut US-Verfassung kann niemand Präsident der Vereinigten Staaten werden, der nicht ebendort geboren wurde. Man kann sagen, dies habe uns vor einem Präsidenten Kissinger gerettet und wird uns möglicherweise einen Präsidenten Schwarzenegger ersparen. Aber es stammt ganz eindeutig aus dem 19. Jahrhundert. Heute ist eine doppelte Staatsangehörigkeit weder beschämend noch rechtswidrig und breitet sich zunehmend aus.

Damit komme ich zur Diaspora. Diaspora und Migration haben heutzutage ein absolut gigantisches Ausmaß erreicht, das über jenes des späten 19. Jahrhunderts hinausgeht. Auch das Umfeld hat sich geändert. Im 19. Jahrhundert waren die meisten Emigranten Untertanen von König- oder Kaiserreichen. Polen, Italiener, die Menschen vom Balkan oder aus China waren auf der Flucht vor pränationalen Systemen. Da sie vor einer Tyrannei geflohen waren, wurden sie mit offenen Armen aufgenommen. Heute ist das anders, weil in der ganzen Welt jeder im Prinzip ein eigenes Land hat.

Das entscheidende Element bei der Migration ist die Frage der Identität. Literatur zum Thema Identität stammt üblicherweise von Menschen, die von ihrer Identität erzählen. Sie ist immer höchst subjektiv: Ich bin Bulgare, ich bin Ire. Aber das ist zu einfach. Es gibt einen fantastischen Brief von José Rizal, dem Begründer der philippinischen Nation, der 1896 von den Spaniern hingerichtet wurde, an seinen besten Freund, in dem er erklärte, wie er gegen den spanischen Imperialismus kämpfte. »Wir müssen alle der Politik etwas opfern, auch wenn wir keine Lust daran haben. Dies verstehen meine Freunde, welche in Madrid unsere Zeitung herausgeben; diese Freunde sind alle Jünglinge, Creolen, Mestizen und Malaien, wir nennen uns nur Philippiner.«[2] Weshalb schrieb er das? Eigentlich verschweigt er etwas Wichtiges. Manche der Philippiner, die 1880 in Spanien studierten, waren von dunkler Hautfarbe, manche sahen eher chinesisch aus, andere wiederum hatten blondes Haar – sie alle sahen ganz unterschiedlich aus und waren sich dieses Unterschieds auch durchaus bewusst. Aber in Spanien hatten viele Leute nicht die geringste Ahnung, wie die Hauptstadt der Philippinen hieß oder wo die Philippinen lagen. Für sie war es daher völlig uninteressant, ob sich jemand als Kreole oder Mestize bezeichnete. Für die Spanier waren sie alle einfach Philippinos. Vermutlich waren da viele nicht einverstanden!

Aber die Zuordnung tat ihre Wirkung und schließlich identifizierten sie sich in der fremden Umgebung, fern der Heimat, mit allen anderen, die sich in derselben Situation befanden. Heute erleben wir in Amerika dasselbe. Menschen, die aus Korea, Malaysia, Japan, China, Indonesien oder Thailand nach Amerika gekommen sind, treffen dort auf eine Bevölkerung ohne die geringste Vorstellung davon, wo diese Länder überhaupt sind. Für sie sind alle diese Menschen schlicht und einfach Asiaten. Und langsam akzeptieren diese Leute selbst, dass sie Asiaten sind; und irgendwann versuchen sie es politisch zu nützen. Identität ist also Folge der objektivierten Sicht durch die Gesellschaft, in die sie kommen. Zuhause in Indonesien oder Malaysia würden sie sich selbst niemals als Asiaten auf Heimaturlaub empfinden. Die Bezeichnung Asiate ist nur sinnvoll, solange sie sich fern ihres Herkunftslandes aufhalten. Identitätsbildung in der Diaspora wird also auch davon bestimmt, wie man von den anderen genannt wird. Die Bezeichnung der eigenen Identität hängt also von der Distanz von daheim ab.

Das Ende des Krieges und der Wehrpflicht hatte auch ganz unerwartete Auswirkungen auf die Diaspora. Jene Einheit der amerikanischen Armee, die die meisten Tapferkeitsmedaillen im Zweiten Weltkrieg errungen hat, bestand

---

2 | Anderson, Benedict: »In the World-Shadow of Bismarck and Nobel: José Rizal: Paris, Havana, Barcelona, Berlin – 2.«, in: *New Left Review 28* (2004).

aus japanischen Amerikanern. Sie wurden gegen Hitler eingesetzt, nicht gegen Hirohito. Sie haben mit großer Tapferkeit und zahlreichen Verlusten in Nordafrika und Italien gekämpft. Auf diese Weise konnte die japanische Gemeinschaft demonstrieren, dass ihre Angehörigen die volle Staatsbürgerschaft verdienten. Sie hatten ein großes Opfer gebracht. Dieselbe Geschichte findet man auch in Frankreich, dessen industrielle Revolution erst durch all die Polen, Bulgaren und Serben, die nach Frankreich kamen, möglich wurde. Auch sie starben in großer Zahl im Ersten Weltkrieg. Da sie gefallen waren, konnte man ihnen kaum die geforderte Anerkennung verwehren. Ironischerweise ist mit dem Ende der Wehrpflichtarmee dieser Weg zur Anerkennung, zur Assimilation faktisch versperrt. Es braucht also andere Formen.

Auch die Entfernungen sind geschrumpft. Wollte man im 19. Jahrhundert von Italien nach Argentinien auswandern, musste man sich auf eine sehr lange Reise gefasst machen. Gefiel es einem dort nicht, so würde die Rückkehr sehr lange dauern. Man konnte nicht telefonieren. Fernschreiben war ziemlich teuer. Mit der Beschleunigung des technischen Wandels sind diese Entfernungen kollabiert. Heute können Migranten billig mit ihren Verwandten in der Heimat telefonieren und fast überall hat man Zugang zum Internet. Man kann relativ einfach und zuverlässig Geld nach Hause überweisen. Es gibt Radiosender, Unmengen an DVDs und Filmen, die einem ein Heimatgefühl vermitteln, wann immer einem danach ist. Aber in all diesen Dingen liegt auch eine gewisse Ambiguität.

Wie beispielsweise in jener philippinischen Zeitung, die in Kalifornien sehr erfolgreich ist. Sie hat ein ziemlich ungewöhnliches Format. Eine ganze Seite beschäftigt sich mit nichts anderem als mit abscheulichen Verbrechen und Korruptionsfällen auf den Philippinen. Der Grund dafür ist: Viele Philippinos haben ein schlechtes Gewissen, weil sie ihr Land verlassen haben, und wollen daher in der Zeitung lesen, dass die Verhältnisse daheim wirklich schlimm sind und sie gut daran taten, nach Kalifornien zu gehen. Die nächste Seite hingegen ist voll von Großmutter-Rezepten für die gute philippinische Küche. Es gibt Geschichten über Kindheit auf den Philippinen, eine Kolummne über philippinische Filmstars, die nie in amerikanischen Zeitungen auftauchen. Diese Seite der Zeitung vermittelt: Ihr seid noch immer Philippinos und das ist großartig. Und dann gibt es noch Geschichten über einen Zuwanderer, der in irgendeiner kalifornischen Stadt in die Stadtregierung gewählt wurde. Damit wird den Lesern gezeigt, dass man auch in den Vereinigten Staaten Erfolg haben kann. Diese Zeitung ist ein typisches Diasporaprodukt. Sie muss die Frage beantworten, warum bin ich hier. Wenn man vor politischer Verfolgung flüchtet, hat man keine Gewissensbisse. Kommt man jedoch aus wirtschaftlichen oder anderen Gründen, dann bleibt ein Unbehagen oder Schuldgefühl, und Aufgabe der Diasporarhetorik ist es, dies auszuräumen oder abzuschwächen.

Bemerkenswert für die Diaspora ist auch die besondere Art der Kommunikation, die das Internet eröffnet. Einer meiner Freunde, ein argentinischer Professor, ließ sich von mir zu einem Experiment anregen. Es gibt das sogenannte »Argentina-Net« für Exil-Argentinier. Man kann dort auch getarnt auftreten. Die Inhalte sind typisch emotional gefärbt, es geht darum, wie sehr einem der Tango fehlt, das Rindfleisch ist nicht halb so gut wie daheim in Argentinien, war das nicht großartig, als wir vor zwei Jahren bei der WM gewonnen haben, und dergleichen mehr. Mein Experiment galt der Frage: Kann man im Internet als fiktive Person auftreten und als solche ganz normal kommunizieren? Nach dem Muster: Ja, ich habe auch nur Tango im Sinn. Aber dann, nach zwei Wochen, fügt man – ganz langsam – kleine Sätze ein, die typisch für Chilenen sind und die kein Argentinier sagen würde. Zum Beispiel sagt man in Argentinien »zu viel«, in Chile hingegen »sehr viel«. Mein Freund war völlig verblüfft, wie schnell die Leute darauf mit Entsetzen reagierten. Ein Spion hat sich eingeschlichen! Da ist jemand, der sich als Argentinier ausgibt, aber in Wirklichkeit einer dieser verfluchten Chilenen ist. Hätte sie in Buenos Aires auf der Straße ein chilenischer Tourist nach dem Weg gefragt, hätten sie nie an einen Spion gedacht. Das Internet ist eigentlich sehr paranoiaförderlich, wenn man paranoid sein will. Ein weiteres typisches Merkmal ist, dass das Internet ständig verfügbar ist. Man kann so lange online sein, wie man will. Man kann sich also tagein, tagaus Argentina, Argentina, Argentina reinziehen. Und wenn sich Argentinien etwa über Brasilien ärgert, dann bombardieren sie gegenseitig ihre Websites, was leicht in einen Internet-Krieg ausarten kann.

Als ich zum ersten Mal in die Vereinigten Staaten kam, gab es eine Hitparade, die jeder kannte. Heutzutage gibt es das nicht mehr. Es gibt *Heavy-Metal-* oder *Country-Music-*Hitparaden und noch 50 andere. Wer die eine Musik hört, lehnt die anderen ab. Jede hat ihr eigenes Netz, und wer will, kann rund um die Uhr *Bluegrass Country Music* hören. Auch hier gibt es wieder eine Horizontverengung und gleichzeitig eine Art Inflation. Dies ist eine Situation, die für Interessenspolitik anfällig ist. Ein junger Mann, der nicht wehrpflichtig ist, kann problemlos im Internet jede Menge Gewaltvideospiele spielen und sich dabei ausmalen, im Internet einen Krieg zu führen. Das ist eine Gefahr, der Diasporagemeinschaften im Internet-Zeitalter ausgesetzt sind.

Je mehr eine Diasporagruppe sich ausgeschlossen, nicht beachtet, übergangen und diskriminiert fühlt, desto mehr neigt sie dazu, sich der Politik ihres Heimatlandes zuzuwenden – besonders dann, wenn das Land in Schwierigkeiten ist. Dann beginnt man, Internetbotschaften zu senden, Propaganda zu machen, Geld zu schicken, vielleicht sogar Waffen zu kaufen. In den reichen westlichen Ländern können die Menschen vieles tun, was eine wirkliche Einflussnahme auf die Ereignisse in der Heimat ermöglicht. Es gibt viele Diasporagemeinschaften, deren Heimatland in großen Schwierigkeiten, innenpolitisch zerrissen ist. Aber die Voraussetzung für die Einflussnahme ist, dass sich diese

Menschen als Helden imaginieren können, ja manchmal sogar als Heldinnen. Sie kämpfen im Internet und nicht auf dem Schlachtfeld für ihr Land, für die Befreiung. Und das ist eine gänzlich andere Erfahrung.

Die Politiker in den Herkunftsländern werden sich jedoch zunehmend der Möglichkeit bewusst, dass diese unruhigen Diasporas manipulierbar sind. So führen etwa mexikanische Politiker regelrechte Geldbeschaffungskampagnen in Südkalifornien und Texas durch. Die Israelis verfügen über aktive Fundraising-Gemeinschaften in den Vereinigten Staaten. Das sind nur zwei der augenfälligsten Formen der Manipulation von Diasporas, sehr raffiniert und üblicherweise ziemlich skrupellos. Die Diasporagemeinschaft fantasiert nicht nur, sie ist auch leicht zu manipulieren, da sie meist nicht so gut über die Vorgänge daheim informiert ist. Die Entfernung ist wirklich zu groß. Zusammenfassend kann man sagen: Der ferne Nationalismus der Diasporagemeinschaften kombiniert Elemente des 19., des 20. und des 21. Jahrhunderts auf befremdliche Art und Weise.

Im Schatten der Master-Kategorien

Das Paradox des Nationalen

Saskia Sassen

Ich bin keine Diasporawissenschaftlerin. Ich habe das Wort vor langer Zeit in meiner ersten Immigrationsstudie verwendet. Der Diasporabegriff steckte damals noch tief in der Historizität der jüdischen Existenz. Ich habe ihn auf etwas ausgeweitet, was ich im Herzen von New York entstehen sah, eine Art diasporische Existenz anderer Art – die Einwanderung von Angehörigen der Arbeiterklasse aus Lateinamerika in den späten 1970er Jahren. Wenn ich den Begriff heute, wo er in der Immigrationsforschung so geläufig ist, noch verwende, dann in einem anderen Sinn: als Instrument für das, was mit den typischen Kategorien nicht sichtbar, nicht entzifferbar ist. Ich möchte damit einen Zustand der Verunsicherung, des Unangepasstseins, der Unbehaustheit, des Nichtbeheimatetseins in den bestehenden sozialen und politischen Strukturen erfassen – gleichgültig ob dafür die Identität, die Klasse oder die Politik verantwortlich zu machen ist.

Mir geht es hier um den Staatsbürger in der heutigen Zeit. In unseren liberalen Demokratien bietet die Zugehörigkeit zum liberalen Staat den Subjekten keine richtige »Heimat«, keine »Behausung« mehr. Dies gilt für viele Bürger, insbesondere aber für Fremde und Einwanderer. Darüber hinaus gibt es in unserer Zeit eine nomadische Klasse mit formalen Rechten. Das sind Rechtssubjekte, deren Rechte mobil sind. Es handelt sich dabei um eine Elite, die bestens geschützt ist, besser als wir regulären Staatsbürger in unseren liberalen Demokratien. Diese Verschiebungen haben etwas Diasporisches an sich. Ihnen fehlt jedoch eine unentbehrliche Dimension, nämlich die einer Bindung. Ich kann heute den Begriff Diaspora nur verwenden, wenn ich dessen Bedeutung öffne: Diaspora als Bindung. Aber woran ist man gebunden?

Der formale politische Apparat enthält zunehmend weniger Politisches. Wo also ist dann *das* Politische? Wo entsteht es? Neben dem Staat und den formalen Strukturen gibt es auch eine Art von politischer Informalität. Diese ist eine Variable. Auf der einen Seite ist ein multinationaler Konzern ein informeller politischer Akteur, insofern er eine private Rechtsperson ist. Auf der anderen Seite finden wir informelle politische Aktivisten, die Staatsbürger sein können oder Touristen, die mit einem Touristenvisum irgendwo gegen den IWF demonstrieren. In diesem Sinn handelt es sich um eine Variable, die sympathischere und weniger sympathische Akteure umfasst.

Die Beziehung zwischen Staat und Staatsbürger hat sich verändert. Sie ist von zunehmender Distanz bestimmt. Denn beide haben eine partielle Verschiebung erfahren. In dieser leichten Verschiebung ließe sich nun das Konzept des Diasporischen verankern. Die Staatsbürgerschaft sieht auf den ersten Blick ziemlich unverändert aus. Tatsächlich aber ist sie unvollständig. Ich verstehe die Staatsbürgerschaft als einen theoretisch nicht vollständig erfassten Vertrag zwischen dem Staat und dem Staatsbürger. Und das soll auch so sein, sonst wäre es ein starres Verhältnis. Darin liegt die Unvollständigkeit, an der meine Untersuchung ansetzt, um Veränderungen aufzuspüren. Um hier vom Diasporischen zu sprechen, muss man diesen starken und beladenen Begriff unterlaufen. Nur so kann man sein ganzes Potenzial nützen. Der Begriff muss arbeiten und nicht beschreiben.

Der Staat ist eine Master-Kategorie, so wie die globale Ökonomie die Master-Kategorie der globalen Stadt ist. Nach meiner Arbeit gefragt, erkläre ich immer, ich grabe im Schatten der Master-Kategorien. Diese sind ungeheuer aussagekräftig, wenn es darum geht, Dinge zu klären. Sie lügen nicht. Aber sie werfen einen großen Schatten auf alles, was vielleicht auch dazugehört. Hier setzt meine Forschung an. Im Falle der globalen Ökonomie hat sich herausgestellt, dass diese nicht nur eine Verdichtung von Raum und Zeit, nicht nur Hypermobilität und Ortlosigkeit bedeutet. Als ich in diesem Schatten zu graben begann, habe ich die globale Stadt zutage gefördert, die randvoll mit Dingen ist, die diesem hypermobilen Kapital sowohl zu- als auch abträglich sind.

Im Falle des Staates bedeutete dies, im Inneren des staatlichen Apparats vielfältige übersehene Gegebenheiten zu entdecken. Mein Forschungsgebiet ist nicht der Staat, sondern die Globalisierung und damit auch die Spannung zwischen dem Globalen und dem Nationalen, ihr wechselseitiger Ausschluss. Hier setzt eine Debatte an zwischen denjenigen, die sagen, der Staat wurde durch die Globalisierung sehr geschwächt und könnte letztendlich ganz verschwinden, und denjenigen, die bei genauerer Betrachtung des Staates nicht viel Veränderung erkennen können. Wenn man sich den formalen Staatsapparat der Verwaltung ansieht, dann hat sich tatsächlich nicht viel verändert. Beim Graben entdecke ich jedoch, dass ein Teil des Staates möglicherweise wirklich im Begriff ist, diasporisch zu werden. Dieses Konzept gefällt mir sehr. Ich möchte damit spielerisch umgehen, es anwenden und damit experimentieren. Was passiert im Inneren des Staates? Es zeigt sich, dass durch die Globalisierung einige Teile im Inneren des Staates an Macht gewinnen. Das heißt nicht, dass andere Teile Macht verlieren. Das ist kein Entweder-oder. Vor zehn Jahren habe ich begonnen, mich mit diesem Phänomen auseinanderzusetzen, als ich den Machtzuwachs der Finanzministerien erkannte. Die Zentralbanken wurden immer mächtiger. Die Schaffung einer Zentralbank der Europäischen Union ging teilweise deshalb so leicht vonstatten, weil das für die globale Großunternehmensökonomie so eminent wichtig war. Die exekutive Macht – ob in Händen eines Premierministers oder eines Präsidenten – hat einen enormen Machtzuwachs erfahren.

Versuchen wir dies in der Sprache des Diasporischen zu interpretieren. Das Ausgangskonzept lautet, die Legislative wird geschwächt und zu einer Art innenpolitischem Akteur. Durch die Globalisierung, die Privatisierung, Deregulierung und Liberalisierung bedeutet, verlieren die Parlamente an Macht. Wir als Staatsbürger haben gegenüber dem Parlament beziehungsweise dem Gesetzgeber eine wesentlich stärkere Rechtsstellung als gegenüber der Judikative oder der Exekutive. Die Exekutive gewinnt. Wir haben hier eine leichte diasporische Verschiebung der Exekutive im Verhältnis zum restlichen Staat.

Die exekutive Regierungsgewalt folgt zunehmend einer auf das Globale ausgerichteten Logik. In dieser Situation setze ich meine politischen Hoffnungen auf eine Umorientierung der globalen Logiken hin zu netteren Dingen wie etwa globalen Umweltfragen oder Menschenrechtsfragen. Aber das Problem ist, dass ein Teil des Nationalstaats – ungeachtet nationalistischer Aussagen – derzeit zunehmend im Globalen verankert ist und gemäß globaler Logiken handelt. Das Schlechte daran ist die Verknüpfung mit dem Kapital der Großkonzerne. Die globalen Regulatoren IWF, WTO und Institutionen aller Art, von denen man noch nie etwas gehört hat, verhandeln nur mit der exekutiven Regierungsgewalt. Das ist ein Verhandeln hinter verschlossenen Türen. Wenn man sich mit dem Parlament, mit der Legislative auseinandersetzt, dann gibt es eine öffentliche Debatte, ein Durcheinander, das die Politik bremst. Diese Verlangsamung der Politik halte ich für zentral. Durch ihre Transaktionen mit den globalen Regulatoren gewinnt die Exekutive an Macht und stellt sich selbst zunehmend in den Zusammenhang dieser globalen Logiken.

Darüber hinaus ist es für die globale Großunternehmensökonomie notwendig, dass die Finanzministerien, Zentralbanken, Handelsministerien – alle Arten von Einrichtungen, die eigentlich zur Exekutive gehören – staatliche Arbeit leisten, durch die die Nationalökonomie de facto auf ganz eigene Weise ent-nationalisiert wird. Die Exekutive steht zunehmend auf einem Fundament, das institutionell und operationell von globalen Kreisläufen bestimmt wird, was zu einer richtiggehenden Abtrennung vom nationalen Staatsapparat führt. Die Rolle der Exekutive hat sich also leicht verschoben: Sie steht nunmehr mit dem einen Fuß im Globalen und mit dem anderen im Nationalen. Und die USA sind nur die extremste Version dieser Entwicklung, die sich auch anderswo, etwa im Vereinigten Königreich, finden lässt. Die Forschung setzt sich viel zu wenig mit der exekutiven Regierungsgewalt auseinander. Deshalb übersieht sie eine ganze Reihe von Aktivitäten und Gesetzen in unseren netten liberalen Demokratien. Denn diese fallen nicht weiter auf, wenn man von der Annahme eines einheitlichen Staates ausgeht. Meine These lautet, dass eine zunehmende Distanz und Abspaltung im Innern des Staates die Exekutive und die Legislative unterschiedlichen Logiken gehorchen lässt. Aber in welcher Sprache sollen wir diese Distanz ausdrücken, wenn wir die deskriptive Sprache des Staates vermeiden wollen?

Aber auch der Staatsbürger hat seinen Standort gewechselt. Er tritt in eine zunehmende Distanz zum Staat. Staatsbürgerschaft ist eine hochgradig formalisierte Institution. Und dies vernebelt und verschleiert ihre Unvollständigkeit, da wir hochgradig formalisierten Institutionen eher Vollständigkeit als Unvollständigkeit unterstellen. Nur aus einem bestimmten Blickwinkel wird offenkundig, dass die Staatsbürgerschaft Veränderungen erfahren hat. Diese liegen auf der Ebene ihrer Rechtsansprüche.

An dieser Stelle möchte ich eine Geschichte erzählen. Mein lieber Mann, Richard Sennett, sagt mir ständig, ich solle mir ein Hobby suchen. »Hobby« ist ein sehr amerikanisches Wort. Ich bin in Lateinamerika aufgewachsen. Ich weiß nicht genau, was ich mir unter »Hobby« vorstellen soll. 1996 sagte ich meinem Mann, ich hätte jetzt ein Hobby: Ich zähle alle Rechte, deren ich als US-Staatsbürgerin verlustig gehe – und das war nicht unter Bush, kein Ausnahmezustand. Er meinte, das sei kein Hobby. Wie dem auch sei – im vergangenen Jahr haben wir in den USA fünf Rechte eingebüßt. Bei meinen Reisen in der ganzen Welt frage ich alle Leute danach. Sie können mir nie eine Antwort geben. Sie wissen es nicht. Ich habe Rechtsanwälte in den Vereinigten Staaten danach gefragt. Wenn das nicht ihr Schwerpunkt ist, dann wissen sie es auch nicht. Ich will dies an einer konkreten Geschichte belegen. In den Vereinigten Staaten ist der Staatsbürger kein Subjekt, das wie ein Christbaum alle seine Rechte trägt. So etwas existiert nicht. Die Verfassung spricht von Personen. Was passiert also, wenn man Rechte verliert? Wie ist die Rechtspersönlichkeit des Rechtssubjekts eigentlich konstituiert? Grundsätzlich werden Rechte in vielfältigen spezialisierten Bereichen angewandt. Ist ein Recht weg, muss man sich buchstäblich in diese Fachbereiche – wie das Insolvenzrecht oder die Anwaltsordnung für Strafverfahren – einarbeiten, um dahinterzukommen. Das ist der Grund, weshalb diese Geschichten eigentlich unterhalb der Wahrnehmungsgrenze, im Schatten ablaufen.

So ist beispielsweise eines der Rechte, die wir im vergangenen Jahr verloren haben, aus dem Insolvenzbereich. In den meisten Ländern und auch in den Vereinigten Staaten ist es so, dass mit der Insolvenzanmeldung – egal ob Privathaushalt, Einzelperson oder Firma – sogleich eine unsichtbare Schutzwand entsteht. Dieses Gesetz hat den Zweck, dem Betreffenden die Möglichkeit zu geben, wieder auf die Beine zu kommen. Das Gesetz ist also als Hilfestellung gedacht. Einzig den Kreditkartenunternehmen ist es gelungen, dieses Gesetz zu durchlöchern. Jetzt können sie uns auch den letzten Dollar aus der Tasche ziehen. Sie sind die einzigen Akteure, denen dieses Recht zugestanden wurde, das im Widerspruch zu einem bestehenden Gesetz steht. Diese Veränderung ist weitgehend unbemerkt geblieben. Sie ist aber wichtig, da dies der Anfang einer Erosion sein kann.

Ein anderes Recht, das wir verloren haben, ist das Recht eine Sammelklage bei einem Gericht erster Instanz einzubringen, an das ich mich als Bürger im Prinzip auch ohne Rechtsanwalt wenden kann. Ich habe das Recht, Klage zu erheben. Will ich eine Sammelklage gegen einen großen Konzern einbringen, tue ich natürlich gut daran, mir ein paar exzellente Rechtsanwälte zu nehmen. Und normalerweise leiten natürlich die Rechtsanwälte das Verfahren ein. Grundsätzlich ist es aber der Bürger, der zu Gericht geht – wie beispielsweise bei den bedeutenden Sammelklagen gegen Tabakunternehmen wegen Gesundheitsgefährdung. Dieses Recht haben wir nicht mehr. Zufällig waren gerade zwei massive Sammelklagen in Vorbereitung: eine gegen Halliburton, ein Unternehmen, das im Irak Milliarden Dollar scheffelt; die zweite war gegen Coca Cola geplant, da das Unternehmen Wasserbohrungen aller Art betreibt und damit die Grundwasservorräte in verschiedenen Teilen der Welt reduziert.

Wir verlieren also Rechte. Diese Rechte sind so gut in technische Systeme eingebettet, dass weder die Medien, noch die Kommentatoren, selbst die meisten Wissenschaftler das nicht mitkriegen. Ich werte das als Indiz einer Transformation.

Und hier kommt ein drittes Element ins Spiel, das eigentlich aus der Literatur über Identität hervorgegangen ist. Der Staatsbürger, der in der Ära des starken Nationalstaats als einheitliches Subjekt verstanden wurde, ist heute zunehmend ein Bündel von Verfassungen und Existenzen. Der Staatsbürger besitzt ein Set an formalen Rechten, die zwangsläufig mit einem Nationalstaat verknüpft sind. Es gibt jedoch eine Reihe ganz anderer Existenzen, staatsbürgerlicher Identitäten, Orte einer staatsbürgerlichen Praxis, die nicht mehr unbedingt mit dem Nationalen verknüpft sind. Aus dieser Perspektive betrachtet, besteht das Subjekt, also der Staatsbürger – was auch schon bisher der Fall, allerdings nicht sichtbar war –, jetzt sichtbar nur aus einem einzigen nationalstaatlichen Element und aus einer ganzen Reihe anderer Dinge, die sich jetzt als frei schwebend herausstellen. Die heute vielbesprochenen transnationalen Identitäten gab es gewissermaßen schon immer.

Zweifellos gibt es also Veränderungen im Recht, die die Distanz im Staat vergrößert haben. Aber erst die heutigen Verhältnisse, die Globalisierung, der Transnationalismus, die Identität jenseits von nationalstaatlichen Kategorien – all das hat diese Veränderungen erst lesbar gemacht. Das ist nicht nur die Diagnose einer Analytikerin. Die staatsbürgerlichen Praktiken selbst haben deutlich gemacht, dass nur ein Teil unserer Identität fest mit dem Nationalen verknüpft ist. Ein Teil dessen, was das staatsbürgerliche Subjekt ausmacht, ein Teil, der nichts mit staatlich gewährten formalen Rechten zu tun hat, kommt zurzeit in verschiedenen Gebieten zum Einsatz.

Dazu gehört nicht nur die transnationale Identität und der Postnationalismus, sondern auch die Tatsache, dass das System der Menschenrechte verstärkt institutionell verankert wird. Denn dieses System stellt eine Rechtsquelle dar, die zumindest bis zu einem gewissen Grad unabhängig vom Nationalstaat ist.

Wir haben es also mit zwei Verschiebungen zu tun: dem Staatsbürger, der nur zu einem Teil im Nationalen zuhause ist, und dem Staat, der auch nur teilweise im Nationalen beheimatet ist. In diesen Verschiebungen steckt etwas Diasporisches.

Damit komme ich zur Informalität. Mit der Aussage, dass der formale politische Apparat – der das formale Subjekt Staatsbürger und den formalen Staatsapparat einschließt – dem Nationalen immer weniger Rechnung trägt, eröffnet sich die Möglichkeit eines nicht formalisierten politischen Raumes. Dieses möchte ich als *das* Politische bezeichnen. Dazu gehört, dass das ehemals einheitliche Subjekt Staatsbürger nun zum Teil zu einer transnationalen, globalen Identität wird. Dadurch entstehen ein Raum und Instrumente für *das* Politische, das sich von dem reinen Stimm-Bürger oder von dem im engen nationalen politischen Apparat funktionierenden Bürger unterscheidet. Meines Erachtens ist die Stadt der Raum, der diese Art von informeller Politik möglich macht. Aber *das* Politische wird nicht nur von netten transnationalen Bürgern konstituiert. Hier spielen noch ganz andere informelle politische Akteure – etwa die oben erwähnten multinationalen Konzerne – mit, die heute auf ihre Weise und nach ihrer eigenen utilitären Logik ebenfalls *das* Politische konstituieren. Es ist also eine ziemlich komplexe und vielgestaltige Landschaft.

Ein weiteres Element – und jetzt stoßen wir mit unseren Grabungen ziemlich in die Tiefe – stammt aus meinen Studien über Immigranten. Sie befassten sich mit Einwandererhaushalten in New York, Latino-Zuwanderern, Frauen und Männern aus der Arbeiterschicht, verheiratet, mit Kindern. Uns interessierte dabei die Beziehung der Ehemänner und der Ehefrauen zu ihrem Heimatland. Wir fanden heraus, dass die Männer dorthin zurück und die Frauen hierbleiben wollten. Die Männer waren zu unsichtbaren Akteuren geworden. Sie arbeiteten in Fabriken oder Lagerhäusern und kamen erst spätabends nach Hause. Die Frauen trugen ihnen auf, den Müll hinauszutragen. Das sind Latino-Männer. Sie haben keine Kneipe an der Ecke, wo sie herumhängen und zumindest durch Politisieren zu öffentlichen Subjekten werden können. Dies ist ein wichtiger Teil der Lebensweise von Latinos in vielen anderen Gesellschaften. Wenn wir die Frauen fragten, warum arbeitet ihr, dann sagten sie: um eine bessere Frau, eine bessere Mutter zu sein. Das ist die Sprache des *familismo*, des Familiensinns – doch dann waren es die Frauen, die Behördengänge zu Polizei, Schule und Sozialeinrichtungen erledigten und mit Rassismus, Diskriminierung und Schikanen fertig werden mussten. Meine These lautet, dass sie durch die erfolgreiche Bewältigung dieser Aufgaben zu politischen Akteuren wurden und Mikropolitik betrieben. *Das* Politische wird nicht nur durch große Straßendemonstrationen konstituiert. Es ist vielmehr ein Bereich, in dem Bürger in einer Stadt aktiv werden. Durch ihr Bemühen, mit den staatlichen Institutionen, mit Rassismus und mit sonstigen Schwierigkeiten zurechtzukommen, bewegten sie – so es ihnen gelang – tatsächlich etwas. Das sind sehr bescheidene Milieus, bescheidene Settings. Auch hier muss man sich in den Schatten begeben, da sich die Frau ja nur als Ehefrau und Mutter darstellt. Sie kauft riesige Esszimmergarnituren, riesige Kühlschränke und Sofas und behauptet sich durch diese Käufe als gute Mutter und Ehefrau. Aber eigentlich ist sie es, die alles Familiäre regelt. Die Frauen reden nicht darüber, sondern erledigen diese Dinge einfach. Das ist ein sehr bescheidenes Leben, eine sehr bescheidene Auswahl an Taktiken, eine sehr bescheidene Bandbreite an Aktivitäten und Auseinandersetzungen mit den örtlichen Behörden. Aber in all dieser Bescheidenheit bewegt sich tatsächlich etwas.

Ich möchte mit einem Beispiel ganz anderer Art schließen. Das »Center for Constitutional Rights« brachte vor einem Washingtoner Gericht erster Instanz eine Klage ein; das Center ist ein Zusammenschluss ehrenamtlich tätiger Rechtsanwälte, die sich gegen neun multinationale Konzerne engagieren, von denen nur drei in den USA, die anderen in Großbritannien, den Niederlanden und Frankreich angesiedelt sind – wodurch bereits Elemente einer globalen Rechtsprechung entstehen. Die Klage richtete sich gegen die Aktivitäten in ihren ausgelagerten Produktionsstätten in Indonesien, China, Mexiko und den Philippinen. Um solch eine Klage einzubringen, reicht das nationale Recht. Man braucht dazu weder einen internationalen Gerichtshof noch internationales Recht. Das ist sehr wichtig; es heißt nämlich, dass der Staatsbürger die an den Nationalstaat gebundenen formalen Rechte benützen kann, und damit tatsächlich den Boden des Nationalen verlassen und globale Rechtsprechung herstellen kann. Auf welches Gesetz stützte sich die Klage? Sie bezog sich auf eines der ältesten noch geltenden Gesetze, eines der ersten Gesetze der Vereinigten Staaten. Es wurde vor 277 Jahren erlassen und anfangs sehr häufig angewendet. Doch dann landete es in der Schublade, im längsten Dornröschenschlaf aller Zeiten. Bis es vor etwa fünf Jahren wieder zu Ehren kam. Heute wird es sehr oft und so erfolgreich angewendet, dass man meinen könnte, es wäre für unsere Zeit gemacht worden. Es galt, auf der Ebene der Fabriken anzusetzen, denn nur dann konnte man sich auf die Menschenrechte berufen. Die Klage hatte ja nur nationales Recht, nationale Gerichte und ein nationales Klagerecht zur Verfügung. Hier in Europa gibt es jede Menge internationaler Gerichtshöfe. Aber wo auch immer ich hinkomme, sage ich den Bürgern: Findet heraus, welche Gesetze in eurem Rechtssystem derartige Klagen stützen können!

Für mich stellt das eine Art von Konstituierung *des* Politischen dar. Es ist eine wunderbare Mischung aus formalen Elementen und einem informellen

Projekt. Wichtig ist, dass ich aus meinem Nationalstaat heraus eine globale Rechtsprechung bewirken kann. Als Bürger kann man ein nationales Gericht zu einem internationalen Instrument machen.

Die Konstituierung *des* Politischen eröffnet Möglichkeiten, statt diese zu schließen; dazu braucht es nur ganz bescheidene, ganz lokale Schritte in unseren Gemeinschaften, in unserer unmittelbaren Umgebung.

In diesem Schattenbereich geschieht alles Mögliche – wie diese Ent-Nationalisierungen im Inneren des Nationalen: hochgradig formalisierte Elemente, die in ihren bisherigen Settings nicht mehr beheimatet sind. Und insofern ist hier ein diasporisches Element enthalten, da auf einer Ebene eine Bindung bestehen bleibt, gleichzeitig jedoch eine Distanzierung erfolgt. Ich habe noch keinen Begriff dafür. Aber das Diasporische beginnt, alle Kategorien, die ich verwende, aufzusprengen. Es bringt die Kategorien ins Wanken. Vielleicht kann ja dieser starke Begriff des Diasporischen manches erhellen, das mit anderen Kategorien, wie etwa jener der Globalisierung, im Schatten bleibt.

Kapitel II

Veränderung der Metropole

Unvollendete Entkolonisierung

Globalisierung und Ambivalenz

Homi K. Bhabha

Ich war kein Mitternachtskind.[1] Einige Jahre nach jener Mitternacht des Jahres 1947 geboren, als Indien die Stunde der Freiheit schlug, war ich bei diesem epochalen Narrativ nicht dabei. Ich war nicht Zeuge, als Indien und Pakistan, aus einem gespaltenen Schoß geboren, ins grelle Licht der nationalen Unabhängigkeit traten. Aber große Ereignisse überdauern den Augenblick ihres Geschehens, sie hinterlassen ein Gefühl von Erwartung in der Luft, wie die Ruhe, die einem heftigen Sturm folgt, nicht vergessen lässt, was geschah. Meine Kindheit war voll mit Berichten von Indiens Unabhängigkeitskampf, mit komplizierten Geschichten seiner subkontinentalen Kulturen, in der tödlichen Umarmung einer imperialen Macht gefangen, die einen verstörenden Überrest an Feindseligkeit und Freundschaft hinterließ.

In Bombay in einer Parsengemeinde – eine kleine zoroastrische Minderheit, weder Hindu noch Muslim – aufzuwachsen bedeutete, in einer Art *demimonde* der indoenglischen Mittelschicht zuhause zu sein. Im Alltag bekam ich jedoch ein ganz anderes kulturelles Erbe mit. Das tägliche Leben stand im Zeichen jener reichen Mischung aus Sprachen und Lebensweisen, die den meisten kosmopolitischen Städten Indiens eigen und mit dem typischen Lokalkolorit versehen ist – Hindustani von Bombay, Gujarati der Parsen, Bastard-Marathi, alle zusammen mit dem Englisch der walisischen Missionare vermischt, gepfeffert mit einem angloindischen *patois*, der zuweilen einem amerikanischen Slang, aufgeschnappt in Filmen oder Popmusik, weichen musste. Für mich hatte die englische Sprache die Qualität eines beliebig kombinierbaren, beweglichen Fests, wie das Essen auf den Straßen von Mumbai – scharf gewürzt, billig, in jeder gewünschten Menge und Kombination, köstlich wegen seines Geschmacks und gefährlich wegen der Diarrhö.

Für mich war die Entdeckung befreiend, wenngleich auch irgendwie beunruhigend, dass meine »ganze« Identität immer nur die Summe ihrer Einzelteile

1 | Teile der Einleitung zu diesem Text erschienen im Rahmen einer vom »Arts Council of Great Britain« veröffentlichten Essaysammlung.

sein würde – nicht mehr und nicht weniger. Das hieß jedoch nicht, dass ich (im postmodernen Sinn) so fragmentiert und diffus war, dass ich meine Geschichte nicht erzählen oder meine Ansprüche an die Welt nicht hätte stellen können. Dieses Pendeln zwischen »partiellen« Kulturen gab mir ein Selbstverständnis, das etwas *weniger* als eine kohärente kulturelle Identität, aber zugleich deutlich *mehr* als eine aufgezwungene nationale oder nationalistische Perspektive war. Nein, ich war nicht eines der Mitternachtskinder und doch findet auch meine vielschichtige Geschichte mühelos ihren Platz in Salman Rushdies großem Erzählmythos »Mitternachtskinder«, einem der ersten Romane, der Indien zur Metapher für Multikulturalität und Vielsprachigkeit in der globalen Welt machte.

Laut Rushdie hält die zeitgenössische Weltliteratur »die Kultur und politische Geschichte der Phänomene der Migration, der Vertreibung, des Lebens in einer Minderheitengruppe fest. [...] [E]ine großartige Literatur [geschaffen] aus dem Phänomen der kulturellen Transplantation, aus dem Studium der Methoden, durch die die Menschen mit einer neuen Welt fertig werden.«[2] Cervantes, Swift, Gogol, Kafka, Conrad, Marx, Ramohun Roy und Tagore – sie alle sind Äste dieses polyglotten Stammbaums, an dem sich Rushdie misst. Er entwirft eine »indische Metapher« für die globale Erfahrung, die urban und ländlich ist, und verankert Bombay und Indien fest auf der Weltkarte der Imagination.

Wie meine hybride kulturelle Erfahrung besteht auch Rushdies globales Bombay aus Myriaden von Bildern und einem Schwall von Wörtern, die die Stadt und ihre Geschichte so energisch vorantreiben, dass ein Bild von Bombay als ein »Ganzes« entsteht, während das Narrativ die Stadt und das Land ständig umbenennt und gemäß ihren Einzelteilen, Fragmenten, Aufzählungen, Abrissen, Diskontinuitäten, Fantasien und herumirrenden und irregeleiteten Taxonomien redefiniert: »Der Prozess der Überarbeitung sollte konstant und endlos sein; glauben Sie nicht, ich sei zufrieden mit dem, was ich getan habe!« versichert Saleem, der tragikomische Antiheld des Buches.[3]

Manchmal lässt sich jedoch die »Vorstellung« von Indien nicht so leicht in der Realität des Nationalstaats als einer »imaginierten Gemeinschaft« unterbringen, deren Menschen eine »homogene und leere Zeit« kontinuierlicher und geteilter nationalistischer Narrative bewohnen – um ein Konzept von Benedict Anderson zu bemühen. Wenn gesellschaftliche oder politische Krisen entstehen, tun sie das häufig in Form religiöser Konflikte, die als Kulturkämpfe – etwa Hindus gegen Muslime – ausgetragen werden. Wir müssen hellhörig sein für die tiefere Krise des modernen politischen Lebens, die hinter diesem religiösen oder ethnischen Konflikt steht. Bei dieser Auseinandersetzung wird

2 | Rushdie, Salman: *Heimatländer der Phantasie. Essays und Kritiken 1981-1991*, München: Kindler 1992, S. 34.

3 | Rushdie, Salman: *Mitternachtskinder*, München: Knaur 1993, S. 715.

oft übersehen, dass es eigentlich um die Idee der »Staatsbürgerschaft« als diasporischer, transnationaler Anspruch auf Rechte und Repräsentanzen geht.

Staatsbürgerschaft nimmt zunehmend eine Komplexität an, die sich nicht mehr auf rechtliche, soziale oder politische Ideale beschränkt, die aus Territorialstaaten und deren Solidaritäten erwachsen. Staatsbürgerschaft ist heute eine von gesellschaftlichen Gruppen erhobene Forderung nach Formen von politischer und kultureller Anerkennung, die über nationale Grenzen und rechtliche Identitäten hinausgeht. Dieser Prozess ist bei Diaspora- und Migrantengemeinschaften besonders deutlich zu erkennen, doch wird dieses Schicksal von vielen Minderheiten geteilt, deren charakteristische »Differenzen« eine Transformation der traditionellen Konzepte von Anerkennung und Teilhabe als Bürger erfordern. Ein Beispiel dafür wäre das Akzeptieren der Geschlechterdifferenz als eine Form von »feministischer« Staatsbürgerschaft. Um der Rolle der Frau – als Staatsbürgerin – gerecht zu werden, muss der Arbeitsbegriff auch die Elternrechte von Frauen und Männern als Teil des Produktionsprozesses umfassen, zugleich müssen patriarchale und männliche Normen geändert werden, die sichtbar und unsichtbar in die Vorstellungen von Arbeit und Macht eingebettet sind. Ebenso verlangen diasporische Gruppen, dass ihre Daseinsbedingungen – der schwankende Grund ihrer kulturellen Erfahrungen als wirtschaftliche und politische Migranten – Teil ihrer »staatsbürgerlichen« Identität in ihren neuen Zugehörigkeitsterritorien werden sollen.

Manche Diaspora-Völker streben eine Doppelstaatsbürgerschaft an; andere meinen, dass die staatsbürgerlichen Rechte die traumatischen Bedingungen der Kolonialisierung, des Holocausts, des Völkermords und der Sklaverei berücksichtigen sollten. Diese »dunklen« Seiten der Aufklärung sollten, so meinen sie, zur Gestaltung moderner Nationalismen und zeitgenössischer politischer Rationalismen beitragen. Dabei geht es nicht um »Schuldzuweisungen«, sondern eher darum, unser Verständnis für die Geschichten der globalen Gegenwart zu vertiefen. Viele der drängenden Globalisierungsprobleme – Ungleichheiten in Wirtschaft und Bildung, Fehlurteile einer globalen Justiz, Vernachlässigung globaler Gesundheitsfragen wie Malaria, Tuberkulose oder AIDS –, die Probleme der globalen Gegenwart und Zukunft, sind im Kontext einer ungelösten Entkolonialisierung zu sehen, wofür man sowohl den Kalten Krieg als auch den Neoliberalismus nach 1980 verantwortlich machen kann. Die Migration – wirtschaftlich wie politisch – trägt diese Erinnerungen einer nicht abgeschlossenen Entkolonialisierung mitten in die Metropolen. Ein überdurchschnittlich großer Teil der diasporischen Bevölkerung kommt aus der Unterschicht und ist einer rassischen Diskriminierung ausgesetzt, der klassenspezifischen Unterdrückung vergleichbar, die einst das Los des städtischen Proletariats war – in beiden Fällen bleibt den Ausgeschlossenen oder Diskriminierten die volle Teilhabe an der Zivilgesellschaft verwehrt. Die Weitergabe derartiger Diasporaerfahrungen von Generation zu Generation bringt verschobene Formen des kulturellen Gedächtnisses hervor, die nachkommende Generationen, die nie dem direkten Einfluss einer »indigenen« Kultur ausgesetzt waren, doch Bindungen an orthodoxe oder traditionelle Kulturformen neu erfinden und an den fremden sozialen Kontext anpassen lassen.

Welche Gründe bewegen einen in England geborenen, aufgewachsenen und ausgebildeten jungen Londoner asiatischer Abstammung mit guten beruflichen und besten gesellschaftlichen Aussichten, in jeder Hinsicht ein *englishman*, dazu, sich einer weltweiten Dschihad-Bewegung anzuschließen? Das ist eine wesentliche Frage, auf die es viele Antworten gibt. Man könnte es einer kulturellen Ausgrenzung oder Vertreibung zuschreiben, doch woher rührt der Wunsch nach einer Art von Identifizierung jenseits aller Alltagserfahrung? Eine Art von Protest, der vielfach das genaue Gegenteil der Lehren und Glaubenssätze von Eltern und Familien der ersten Generation ist? Ich habe keine einfachen Antworten. Aber ich möchte darauf hinweisen, dass die »unbewältigten« Entkolonialisierungsgeschichten mit der großen Ungleichheit und Asymmetrie zwischen Ost und West, die sie hinterlassen, gewalttätige, sogar perverse Formen der Solidarität quer durch die Welt der Diaspora erzeugt haben, für deren globale Vernetzung heute ein Mausklick genügt. Die neue Technologie – ob PC oder globale Medien – entwickelt eine Art von kulturellem Gedächtnis, das sowohl »instantan« als auch langfristig funktioniert. Während wir noch über die Auswirkungen der Diaspora auf multikulturelle *Identitäten* diskutieren, vollzieht sich eine größere technologische Transformation des globalen *Gedächtnisses*, die wesentlich folgenschwerer und gefährlicher ist, als das ganze Gerede von »transnationalen Identitäten«.

Die Globalisierung kündigt sich meist mit dem Adjektiv »neu« an – neue globale Ökonomie, neue Technologien, eine neue soziale Ordnung – ist jedoch selbst weniger »neu« als vielmehr aufkeimend, im Entstehen begriffen. Michel Foucault meinte bereits 1978, dass die Globalisierung der Wirtschaft und der politischen Strategien nicht mit einer Universalisierung des politischen Bewusstseins einhergehe. Fast 30 Jahre später ist die Globalisierung noch immer eine partielle und disjunktive Realität, die sich zu einer kosmopolitischen Weltordnung vorantastet, in einer Zeit, die manche als Zeitalter des Terrors, andere als einen Kampf der Kulturen und wieder andere als messianische Mission zur Expansion der Demokratie des freien Marktes verstehen.

Die Angst unserer Gegenwart macht uns schmerzlich bewusst, dass das strukturierende Prinzip unserer affektiven und politischen Existenz die Ambivalenz ist – Ambivalenz als zentraler »Wert« der privaten wie der öffentlichen Erfahrung im Leben der Staatsbürger. In seinem bemerkenswerten Roman *Saturday* über die Welt nach 9/11 beschreibt Ian McEwan unser zeitgenössisches »ambivalentes« Bewusstsein folgendermaßen: »Für den Krieg gegen den Terror und den Krieg im Irak – oder dagegen, für die Beseitigung des Regimes eines verhaßten Despoten und dessen verbrecherischer Familie, für eine allerletzte

Waffeninspektion, die Öffnung der Foltergefängnisse [...] oder gegen die Bombardierung von Zivilisten, die unvermeidlichen Flüchtlinge, die Hungersnot, ein rechtswidriges internationales Vorgehen. [...]. Glaubt er denn, durch seine *Unentschiedenheit* – falls es sich wirklich darum handelt – könne er sich der allgemeinen Konformität entziehen? [...] Er [...] ist wie benommen von widersprüchlichen Ansichten [...].«[4]

Politische »Verzerrungen«, ökonomische Verwerfungen und ethische Dilemmata bestimmen unsere Zeit, das Zeitalter globaler Transition und widersprüchlicher Ansichten. Ideologische »Extreme« sind keine Polaritäten, sondern stehen in einem antagonistischen – und agonistischen – Naheverhältnis. Die »säkulare« Liberalisierung der Märkte geht mit zunehmender Fremdenfeindlichkeit und religiösen Fundamentalismen einher; diasporische Völker, die im Westen leben und an dessen öffentlichem Raum und Zivilgesellschaft teilhaben, können zugleich fanatische Traditionalisten und Orthodoxe sein; westliche Regierungen, die in der ganzen Welt das demokratische Ideal predigen, lassen sich in ihrem eigenen Land von rechten religiösen Bewegungen und deren tief verwurzelter Intoleranz und fehlender Transparenz in Geiselhaft nehmen. Manche feiern die Revolution der Informationstechnologie, begeistern sich für die »sanfte Macht« der globalen Märkte – und verkünden (mit Thomas Friedman von der »New York Times«): Die »Welt ist flach«, das Spielfeld ebener als je zuvor. Und im selben institutionellen Diskursuniversum behaupten andere gleichzeitig, die Welt befinde sich in einem völlig neuen und erschreckenden »Kampf der Kulturen«: Militante Islamisten, die sich von allen Spuren der Verwestlichung reinwaschen wollen, kündigen ihren geplanten Märtyrertod im Internet an, ehe sie nach uralten Selbstverbrennungsritualen die Sprengkörper an ihrem Körper befestigen. Die »entterritorialisierten Flüsse« der weltweiten Terrornetzwerke bedienen sich derselben Technologien und Informationsökonomien wie die Netzwerke des Finanzmarktes, Inbegriff für den Fortschritt des digitalen globalen Kapitals.

Globale Ambivalenz ermutigt keineswegs zu politischer Passivität oder philosophischer Entscheidungsunfähigkeit. Ambivalenz fördert ein gesundes und produktives »Zweifeln«, mit dessen Hilfe die Widersprüche des globalen Kapitalismus hinterfragt werden können, ohne dessen Beitrag zu bestimmten Sektoren der politischen Ökonomie auszublenden. Manche wirtschaftlichen Globalisierungsstrategien waren durchaus hilfreich bei der Umstrukturierung korrupter, nepotistischer Regierungen, die im Namen »des Volkes« ökonomischen Protektionismus ohne jede Strategie zur Umverteilung betrieben. Zugleich muss man die Hegemonie des Washingtoner Konsenses und der Weltbank hinterfragen und ihr einen Prozess des Widerstands entgegensetzen, den der Ökonom und Nobelpreisträger Amartya Sen als »globale Zweifel« be-

4 | McEwan, Ian: *Saturday*, Zürich: Diogenes 2005, S. 251.

zeichnet. Diese globalen Zweifel, argumentiert Sen, sind eine unverzichtbare Komponente der humanitären Ethik, denn sie befördern eine »stark inklusive Vorstellung von Zugehörigkeit, die so viele Menschen bewegt, gegen die die Welt spaltende Ungerechtigkeit vorzugehen«.[5] Globale Zweifel sind *kein* Defätismus nach Art der Maschinenstürmer und auch *keine* Nostalgie nach dem Nationalstaat nach westfälischem Modell. »Zweifel« ist ein politischer und ethischer Prozess, der Selbsterforschung, kritische Intelligenz, ethisch-politische Deliberation und sozialen Dialog umfasst. Mit diesem Prozess überprüfen wir die Wahrheitsbedingungen und die praktischen, pragmatischen Konsequenzen unseres Handelns als Akteure in der Welt. »Globale Zweifel« sind unerlässlich, um zu begreifen, was auf dem Spiel steht, wenn man auf der Weltbühne als global Handelnder auftreten möchte.

Der indische Premierminister Manmohan Singh trifft mit seiner Rede »India has come to terms with globalization«, die er am 18. März 2006 in Mumbai vor der Asia Society hielt, genau den Ton der »globalen Zweifel«. Irgendwo zwischen eingefleischtem Optimismus und ethischem Realismus bringt er genau das zum Ausdruck, was ich als »Ambivalenz« beschrieben habe. Globale Ambivalenz ist eine Dynamik des globalen Prozesses, zu der zwei Kräfte gehören: Transfer und Transformation. Der *Transfer* von Kapital, Wissenssystemen, Technologien und kulturellen Praktiken bewirkt weltweit ein zunehmendes Gefühl von Homogenität. Das meinte Friedman mit seiner Aussage, die Welt sei flach, und das meinen auch einige Nichtregierungsorganisationen, wenn sie beklagen, dass die größeren Supermächte sich das spezialisierte Wissen und das geistige Eigentum kleiner, machtloser Regionen und Gruppen aneignen. Die Gegenkraft ist die soziale oder kulturelle Transformation. Ist der Transferprozess abgeschlossen, stellt sich die Frage, welche Kräfte der gesellschaftlichen Transformation wirksam werden. Die lokale und regionale Rezeption und Reproduktion der globalen Transfers sind nicht vorhersehbar. So schafft zum Beispiel der »Transfer« medizinischer Spitzeninstrumente und -techniken auf neuestem Stand »medizinische Paradiese« in Indien, die um ein Drittel der Kosten mit den besten im Westen mithalten können. Die hochgepuschte Bedeutung dieses Know-hows für die reicheren Berufstände in Indien (denen der Erfolg der Globalisierung international zunehmende Prominenz beschert) und jene Ausländer, die sich das indische Expertenwissen zunutze machen, schafft eine neue Ungleichheit im indischen Gesundheitssystem. Der Fokus auf die »weltbeste medizinische Versorgung« und auf deren Profite für Mediziner und Unternehmer vernachlässigt die grundlegendsten Bedürfnisse der Armen auf dem Land und in der Stadt – die mehr traditionelle Arzneien und Therapien gegen endemische Krankheiten wie Malaria, Pocken und Tuberkulose benötigen

---

5 | Sen, Armatya: *Die Identitätsfalle. Warum es keinen Krieg der Kulturen gibt*, München: C. H. Beck 2007, S. 133.

– zugunsten immer neuer Innovationen. In diesem Fall hat der Wissens- und Technologietransfer für die Mehrheit der Bevölkerung keine nachhaltige Transformation bewirkt. Die Armen leiden unter »neuen« Formen von Armut und Ungleichheit – durch den Transfer globaler Technologie verursachte komparative Ungleichheiten. Es ist dem indischen Premierminister hoch anzurechnen, dass er nicht an diesem Tanz um das goldene Kalb des globalen Narzissmus teilnahm. Der Wahlslogan der High-Tech-Regierung der hinduistisch-nationalistischen Partei Bharatiya Janata (BJP) von 2004, »India Shining«, blendete die dunklere Alltagsrealität aus: 63 Prozent der ländlichen Haushalte haben keinen Strom und wer ans Stromnetz angeschlossen ist, muss täglich mit Stromausfällen oder -störungen rechnen, die zwischen zehn und 15 Stunden dauern.[6] *Ist die globale Welt flach?* Wohl kaum. Indien hat sich nach Ansicht des Premierministers zwar mit der Globalisierung arrangiert, doch verpflichtet es seine »regionale« Solidarität mit seinen südost- und ostasiatischen Nachbarn im Rahmen seiner »Ost-Politik« zu einer Form der Gleichheit und Freiheit, die den Abbau des ansatzweisen landwirtschaftlichen Protektionismus und eine weitere Demokratisierung der Prioritäten der Welthandelsorganisation verlangt und auf eine Neubewertung der »ungleichen« Doha-Agenda drängt. Wenn Premierminister Singh in Anbetracht der historischen und regionalen Bedingungen für globale Gerechtigkeit, Gleichheit, Sicherheit und Wohlstand eintritt – und die Asiaten als »talentierte Völker nach Jahrhunderten der Unterwerfung« preist – schränkt er damit die Wirksamkeit der Idee der Freiheit nicht ein. Er äußert einen positiven postkolonialen Zweifel an universalistischen Freiheitsansprüchen, die nach einem Maßstab globaler Gerechtigkeit weder gleichberechtigt gehandhabt noch gerecht verteilt werden. Ich stimme mit Amartya Sens kontrafaktischen Überlegung überein: Es »geht vielmehr darum, ob die Aufteilung [...] außerordentlich ungleich ist, verglichen mit anderen Arrangements, die auch getroffen werden könnten«.[7] Globale Zweifel sind aus meiner Sicht der Versuch einer Abwägung, den »Nutzen« des globalen Transfers gegen die Kosten und die Ergebnisse der sozialen Transformation unter Berücksichtigung einer humanitären Ethik und inklusiven Politik abzuwägen. »Dass es so etwas gibt wie ein Recht, Rechte zu haben [...]«, so Hannah Arendt, »wissen wir erst, seitdem Millionen Menschen aufgetaucht sind, die dieses Recht verloren haben und zufolge der neuen globalen Organisation der Welt nicht imstande sind, es wiederzugewinnen«.[8] Natürlich ist Arendts Konzept eines globalen politischen Gemeinwesens gleichwertiger Nationalstaaten nicht gleichzusetzen mit heuti-

6 | Rajvanshi, Anil K.: »Key Issues in Rural Electrification«, in: *Project Monitor,* http://pune.sancharnet.in/nariphaltan/ruralelec.htm vom 16.10.2003.

7 | Sen, Aruatya: Op. cit., S. 144.

8 | Arendt, Hannah: *Elemente und Ursprünge totaler Herrschaft,* München: Piper 1986, S. 614.

gen Vorstellungen einer »global governance«, die sich aus der verschobenen oder eingeschränkten Souveränität von Nationen und Regionen ergibt. Arendts Argumentation ist deshalb für meine Zwecke relevant, weil sie das »Globale« als Struktur von Widersprüchen und Ambivalenzen begreift. Arendt wurde zurecht dafür gewürdigt, die Bedeutung der öffentlichen Sphäre für die Definition und Verteidigung des »Menschlichen« an den Menschenrechten hervorgehoben zu haben, statt die Rechte moralisch an der »abstrakten Nacktheit ihres Nichts-als-Menschseins« festzumachen.[9] Aber was sich daraus für die »globale« politische Situation ergibt – für Arendts These wie für unsere Globalisierungserfahrung wesentlich – wurde kaum je erwähnt.

Ausgehend von der Gewalt der Staatenlosigkeit setzt Arendt einen Diskurs über ein internationales politisches Gemeinwesen und politische Rechte in Gang und deckt einen interessanten Widerspruch zwischen dem ethischen Streben eines globalen politischen Gemeinwesens – »eine Welt« – und der dahinter stehenden politischen Kultur und sozialen Struktur auf. Staatenlosigkeit, so lautet ihr Argument, ist kein Schicksalsschlag, durch mangelnde Zivilisation herbeigeführt, sondern ganz im Gegenteil die perverse Folge der politischen und kulturellen Bedingungen der Moderne. In einem integrierten Weltsystem von Nationalstaaten gibt es für die Staatenlosen, Flüchtlinge, Minderheiten, *displaced persons*, Apatriden keinen »Freiraum« – also keinen eigenen Ort für das Recht auf Handeln und auf Meinung. »Der Begriff des Menschen [...] [richtete sich] nach dem Volk und nicht nach dem Individuum«,[10] stellt Arendt unnachahmlich fest und merkt an, dass jeder, »der aus einer dieser geschlossenen politischen Gemeinschaften ausgeschlossen wurde, sich aus der gesamten Familie der Nationen [...] ausgeschlossen fand«[11]. Arendts Ausgangspunkt ist die brutale Nachkriegserfahrung des Ausgeschlossenseins aus der Familie der Nationen; aus dieser Erfahrung der Staatenlosigkeit erwächst die spannende Einsicht in die dialektische Struktur des verflochtenen globalen Internationalismus, in dem nach David Held »Lebenswege, Projekte und Gemeinschaften ineinander greifen«[12]. Wenn das Globale (als kosmopolitisches Projekt) ein extensiver, totalisierender Zustand gleichwertiger moralischer und sozialer Einheiten ist, dann kommt jegliche soziale Veränderung oder Widersprüchlichkeit aus dem globalen System selbst – gleichgültig, ob ihre Auswirkungen progressiv, affiliativ, antagonistisch oder entfremdend sind. Im globalen System gibt es kein »Außen«, weder ideologisch noch politisch oder ethisch. Was immer die globale Interdependenz stört oder kosmopolitische Werte zerrüttet, ist Folge der

9 | Ebd., S. 620.

10 | Ebd., S. 605.

11 | Ebd., S. 608.

12 | Held, David: *Soziale Demokratie im globalen Zeitalter*, Frankfurt a.M.: Suhrkamp 2007, S. 265.

inneren Dialektik der Globalität selbst – eine teuflische Dynamik. Die tödliche Bedrohung jeder globalen Zivilisation kommt nicht mehr von außerhalb. »Es ist«, schreibt Arendt, »als ob eine globale, durchgängig verwebte zivilisatorische Welt Barbaren *aus sich selbst heraus* produzierte, indem sie in einem inneren Zersetzungsprozeß ungezählte Millionen von Menschen in Lebensumstände stößt, die essentiell die gleichen sind wie die wilder Volksstämme oder außerhalb aller Zivilisation lebender Barbaren.«[13] Welch monströse Wiege, wenn die Zivilisation Barbarei gebiert, die hilfesuchend an ihren Brüsten hängt!

Die Staatenlosen, die Kronzeugen der Ethik und Politik eines neuen Internationalismus, stehen weder im Zentrum noch am Rande der Gesellschaft. Sie kommen *direkt aus* dem Inneren der ambivalenten Dialektik des Globalen: Häufig als »Überschussbevölkerung« bezeichnet, sind sie jedoch in Wirklichkeit der Motor des nichtorganisierten Arbeitsmarkts und des Dienstleistungsgewerbes. Als Schwarzarbeiter, als *sans papiers* mögen sie der Legalität verborgen sein, in ihrer Unsichtbarkeit werden sie jedoch im materiellen Alltag der Zivilgesellschaft und in der öffentlichen Sphäre unverzichtbar und allgegenwärtig. In einer Stellungnahme des »Pew Hispanic Center« aus dem Jahr 2004 wird der Anteil der Schwarzarbeiter ohne Papiere auf 58 Prozent aller in der Landwirtschaft Beschäftigten, auf 23,8 Prozent der privaten Haushaltshilfen, 16,6 Prozent aller Unternehmensdienstleitungen, 9,1 Prozent aller in der Gastronomie Beschäftigten und 6,4 Prozent aller im Bausektor Tätigen geschätzt.

Die Staatenlosen – Wanderarbeiter, Minderheiten, Asylbewerber, Flüchtlinge – stehen für neue, nicht erfasste Lebenswelten außerhalb der formalen Rechtsterminologie von »Schutz« und »Rechtsstellung«. Ihre unbestimmte Anwesenheit – legal oder illegal – verwandelt kosmopolitische Ansprüche auf globale ethische Gleichwertigkeit und Gegenseitigkeit zu Ketten der internationalen Entfremdung. Als Insider-Outsider beschädigen sie den kosmopolitischen Traum einer »Welt ohne Grenzen«, einer *humanité sans frontières*, weil sie *aus der Mitte* des internationalen politischen Gemeinwesens eine komplexe und widersprüchliche Form des Lebens oder Überlebens in einer Zwischen-Legalität und Zwischen-Zivilisation entstehen lassen. Eine Art Niemandsland, das in der Welt der Migration dem globalen Erfolg wie ein Schatten folgt; häufig trennt es ethische Verpflichtungen (gegenüber einer Familie und Gemeinschaft *jenseits der Grenze*) von ökonomischen Interessen (Märkte für Fremdarbeiter, Wirtschaftsmigration *diesseits der Grenze*) und ersetzt die vollständige staatsbürgerliche Partizipation durch ein kulturelles Überleben *in* migrantischen Milieus.

Da sich der Status von Minderheiten als Insider-Outsider in Funktion ihrer Größe ändern kann, beschränkt man häufig Rechte und Vertretungsansprüche im Namen des Feindes im »Inneren«, der als ein »von außen« über die Grenze kommender wahrgenommen wird. In Anlehnung an Arendt hat sich die Natur

13 | Arendt, H.: Op.cit., S. 625 (Hervorhebung HB).

der Grenze geändert, »innen und außen« sind nicht mehr territorial fixiert, da sie komplexe begriffliche und rechtliche Zonen *im Inneren* der politischen Gemeinschaft bilden. Zonen, in denen zum Beispiel der Unterschied zwischen legalen und illegalen Migranten im Alltag oft nicht mehr erkennbar ist, da die Gesellschaft nicht wissen will, woher die billigen Arbeitskräfte kommen, die ihre Bedürfnisse befriedigen. Genau diese Zone wird mit sozialer Angst aufgeladen oder mit fremdenfeindlichem Rassismus infiziert, sobald eine politische Partei oder Gruppe politisches Kapital aus der Migrationsfrage schlagen will und dazu die exklusive und nativistische »Zugehörigkeits«-Metaphysik der einheimischen Bevölkerung gegen die formalen Bedingungen und legalen Rechte der Staatsbürgerschaft ausspielt. Dieser Bereich einer »unsicheren Sicherheit« ist die Eingrenzung der Alterität der Nation, die Grenze des agonistischen Doubles der Demokratie. Natürlich ist Sicherheit eine politische Notwendigkeit; sie läuft aber auch Gefahr, zu einer Legitimierungskonstruktion zu werden, die das Recht auf Teilhabe durch Vorrechte der Polizei ersetzt und zugleich die öffentliche Meinung in eine kollektive Neurose und eine xenophobe Projektion verwandelt. Die Bewohner des Raumes der »unsicheren Sicherheit« leben in der Angst, der Entfremdung des demokratischen Versprechens zu begegnen. Diese ist nicht die Auslöschung der imaginierten Gemeinschaft der Nation, sondern deren Reproduktion durch die Erzeugung von Angst vor einer kulturell fremden Nation der »Staatenlosen«, die sich *inmitten* des demokratischen Habitus der Nation breitmacht. Dieser *Affekt* der Entfremdung wäre das, was Foucault das »Recht zu töten« nennt, das die normalisierende biopolitische Macht der Moderne verfolgt: »jemanden der Gefahr des Todes ausliefern, für bestimmte Leute das Todesrisiko oder ganz einfach den politischen Tod, die Vertreibung, Abschiebung usw. zu erhöhen«[14]. Etienne Balibar bezog sich auf Edward P. Thompson, als er dasselbe Phänomen als »die zunehmende Unterteilung der globalisierten Welt in Lebens- und Todeszonen [...] eine entscheidende und fragile *Supergrenze*, die Ängste und Sorgen in Bezug auf die Einheit und Spaltung der Menschheit – eine Art globale und lokale Feindeslinie«[15] bezeichnete.

Der Sprache der Verfassungsreformen und des Rationalismus fehlt allzu oft ein Vokabular, das dem globalen Zweifel angemessen ist und das die Gefühlswelt der Staatsbürger benennt – eine Sprache mit Sinn für die allgemeine Angst, die Ambivalenz, die Ungewissheit, die Unentschlossenheit. Das sind die schwierigen, unangenehmen Leidenschaften des politischen Lebens, die sich nicht so leicht als »Bürgertugenden« kategorisieren lassen. Eine Erneuerung

14 | Foucault, Michel: *In Verteidigung der Gesellschaft. Vorlesung am Collège de France (1975-76)*, Frankfurt a.M.: Suhrkamp 1999, S. 279.

15 | Balibar, Etienne: *Sind wir Bürger Europas? Politische Integration, soziale Ausgrenzung und die Zukunft des Nationalen*, Hamburg: Hamburger Edition 2003 (Übersetzung Mechthild Yvon).

des *staatsbürgerlichen oder zivilgesellschaftlichen Zugehörigkeitsgefühls* in einem globalisierten Zeitalter braucht eine Sprache der interkulturellen *Interpretation* sowie eine politische Prosa der sozialen Integration. Es muss eine Sprache sein, die reich an metaphorischer und imaginativer Kraft ist, eine Sprache, die über Zweifel und Deliberation *zu* einem Konsens- oder Gemeinschaftsgefühl *führt*, weil sie imstande ist, die öffentliche Repräsentation sozialer Konflikte und politischer Widersprüche auszuhalten; es muss aber auch eine Sprache sein, die die dunkleren Seiten der individuellen psychologischen Angst vor Ausschluss und die emotionalen Ambivalenzen gegenüber der Integration auszudrücken (und zu interpretieren) vermag, mit denen Menschen konfrontiert sind, wenn sie die verwirrenden globalen Transitionsprozesse erleben.

In Adrienne Richs erstaunlich hellsichtigem Gedichtband »An Atlas of the Difficult World« finden sich einige Verse, die einen Teil der Souveränität des Ich und des nationalen Eigennutzes an eine Vision von Integration und weltweiter Solidarität abtreten. Die Verfasserin versucht, einen moralischen *Maßstab* – eine Mischung aus dichterischem Metrum und politischer Vision – zu begründen und erzählt dazu eine globale Geschichte von »Recht und Unrecht« aus der Perspektive des globalen Zweifels, den sie »unsatisfaction« nennt:

> Die Erinnerung sagt: Du willst recht tun? Zähle nicht auf mich
> Ich bin ein Kanal in Europa, in dem Leichen schwimmen.
> Ich bin ein Massengrab
> Ich bin wieder erstehendes Leben
> Ich bin ein gedeckter Tisch mit Platz für den Fremden
> Ich bin ein Feld mit Ecken für die Besitzlosen...
> Ich bin ein eingewanderter Schneider, der sagt *Ein Mantel*
> ist nicht nur ein Stück Stoff ...
> Ich träumte von Zion, ich träumte von einer Weltrevolution ...
> Ich bin eine Leiche, die man aus einem Berliner Kanal zog
> ein Fluss in Mississippi
> Ich bin eine Frau, die mit anderen schwarz gekleideten Frauen steht...
> das Gesicht unverhüllt zuhört...
> Ich stehe hier in deinem Gedicht, unsatisfied...[16]

Mit seinem eindringlichen Rhythmus erinnert das Gedicht an den mechanischen *Abzählreim* eines monströsen Kindes unseres globalen Zeitalters. Es ist eine Art globale Metapher aus Erinnerungsspuren und historischen Ereignissen – der Holocaust, Sklaverei und Kolonialisierung, Migration und besitzlose Landarbeiter. Die Erinnerung als Zeugin der Vergangenheit – der Versprechen

16 | Rich, Adrienne: *An Atlas of the Difficult World*, New York: W.W. Norton & Co. 1991, S. 44 (Übersetzung Mechthild Yvon).

und gebrochenen Versprechen der Geschichte – sagt, verlasse Dich nicht darauf, dass ich das »Richtige« mache. Doch gerade die *Unzuverlässigkeit* der Narrative der Geschichte und der Erinnerung erlegt uns die ethische Verantwortung des Zweifelns und der kritischen Auseinandersetzung auf. Der globale Zweifel drängt die Dichterin, als ethische und ästhetische Zeugin »Stellung« zu beziehen, *in der Gegenwart, in der Jetztzeit* – ich bin, ich bin, ich bin. Sie stellt Bezüge zwischen globalen historischen Ereignissen – hoffnungsvollen wie tragischen – her, verzichtet jedoch darauf, sie zu einer wohlgeordneten Erzählung über historischen Fortschritt und Niedergang zusammenzufügen. Dadurch kann sie sich mit verschiedenen einander überschneidenden Schicksalsgemeinschaften identifizieren – und positive Verknüpfungen zwischen fragmentierten Menschen und Ereignissen herstellen –, in dem Versuch, eine »Ballade der Zugehörigkeit« zu schaffen, die unserer schwierigen Welt von heute entspricht.

Durch die Bekräftigung der Werte einer humanitären Ethik schafft Adrienne Rich eine globale Metapher für den Weltbürger als eine Frau, die »hier in deinem Gedicht [steht], unsatisfied«. Sie besetzt den Platz der globalen Zweifel, wenn sie die trügerische »Erinnerung« dazu anhält, die historische Wahrheit zu Protokoll zu geben und zu hüten. Ein inklusiver, interkultureller, internationaler Kosmopolitismus, der sowohl Bürgertugend als auch weltliches Wissen erfordert.

Diese Verse stehen für eine globale Ethik, die jenen »Gastfreundschaft« gewährt, die ihre Heimat durch historische Traumen, Ungerechtigkeit, Genozid und Tod verloren haben. Die Wiederholung des einfachsten Ausdrucks menschlichen Seins, »ich bin«, wird hier sowohl zum Anspruch auf Menschenrechte als auch zum Inbegriff der Verantwortlichkeiten und Verpflichtungen einer Weltbürgerschaft. In mir ist die Hoffnung, dass nach den Wirren von Kriegen, Besatzungen, Segregationen und Vertreibungen diese ungerichteten Energien gefundener und verlorener Orte sich zu einem Konzept für ein Leben mit gemeinsamen Grenzen und kontrapunktischen Geschichten zusammenfinden. Wenn Unterdrückung und Zerstörung Mauern niederreißen und Grenzen auflösen können, weshalb sollten in Zeiten des Friedens die Tore nicht offen bleiben können, die Räume neu besiedelt werden? Es ist, als würde uns heute die Feindseligkeit, mit der wir unsere Nachbarn in tödlicher Umklammerung halten, einander näher bringen, als es Gastfreundschaft jemals vermag.

Das Tor der Geschichte steht weder offen noch geschlossen; was wir damit tun, liegt alleine an uns.

Diaspora: Außerhalb in der Metropole?

Gayatri Chakravorty Spivak

1993 erschien mein Buch »Outside in the Teaching Machine«. Diese Struktur »außerhalb – in«, eher als das einfache »außen«, ist auch für das Diasporische relevant. Aristoteles stammte aus Stageira, weshalb er sich in Athen als Fremder gefühlt haben soll. Baudelaire fühlte sich in seiner eigenen Stadt fremd, wie sein berühmtes Gedicht »Der Schwan« bezeugt. Bei Erich Auerbach findet sich ein Zitat des Hugo von St. Viktor, auf das auch Edward Said Bezug nimmt: »Von zartem Gemüt ist, wer seine Heimat süß findet, stark dagegen jener, dem jeder Boden Heimat ist, doch nur der ist vollkommen, dem die ganze Welt ein fremdes Land ist«. Damit untergräbt er den Ruf nach Patriotismus und Nationalismus des *dulce et decorum est pro patria mori*. Im Folgenden werde ich die implizite und unhinterfragte Geschlechtszuschreibung dieses Gefühls aufbrechen, das zum ersten Mal von einem Mann formuliert wurde, der bewusst auf eine Familie verzichtete.

Man könnte hier noch Sokrates hinzufügen, der seine Richter aufforderte, ihn als einen Fremden zu behandeln, da er die »*social engineers*« für zu unwissend hielt, um die Gesellschaftskritik zu verstehen – können wir das angesichts des erbitterten weltweiten Nationalismus und der politischen Mobilisierung der Diaspora als Wert bezeichnen? Es würde uns zumindest dazu veranlassen, den semantischen Titel dieser Vortragsreihe zu überdenken: Diaspora ist nicht ein einzelnes, sondern eine Vielzahl von Lebensmodellen.

Ehe wir uns jedoch den vielen Gesichtern der Diaspora zuwenden, sehen wir uns an, was ihnen allen gemeinsam sein könnte. Nicht jeder, der in der Diaspora lebt, kennt dieses Wort. Das vergisst man mitunter. In der weltweiten Diaspora ist es wie in der Genderpolitik – eine Trennlinie verläuft zwischen jenen, die das Wort kennen, verstehen und für sich reklamieren und jenen, die das nicht können. Wer von uns das Wort verwenden und verstehen kann, muss sich aus der Ferne auf den »Codex Alexandrinus« beziehen, in dem das Wort zum ersten Mal vorkommt. Das Wort ist untrennbar mit der Geschichte der Juden verbunden, die zerstreut sind in alle Winde. Wir spüren, dass jeder diasporisch Lebende sich zu einem anderen Ort hingezogen fühlt als jenem, an dem er ist. Wenn wir damit das Modell der Exogamie verknüpfen, müssen wir unter Umständen das gesamte (arbeits- oder bildungsbezogene) Stadt-Land-Modell überdenken, das implizit in meinem Titelbegriff »Metropole« steckt. Dann sind wir offen für die Überlegung, dass die Frauen in ihrer Vergeschlechtlichung schon immer etwas gemeinsam hatten mit dem, was wir heute als Diaspora bezeichnen. In der hinduistischen Tradition in Bengalen, also in den kulturellen Texten, die zu meiner Vergangenheit und natürlich auch zu meiner Gegenwart gehören, ist die verheiratete Tochter als diasporisch Lebende ein sehr starkes Bild; es gibt tausende Gesänge zu unserem höchsten Fest, *Durga Puja*, in denen Narrative von der Feminisierung und von der Niederlage des Autochthonen besungen und inszeniert werden, dargestellt als Rückkehr einer Tochter zu den liebenden Eltern. Dieser Aspekt entgeht uns, wenn wir Diaspora nur im europäischen Migrationskontext denken. In Bengalen wird der Topos Diaspora tatsächlich in Gesängen zur Ankunft umchiffriert: Diaspora als exogame Verheiratung der Frau.

Auch wenn ich das Gendern des Konzepts Diaspora einfordere, so sehe ich dennoch nicht die bewegende Geschichte der hebräischen Ruth als einzigen Ausweg. Man sollte sich ansehen, auf welche Weise Heirat in älteren Kulturen inszeniert wurde, ehe sich die Idee der romantischen Liebe ihrer bemächtigte. Auch wenn nicht jeder diasporisch lebenden Frau bewusst ist, dass sie mit diesem Begriff gemeint ist, so widerfährt allen diasporischen Frauen der Unterschicht genau das, was ich mit diesem Bild der Exogamie beschreiben wollte.

Und ganz nebenbei: Es hinterlässt einen üblen Nachgeschmack, wenn im Englischen das deutsche »Frau«, das niederländische »Mevrouw« oder das französische »Madame« immer nur als Mrs. wiedergegeben wird. Unsere vereinten Bemühungen, deren Gebrauch als »Ehrentitel« (der rechtlichen Bindung an einen einzigen Mann) abzuschaffen, sind offenkundig an der Macht der reproduktiven Heteronormativität gescheitert. Diese Idee des Doublebind der diasporischen Erfüllung der Frau durch die Heirat und des Doublebind zwischen der zurückgelassenen Kultur und der Zivilgesellschaft enthält eine Art von Verschiebung.

Wenn wir Diaspora als ein einziges Lebensmodell verstehen, wird dieses Doublebind zwischen Kultur und Zivilgesellschaft umgeschrieben. Das symbolische Kapital des *hidschab* oder die Turban tragenden Sikhs in der berittenen königlichen Polizei in Kanada – alle kulturellen Fragen werden pauschal einseitig abgetan. Wie groß muss das Kreuz um den Hals sein, damit die Voraussetzungen für ein Verbot gegeben sind? Maximum an Christentum, Minimum an Islam – darum geht es.

Ich habe an anderer Stelle versucht, das diasporische Leben als eine Art Ökonomie zwischen Performativität und Performanz zu interpretieren: eine Konvention, verstanden als »Natur« im Gegensatz zu einer inszenierten »Kultur«. Ich möchte hier ein Beispiel bringen, das man nicht auf den ersten Blick als diasporisch erkennt, außer man macht sich bewusst, dass es viele Modelle von Diaspora gibt, deren extremstes der Sklavenhandel ist. William E.B. Du Bois war einer der weltweit brillantesten Denker des letzten Jahrhunderts. Um die Jahrhundertwende schrieb er »Die Seelen der Schwarzen«. Das Buch handelt davon, wie man zugleich Schwarzer und Amerikaner sein kann. In den USA wurde diese Frage auf höchster Ebene beantwortet, aber nicht überall. Du Bois leitet jedes Kapitel seines Buches mit ein paar Zeilen aus jenen Hymnen ein, die Sklaven komponiert hatten, die sogenannten »Negro Spirituals«, die Du Bois »sorrow songs« nennt. Darunter gibt er die Melodie dazu in europäischer Notenschrift an – allerdings ohne Text. In meinen Augen ist das das Performative, das der lernbereiten, überwiegend weißen Leserschaft als Performanz angeboten wird.

Das ist der erste Schritt in der diasporischen Klassenmobilität. Wenn der diasporischen Unterschicht die Klassenmobilität in der Zivilgesellschaft ihrer Wahl verweigert wird und dieser nur ihre Herkunftskultur bleibt, um am neuen Lebensort handeln zu können, so ist sie nach wie vor ihr wichtigstes performatives Instrument. Wenn es zu einem Klassenaufstieg kommt, dann wird die Herkunftskultur eine Performanz erster Wahl für besondere Gelegenheiten, die als Kampf in den Lehrplänen, in Museen und in Konzertsälen ausgetragen wird, wo das Subjekt der Kultur nur durch sich selbst in deren Objekt verwandelt wird.

Hierin liegt tatsächlich ein Unterschied. Wenn Du Bois die Texte dieser Lieder nicht so angibt wie die Noten, dann wollte er den damals mehrheitlich weißen Lesern das Geheimnis des Performativen, die Erforschung anderer Kulturen nicht so einfach überlassen; er wollte ihre Neugierde für die Performanz wecken, da ihnen die europäische Notenschrift eine Vorstellung von der musikalischen Qualität vermitteln kann. Er beschließt das Buch mit einem eigenen Kapitel zu den Spirituals. Dort zitiert er ein extrem bewegendes Spiritual, das seine Großmutter in einer ihm unverständlichen afrikanischen Sprache sang. Wenn also Du Bois' aufmerksamer Leser den Konnex zwischen Afrika und der Sklavendiaspora hergestellt hat, dann erhält er am Ende des Buches als Belohnung eines dieser Lieder, diesmal mit kompletter Notation. Der weiße Leser durchläuft einen Erziehungsprozess, der ihn von einem performativen Zwang zur Möglichkeit der sozialen Performanz durch die Klassenmobilität führt. Ich glaube nicht, dass ich diesem eindrucksvollen Beispiel noch etwas hinzufügen kann.

Seit Langem ist das große afroamerikanische Narrativ, die gebilligte Sklavenhaltung im aufkommenden Kapitalismus, im Gegensatz zur heutigen nicht anerkannten Sklaverei von Dienstboten und Frauen, für mich ein klassisches Beispiel für Postkolonialismus. Nicht Indien, nicht Algerien, keiner dieser Orte, sondern das. Man muss das als einen Extremfall von Diaspora begreifen. Der Sinn für Diaspora als Verlust ist sehr stark in der musikalischen Tradition, wie die Sklavennarrative und die Geschichten von außergewöhnlichen ehemaligen Sklaven belegen. Wer wird die diasporischen Qualen der Subalternität in der inoffiziellen Wirtschaft unserer Zeit aufzeichnen? Wie ich bereits an anderer Stelle sagte, »die vom Kapitalismus geforderte ständige Subalternisierung gewöhnlicher Menschen hört nicht dadurch auf, dass der Erlebnisbericht eines ›Subalternen‹ veröffentlicht wird«.

Bisher bin ich noch nicht darauf eingegangen, wie es aussähe, wenn man die großen alten Diasporas berücksichtigt. China, die arabische, die jüdische, die muslimische Diaspora und die heutige indische Diaspora. Wenig überraschend sind mir die wechselvolle Geschichte und Geographie der indischen Diaspora am vertrautesten. Mich interessiert allerdings die indische Diaspora früherer Jahrhunderte mehr als die heutige in dem Land, in dem ich lebe, den Vereinigten Staaten. Was wir heute leicht verächtlich Assimilation nennen, bedeutete in der Diaspora früherer Zeiten Solidarität in ganz unterschiedlichen Kontexten, als dieses Wort noch nicht von seiner Geschichte in den Vereinigten Staaten und in Großbritannien geprägt war. Eines Tages sagte mir einer meiner ehemaligen Studenten, Chettey, den ich Anfang der 1980er Jahre in der Wesleyan University kennenlernte, er als Südafrikaner indischer Abstammung fühle sich als Schwarzafrikaner und nicht als Angehöriger der indischen Diaspora – in der Annahme, damit gegen die Rollenerwartung von Gayatri Spivak zu verstoßen. Das war natürlich der Beginn einer langen Freundschaft. 2004 lud mich meine geniale Kollegin Maryse Condé zu einem Vortrag auf die Antilleninsel Guadeloupe ein, wo sie geboren ist; Anlass war der 150. Jahrestag der Einführung der Schuldknechtschaft von Indern in dieser Region. Wegen der Aufsässigkeit der ehemaligen afrokaribischen Sklaven nach der endgültigen Emanzipation (1948) führte eine Arbeits- und Kapitalkrise dazu, Arbeitskräfte aus den ärmeren Gegenden Indiens auf diese Inseln zu holen, die dort als Schuldknechte arbeiteten. In meinem Vortrag enthüllte ich die Unwissenheit des Subkontinents, indem ich ein berühmtes Lied von Rabindranath Tagore erklärte und nachsang. Tagore auf der Reise zu einer Fantasieinsel, ohne im Geringsten auf die Notlage seiner Landsleute einzugehen, die auf einigen der atemberaubendsten Inseln der Welt in Schuldknechtschaft gehalten wurden; eine zugelassene Ignoranz, der heutigen Praxis vergleichbar, die eurozentristische Migration und die europäischen Probleme zum Maßstab für Diaspora zu machen. Als eine Inderin aus dem Mutterland gehörte ich damit in ihren Augen zu einer »Traumnation« im Sinne von Gourgouris. Da sie keine verlässlichen Aufzeichnungen über ihre Herkunft besaßen und nicht wie die Afroamerikaner in einem postkolonialen Rahmen aufgestiegen waren, war für sie eine Rückkehr in das Land, das ihre Vorväter vor 150 Jahren verlassen hatten, undenkbar. Besonders mein indischer Pass mit dem Geburtsort Kalkutta hatte es ihnen angetan, der Nachweis der Staatsangehörigkeit schien eine magische Anziehungskraft auf sie auszuüben. Ich bin gegen Nationalismus und die Verherrlichung der nationalen Herkunft, doch diese Erfahrung hat mir die Augen geöffnet. Damals wurde mir klar, wie differenziert und vielfältig Diasporaerfahrungen sein können. Unvergesslich Maryse Condés mit Verve vorgebrachte Aufforderung, angesichts des Trennenden zwischen den Inselbewohnern diese alle als Kariben zu bezeichnen, statt sie als indische und afrikanische Kariben in ewiger Diaspora zu halten. Dieses Modell eignet sich jedoch nicht für Situationen, in denen der Rassismus der dominanten Bevölkerung die Unterschichtdiaspora sogar dann noch auf Distanz hält, wenn die diasporische Oberschicht als Modell eines historischen Lebensstils begrüßt und exotisiert wird. Homi K. Bhabha, Anthony Appiah, Edward Said und ich widerstehen dieser Versuchung der Exotisierung.

Der Begriff »Diaspora« bedeutet so viel wie »im Ausland zerstreut«. Moses prophezeite den Juden, sie würden zerstreut in alle Völker, wenn sie seine Zehn Gebote missachteten. Das »Deuteronomium« (5. Buch Mose) wurde als eines der ersten Bücher der Bibel ins Griechische übersetzt und hinterließ uns das Wort »Diaspora«. Der Pentateuch, die ersten fünf Bücher der Bibel, wurde in der ersten Hälfte des 3. Jahrhunderts v. Chr. in Ägypten ins Griechische übersetzt. Nachweislich ging die Übersetzung darauf zurück, dass die Juden in Ägypten eine griechische Version der Heiligen Schrift brauchten, da ihnen Griechisch vertrauter als Hebräisch und sogar Aramäisch war. »Diaspora« ist also ein affektbeladenes Wort, ein neues Wort in der Sprache fern der Heimat. Gerade wegen seines affektiven Gehalts erfreut es sich heute unter gebildeten Migranten einer bestimmten Schicht großer Beliebtheit, wüsste die eurozentristische Wirtschaftsmigration ansonsten nicht, wie sie sich selbst einordnen sollte. Bezeichnenderweise wird diese blinde Begeisterung für das Herkunftsland von Flüchtlingen und Asylbewerbern nicht unbedingt geteilt. Heute jedoch ist die Verknüpfung von Schuld und Sühne – wir sind hier, weil wir eine nicht näher bezeichnete Schuld vor dem Gesetz auf uns geladen haben – getilgt oder durch Schuldumkehr legitimiert: Wir sind hier, weil ihr Euch schuldig gemacht habt, wir sind hier, weil ihr dort wart.

Das bringt mich zu meinem Essay über Jamaica Kincaids Roman »Lucy«[1]. Für die Protagonistin des Romans ist die Diaspora die Möglichkeit in der Migration, die Nabelschnur zu durchtrennen; Diaspora ist also eher eine Lösung als eine Ursache des Problems. Der Schock dieser Vertreibung vermittelt sich gleich zu Beginn des Romans: »Oh, ich hatte mir vorgestellt, dass ich mit diesem einzigen raschen Schritt – meine Heimat zu verlassen und an diesen neuen Ort zu kommen – alles hinter mir lassen könnte wie ein altes Kleid, das man nie wieder anzieht: meine traurigen Gedanken, meine traurigen Empfindungen

---

1 | Spivak, Gayatri Ch.: »Thinking Cultural Questions in ›Pure‹ Literary Terms«, in: Paul Gilroy et al. (Hg.): *Without Guarantees: In Honor of Stuart Hall*, London: Verso 2000, S. 335-357. Überarbeitete Neufassung in Spivak, Gayatri Ch.: *An Aesthetic Education in the Era of Globalization*, Cambridge: Harvard University Press, 2011.

und meine Unzufriedenheit mit dem Leben ganz allgemein, wie es sich mir darbot.«[2] Aber die Autorin bewertet auch. Ihre Arbeitgeberin Mariah sagt zu Lucy: »Ich hatte dir eigentlich sagen wollen, daß ich Indianerblut in mir habe. [...] Aber jetzt habe ich [...] das Gefühl, du wirst es falsch auffassen.« Lucy denkt sich daraufhin, »Falsch? Richtig? Was konnte sie meinen? [...] Meine Großmutter ist eine karibische Indianerin. [...] Meine Großmutter lebt noch; die Indianer, von denen sie abstammt, sind alle tot. [...] In einem der Museen, in das Mariah mich geführt hatte, war tatsächlich eine ganze Abteilung Menschen gewidmet, die alle schon tot waren und mehr oder weniger mit meiner Großmutter verwandt.« Der Roman hinterfragt die Selbstgefälligkeit des Diasporismus unserer Zeit, thematisiert jedoch auch Lucys Unfähigkeit, sich über die Geschichte ihrer Namensvetter/-innen, John Miltons Luzifer und William Wordsworths Lucy, mit ihrem eigenen Namen auszusöhnen, sich also in der kolonialen Hybridität einzurichten. Wie jede Diaspora ist auch ihr Herkunftsland kein nostalgischer Raum ohne Markierungen.

Wie sollen wir uns der Thematik der metropolenfernen Diaspora unserer Zeit nähern? Der Export von Arbeitskräften in die Golfregion. China in Afrika. Lateinamerika in Japan. Warum ist es so wichtig geworden, die Bewegung auf die Europäische Union und die Vereinigten Staaten zu reduzieren und zu definieren? Erinnern wir uns an die Narrative von Teilung, wie in Irland, Pakistan und Bangladesch. Und vergegenwärtigen wir uns ferner, dass verfestigte Definitionen immer ausschließend sind. Wir lassen auch außer Acht, dass das Diasporabewusstsein mit dem sozialen Auf- oder Abstieg zu- oder (im Gegenteil) abnimmt. Und wir betrachten Diaspora nicht als Raum der Vielheit.

Beginnen wir mit der spinozistischen Idee von Singularität als reproduzierender Vielheit. Sie bringt das hervor, was Antonio Negri und Michael Hardt die Mannigfaltigkeit unserer Zeit nannten. Ich kann Negris und Hardts Hoffnung auf die Multitude nicht teilen, da Handlungsfähigkeit etwas anderes als Singularität und ethische Spekulation ist. Handlungsfähigkeit setzt ein Kollektiv voraus, in dem eine Gruppe durch Synekdoche handelt. Wenn ich entscheide, dass der Teil von mir, den man »Frau« nennt – wegen seiner genetischen Struktur, seiner sekundären Geschlechtsmerkmale usw. – »Ich« ist, dann könnte ich hier wahrscheinlich zu vielen von Ihnen dazugehören. Ich bilde also mit den hier anwesenden Frauen ein Kollektiv. Das nennt man Synekdoche. Ich könnte mit überzeugten Sozialisten sprechen und dies als Synekdoche nehmen, die mich am besten repräsentiert. Dann würde ich ein anderes Kollektiv bilden. Das sind Handlungsentscheidungen. Ich könnte unter den hier Anwesenden auch alle Geisteswissenschaftler – und nicht Sozialwissenschaftler – aussuchen und davon ausgehend sagen, dass »Ich« derjenige Teil von mir bin, der die Fantasie der rationalen Entscheidung vorzieht. Dann würde ich mich durch Synekdoche mit

2 | Kincaid, Jamaica: *Lucy*, Frankfurt a.M.: Krüger 1991, S. 10.

den Lehrenden der Geisteswissenschaften zusammentun, die die Imagination der Welt gestalten.

Handlungsfähigkeit verlangt ein Hintanstellen der Differenz. Es setzt ein Kollektiv voraus, das dort vorhanden ist, wo eine Gruppe durch Synekdoche handelt. Dabei geht man davon aus, dass der Teil der Gruppe, der zuzustimmen scheint, für das Ganze steht. Ich stelle meine überschüssige Subjektivität hintan und metonymisiere mich – ein Teil steht dann für das Ganze. Jeder Ruf nach Kollektivität ist metonym und erfolgt durch Synekdoche. Und genau das ist es, worüber die Subalternen nicht sprechen können: über diese Einschränkung der Singularität.

In den Schulen, an denen ich Lehrer ausbilde, metonymisiere ich mich ausschließlich über das arithmetische Minimum des demokratischen Systems: »eine Person, eine Stimme«. Ich bin indische Staatsbürgerin. Die anderen sind auch wahlberechtigt. Das ermöglicht diese Metonymie. Ich bilde mit ihnen ein labiles Kollektiv. Andererseits werden ihre Stimmen ge- und verkauft. Sie haben kein demokratisches Gespür. Indien gilt als die weltweit größte Demokratie, doch diese Menschen sind unterhalb der Wahrnehmungsschwelle. Ich kann mich jedoch dieser Metonymisierung auch entziehen. Ich komme aus Kalkutta und gehöre einer höheren Kaste an. Ich kann daher durch einen metonymischen Trick zu einer renommierten Wissenschaftlerin an einer der mächtigsten Universitäten der Welt werden; was den anderen verwehrt ist. Wir bilden über dieses »demokratische« Mindestmetonym tatsächlich ein Kollektiv. Ich bin keine paternalistisch-karitative NGO, hier handelt es sich nicht um die hoch gepriesenen UNO-Millenniumsziele, wir arbeiten wirklich und nicht nur zum Schein zusammen. Trotzdem steht mir die Möglichkeit offen, einen anderen Code zu wählen. Die anderen können sich aus dieser Situation nicht selbst durch Metonymisierung und Synekdoche befreien. Ich bin nicht subaltern. Mir ist es sozial gestattet, mich vieler verschiedener anerkannter Codes zu bedienen.

Gehen wir also davon aus, dass sie sich wegen des verinnerlichten Gendering im Metropolenkontext, wo es keine Klassenmobilität mehr gibt, nicht mehr selbst metonymisieren können. Dann bleiben ihnen nur mehr die als verbindend empfundenen kulturellen Unterschiede. Hier liegt die Ursache vieler Diasporismen, die jene benennen können, die aus derselben Kultur kommend die Möglichkeit haben, sich »von oben« durch Code-Switching hinein zu versetzen. Code-Switching selbst ist weder gut noch schlecht. Was zählt ist die Absicht, in der es erfolgt. Osama bin Laden und Mohandas Gandhi waren beide Meister des Code-Switching, der eine um Krieg, der andere um Frieden zu bringen.

In diesem Metropolendiskurs können wir nicht umhin, Immanuel Kant zu zitieren, weil er uns mit dem Konzept der gleichen Würde aller Menschen als Vernunftwesen den Weg zu einer erreichbaren Utopie weist (ohne Ideologie oder Erkenntnisverlust zu berücksichtigen). Die meisten Menschen sind der Auffassung, dass diese Würde nur im Denken von demokratischen Strukturen im euroamerikanischen Sinne zu verwirklichen ist. Ich sage nicht, dass ich diese Auffassung nicht teile, aber ich setze mich für eine epistemologische Veränderung ein, die (Ideologie und Erkenntnisverlust berücksichtigend) die Anwendung der Aufklärung von unten befördern könnte – ohne jede Gewähr. Hierin ist Kant mehr Europäer als Philosoph, wenn er in seiner berüchtigten Anmerkung 1520 der »Reflexionen zur Anthropologie« spekuliert: »Alle Racen werden ausgerottet werden [...] nur nicht die der Weissen.« Surya Parekh weist darauf hin, dass das Projekt der Rasse, welches das moralische Geschlecht auf die Weißen beschränkt, gescheitert ist.

Ich habe keine Geduld für die Argumentation der Gegenmoderne, der zufolge die einen Geschichte und die anderen Tradition haben. Zurzeit wird die Definition der Moderne auf die Kontemporanität der Globalisierung ausgedehnt. Die abstrakte Struktur der Staatlichkeit als Analogie für eine Weltregierung kann historisch so lange europäisch genannt werden, als sie nicht mit der post-westfälischen Gleichsetzung von Nation und Staat verwechselt wird, wie unter anderen Hannah Arendt aufzeigte. Als Kant sich der Rassenfrage näherte und Kapitalismus und Kolonialismus entstanden, hieß diese Problematik »weiß werden«. Ich habe das an anderer Stelle als Rassenmobilität nach oben bezeichnet. Nur für einen verstockten Rassisten ist »weiß« die Bezeichnung einer Hautfarbe. Die Definition dieser Welt kann sich nicht mehr länger auf das Adjektiv »weiß« beschränken, sondern entwickelt sich in Richtung »global hybrid«. Diese Entwicklung wird durch Ungerechtigkeiten innerhalb der Diaspora gestört.

Je stärker Migration die Globalisierung verdrängt, umso dringlicher brauchen wir eine Barriere zwischen Superkapitalismus und Demokratie, wie Robert Reich das nannte. Wie unterrichtet man Demokratie? Wie Weltklugheit? Eine geisteswissenschaftliche Ausbildung vermittelt, wie der epistemische Stoff der Demokratie gewebt wird, was wenig mit der strukturellen Position des Handelnden zu tun hat. Handlungsfähigkeit beruht auf etwas, was uns in dieser figurativen Ausbildung vermittelt wird. Nach Auffassung des Kenianers John Sowarti, einem ehemaligen Lehrer, lassen sich die Probleme Afrikas nicht mit Geld allein lösen. Das Humankapital muss entwickelt werden. Alles, was weder vernünftig noch unvernünftig und dennoch unreduzierbar ist, entsteht aus der Differenz zwischen dem, was man braucht, und dem, was man macht – woraus auch das Kapital kommt. Es gibt keine reine Subsistenz-Landwirtschaft, keine Jagd, kein Sammeln ausschließlich für den Eigenbedarf. Um das erwirtschaftete Kapital einem sozialen statt einem kapitalistischen Verwendungszweck zuzuführen, muss man epistemologisch denken, die Begierden neu ordnen. Hier liegt langfristig die Möglichkeit zur Wiederherstellung des Wohlfahrtsstaats. Das ist die Aufgabe der Geisteswissenschaften. Beharrlichkeit darin wird auch den Umgang mit Migration verändern. Daran führt kein Weg vorbei. Man kann das nicht verleugnen, um den Anschein einer idiomatischen Kontinuität mit den unterdrückten Gruppen zu erwecken, damit sie der Aktivismus in den sozialen Bewegungen repräsentieren kann. Wir Aktivisten müssen lernen, uns in das sprachliche Gedächtnis der Unterdrückten einzufühlen. Dieses Konzept stammt von Anton Becker und ist streng vom kulturellen Gedächtnis zu unterscheiden, das ich nicht unbedingt für etwas Gutes halte. Die Frage der Repräsentation in sozialen Bewegungen ist nicht auf Gedeih und Verderb den abstrakten Strukturen staatlich gelenkter demokratischer Verfahren überlassen. Das ist natürlich besonders wichtig, weil es sich bei diesen im Allgemeinen um selbst ernannte moralische Unternehmer handelt, die den Universalismus in der Praxis Lügen strafen. Denn Universalismus lässt sich nur durch linguistische Vielfalt vermitteln und nicht durch eine List der Übersetzung.

Unsere wesentliche Aufgabe wartet noch: durch gründliches Erlernen von Sprachen versuchen zu verstehen. Das sprachliche Gedächtnis, also der Zugang zu etwas wie der Erinnerung in einer Sprache, sollte streng vom fabrizierten kulturellen Gedächtnis unterschieden werden. Man vergegenwärtige sich, dass allein in Darfur rund zwölf Sprachen gesprochen werden, 134 im gesamten Sudan – als ein Beispiel für die enorme Aufgabe der Geisteswissenschaften. Wann fiel die Entscheidung, zu vergessen, dass die Aufgabe der Geisteswissenschaften ein langsames Heranführen an die Praxis der Freiheit ist?

Als Gastgeberin gehört die Frau zum Gast, als Hausherrin gehört sie zum Gastgeber. Antigone ist diejenige, die diese Gesetzmäßigkeit unterläuft: Als Trägerin einer unendlichen Trauer, wie Derrida es nannte, als Subjekt der Trauer gehört sie zu niemandem. Ihr einzigartiges Beispiel einer Elite, die – als Tochter und Schwester – subaltern wird, führt uns zur Frau in einem fremden Land, eine endlose Geschichte, spielt doch das Kapital seine Rolle einer unaufhörlichen Subalternisierung. Wo ist das Geschlecht in unserer Aufforderung an die Metropole, eine gute Gastgeberin zu sein? Durch die Linse des Geschlechts blicken wir auf den Ort, der mit der Heirat, der legalsten Form von Einwanderung, zurückgelassen wurde. Womit ich wieder an meinem Ausgangspunkt angelangt bin.

Die Erfindung Amerikas

Das koloniale Erbe der europäischen Diaspora

Walter D. Mignolo

I.

Es gibt zwei Arten von europäischen Diasporas. Die erste ist die imperiale Diaspora – jene, die zur Entwicklung eines modernen Imperialismus nach dem Modell des Römischen Reiches beitrug. Sie setzte im 16. Jahrhundert mit der Eroberung und Kolonialisierung Amerikas und später Asiens und Afrikas ein. Diese Diaspora schuf die Voraussetzungen für die Verwaltung der internationalen Beziehungen, deren Zentren sich damals wie heute in Westeuropa und in den USA befinden. Die zweite europäische Diaspora war jene der armen Europäer, die im 19. Jahrhundert nach Amerika gingen, um »Amerika zu machen«, wie es auf Spanisch heißt. Ich möchte aus dem Blickwinkel dieser zweiten europäischen Diaspora das Erbe der ersten reflektieren. Um sowohl die Unterschiede als auch die Folgen dieser beiden Diasporas zu verstehen, muss man sich dem allgemeinen Kontext, den Zwängen und den Motivationen zuwenden, in denen sie stattfanden. Menschen packen nicht einfach ihre Sachen und gehen fort. Eine Diaspora ist keine Vergnügungsreise. Menschen machen sich auf, um sich anderswo niederzulassen oder um Institutionen aufzubauen, die den Europäern der nächsten Generationen einen Platz sichern, wo sie Aufnahme finden.

Beide europäischen Diasporas hatten weitreichende Folgen sowohl für die Europäer selbst als auch für die einheimische Bevölkerung. Im Falle der Amerikas wurde die Situation noch dadurch verkompliziert, dass die Nachkommen der Europäer und Inhaber des kolonialen Erbes, die Kreolen, selbst keine Europäer mehr waren. Ich betrachte die europäische Diaspora aus dem Blickwinkel meiner eigenen Geschichte. Ich bin ein Produkt der zweiten Diaspora, die natürlich ohne die erste nicht hätte stattfinden können.

Wir müssen verstehen, was Amerika einschließlich der Karibik ist. Also der Kontinent zwischen Atlantik und Pazifik, von der Antarktis bis zur Arktis, nicht nur die USA, die mit einem Staatsgebiet wenig größer als Brasilien nur ein Teil Amerikas sind. Amerika ist eine europäische Erfindung und hängt daher eng mit der europäischen Diaspora zusammen. Die Amerikas entstanden in den ersten drei Jahrhunderten der modernen/kolonialen Welt (16. bis 18. Jahrhundert) und setzten sich aus drei demographisch ganz unterschiedlichen Gruppen zusammen. Die erste Gruppe waren die verschiedenartigen *pueblos originarios*. Sie waren keine Diaspora. Sie lebten glücklich und demokratisch, als ihr Territorium noch nicht Amerika hieß. Bald darauf erfuhren sie, sie wären mit dem Teufel im Bunde, und im 19. Jahrhundert nannte man sie undemokratisch und ein Ärgernis für die neuen demokratischen Republikaner. Ihr Territorium war nicht »Amerika«, sie lebten nicht in »Amerika«, sie lebten in Gebieten, die andere Namen trugen, wie Tawantinsuyu in den Anden, Abya-Yala, das heute Panama ist, und Anahuac im Tal des heutigen Mexikos. Es gab kein Amerika bis 1504, als Martin Waldseemüllers Landkarte und Schrift erschienen, und dem, was die Europäer bis dahin *Indias Occidentales* oder *Mondo Nuevo* nannten, den Namen »Amerika« verlieh. In diesem Sinne ist Amerika eine europäische Erfindung, eine Erfindung der imperialen europäischen Diaspora, die die indigenen Namen auslöschte. Spanier, Portugiesen, Niederländer, Engländer und Franzosen, also die europäischen Länder am Atlantik, waren in der Neuen Welt am präsentesten. Die Errichtung der modernen/kolonialen Welt ging auf sehr undemokratische Weise vor sich: Enteignung und Neubenennung im Namen der christlichen Erlösung. Diese Logik setzt sich ab dem 18. Jahrhundert im Namen der weltlichen Erlösung durch die zivilisationsbringende Mission fort.

Die zweite Gruppe war also die europäische Diaspora. Sie wurde in Amerika heimisch und kopierte die sozialökonomische Organisation Europas. Von daher rühren Ortsbezeichnungen wie New England, Nueva España und Nueva Granada. Nach einiger Zeit pflanzten sich die Europäer fort und es entstand die kreolische Bevölkerung. Dasselbe finden wir auch bei den versklavten Afrikanern. Amerika wurde also mit weißen und schwarzen Kreolen bevölkert. Aus der Vermischung von Europäern und europäischen Kreolen mit Indianern und Schwarzen entstand die neue Kategorie der Mestizen und Mulatten; aus Indianern und Schwarzen gingen die Zambos und Zambas hervor.

Die europäische Diaspora war jedoch auch für die Zwangsdiaspora, für die Millionen afrikanischer Sklaven verantwortlich, die für sie nicht nur Arbeitskräfte, sondern auch eine gewinnbringende Ware wurden. Die Bevölkerung Amerikas war also mehr und mehr eine Mischung aus den ursprünglichen drei Menschengruppen. Wer aber kontrollierte die Wirtschaft, die Regierung, das Wissen, die Subjektbildung? Die ersten drei Jahrhunderte bis zur Revolution der Vereinigten Staaten und zur Unabhängigkeit Südamerikas waren es die Europäer, danach ihre Nachkommen. Mit einer Ausnahme: Haiti. Dort übernahmen nach der Revolution die Schwarzen und schwarzen Kreolen die Führung von Regierung und Wirtschaft. Haiti besaß die erste Verfassung, in der stand, dass das Volk von Haiti schwarz ist.

Was aber wurde aus der indigenen Bevölkerung und den Afrikanern, als die Erben der Europäer die Wissenshoheit und damit eine Rassenklassifizierung übernahmen, die dem Rest der Bevölkerung den Status des Menschseins absprach? Was waren ihre dekolonialen Antworten darauf? Wie reagierten die indigene und die afroamerikanische Bevölkerung auf den Kolonialismus? Was geschah, als den Kreolen und Mestizen die Ungerechtigkeiten des kolonialen Erbes und dessen Fortsetzung unter der Regierung der Kreolen europäischer Abstammung bewusst wurde? Regimekritische Kreolen und Mestizen begegneten dem einheimischen Kolonialismus zunehmend kritisch. Diese Tradition wurde durch die zweite Welle der europäischen Diaspora – die massive Auswanderung nach Amerika zwischen 1870 und 1945 – gefestigt und ausgebaut.

Zur Demokratie gehört auch die Überwindung jeder Art von Kolonialismus: sei es das koloniale Erbe der ersten drei Jahrhunderte der europäischen Eroberung Amerikas, sei es der einheimische Kolonialismus, der sich nach den Revolutionen in den Vereinigten Staaten und den iberoamerikanischen Unabhängigkeitsbewegungen breitmachte, oder die seit dem 19. Jahrhundert da und dort auftretende Kolonialität ohne Kolonialismus. Haiti bezahlte dafür, die erste »schwarze« Republik nach der Loslösung von Frankreich gewesen zu sein.

Dekolonisierung wurde nach dem Zweiten Weltkrieg zu einem Begriff der politischen Theorie, der teilweise als Ergänzung und teilweise als Kritik von Demokratie verwendet wurde. Weshalb? Wenn man nicht von kolonialen Gesetzen regiert werden möchte, die auch nach der Unabhängigkeit unter dem Namen Demokratie beibehalten wurden, dann muss man beginnen, die Demokratie zu dekolonisieren. Die Begriffe »Demokratie« und »Dekolonisierung« beschreiben beide eine soziale Organisation auf der Grundlage von wirtschaftlicher Gerechtigkeit, Gleichheit und der Ablehnung von Ausbeutung: Wenn alle Menschen gleich geboren sind, dann sollte dies auch für alle Wirtschafts- und Rechtsprinzipien gelten. Unterschiede sollen sich nicht in Ungleichheit äußern, sondern als unterschiedliche Ausdrucksformen von Gleichheit geschätzt werden. Von diesen Prinzipien ist die Demokratie heute weit entfernt.

Dekolonisierung geht davon aus, dass es nach wie vor ein koloniales Erbe gibt, das überwunden werden muss, ehe man mit dem Aufbau einer demokratischen Organisation der Gesellschaft beginnen kann. Daher wurde in den meisten Fällen der Kampf um Demokratie gleichzeitig mit dem Kampf um Dekolonisierung geführt. Es sind zwei Seiten derselben Medaille. Man denke nur an die jüngsten Aufstände in Tunesien und Ägypten und die Ausschreitungen, die vor einigen Jahren in Bolivien und Ecuador stattfanden und mehrere Präsidenten das Amt kosteten. Dekolonisierung des Staates bedeutet, dass Demokratie nicht verwirklicht werden kann, solange man an der Staatsform der Moderne festhält, wie sie im Gefolge der Französischen Revolution in Europa entstanden war und von den aufkommenden Nationalstaaten in ganz Amerika übernommen und adaptiert wurde.

Ich bezeichne mich als Dekolonialisten und nicht als Postkolonialisten, da die dekolonialen Perspektiven inmitten des Kolonialismus entstanden sind. Die Geschichte von der Erfindung der Amerikas enthielt bereits das Dekoloniale. Um das zu erkennen, mussten wir nicht auf den Postkolonialismus warten. Eigentlich war die Situation für die Indianer und Afrikaner bereits ab 1500 postkolonial: Ab diesem Zeitpunkt begannen Indianer und Afrikaner unter postkolonialen Bedingungen zu leben. Zunächst einmal ging das Dekoloniale von den Indigenen und den versklavten Afrikanern – sowie den entlaufenen Sklaven – aus. Man war sich damals nicht bewusst, dass es sich um ein Dekolonisierungsprojekt handelte, doch lässt es sich etwa in den Anden in der zweiten Hälfte des 16. Jahrhunderts eindeutig erkennen, ebenso wie in dem revolutionären Prozess in Haiti. Gleichzeitig hatten auch die Kreolen und die Mestizen, die sich der europäischen Diaspora angeschlossen hatten, ihre Dissidenten.

Die indigene Bevölkerung wurde von Anfang an ausgeschlossen: Erst von den Spaniern und Portugiesen, die die Kreolen und Mestizen an den Rand drängten, und ab dem 19. Jahrhundert von den neuen Kreolen- und Mestizeneliten, in deren Händen Regierung und Wirtschaft an der Peripherie der modernen/kolonialen Welt nunmehr lagen. Kreolen und Mestizen, die sich von der Herrschaft der Spanier und Portugiesen befreit hatten, stellten sich nun in den Dienst der britischen Wirtschaft und der französischen Bildung. Seit dem 16. Jahrhundert gab es unzählige Aufstände, Manifestationen und politische Verträge, die der indigenen Bevölkerung halfen, zu überleben, ohne ihren eigenen Charakter aufzugeben und ihre auf dem *ayllu* – der kleinsten sozioökonomischen Organisationszelle in den Anden vor Ankunft der Spanier – beruhende Gesellschaftspolitik fortzusetzen. Wie machten es die Afrikaner und ihre Nachkommen? Mehr oder minder genauso. Die Schwarzen wollten nicht auf den Plantagen arbeiten, also liefen sie weg und gründeten *kilombos*, wie es die Portugiesen nennen, oder *palenques* auf Spanisch. Sie bildeten Gemeinschaften von Ex-Sklaven, die sich nicht mehr auf den Plantagen ausbeuten lassen wollten. Aus diesen neuen sozialen Formationen entstanden Genealogien des Denkens und der Lebensformen, die erst heute florieren. In den Anden beobachten wir immer mehr indigene Projekte, die zunehmend an Einfluss gewinnen. In der Karibik ist es das Erbe der intellektuellen und politischen Gruppe »*New World*«, die in den 1960er und frühen 1970er Jahren sehr einflussreich war, das von den nachkommenden Generationen neu gestaltet wird. Einer ihrer Slogans lautete »*Independent Thought and Caribbean Freedom*« (Unabhängiges Denken und Freiheit für die Karibik). Ihr Vorhaben entsprach mehr oder weniger den Dependenztheorien in Südamerika, wiewohl ihre eigene Lokalgeschichte die Plantagenwirtschaft war, in der nach Ansicht der »*New World*« die Diversität der Karibik zum Ausdruck kommt: Plantagenwirtschaft ist für die Karibik das, was die industrielle Revolution für Europa war – ehe Europa durch die Plantagenwirtschaft der Karibik reich wurde. Daher kann man den Demokratiediskurs in den Anden und in der Karibik nicht auf Kreolen und Mestizen beschränken, die gemeinsame Sache mit ihren Beratern in England, Frankreich, Deutschland und den USA machten. Die heutige Situation in den Anden, in Bolivien, in Ecuador und im südlichen Kolumbien, aber auch im Süden von Mexiko und in Guatemala ist das Ergebnis der Reaktion der indigenen Bevölkerung auf das Eindringen der Europäer in ihr Land seit 500 Jahren. Und in Brasilien und der Karibik ist es eine Fortsetzung der Befreiungskämpfe, die von den entsprungenen Sklaven ausgingen und in der Revolution von Haiti ihren historischen Höhepunkt hatten. Das heißt nichts anderes, als dass in lokalen Gesellschaften, die in ein koloniales Erbe eingebettet sind, Demokratie nicht unter Ausklammerung der Dekolonisierung erörtert werden kann, da Demokratie auch als Rhetorik zur Aufrechterhaltung von kolonialen Herrschaftsformen benutzt werden kann.

II.

Moderne/Kolonialität bezieht sich auf die Rechtfertigung und Umsetzung von Herrschaftsprozessen. Der Gegenbewegung der Dekolonialität geht es nicht darum, Moderne/Kolonialität rückgängig zu machen, sondern um eine Analyse, die enthüllen soll, was diese verbirgt. Deshalb verweist Dekolonialität immer auf Emanzipations- und Befreiungsprojekte. Und deshalb ist auch Demokratie ohne Dekolonialität nicht möglich, denn das Demokratiekonzept hat selbst Beihilfe zum Imperialismus geleistet: Als in Europa Demokratien entstanden, befand sich dieses Europa mitten in der zweiten Welle seiner imperialen Expansion.

Im allgemeinen Sinn bilden die Akteure der dekolonialen Projekte (Intellektuelle, Wissenschaftler, Künstler und Aktivisten – von Menschenrechtlern bis zu Gegnern der Erderwärmung und Befürwortern der Ernährungssouveränität) die globale politische Gesellschaft. Diese politische Gesellschaft beanstandet nicht die Glücks-, Demokratie- und Wohlstandsverheißungen der Moderne. Sie beanstandet die Logik der Kolonialität, die durch diese Versprechen ausgeführt und gleichzeitig verborgen wird.

In den Anden hat die Demokratie heute ein neues Gesicht, das damals nicht möglich gewesen wäre, als dieses Konzept griechischer Abstammung in Europa (im späten 18. Jahrhundert) wieder auftauchte, um in einer kapitalistischen Gesellschaft neue Gestalt anzunehmen. Der pluri-nationale Staat, den eine steigende Zuwanderung auch in Europa nahelegt, ist hier nicht nur eine Idee. Er ist bereits in den Verfassungen von Bolivien und Ecuador festgeschrieben. Beide Staaten definieren sich als plurinational. Dass es in der Verfassung steht, heißt nicht unbedingt, dass beide Länder bereits wirklich plurinational sind. Es heißt nur, dass Arbeit und Kampf darum legal sind. Der plurinationale Staat befindet sich in der Phase der rechtlichen Konstruktion. Entscheidend dabei ist, dass die

Idee dazu nicht von der herrschenden Kreolen- bzw. Mestizenelite kam, sondern von indigenen Organisationsformen und Intellektuellen ausging.

Dependencia ist in Südamerika nach wie vor ein unverzichtbarer Bezugspunkt für die dekolonialen Entwicklungen sowie für eine demokratische Zukunft jenseits von Westeuropa und den USA. Hingegen hat das »Dependenzkonzept« keine Relevanz für Westeuropa und die USA (sehr wohl jedoch für Osteuropa). Diese Theorie besagt, dass (wirtschaftliche, politische, subjektive, epistemische) Abhängigkeit oder *dependencia* die Beziehungen zwischen der außereuropäischen Welt und Westeuropa sowie den USA in den letzten 500 Jahren und ganz eindeutig seit dem späten 18. Jahrhundert bestimmt. Nennen wir das Kind beim Namen: *Dependencia* bezeichnet nicht nur die Beziehung zwischen imperialen und abhängigen, dependenten Ländern. Denn eine solche Beziehung kann nur funktionieren, wenn in den abhängigen Ländern eine Elite (Kreolen und Mestizen in Südamerika, Kreolen und Mulatten in Haiti) zu Repräsentanten und Nutznießern der Interessen imperialer Länder wird.

Daher ist das Bewusstsein von *dependencia* eine Frage der Größenordnung. In den Amerikas zum Beispiel nimmt die Diversität der Indianer, der Menschen europäischer und afrikanischer Abstammung *dependencia* ganz unterschiedlich wahr. Mehr noch, in jeder der drei Gruppen gibt es Menschen, die sich nicht abhängig fühlen, sondern vielmehr die Möglichkeit zum sozialen Aufstieg sehen, wenn sie bei Projekten und Institutionen mitmachen, die – für andere – gerade die Abhängigkeit reproduzieren. Für die Andersdenkenden, für die Dissidenten – ob sie nun der europäischen oder der afrikanischen Diaspora angehören oder aus der sesshaften indigenen Bevölkerung kommen – ist Demokratie ohne unabhängiges Denken und dekoloniale Freiheit nicht mehr als eine gute Idee, um Mahatma Gandhis Definition von »Zivilisation« zu paraphrasieren.

III.

All das ist in einem konzeptionellen Apparat verankert, der von Südamerika und hier vor allem von Peru in den späten 1980er Jahren seinen Ausgang nahm – zur selben Zeit, als der Zusammenbruch der Sowjetunion (von manchen) als das Ende der Geschichte erlebt wurde. Damit blieben als einzige Optionen nur mehr die kapitalistische Demokratie und die westliche Moderne. Somit würde Geschichte für den Rest unseres Lebens auf diesem Planeten demokratisch, kapitalistisch und westlich sein.

Diese Theorie, die als »Moderne/Kolonalität/Dekolonialität«-Projekt bekannt ist, geht auf die Mestizen (also Menschen, deren Vorväter einst aus Europa kamen) und auf die Einwanderer (Nachkommen der seit dem ausgehenden 19. Jahrhundert nach Südamerika eingewanderten Europäer) zurück. Sie hat viel mit analytischen und politischen Sichtweisen zu tun, die die Indigenen und Afrokariben und Afrosüdamerikaner einbringen. Allen drei Projekten gemeinsam ist das Wissen um die Bedeutung von Kolonialität, der Logik von Kolonialherrschaft.

Während das Konzept »Biopolitik« seinen Ursprung in der Geschichte Europas hat (genauer gesagt im 18. Jahrhundert mit dem Beginn des modernen Staates und seiner Technik der Bevölkerungskontrolle), hat der Begriff »Kolonialität« seine Wurzeln im Entkolonialisierungskampf der Dritten Welt. Die Bandung-Konferenz von 1955 und die daraus hervorgegangene Organisation der Blockfreien schuf die Voraussetzungen für die Entstehung des Konzepts der »Dekolonisierung«, als Gegenentwurf zu den bestehenden Konzepten »Demokratie« und »Sozialismus«, von denen die Länder der Ersten und Zweiten Welt geprägt waren. Die Wegbereiter des Kolonialitätskonzepts, das 1990 vom peruanischen Soziologen Anibal Quijano eingeführt wurde, waren neben der Bandung-Konferenz noch die eindrucksvollen Gruppen von Intellektuellen und Aktivisten aus Afrika und der Karibik, die in Paris (rund um die *Presence Africaine*) zusammenkamen, und drittens die entsprechenden Ausprägungen (in Südamerika und in der Karibik) der Dependenztheorie, der Befreiungstheologie und des karibischen Kollektivs »Neue Welt«.

Wenn Demokratie eine gute Idee ist, dann kann sie nicht für sich alleine ohne Sozialismus und Dekolonisierung bestehen. Auch Sozialismus ist eine gute Idee. Das Problematische daran ist, dass in beider Namen – durch Westeuropa und die USA sowie durch die Sowjetunion und China – Kolonisierung stattfand. Dekolonisierung ruft uns in Erinnerung, dass nach dem Zusammenbruch der Sowjetunion zwar der Begriff »Dritte Welt« seine ursprüngliche Bedeutung eingebüßt hat, die Kolonialität aber ungebrochen weiter wirkte. Die alten Formen des Kolonialismus mögen zwar im 21. Jahrhundert nicht mehr aktiv sein, doch die Kolonialität ist intakt. Kolonialismus ohne Kolonien, so lautet diese Logik heute.

IV.

Diaspora ist ein Konzept und Konzepte nehmen wie Menschen ihren Ausgang von einem Punkt und breiten sich von dort weiter aus. In den letzten 500 Jahren wurde der Eindruck erzeugt, Konzepte, Schlüsselkonzepte, die der Organisation von bestandfähigem Wissen dienen, hätten sich von Europa ausgehend über die ganze Welt verbreitet. Sie folgten dabei den Spuren der europäischen und später der US-Herrschaft. Es war undenkbar, dass Kolonialgeschichte bestandfähige Konzepte hervorbringen könnte. Kolonialgeschichte war und ist dazu da, um von Disziplinen, die aus Europa stammen, erforscht zu werden. Aus diesem Grunde schrieb man der Dritten Welt Kulturen und der Ersten Welt Sozialwissenschaften zu, mit deren Hilfe die Kulturen der Dritten Welt erforscht werden sollten. Während die politische und die ökonomische Abhängigkeit enthüllt wurden, blieb die theoretische, die epistemische Dependenz unbeachtet (obwohl sie seit zwei Jahrzehnten langsam ins Blickfeld rückt). Wir lebten in der Illusion, dass alle Formen der Kritik von Europa ausgegangen sind (Freud, Marx, die Frankfurter Schule) und dann in der außereuropäischen Welt angewendet wurden. Heute löst sich dieses Trugbild langsam auf, sodass wir bereits drei Formen der Kritik an der westlichen Moderne und an den Grenzen von Demokratie und Sozialismus feststellen können. Die erste ist die interne Kritik an Moderne und Demokratie (z.B. Postmoderne, Biopolitik), die zweite entstand aus dem Wettbewerbskapitalismus unter dem Schlagwort »Entwestlichung« (so wird der Kapitalismus nicht mehr als universell und nur im Zusammenhang mit liberalen und neoliberalen Ideologien, sondern auch eingebettet in nichtwestliche Ideologien betrachtet). Die dritte sind die dekolonialen Formen der Kritik an Moderne und Demokratie.

Ich bin von der europäischen Diaspora und ihrer Entwicklung seit dem 16. Jahrhundert ausgegangen, die eine wichtige Rolle für den Aufbau und für die Erzählung der Idee der Moderne, für die Neudefinition der Demokratie in Europa spielte, als die Reichtümer der Karibik Europa eine solide wirtschaftliche und politische Stellung verliehen, als eine neue Bourgeoisie entstand, die ihren Aufstieg dem Bergbau, dem Gold und den Plantagen in Südamerika und der Karibik und später dem Handel und den Besitzungen in Afrika und Asien verdankte. Die europäische Diaspora baute die moderne/koloniale Welt auf. Anders gesagt: Es gibt keine Moderne ohne Kolonialität. Kolonialität ist die dunkle Seite der westlichen Moderne. Heute jedoch treten außereuropäische Diasporas (darunter Migranten in Europa und den USA) auf den Plan und machen die Dekolonialität zum Thema.

Kapitel III

Veränderung Europas

Leben in der Diaspora

Die offene Gesellschaft und ihre Einwanderer

Paul Scheffer

Ich war in den letzten Jahren an vielen Orten in Europa, vor allem in Städten, in denen Einwanderung die Bevölkerung vielfach geprägt hat. Städte wie Malmö, wo Einwanderer und ihre Familien heute rund 40 Prozent der Bevölkerung ausmachen. Städte wie Birmingham, wo mehr als die Hälfte der Einwohner Migrationshintergrund hat. Und natürlich die Stadt, in der ich selbst lebe, Amsterdam, deren Bevölkerung heute zur Hälfte aus Migranten und deren Nachkommen besteht. Wir erleben heute eine grundlegende Veränderung Europas, die in den größeren Städten sichtbar ist, aber in den nächsten 20 bis 30 Jahren auch an vielen anderen Orten die Lebensverhältnisse bestimmen wird. Wenn wir uns die demographischen Veränderungen ansehen, stellen wir fest, dass heute 20 Prozent der gesamten Bevölkerung in Deutschland, in Österreich, aber auch in den Niederlanden und Frankreich einen Migrationshintergrund aufweisen. Mitte dieses Jahrhunderts werden in diesen Ländern Migranten bis zu ein Drittel der Bevölkerung stellen. Migration prägt also nicht nur berüchtigte Stadtviertel in Marseille, Lyon und Paris oder in Bradford und Birmingham, sondern Gesellschaften insgesamt. Selbstverständlich verursacht dieser einschneidende Wandel Unsicherheit, Reibung und Anpassungsprobleme. Man kann dabei nicht außer Acht lassen, dass nicht nur die Bevölkerung keinen Umgang damit findet, sondern auch politische und intellektuelle Eliten zutiefst verunsichert auf diese Veränderungen reagieren.

Die Diskussion wird dadurch erschwert, dass sich die europäischen Länder in dieser Frage voneinander isolieren. Nach dem Mord an Theo van Gogh hieß es, das holländische Modell habe versagt. Als in Frankreich die Banlieue in Flammen aufging, hatte das französische Modell versagt. Als in der Londoner U-Bahn die Bomben einheimischer – nicht ausländischer – Terroristen explodierten, hatte das britische Modell versagt. Alle Modelle haben versagt. Mich interessieren die Modelle aber nicht. Wir sollten vielmehr einen Schritt zurück machen und uns die sozialen und kulturellen Verhältnisse in unseren Großstädten genauer ansehen. Dann werden wir erkennen, dass wir trotz aller Vorbehalte, die eine europaweite Diskussion so erschweren, viel gemeinsam haben. Überall findet man dieselben Verhältnisse vor, tauchen dieselben Fragen, dieselben sozialen Probleme, dieselben kulturellen Reibungen auf. So gesehen sprechen wir also über eine europaweite Erfahrung.

Um zu verstehen, wohin uns die Einwanderung der Nachkriegszeit in Europa gebracht hat, ist ein Vergleich zwischen Amerika und Europa höchst aufschlussreich. Diese gelten als zwei gegensätzliche Einwanderungsgeschichten – die erfolgreiche amerikanische Version und die problematische europäische. Ich hingegen versuche, die europäische und die amerikanische Erfahrung miteinander zu verknüpfen, da sie vieles gemeinsam haben. Nicht nur die Größenordnung der Einwanderung, sondern auch die Tatsache, dass Europa eine lange Einwanderungsgeschichte hat. Die amerikanische Selbstwahrnehmung als »Einwandererland« wird immer Europa gegenübergestellt, das sich nach wie vor seiner Realität, ein Einwanderungskontinent zu sein, verweigert. Es gibt eine Geschichte der Einwanderung, aber sie ist nicht Teil unseres kollektiven Gedächtnisses und unserer kollektiven Vorstellung. Trotzdem existiert sie.

In Amerika wie in Europa können wir dasselbe Integrationsmuster erkennen. Wie erging es vor einem Jahrhundert den italienischen Einwanderern in Städten wie Chicago, wie erging es zuvor den irischen Einwanderern in Boston, den Einwanderern aus Polen in Chicago? Robert E. Park, Begründer der Chicagoer Schule der Stadtsoziologie, veröffentlichte schon vor einem Jahrhundert eine Vielzahl von Studien über Integration und das Verhältnis von Einheimischen und Neuankömmlingen. Ich glaube, wir können aus diesen Studien, aus dem, was sie als Muster, als Zyklus beschreiben, lernen. Wenn wir über Immigration und Integration sprechen, sollte es immer um das Verhältnis zwischen denjenigen, die schon da waren, und den Hinzugekommenen gehen. Der Großteil der wissenschaftlichen Untersuchungen zum Thema Immigration erfolgt jedoch aus dem Blickwinkel der Einwanderer. Es sind ihre Geschichten, die erzählt werden. Es geht um ihre Mobilität, ihre Bildung, ihren Erfolg oder ihr Scheitern auf dem Arbeitsmarkt, ihr Ringen um den Erhalt eines kulturellen Erbes. Das alles ist sehr gut dokumentiert. Der Blickwinkel derjenigen, die bereits da waren, wird jedoch selten untersucht, und wenn, dann nur unter dem Aspekt der Fremdenfeindlichkeit. Es ist aber wesentlich, das Verhältnis zwischen Einwanderern und Einheimischen zu betrachten.

Was war die Hauptaussage von Park und seinen Kollegen? Sie beschrieben den Zyklus der Integration als einen fließenden Übergang von Vermeidung über Konflikt zur Verständigung. Er meinte, es beginne immer damit, dass die Menschen sich meiden, sowohl die Einwanderer, die mit einer fremden und schwer zu begreifenden Umgebung konfrontiert sind, als auch diejenigen, die schon da waren und das Fremde nicht annehmen und auf Distanz bleiben. Dieses Muster von Vermeidung und Ablehnung wiederholt sich immer wieder. Danach kommt irgendwann der Moment, wo diese Abgrenzung nicht mehr funktioniert und die Menschen einander näherkommen. Sie teilen Nachbarschaft, Schulen. Diese Phase ist häufig von vielen Konflikten begleitet. In dieser Konfliktphase, die auf die Vermeidungsphase folgt, finden sich oft Formen oder Versuche der Verständigung. Mir ist bisher noch kein einziges Beispiel von Massenmigration untergekommen, das konfliktfrei abgelaufen wäre, aber auch kein einziges Beispiel, das am Ende gescheitert wäre. Immer gibt es früher oder später – meist später als früher – eine Form der Verständigung und des Zusammenlebens.

Immer wieder hört man: »Immigration ist eine Bereicherung für alle.« Meiner Meinung nach geht das an der Realität vorbei. Ich würde sagen, Einwanderung kann zu einer Bereicherung für alle werden, doch steht am Anfang häufig auf beiden Seiten ein Gefühl des Verlustes, das Gefühl, eine vertraute Welt zu verlieren. Es ist offensichtlich, dass Immigration aus Sicht der Einwanderer einen Bruch aller bisherigen sozialen Beziehungen bedeutet, dass man als religiöser Mensch eine neue Form der Religionsausübung finden muss und familiäre Beziehungen einer großen Belastung ausgesetzt sind. Menschen erleben Migration in erster Linie nicht als Gewinn, sondern eher als Verlust. Eine Marokkanerin erzählte mir kürzlich, sie kenne niemanden in ihrer Gemeinde, der seinen Kindern sagen würde: »Ihr seid Niederländer.« Denn sie hätten Angst, die Kinder an eine Gesellschaft zu verlieren, die sie nicht verstehen, oder der gegenüber man – wenn man sie denn verstehe – viele moralische Vorbehalte habe. Gleichzeitig erfahre ich so viele Geschichten von Einheimischen, die auf andere Art und Weise dasselbe Gefühl von Verlust erleben, das Gefühl, dass die Welt, die sie kannten, verschwindet. In vielen Stadtvierteln mit starkem Zuzug von Migranten kommt es zu Verunsicherung, Reibungen, dem Gefühl des Verlusts einer möglicherweise illusorischen Sicherheit. Aber auch Illusionen können Sicherheit geben.

Ich höre oft Erzählungen, die mit der Aussage beginnen: »Ich habe ja nichts gegen Fremde, aber...« In dem »aber« steckt eine große Bandbreite verworrener Erfahrungen, die ich ernst nehme. Man kann die Geschichte der Migration nicht verstehen, wenn man die Erfahrungen der einheimischen Bevölkerung sofort moralisch beurteilt. Zu allererst muss man verstehen, dass die Menschen ein Verlustgefühl teilen, das sie aber nicht verbindet. Denn dieser Verlust führt leicht zum Festhalten an einer Identität. Etwa bei den Einwanderern, die das Gefühl haben, ihre Kultur zu verlieren, und sich an ihr festklammern – oft wesentlich dogmatischer, als sie das zuhause getan hätten. Wie die Geschichten von türkischen Familien in Berlin oder Rotterdam, die Besuch aus der Türkei bekommen und hören: »Gott, seid ihr altmodisch!«, denn natürlich hat sich deren Vorstellung des Türkischseins von der Realität und der Entwicklung der türkischen Gesellschaft in vielerlei Hinsicht abgekoppelt. Dabei bewirkt die Unsicherheit, dass man sich an eine Identität klammert. Derselbe Prozess findet sich auch bei der einheimischen Bevölkerung, wo sich die sozialen und kulturellen Verunsicherungen in einem »Wir sind wir«-Gefühl niederschlagen, an dem man dann festhält. Statt eines vorschnellen Urteils sollte man diesen Vorgang als Ausdruck des Verlustgefühls untersuchen.

Sehen wir uns zuerst die Vermeidung an. Vermeiden ist eine verständliche Reaktion sowohl der Einwanderer, als auch der einheimischen Bevölkerung. Menschen nehmen nicht so einfach etwas an, was ihnen in vielerlei Hinsicht fremd ist. Sie halten Abstand und brauchen Zeit, um damit zurecht zu kommen. Vermeiden erlaubt es, die Veränderungen der Gesellschaften sowie das eigene Verlustgefühl zu ignorieren. In der europäischen Einwanderungsgeschichte steht, ebenso wie in der amerikanischen, die Segregation am Anfang vieler Zuwanderungsprozesse. In Amerika betont man die freie Entscheidung der Einwanderer, sich aus Gründen der emotionalen Sicherheit in bestimmten Vierteln zu sammeln. Auf fremdem Boden ist man lieber in der Nähe von Menschen, die dieselben Erfahrungen mitbringen, dieselbe Sprache sprechen, denselben Hintergrund haben. Menschen suchen einander nicht nur aus Gründen der emotionalen Sicherheit, sondern auch, um ethnische Ökonomien aufzubauen.

In Europa sieht man das genau umgekehrt. Hier wird das als Flucht der weißen Bevölkerung wahrgenommen, da die einheimische Bevölkerung nicht imstande ist, mit den Veränderungen in ihrer Nachbarschaft zurechtzukommen. Und natürlich war es nicht der Mittelstand, der mit diesen Umwälzungen konfrontiert war. Die Mehrzahl der Einwanderer ließ sich in den schwierigsten Vierteln nieder, sodass die Bürde der Anpassung an sehr schwierige Verhältnisse auf den Menschen mit den geringsten Anpassungsfähigkeiten lastete. Es findet tatsächlich eine Flucht der weißen Bevölkerung statt. Alle Untersuchungen zeigen, dass in Schulen und Gegenden mit vielen Einwanderern der kritische Punkt so um die 30 Prozent liegt, ab dem man sich selbst nicht mehr als Mehrheit wahrnimmt. In Europa werden bei den Untersuchungen zu Segregation und Vermeidung Migranten oft als passive Objekte von Vorlieben und Vorurteilen wahrgenommen. Beide Ansätze sind teilweise richtig. Ja, es gibt Vermeiden seitens der einheimischen Bevölkerung, die vor Schulen und vor Gegenden fliehen, in denen viele Migranten leben. Natürlich gibt es auch ein Vermeiden seitens der Einwanderer, die im Wesentlichen eine Umgebung suchen, in der sie sich wohlfühlen.

Es gibt viele Geschichten über irische Zuwanderer, die unter sich bleiben, über Italiener, die in einem bestimmten Stadtteil in Chicago leben, Little Italy, das oft auch »Little Hell« genannt wird, da die Lebensbedingungen dort um die Wende vom 19. zum 20. Jahrhundert besonders hart waren. Und wir erkennen dasselbe Muster, das sich weitgehend auch im Europa von heute wiederholt, wo Abschottung und Vermeidung Teil der Migrationsgeschichte sind.

Und dann kommt selbstverständlich immer der Moment, an dem man einander nicht mehr länger aus dem Weg gehen kann. Meistens geschieht das in der zweiten Generation. Und das ist eine Phase des Konflikts, denn plötzlich wird klar, dass die Gesellschaft sich verändert. Jetzt nehmen die Menschen wahr, dass etwas geschehen ist, dass die Entwicklung unwiderruflich ist, dass die Menschen für immer hierbleiben. Aus Sicht der Einwanderer, die oft mit der Fiktion ihrer Rückkehr leben, ist das der Moment, in dem sie verstehen, dass sie nicht zurückkehren werden, dass es keinen Weg zurück in ihr Herkunftsland gibt, dem sie vor 20 Jahren den Rücken gekehrt haben. Und häufig braucht die Einsicht sehr, sehr lange, dass die Einwanderung ein Schritt ins Unbekannte war, und dass man etwas hinter sich gelassen hat, das nie mehr wiederkehren wird. Es ist das Gefühl eines unwiederbringlichen Verlusts.

Und für viele Einheimische ist das der Moment, in dem sie – wie etwa in Amsterdam – erkennen, dass bis zu zwei Drittel der Schulkinder Migrationshintergrund haben, dass 50 Prozent der Bevölkerung Einwanderer sind, dass man dieser Realität nicht mehr entkommt. Sie ist überall. Und dann gibt es eine zweite Generation, die – völlig zu Recht – ihren Platz beansprucht und sichtbar sein will, da ihre Eltern häufig durch Vermeiden und Abschotten unsichtbar blieben. Sie wollten nicht nachdrücklich Teil der Institutionen, nicht Teil der Eliten werden. Man sah sie nicht im Fernsehen oder in der Öffentlichkeit ihre Rechte einfordern. Heute hat sich das selbstverständlich geändert. Und genau das ist typisch für die Migrationsgeschichte, dass irgendwann der Punkt kommt, an dem das Vermeiden, an dem die Illusion, dass eigentlich alles unverändert ist, nicht mehr durch Abschottung aufrechterhalten werden kann – wenn es gleichzeitig andere Stadtviertel gibt, in denen Menschen leben, die nichts mit unserem Leben zu tun haben. Dann kommt der Moment, an dem auch das Leben der Mehrheit der einheimischen Bevölkerung betroffen ist. Das ist dann eine konfliktreiche Phase.

Ein Beispiel aus der amerikanischen Geschichte illustriert das sehr gut: die Iren in Boston. Angesichts der Selbstwahrnehmung der Amerikaner als einer Nation von Einwanderern neigt man zu der Vorstellung, die Geschichte dieser Immigration sei nicht so konfliktreich gewesen. Sie war jedoch wesentlich konfliktreicher als alles, was derzeit in Europa passiert. Zu jeder Zeit gab es Vermeidung, aber auch offenen Konflikt. Wenden wir uns nach Boston, Mitte des 19. Jahrhunderts: Dorthin flüchteten viele vor den sogenannten Hungerjahren der 1840er Jahre. Über eineinhalb Millionen Menschen verhungerten damals in Irland. Wer die Möglichkeit dazu hatte, floh. Die Flüchtlinge waren minder qualifiziert, häufig Analphabeten und sehr katholisch. Größer hätte der Gegensatz zu den Einwohnern der Stadt Boston nicht sein können, die sich ihrerseits für ziemlich offene, liberale Menschen hielten. Diese Einwanderer sammelten sich in bestimmten Vierteln und brachten einen Haufen Probleme, zumindest aus Sicht der gebürtigen Bostoner. Dieser Konflikt tobte 30, 40, 50 Jahre lang.

Im Zentrum des Konflikts stand nicht nur der Kampf um Ressourcen und Abschottung, sondern eindeutig auch religiöse Fragen, da die zugewanderten irischen Katholiken im protestantischen Amerika alles andere als willkommen waren. Ganz im Gegenteil, sie waren mit heftigem Widerstand konfrontiert.

Es gab damals, Mitte des 19. Jahrhunderts, in Amerika eine Vielzahl einwanderungsfeindlicher Bewegungen, die versuchten, die irische Zuwanderung zu beschränken oder ganz zu stoppen. Der Zusammenprall zwischen der Bostoner Oberschicht, relativ aufgeklärte Protestanten, und den erzkonservativen irischen Katholiken war heftig. Diese waren nicht nur gegen die Emanzipation der Sklaven, sondern auch gegen viele öffentliche Schulen aufgrund ihrer Art des Bibelunterrichts. Dieser Konflikt erinnert in vielem an heutige Ereignisse.

Die Geschichte der Zuwanderung ist immer konfliktreich. Denn irgendwann kommt der Moment, an dem man seine Traditionen nicht mehr aufrechterhalten kann. Man kann nicht der bleiben, der man einmal war. Es kommt der Moment, wo Vorurteile Gegenstand des öffentlichen Diskurses werden und man nicht mehr länger an der Vorstellung festhalten kann, seinem kulturellen Erbe treu zu bleiben. Genau das macht aber der Multikulturalismus, eine Philosophie des Vermeidens, die den Einwanderern im Wesentlichen sagt: »Ihr könnt bleiben, wer Ihr seid, Ihr könnt an Euren eigenen Traditionen, Eurer Kultur festhalten, Ihr müsst Euch nicht ändern.« Das ist eine konservative Ideologie. Meiner Meinung nach ist Einwanderung aber eine dynamische Angelegenheit, da jeder sich ändern muss. Denn nicht nur die Aufnahmegesellschaft durchläuft einen Veränderungsprozess und eine konfliktreiche Suche nach einem Modus für das Zusammenleben, sondern auch die Zuwanderer selbst können sich der Veränderung nicht entziehen. Die Entscheidung auszuwandern – und nicht nur vorübergehend zu bleiben – ist eigentlich bereits eine Entscheidung zur Veränderung, obwohl diese oft eine unbeabsichtigte Folge der Migration ist, die häufig wirtschaftlich motiviert ist. Man kann der konfliktreichen Suche nach dem richtigen Zusammenleben, nach den notwendigen Gemeinsamkeiten nicht entgehen. Wir müssen uns entscheiden.

Ich war in Antwerpen in einer recht guten Schule, in der 70 Prozent der Schüler aus muslimischen Familien kommen. Viele dieser Kinder besuchen anschließend höhere Schulen. Die Lehrer sagten mir, es sei mittlerweile ziemlich schwierig geworden, im Biologieunterricht das Thema Evolution zu behandeln. Die Schüler akzeptierten das aus Prinzip nicht. Und im Geschichtsunterricht wird es immer schwieriger, den Holocaust anzusprechen, da sie ihn für eine Lüge halten. Es hat ihn nicht gegeben – und wenn es ihn gegeben hat, dann war er vielleicht keine so schlechte Idee. Und im Literaturunterricht sei es heute fast unmöglich, über Oscar Wilde zu reden, da er ein perverser, homosexueller Schriftsteller sei. Man muss sich also entscheiden: Entweder hält man sich an den Lehrplan und stellt sich den Vorurteilen, die diese Kinder von ihren Eltern übernommen haben, oder man hält den Mund.

Man kann die Sache aber auch von der anderen Seite aus betrachten. Nehmen wir Amsterdam, wo heute 60 Prozent der Jugendlichen einen Migrationshintergrund haben: Über kurz oder lang werden jene Diskriminierungen, wie sie heute auf dem Arbeitsmarkt gang und gäbe sind, untragbar. Dann allerdings muss sich die Aufnahmegesellschaft ein paar Fragen beantworten. Einwanderung ist immer eine konfliktreiche Suche, da sie die Menschen einander aufzwingt. In Städten wie Malmö, Birmingham oder Amsterdam sind wir einfach zu sehr voneinander abhängig geworden. Da gibt es keine Minderheit oder Mehrheit mehr. Die Lage ist also konfliktreich, weil sie jeden zum Überdenken und Überprüfen zwingt.

Welche Art von Anpassung könnte man sich also vorstellen? Das ist eine Frage der Zeit und der Generationenablöse, und es ist eine Frage des Engagements und der Fähigkeit, offen für diese Veränderung zu sein, ohne zu viele Tabus aufzustellen. Ich weiß, dass es immer ein »Wir-und-sie« gibt. Das ist vielleicht in den muslimischen Gemeinden in Europa noch stärker ausgeprägt, ist aber überall vorhanden. Aber an dem Beispiel der Katholiken in Boston kann ich eine Veränderung auf beiden Seiten erkennen. Amerika musste sich neu erfinden als eine Nation, die nicht nur aus Protestanten, sondern auch aus katholischen Einwanderern besteht. Und diese katholischen Zuwanderer mussten ihre Religionsausübung ändern, da sie zumeist aus Ländern stammten, in denen ihre Religion ein Monopol hatte. Angesichts von Religionsfreiheit und religiösem Pluralismus mussten sie plötzlich sich selbst als Gläubige neu definieren. Dies veränderte natürlich die Beziehung zu ihrer Religion und zu ihrer religiösen Praxis. So gesehen fand also auf beiden Seiten eine Veränderung statt, die zeigt, dass Zuwanderung eine Gesellschaft dazu zwingt, sich in vielerlei Hinsicht neu zu erfinden, ihr Selbstbild zu erweitern, sich zu öffnen, ebenso wie sich auch die Eingewanderten fragen müssen, was ihr kulturelles Erbe und ihre Religion für sie bedeuten, welche Beziehung sie zu ihrer neuen Umgebung haben wollen. Veränderung ist also zentral.

Wir haben heute die Phase des Vermeidens bereits vielfach hinter uns gelassen. Natürlich gibt es nach wie vor Abschottungen. Aber wir leben in einer sehr konfliktreichen Zeit. Das bedeutet jedoch keineswegs, dass das immer so bleiben muss. Wir sollten die derzeitige Situation in Europa im Kontext einer umfassenderen Immigrationsgeschichte betrachten. Zu welcher Form von Anpassung kann der gegenwärtige Konflikt führen? Natürlich gibt es viele Konflikte, von denen ich mir wünsche, es wäre nie so weit gekommen. Die Ermordung von Theo van Gogh ist nur ein Beispiel. Aber insgesamt ist der Konflikt der Übergang von der Vermeidung zur Anpassung. Der Konflikt ist ein Zeichen der beginnenden Integration. Denn ohne Kontakt gibt es auch keinen Konflikt. So gesehen ist der Konflikt als solcher, den wir derzeit erleben und der zu jeder Migrationsgeschichte gehört, ein Zeichen, dass Menschen versuchen, die Situation zu bewältigen.

Was führt vom gegenwärtigen Konflikt zur Akzeptanz der Einwanderung als Teil unserer Gesellschaft? Wir müssen dazu unsere Institutionen und unsere Freiheitsrechte überdenken.

Es ist uns in Europa gelungen, jenen Teil der Bevölkerung, der am arbeitswilligsten, einsatz- und risikobereitesten ist, die Einwanderer, die alles zurückgelassen haben, um in der Fremde Arbeit zu suchen, in den passivsten und abhängigsten Teil unserer Gesellschaft zu verwandeln. Selbstverständlich spielt der Wohlfahrtsstaat dabei eine große Rolle. In New York etwa arbeiten 90 Prozent der Einwanderer der ersten Generation, in Amsterdam weniger als 50 Prozent. In Deutschland sieht es nicht viel anders aus, ebenso in Frankreich. Und da sehen wir auch die Folgen für die zweite Generation. Ich habe die Rüttli-Schule in Neukölln besucht, wo mir ein Lehrer sagte: »Wissen Sie, die Kinder sind die Einzigen, die am Morgen aufstehen und irgendwohin gehen, was sollen wir denen denn erzählen?« Sie erleben in ihrem Umfeld nicht, dass Menschen zur Arbeit gehen. Diese Menschen sind sehr abhängig. Sozialhilfe ist also keine soziale Geste den Einwanderern gegenüber, vor allem nicht für ihre Kinder. Sie blockiert die soziale Mobilität. Und sie hat auch die Akzeptanz von Einwanderern in unseren Gesellschaften untergraben.

Wir werden auf Migration nicht verzichten können. Und nach wie vor verweigert man sich einer offenen Diskussion darüber, wie eine transparente Migrationspolitik aussehen soll und welche Art von Wohlfahrtsstaat für diese Zuwanderung notwendig ist. Aus der Integrationsdebatte können wir sehr viel über die Gesellschaft als Ganzes lernen, über das, was in unserem Wohlfahrtsstaat gut, und das, was problematisch ist. Ich halte soziale Sicherheit nach wie vor für eine Zivilisationsnorm. Wir können uns aber auch fragen, ob die Art ihrer Institutionalisierung wirklich hilfreich war. Denn ich kenne keinen einzigen Einwanderer, der nach Westeuropa kam, um dort ohne zu arbeiten von der Sozialhilfe zu leben. Dafür gehen Menschen kein derartiges Risiko ein. Die meisten, die kamen, wollten arbeiten. Es handelt sich um ein Problem, das mit zu großer Abhängigkeit vom Wohlfahrtsstaat zu tun hat, nämlich dem Mangel an sozialer Mobilität.

Der Forderung, Migranten während der ersten fünf oder zehn Jahre ihres Aufenthalts im neuen Land von der sozialen Absicherung bei Arbeitslosigkeit auszuschließen, muss man mit einem allgemeinen Plädoyer begegnen, welches dafür eintritt, dass man zunächst durch Arbeit Rechte erwerben muss, ehe man Anspruch auf Sozialleistungen erheben darf. In den Niederlanden etwa können Menschen unter 27 im Prinzip keinen Anspruch auf soziale Absicherung geltend machen. Sie haben die Wahl zwischen einer Ausbildung oder Arbeit. Ein berufstätiges Leben fördert auf eine selbstverständliche Weise die gesellschaftliche Akzeptanz. Vor allem für Migranten gilt, dass ein sichtbarer Beitrag zum wirtschaftlichen Erfolg der Gesellschaft sehr dabei hilft, ihre Anwesenheit zu rechtfertigen. Fällt dieser Beitrag weg, dann drohen nicht nur ethnische Konflikte, sondern gleichzeitig ist auch die Möglichkeit des sozialen Aufstiegs für den Migranten und seine Kinder verbaut. Auf unerwartete Weise ist so ein schon länger bestehender Mangel der Versorgungsgesellschaft ans Licht gekommen.

Wir müssen aber auch unsere Freiheitsrechte überdenken. Die Präsenz des Islam zwingt uns zu einem Umdenken in Bezug auf die Meinungs- und Religionsfreiheit. In den letzten 30, 40 Jahren haben wir Freiheit ausschließlich als Recht betrachtet. Diese sollte natürlich auch gegen jene verteidigt werden, die in Berlin-Pankow eine neue Moschee verhindern wollten. Der Kampf zog sich über Jahre. Ich habe mir die Moschee angesehen, die hinter einem Kentucky-Fried-Chicken-Lokal versteckt ist, das doppelt so groß ist wie die Moschee. Trotzdem hatten die Menschen das Gefühl, diese verändere die Umgebung nachhaltig. Ich bin der Auffassung, dass wir in diesem Fall – und das ist heute keineswegs mehr selbstverständlich – für die Religionsfreiheit einer neuen Religionsgemeinschaft eintreten müssen. Bei uns in den Niederlanden gibt es einen äußerst populären Politiker, der von den Muslimen verlangt, unsere Verfassung zu akzeptieren, und im selben Atemzug die Verfassung eines ihrer Grundpfeiler, der Religionsfreiheit, beraubt. Das ist nicht sehr hilfreich und nicht sehr konsistent. In Antwerpen haben wir heute ein Kopftuchverbot in der Schule. Ich kann im Kopftuch ein Symbol der Ungleichbehandlung erkennen. Ich kann die gesellschaftliche Kontrolle erkennen, der junge Frauen in bestimmten Stadtvierteln unterworfen sind. Trotzdem würde ich auf einem Recht auf Religionsfreiheit bestehen, das jedem Menschen freistellt, innerhalb der Grenzen des Rechtsrahmens zu tun, was ihm beliebt. Daher bin ich gegen das Kopftuchverbot an Schulen.

Es geht aber dabei nicht nur um Rechte, sondern auch um Pflichten. Und das gilt nicht nur für Migranten, sondern für alle. Man kann nicht Rechte fordern, ohne dass damit auch Verpflichtungen einhergehen. Das ist kein Rechtsbegriff, nichts, wozu man Menschen zwingen kann. Man muss sie aber damit konfrontieren, dass dasselbe Recht auf freie Religionsausübung auch für Menschen anderer Religionen oder ohne religiöses Bekenntnis gilt, ebenso wie für Menschen derselben Religionsgemeinschaft, die eine unterschiedliche Auslegung haben. Und gerade in den muslimischen Gemeinschaften in Europa erleben wir, dass viele Mitglieder diese Verpflichtung zurückweisen. Man findet dort eine schonungslose Intoleranz gegenüber all jenen, die vom Glauben abgefallen sind. Die Gruppe tritt also für Religionsfreiheit ein, gesteht jedoch zugleich ihren Mitgliedern nicht dieselbe Freiheit zu.

Und dann geht es natürlich noch um die Frage, ob Muslime bereit sind zu akzeptieren, dass freie Religionsausübung und Kritik an einer Religion zwei untrennbare Freiheitsrechte sind. Sie praktizieren ihre Religion jetzt in einer Gesellschaft, in der Menschen völlig frei über das sprechen, was ihnen heilig ist. Ich verstehe sehr gut, dass das ein schwerer Verstoß gegen ihre Vorstellung vom Heiligen ist, etwa Karikaturen. Die Eliten sagen dazu: Wenn wir die Gemeinschaft der Muslime beschwichtigen wollen, dann brauchen wir vielleicht neue Blasphemiegesetze. In Großbritannien, in Dänemark, in den Niederlanden, überall haben Regierungen versucht, das Recht auf Religionskritik einzuschränken, um die Muslimgemeinden zu besänftigen. Das ist eine falsche Botschaft. Hier muss man zu den Rechten und Pflichten eindeutig Stellung beziehen und sagen: »Ja, Religionsfreiheit ist ein Recht, das jedoch die Verpflichtung beinhaltet, Andersdenkenden gegenüber offen zu sein!«

Die ganze Integrationsdebatte zwingt uns zum Nachdenken darüber, was es bedeutet, ein Bürger mit Rechten und Pflichten zu sein. In ganz Europa führte das zu einer großen Verlegenheit, als die Migranten kamen und sich integrieren sollten. Es dauerte einige Zeit, die Menschen hatten eine lange Reise hinter sich, waren müde, aber dann kam der Moment, als sie angekommen waren und Fragen zu stellen begannen. Integration – wohin? Können Sie uns erklären, in was genau wir uns integrieren sollen? Dann können wir uns dafür oder dagegen entscheiden. Aber sie erhielten keine Antwort auf ihre Frage, denn man hatte dazu keine klaren Vorstellungen. Man kann nämlich nicht Migranten in eine Gesellschaft integrieren, in der es keine klare Vorstellung davon gibt, was es bedeutet, Bürger in dieser Gesellschaft zu sein. Man kann nicht von Migranten mehr verlangen, als die eingesessene Bevölkerung selbst zu geben bereit ist. Sie können nicht aus Migranten vorbildliche Bürger machen wollen, wenn die eingesessene Bevölkerung wenig Verantwortungsgefühl für die Welt vor ihrer Türe und außerhalb ihrer Familie hat. An diesem Punkt muss man ansetzen. Und deshalb geht es bei jeder Integration um die Gesellschaft als Ganzes.

Unlängst habe ich vor Surinamern einen Vortrag gehalten. Die holländischen Surinamer kommen aus der ehemaligen Kolonie, eigentlich lebt halb Surinam in Amsterdam. Als sie zwischen 1960 und 1970 kamen, gab es Probleme aller Art. Sie beschwerten sich bei mir: »Alle reden über die Marokkaner, die Türken – über uns redet kein Mensch mehr.« Das ist für mich wie eine Kurzfassung der Integrationsgeschichte: Diejenigen, die erst als Außenseiter gelten, werden Teil des nationalen Selbstverständnisses, Teil der Vorstellung, ein Holländer zu sein. Ich kann mir eigentlich nicht mehr vorstellen, was Holländischsein ohne die Zuwanderer aus den ehemaligen Kolonien bedeuten würde. Ich frage mich, wie lange es wohl dauern wird, bis wir von Angehörigen der marokkanischen Gemeinschaft oder den Pakistanis in England, der türkischen Gemeinschaft in Deutschland, der bosnischen Gemeinschaft in Österreich dieselbe bittere – für mich jedoch hoffnungsvolle – Klage hören: »Niemand redet mehr über uns.«

Leben in der Diaspora

Zygmunt Bauman

Vorbemerkung

In der Diaspora zu leben ist gleichbedeutend mit einem Leben inmitten von Diasporas. Denn eine Diasporagemeinde hat in der Regel andere Diasporas als Nachbarn.

***

Ich will von einem allgemeinen Thema ausgehen, dem Thema des Fremden. Fremde sind, so Georg Simmel, Menschen, die heute kommen und morgen bleiben. Sie bleiben meist, ohne um Erlaubnis zu bitten. Sie sind keine vorüberziehende Wolke, die die Sonne einen flüchtigen Augenblick lang verdeckt, sie werden vielmehr zu einem bleibenden Fleck in der Landschaft. Sie sind morgen da und auch übermorgen noch. Fremde sind also gefährlich – von Natur aus. Zumindest werden sie gerne als gefährlich wahrgenommen. Warum? Weil sie die transparente Realität, in der man sich relativ sicher fühlt, in Unordnung bringen. Eine geordnete Umgebung lässt sich fein säuberlich in Freund und Feind trennen, und man weiß ganz genau, welches Verhalten gegenüber Freunden und welches gegenüber Feinden angezeigt ist. Mit Freunden muss man nicht jedes Mal die Bedingungen des Zusammentreffens neu verhandeln, man versteht sich auf Anhieb. Feinde hingegen können zwar Angst machen, stiften aber keine Verwirrung. Man weiß, bei einem Feind muss man wachsam sein und sich verteidigen. Doch dann taucht ein Fremder auf, und dieser ist die Verkörperung von Verwirrung und Ambivalenz. Ist er Freund oder Feind? Vielleicht ein Freund, der sich unversehens in einen Feind verwandelt, oder ein Feind, der sich als Freund tarnt? Alles ist unbekannt und undurchschaubar. Man weiß nicht, wie man sein Verhalten interpretieren, seine Absichten erkennen soll. Was meint er, was hat er vor? Er gehört weder zur Kategorie der Freunde noch zur Kategorie der Feinde, sondern sitzt rittlings auf deren Trennlinie. Das nennt man ein ambivalentes Geschöpf.

Wir sind rationale Wesen und wollen verstehen. Was aber heißt verstehen, was vor sich geht? Ludwig Wittgensteins berühmte Definition lautet: »Verstehen heißt, zu wissen, wie es weiter geht.« Und ein Fremder ist genau derjenige, der verhindert, dass wir wissen, wie es weitergeht. Denn für ihn haben wir kein einfaches Rezept, keine Anleitung zum Handeln. Das verursacht Unsicherheit – ein sehr unangenehmes Gefühl. Wir sind lieber sicher als unsicher. Dazu kommt noch ein Gefühl der Hilflosigkeit, da man nicht weiß, wie man dem Fremden begegnen soll, wie man mit ihm – so überhaupt – Kontakt aufnimmt oder diesen – tunlichst – vermeidet und wie man auf das, was er tut, reagiert. Man fühlt sich unwissend und hilflos. Und das wiederum erzeugt Scham. Fremde begehen also – ob sie wollen oder nicht – eine dreifache Sünde, sei es aus eigenem Antrieb oder einfach durch die Logik ihrer Versetzung in eine ungewohnte Umgebung, in der sie selbst das Element des Ungewohnten sind.

Das ist nichts Neues. Seit jeher waren Städte urbane Ballungszentren, Orte, wo man Fremden kaum aus dem Weg gehen konnte, doch nie zuvor traten sie in solcher Dichte, Zahl und Vielfalt auf wie heute. Fremde und Städte – da gibt es also Elemente der Kontinuität, aber es gibt auch Elemente der Diskontinuität im »Zeitalter der Diaspora«.

Was heute passiert, nennt man ganz banal Globalisierung. Die heutige Phase der Globalisierung begann mit dem unendlich langen Weg zur globalen Verbreitung unserer Lebensart: freier Handel, freie Märkte, ein obsessiver Modernisierungswille, der bis in die entlegensten Gegenden reicht, ausgenommen vielleicht Birma, Kuba oder Nordkorea – überall sonst findet man diese Modernisierungsbesessenheit, die bis dahin nur Europa und einige seiner Außenstellen auf anderen Kontinenten befallen hatte. Was bedeutet eigentlich Modernisierung? Modernisierung heißt üblicherweise, dass zwei Aktivitäten auf Höchsttouren laufen. Die eine ist der geordnete Aufbau. Wir wollen, dass die Welt geordneter, transparenter, berechenbarer, den menschlichen Bedürfnissen gerechter wird, also muss alles Krumme begradigt und alles Unbeabsichtigte, Kontingente, Unvorhersehbare samt allen zumeist unangenehmen Überraschungen und Risiken so weit wie möglich ausgeschaltet werden. Wenn man einen Plan, das Modell einer Ordnung entwickelt, dann gibt es in der Regel immer jemanden, für den in dieser neuen Ordnung kein Platz ist. Ordnung herzustellen bedeutet Umverteilung der Bevölkerung, Aussonderung der unerwünschten Elemente; genauer betrachtet werden diese Elemente aber erst durch diesen Plan, durch diese Vision einer Ordnung, die sie ausschließt, zu Unerwünschten.

Die zweite typische Aktivität – ein sehr mächtiger und eigentlich niemals endender Aspekt der Modernisierung – ist der sogenannte wirtschaftliche Fortschritt. Das, was vorher einen enormen Einsatz von Arbeit und Geld erforderte, kann nun mit weniger Arbeitskraft und geringeren Kosten gemacht werden. Das bedeutet in der Praxis, dass gewisse Arten des Broterwerbs plötzlich ausgedient haben. Sie werden als »traditionell« abqualifiziert und sind nicht mehr imstande, den Lebensunterhalt zu sichern.

Beiden Aktivitäten – dem Aufbau einer Ordnung und dem wirtschaftlichen Fortschritt – ist gemeinsam, dass sie überflüssige Menschen erzeugen. Damit entsteht erst das Phänomen der Übervölkerung. Es gibt keinen Platz für die Überflüssigen. Rein wirtschaftlich betrachtet wäre, wenn man von allen moralischen und sozialen Bedenken absieht, eine Gesellschaft ohne sie viel besser dran, da sie nicht zum Wirtschaftswachstum beitragen, sondern stattdessen der dauernden Versorgung und Umverteilung der Mittel bedürfen.

Es ist noch nicht so lange her, vor rund 200 bis 300 Jahren, da war Europa das einzige kleine Stück des Erdballs, das sich modernisierte. Nirgendwo sonst gab es Modernisierung. Das heißt, dass überall in Afrika, in Asien und in weiten Teilen Amerikas nach wie vor eine bäuerliche Ökonomie herrschte. Eine solche unterscheidet sich von den Volkswirtschaften unserer Zeit dadurch, dass sie weder den Begriff Verschwendung, noch den Begriff Überfluss kennt. In einer bäuerlichen Ökonomie gibt es keinen Abfall, alles wird wiederverwertet. Lange vor der Erfindung des Recycling wurde es von Bauern in der ganzen Welt praktiziert. Alles landet wieder auf den Feldern oder im Viehfutter. Und es werden auch keine überflüssigen Menschen produziert. Kommt in einer Bauernfamilie ein Kind zur Welt, dann verschwendet niemand auch nur einen Gedanken daran, ob am Tisch noch Platz für das Neugeborene ist; und im Schweinekoben, im Kuhstall, auf den Feldern, in den Ställen gibt es immer etwas zu tun. Die Arbeit zur Haushaltsführung wird einfach auf eine größere Zahl von Personen aufgeteilt. Daher sind die Menschen nicht überflüssig. Wollte man einen Arbeitsmarkt in eine bäuerliche Ökonomie einführen, gäbe es sofort Millionen überflüssiger Menschen, einzig weil darin die menschliche Arbeitskraft anders als in der Bauernwirtschaft einen Preis hat und diese Menschen daher plötzlich in einem Niemandsland zwischen dem bäuerlichen Haushalt von anno dazumal und der Stadt, der urbanen Industrie, landen, wo es für sie keine Arbeitsplätze gibt.

Vor 200, 300 Jahren war Europa also der einzige kleine Fleck, der sich modernisierte. Daher produzierte auch nur Europa überflüssige Menschen im modernen Sinn, Menschen, für die im Land kein Platz war. Das war ein europäischer »Luxus«, der sich bis heute nicht mehr wiederholen sollte. Denn da Europa das Modernisierungsmonopol hatte, konnte es für diese vor Ort erzeugten Probleme globale Lösungen finden. Also globale Lösungen für lokale Probleme. Diese waren etwa die lokale Übervölkerung, die die neue, modernisierte Ökonomie nicht assimilieren konnte und die neue Ordnung nicht assimilieren wollte. Diese überflüssigen Menschen konnten in koloniale Expeditionsarmeen umgewandelt werden – es war das Zeitalter des Kolonialismus, des Imperialismus. Bekanntlich wanderten an die 50 Millionen Europäer nach Nord- und Südamerika, nach Australien und Neuseeland und in bestimmte Gegenden Afrikas aus. All diese Zielländer galten als menschenleer oder leicht zu entvölkern. Das war die globale Lösung, die Europa für seine lokal erzeugten Probleme hatte. Der große Unterschied zwischen unseren migrierenden Vorfahren und den heutigen Migranten ist, dass heute – nachdem sich die moderne Lebensweise bis in die entferntesten Winkel durchgesetzt hatte – nahezu überall auf der Welt überflüssige Menschen produziert werden, ohne dass es noch globale Lösungen für lokal erzeugte Probleme gäbe. Ganz im Gegenteil: Die jüngst modernisierten sogenannten Schwellenländer stehen vor der Herausforderung, lokale Lösungen für global erzeugte Probleme finden zu müssen, was natürlich ein Ding der Unmöglichkeit ist. Es kann nur globale Lösungen für global erzeugte Probleme geben. Doch dafür braucht es globale Institutionen, die diesen Prozess verwalten, leiten, in Gang setzen, beaufsichtigen und beschützen. Bisher ist aber keine Spur irgendeiner Institution zu erkennen, die diese globale Macht hätte.

Über unsere Städte rollt heute eine riesige Migrationswelle hinweg, die von der Logik der weltweiten Verteilung der Ressourcen ausgelöst und in Gang gehalten wird. Die Migration unserer Zeit ist von ihrer kolonialen Geschichte abgekoppelt. Bis vor Kurzem kamen die Einwanderer aus den ehemaligen Kolonien ins ehemalige Mutterland. Heute ist das ein diffuser Prozess, der sich ausschließlich an der wechselhaften Logik der momentanen Verteilung von Chancen und Gelegenheiten orientiert. Niemand hat sie gebeten zu kommen. Nur selten werden Fachkräfte eingeladen, weil man sie für Aufgaben braucht, die der wirtschaftlichen Entwicklung eines Landes dienen. Doch im Normalfall kommen die Massen aus eigenem Antrieb. Sie kommen, weil sie aus ihrem Herkunftsland buchstäblich hinausgeworfen wurden, da sie sich in der neuen Ordnung und den neuen wirtschaftlichen Gegebenheiten nicht zurechtfinden konnten. Sie werden verstreut, Menschen, die in der ganzen Welt herumreisen. Metaphorisch gesprochen, könnte man sie in Touristen und Vagabunden unterteilen – was sie selbst vermutlich nur ungern hören würden.

Touristen sind freiwillige Vagabunden und Vagabunden sind Touristen wider Willen – so könnte eine grobe Unterscheidung lauten. Touristen reisen um die Welt, da sie flexibel sind, es sich leisten können, in jedem Flughafen, an jeder Staatsgrenze willkommen geheißen, ja sogar in VIP-Lounges gebeten werden. Sie können es sich erlauben, in mehreren Ländern gleichzeitig ein Zuhause zu haben, ohne zu wissen, wo sie wirklich zuhause sind. Sie sind deplaziert, allerdings nur so lange, wie sie es wollen, da sie nur ihre Handys, ihre Laptops und sonstige unverzichtbare Dinge zusammenzupacken brauchen, um sich anderswohin aufzumachen, wenn das Hiersein sie nicht mehr befriedigt. Ganz anders die Vagabunden. Sie sind aus eigenem Antrieb unterwegs. Sie wissen nicht, wie lange sie am Ankunftsort bleiben werden, da es von ihren Gastgebern, von der einheimischen Bevölkerung abhängt, wie lange ihre Anwesenheit genehmigt wird; oder bis sie – wie in Frankreich unter Präsident

Sarkozy – zusammengetrieben, in Züge oder Flugzeuge verfrachtet und dorthin zurückgeschickt werden, woher sie kamen. Vagabunden bleiben also nur so lange, wie man sie duldet.

In dieser neuen Phase der modernen Migration kommt noch etwas anderes hinzu. Der Unterschied zu früheren Migrationswellen ist, dass Migration heute unaufhörlich, systematisch, endemisch und zwangsläufig durch die Logik des Modernisierungsprozesses produziert wird. Das Besondere an der heutigen Migration ist ihr diasporischer Charakter. Zuwanderer bilden Diasporagemeinschaften. Sie halten mehr oder weniger an ihrer Lebensweise fest. Sie sind nicht bereit diese aufzugeben. Sie sehen keinen Grund, sie zu ändern. Natürlich sind auch sie, wie alle anderen, dem Druck wechselnder Moden, neuer Lebensstile und attraktiver Angebote ausgesetzt. Sie sind davor nicht gefeit. Sie übernehmen neue Gewohnheiten. Trotzdem wollen sie an ihrer Identität festhalten.

Ungewohnt für uns Europäer tauchten fremdartige Menschen in Frankreich, in Deutschland auf. Doch abgesehen von Österreich-Ungarn, wo man schon vor langer Zeit Erfahrungen mit Diversität machte, gab es sicher nicht viele Orte in der modernen Welt, wo man sich vorstellen konnte, dass kulturelle, ethnische, sprachliche, religiöse Vielfalt von Dauer sei. In Europa war es so, dass Elemente, die innerhalb einer Nation relativ fremd wirkten, als vorübergehende Irritation angesehen wurden. Sie würden irgendwann zu unserer – höheren, dominanten, qualitativ besseren – Kultur aufsteigen. Sie werden assimiliert. Wer erinnert sich noch daran, dass der Begriff Assimilation aus der Biologie kommt? Wir assimilieren, was wir zu Mittag oder zu Abend essen. Wir assimilieren fremde Substanzen und verwandeln sie in körpereigene Stoffe, in organische Zellen. Assimilation ist also eine Metapher zur Beschreibung dessen, was auf lange Sicht mit den Neuankömmlingen in einer Nation, in einem Land passiert. Sie werden assimiliert, sie werden so wie wir.

Diese Option gibt es heute nicht mehr. Archimedes hat angeblich gesagt, er werde die Welt aus den Angeln heben, wenn man ihm nur einen ausreichend langen Hebel gäbe. Möglicherweise war dieses Versprechen nur ironisch gemeint, da er sehr wohl wusste, dass ein solcher Hebel weder existierte, noch herzustellen war. So wie Archimedes könnten auch wir vorhersagen, wer sich an wen assimilieren wird, wenn man uns nur eine eindeutige Hierarchie der Kulturen gäbe. Doch es gibt eine solche Hierarchie ebenso wenig wie einen Hebel, mit dem man die Welt aus den Angeln heben kann. Kulturelle Überlegenheit, Begriffe wie höhere und niedere Kultur – all das dient eindeutig nur der Ungleichheit der globalen Machtverteilung. Ein oder mehrere Machtzentren, alles andere Peripherie und dem Willen der Metropolis unterworfen. Damit war klar, dass das stärkere Land die bessere Kultur hat. Das ging Hand in Hand. Und die in der Kulturhierarchie weiter unten Stehenden täten als vernunftbegabte Wesen gut daran, sich anzustrengen, um zum höheren Kulturniveau aufzusteigen.

Aber welche Kultur ist heutzutage die höherwertige? Das ist ein Problem. Ich möchte hier Jonathan Rutherford zitieren, einen sehr scharfen Beobachter der heutigen Durchmischung der Bevölkerung, der über die Londoner schreibt, die in seiner Straße wohnen: »Eine aus verschiedenen Gemeinschaften zusammengesetzte Nachbarschaft, von denen manche Netzwerke haben, die nicht weiter als bis zur nächsten Straße reichen, andere weltweit vernetzt sind. Eine Nachbarschaft mit durchlässigen Grenzen, in der man schwer zuordnen kann, wer dazugehört und wer Außenseiter ist. Was ist es, dem wir an diesem Ort zugehören? Was nennt jeder von uns Zuhause? Und wenn wir zurückblicken und uns an unsere Ankunft erinnern, welche Geschichten teilen wir dann?«[1] Lauter Fragen – und keine einzige Antwort. Genau das ist aber die Ursache unserer heutigen Ungewissheit, Hilflosigkeit und Demütigung: Wir können die weitere Entwicklung nicht vorhersagen, da es keine Struktur gibt, an die sich die Bevölkerung, an die sich die vorhandenen Diasporagemeinden anpassen könnten.

Auch der Charakter der Kultur hat sich verändert. Pierre Bourdieu, einer der scharfsichtigsten und größten Soziologen des 20. Jahrhunderts, hat bereits Anfang der 1990er Jahre – also vor 20 Jahren – geschrieben, dass es bei Kultur nicht mehr um Normen geht. Normen sollen, müssen befolgt werden. Nichtbefolgen wird bestraft. Normen geben rigorose Empfehlungen für richtiges Verhalten unter verschiedenen Umständen. Nach Bourdieu funktioniert Kultur heutzutage nicht mehr durch normative Regeln, sondern durch Verführung. Sie führt durch attraktive Angebote in Versuchung. Das Angebot verspricht Genuss, eine gewisse Befriedigung, nicht nur unbedingt deshalb, weil dieses spezielle Angebot besser ist als die alte Wirklichkeit, sondern weil es etwas völlig Neues ist, das man noch nicht ausprobiert hat. Das macht es aufregend, abenteuerlich, lustvoll, unterhaltsam. Kultur braucht PR, sagt Bourdieu, und PR lebt von Werbung und nicht von Überwachung. Menschen werden nicht gezwungen, Einkaufszentren und Boutiquen zu stürmen, um die neuesten Produkte auf dem Markt zu kaufen, sondern sie gehen dorthin in der festen Überzeugung, dass ihre Suche nach Glück sie dorthin leitet. Die Kultur unserer Zeit funktioniert nicht durch Zwang, sondern durch die Schaffung immer neuer Bedürfnisse und Begierden.

Flexibilität, von einem kulturellen Angebot zum nächsten übergehen zu können, man selbst sein und gleichzeitig jederzeit ein anderer werden zu können, wenn das reizvoller scheint – das ist das weitverbreitete Ideal des guten Lebens in unserer heutigen hoch individualisierten und konsumorientierten Gesellschaft der liquiden, verflüssigten Moderne. Der größte soziale Unterschied in unserer Zeit ist vermutlich jener zwischen flexiblen und fixierten, nichtflexiblen Menschen. Flexibel bedeutet physische Bewegungsfreiheit. Von einem Land in ein anderes reisen zu können, von einem Kulturkreis zum nächsten

1 | Übersetzung Mechthild Yvon.

zu wechseln. Einen Lebensstil gegen einen anderen einzutauschen. Von einer Partnerschaft zur nächsten zu gehen. Flexibilität, Beweglichkeit, ist in unserer Zeit wahrscheinlich der wichtigste Differenzierungsfaktor. Alle anderen sind fixiert: unbeweglich, ortsgebunden, bewegungsunfähig. Wenn sie sich physisch fortbewegen wollen, dorthin, wo es bessere Ernährung und sauberes Trinkwasser gibt, dann werden sie wahrscheinlich an der nächsten Grenze angehalten, zusammengepfercht und wieder nach Hause geschickt oder in Flüchtlingslager abgeschoben, die von der örtlichen Umgebung abgeschnittene Inseln bilden. Unterschiedlichen Schätzungen zufolge leben zwischen 14 und 28 Millionen Menschen jahrelang in diesem extraterritorialen Bereich, in diesem Niemandsland. Solche Lager findet man in ganz Afrika, wo die Suche nach lokalen Lösungen für globale Probleme unter anderem zu etwas führte, was man nur als Nachbarschaftsimperialismus bezeichnen kann. Modernisierungsbedingt übervölkerte Länder können ihre überflüssigen Söhne und Töchter nicht nach Übersee schicken, da dort kein menschenleeres Land mehr auf sie wartet. So bleibt nichts anderes übrig, als dem unmittelbaren Nachbarn näher zu rücken, wie wir das etwa im Sudan oder in Ruanda gesehen haben. Die Kluft zwischen Flexibilität und Fixiertheit – das ist der größte Unterschied, mit dem wir heute konfrontiert sind.

Damit möchte ich zu den Städten zurückkommen, in denen die Diasporagemeinden leben, Städte wie Wien, London, Paris, Frankfurt oder Rom. Verschiedenen Berechnungen zufolge gibt es alleine in London 70 verschiedene ethnische und sprachliche Diasporagemeinden. Das heißt, dass die großen europäischen Städte unserer Zeit wie Mülleimer die Probleme, den Abfall des globalen Raums aufnehmen. Dabei handelt es sich um global erzeugte Probleme, deren Lösung jedoch den Bewohnern bzw. den einzelnen Städten aufgebürdet wird. Die Probleme fallen dort einfach an. Migranten kommen nur deshalb in die großen Städte in Europa, weil sie direkt oder indirekt aus ihrem Geburtsland vertrieben wurden. Und dann ist es an der Bevölkerung der Städte, in denen sie landen, für sie Unterkunft, medizinische Betreuung und Schulen für ihre Kinder zu finden und sich um die Entwicklung freundschaftlicher, friedlicher Beziehungen zwischen Neuankömmlingen und Einheimischen zu kümmern.

Damit kommen wir zur zweiten Rolle der Städte von heute. Sie sind nicht nur Mülleimer für Probleme, sie sind auch das Versuchslabor für die neue und äußerst schwierige Kunst des Zusammenlebens von unterschiedlichen Menschen, die ihre Unterschiedlichkeit weder aufgeben noch verlieren. Mit dieser neuen Kunst sind wir alle täglich konfrontiert. Auf Gedeih und Verderb bemühen sich die Bewohner Europas, diese Kunst erst zu schaffen und dann auszuüben. Mit unterschiedlichem Erfolg. Optimisten hoffen, dass die – wie es politisch korrekt heißt – Integration, stockend und sprunghaft zwar, dennoch von Generation zu Generation vorankommt. Der Prozess ist jedoch keineswegs eindeutig, sondern durchaus ambivalent.

Es gibt zwei widersprüchliche, aber nichtsdestoweniger parallele Entwicklungen. Die eine könnte man als Mixophilie, die andere als Mixophobie bezeichnen. Mixophobie ist die Unwilligkeit, sich mit Fremdem zu mischen, da es gefährlich und riskant ist. Wie ich gesagt habe, man weiß nie genau, was sie vorhaben. Das erklärt auch die Folgen. So gibt es einen starken Trend zu *gated communities*, geschlossenen Wohnanlagen. Das bedeutet: Absonderung, Abschottung, nicht einmal den Versuch zu machen, mit dem Anderen einen Modus vivendi zu finden. Wenn man sich in seiner abgeschotteten Gemeinschaft sicher fühlt, ist die Wahrscheinlichkeit gleich null, dass man das Bedürfnis, die Notwendigkeit oder auch nur die Gelegenheit hat, all das zu verhandeln, nur um eine gewisse Toleranz – ganz zu schweigen von Solidarität – zu entwickeln. Diese freiwillige Gettobildung, denn nichts anderes sind *gated communities*, geht Hand in Hand mit der zwangsweisen Gettoisierung. Unter dem Druck marktwirtschaftlicher Zwänge sind die armen Neuankömmlinge gezwungen, in eigenen, heruntergekommenen, schäbigen Gegenden zu leben, die schon bald als Elendsviertel oder als gefährliche No-go-Areas bezeichnet werden. Das ist die eine Entwicklung, die Mixophobie.

Aber es gibt auch eine andere, hoffnungsvollere Entwicklung: die Mixophilie, die Freude an Verschiedenheit und Vielfalt bedeutet. Die Stadt war schon immer ein Anziehungspunkt für Menschen, die vom Land, aus kleinen Dörfern kamen. Und eine der Hauptattraktionen großer Städte war gerade die Vielfalt, das Überraschende – ganz anders als das eintönige und langweilige Leben am selben Ort, ein Leben lang, ohne Aussicht auf Veränderung, kein Wissen und Können, das über jenes der Alteingesessenen hinausging.

Das ist in groben Zügen die Situation heutzutage. Ich kann nicht vorhersagen, welche dieser beiden Entwicklungen, Mixophilie oder Mixophobie, die Oberhand gewinnen wird. Ich kann das deshalb nicht vorhersagen, weil es von unserem Verhalten, von unseren Entscheidungen abhängen wird. Da unser Verhalten nicht determiniert ist, käme jede Prognose in Bezug auf die weitere Entwicklung der gesellschaftlichen Beziehungen einem Betrug gleich. Eines ist jedoch gewiss: Solidarität kommt der Lösung des Problems der Verschiedenheit, des Multikulturalismus sicherlich näher. Solidarität heißt nicht nur, den jeweils anderen in seiner Verschiedenheit zu tolerieren, sondern auch Freude und Genugtuung daraus zu schöpfen, dass Menschen so verschieden sind.

Hannah Arendt lobte den Aufklärer Lessing für seine Feststellung, die menschliche Verschiedenheit sei von Dauer. Das stand im Widerspruch zur Hoffnung der Aufklärung, die Verschiedenheit der Menschen auszulöschen und sie durch universelle Werte zu ersetzen. Aber Lessing sagte nicht nur, die Verschiedenheit könne nicht beseitigt werden, sondern auch, wie Hannah Arendt unterstreicht, wie sehr diese Aussicht ihn freue. In der Verschiedenheit liegt das Geheimnis der menschlichen Kreativität und der kulturellen Entwicklung. Ohne Differenz gäbe es nur Stillstand. So sah es Lessing.

Der große deutsche Philosoph Hans-Georg Gadamer prägte den Begriff der »Horizontverschmelzung« als Methode für das Miteinander dieser bleibenden Vielfalt und Unterschiedlichkeit. 50 Menschen haben 50 verschiedene Horizonte. Der Rahmen der eigenen Lebenserfahrung ist von Mensch zu Mensch verschieden. Manchmal sind die Unterschiede minimal, manchmal ungeheuer groß. Im einen wie im anderen Fall führt der Weg zu einem erfreulichen Zusammenleben über eine Horizontverschmelzung. Dazu braucht es Empathie. Man muss sich in die Situation des anderen versetzen, dessen Erfahrungen nachvollziehen. Dies ist eine universelle, unumgängliche Strategie für das Zusammenleben der Vielfalt. An ihr führt kein Weg vorbei. Dies ist das genaue Gegenteil der Mixophobie, deren Strategien wie etwa Absonderung oder räumliche Trennung nur auf eines hinauslaufen: auf den Abbruch der zwischenmenschlichen Kommunikation.

Es gibt Menschen, die auf eine technologische Lösung der zwischenmenschlichen Kommunikation hoffen. Wir haben alle Zugang zum Internet und nützen es mehrheitlich, vor allem die Jüngeren leben mehr im Internet als in ihrer unmittelbaren Umgebung. Und im Internet gehen Kontaktaufnahme und Vernetzen ganz leicht. Die Hoffnung liegt nach Ansicht vieler Beobachter darin, dass die Menschen durch das Internet alle Grenzen der Offline-Welt überwinden. Das ist die große Frage. Ich glaube, dass die bisherige Nutzung des Internets diese Hoffnung nicht bestätigt. Auch im Internet findet man beide Entwicklungen, Mixophilie und Mixophobie. Sehr viele Menschen suchen im Internet Menschen, die ihnen ähnlich sind, die denken wie sie. Man sucht, was man kennt, und vermeidet alles, was auch nur im Entferntesten nach Widerspruch oder einer anderen Meinung aussieht. Man kann also im Internet genauso mixophob sein wie im realen Leben. Ob online oder offline – Gadamers Horizontverschmelzung ist nach wie vor die einzige Lösung.

Migration ohne Ende

Vom Gastarbeiter zum Eurotürken

Nermin Abadan-Unat

1959 hat der verstorbene amerikanische Sozialwissenschaftler Daniel Lerner eine Untersuchung zur Modernisierung des Mittleren Ostens in sechs Ländern, darunter auch der Türkei, durchgeführt. In seinem Fragebogen gab es auch die Frage: »Können Sie sich vorstellen, dass Sie anderswo leben als an dem Ort, wo sie geboren sind?« 49 Prozent der Befragten haben gesagt: »Wir können uns das nicht vorstellen.« Ein Teil hat sogar empört geantwortet: »Wir würden lieber sterben, als anderswo hinzugehen.« Das war 1950. 1963, bei meiner ersten Untersuchung, die ich im Auftrag der Planungsabteilung des türkischen Ministerpräsidentenamtes durchgeführt habe, hat es in der Bundesrepublik insgesamt nur 36.000 und in Berlin 120 Türken gegeben. Zehn Jahre später waren das plötzlich eineinhalb Millionen Türken, genauer 786,471 türkische Arbeitnehmer. Und heute sind wir in Deutschland bei dreieinhalb Millionen. Das ist die offizielle Zahl. Die eigentliche Zahl ist weitaus höher, da ein Teil der Jugendlichen von der Statistik nicht mehr als Ausländer, sondern als Inländer geführt wird. Was Lerner gezeigt hat, ist also völlig verschwunden.

Die Türken hatten keine Migrationstradition. Wir hatten nur die Tradition, mit der Armee weiterzumarschieren, die Grenzen immer wieder weiterzuverschieben, nicht aber jene Tradition sich einzuschiffen, anderswo hinzugehen und sich dort dann zu etablieren. Das hat sich gründlich geändert.

Ich möchte aber festhalten: Migration ist nicht die Regel. Migration ist die Ausnahme. Nicht jeder migriert, sondern bestimmte Leute migrieren aus bestimmten Gründen. Die meisten Menschen aber bleiben dort, wo sie aufgewachsen sind oder wo sie eine Arbeit gefunden haben. Mobilität gibt es zwar, aber nicht in dem Sinne, dass man sein ganzes Leben völlig ändert.

Die Migrationsbewegungen haben sich nach dem Zweiten Weltkrieg sehr verändert. Im 19. Jahrhundert sind Millionen Menschen aus Europa nach Amerika, Kanada und Australien ausgewandert. Diese Auswanderung war größtenteils ökonomisch bedingt. So hat etwa die Hungersnot in Irland sehr viele Iren dazu bewegt, anderswo hinzugehen. Diese Auswanderungen waren absolut persönliche Entscheidungen: Man hat sie innerhalb der Familie besprochen und auf eigene Faust unternommen. Die Migrationsbewegungen nach dem Zweiten Weltkrieg hingegen wurden sofort von den jeweiligen Regierungen aufgenommen. Zu den bilateralen Abkommen ist es ja fast sofort im Anschluss an die Migration gekommen. Die Regierungen haben sich also gleich eingeschaltet, während sie sich im 19. Jahrhundert überhaupt nicht damit beschäftigt haben. Für die Menschen, die im 19. oder frühen 20. Jahrhundert ausgewandert sind, bedeutete dies, ihr letztes Hab und Gut zu verkaufen und loszuziehen. Sie hatten nicht die Vorstellung einer Rückkehr. Das hat dazu geführt, dass die sogenannte Chicagoer Schule der amerikanischen Migrationssoziologie eine weitverbreitete Theorie entwickelt hat, wonach die erste Generation der neu Angekommenen zwar hart arbeiten würde, sich aber nicht völlig anpassen könne. Die zweite Generation lerne die Sprache und integriere sich kulturell in das neue Land. Und erst die dritte Generation habe sich dann völlig angepasst. Damit sei das Modell geglückt. In der dritten Generation gibt es dann neue, integrierte, brave Bürger. Es ist die schöne Vorstellung, dass man nur geduldig sein muss. Das ist natürlich nicht der Fall. Weder die zweite, noch die dritte Generation ist so integriert, wie man sich das vorgestellt hat. Mit anderen Worten, diese ganze Theorie des *melting pot*, des Schmelztiegels, oder jene des *salad bowls*, der Salatschüssel, funktioniert nicht mehr. Niemand verschmilzt völlig, niemand wird Teil eines Salats. Jeder versucht, seine eigene Identität weiterzuführen.

Dies ist eine Entwicklung der letzten 20 Jahre. Seit dem Millennium gibt es aber darüber hinaus noch andere neue Tendenzen. Erstens ist Migration ein globales Phänomen geworden. Nehmen Sie beispielsweise Alanya, ein bezaubernder Ort bei Antalya. Als ich 1950 dort war, gab es kein einziges Hotel. Der damalige Gouverneur hat uns, meinen Mann und mich, bei einer wohlhabenden Familie einquartiert. Heute ist Alanya voll von Hotels, Pensionen und Juwelieren. Und es gibt 12.000 Deutsche, die sich dort angesiedelt haben. Dann gibt es noch 3000 Holländer und eine Gruppe von Briten. Die Bevölkerung hat sich so verändert, dass die Kommunalverwaltung einen Ausländerausschuss einrichten musste. Alanya hat davon sehr profitiert. Die Müllabfuhr ist viel besser geworden, die Haustiere werden besser versorgt usw., weil die ausländischen Mitbürger dafür sorgen, dass die Stadtverwaltung das macht. Das ist natürlich eine Migration, die nichts mit der großen Migration zu tun hat. Die Türkei hat mehr Sonne als der Norden, es ist billiger, das Gemüse ist besser. Diese Leute leben eben in Alanya oder anderswo in der Türkei. In Bodrum gibt es einige Dörfer, die mittlerweile halbenglisch geworden sind. Migration gibt es also in alle Richtungen. Und auch wenn es meist um die ökonomische Situation geht, so sind die Gründe für Migration doch vielfältig.

Zweitens gibt es eine Beschleunigung der Migration. Und dies ist keineswegs auf Europa beschränkt. Nehmen Sie die Bücher der amerikanischen Sozialwissenschaftler, etwa Samuel P. Huntingtons letztes Buch. Da geht es darum, die angelsächsische Zivilisation zu retten, da in Texas oder Kalifornien nicht mehr überwiegend Englisch gesprochen wird, sondern Spanisch.

Drittens gibt es unterschiedliche Kategorien von Migration. Es gibt die Teilzeitmigranten, also die Grenzpendler: Sie leben etwa in Aachen und arbeiten in Holland, oder umgekehrt. Und dann gibt es die geliehenen Arbeitskräfte. Da haben Sie eine Gruppe von Arbeitskräften, die werden für eine bestimmte Zeit, für eine bestimmte Arbeit »gemietet«. In der Türkei gibt es beispielsweise einen bekannten Geschäftsmann, der sehr viel in Russland baut. Er bringt seine ausgeliehenen Arbeitskräfte nach Russland mit, und nach Abschluss der Arbeiten nimmt er sie wieder mit, unter Umständen geht er dann mit denselben Arbeitern in ein arabisches Land. Es gibt also vielfältige Variationen.

Viertens haben wir eine Feminisierung der Migration. Ob sie den gewalttätigen Angriffen des Ehemanns entgehen oder ihre Familie unterstützen wollen – immer mehr Frauen entschließen sich, wegzugehen. Zurzeit haben wir in der Türkei einen Andrang von gut ausgebildeten Frauen, die vorwiegend aus Moldawien kommen. Ihre Verdienstmöglichkeiten sind in der Türkei besser als in ihrer Heimat. Meist übernehmen sie die Pflege von älteren Menschen. Und nach einer bestimmten Zeit gehen sie wieder zurück. Zu dieser Feminisierung der Migration gehört natürlich auch die ganze Problematik des Frauenhandels, der Prostitution in der sogenannten Unterhaltungsindustrie. Die Frauen kommen als Sängerinnen oder Tänzerinnen und werden dann zu ganz anderen Arbeiten gezwungen. Diese Situation beschränkt sich natürlich nicht auf die Türkei. Vor allem in arabischen Ländern ist das eine große Tragik, weil diesen Frauen der Pass weggenommen wird und sie überhaupt keine Möglichkeit haben, sich zu wehren.

Diese Probleme ähneln sich in jedem Land. Es braucht also einen allgemeinen Umgang damit, wie etwa jene *governance* genannte Synchronisierung der verschiedenen Regierungsmaßnahmen. Im europäischen Raum sind das etwa Regeln zur Umsetzung der Schengen-Bedingungen. Diese sind für alle Mitgliedsländer bindend.

Es gibt noch einen weiteren tiefgreifenden Wandel der Migration: Länder, die bisher Migranten geschickt haben – wie beispielsweise Polen, Spanien, Mexiko, die Türkei oder Südkorea – sind jetzt auch Migranten-importierende Länder geworden. In der Türkei haben wir etwa eine Million Perser. Da Iraner für die Türkei kein Visum brauchen, sind sehr viele gekommen. Dann sind auch große Gruppen von Afrikanern plötzlich aufgetaucht. Dieser Strukturwandel der emigrationsgebenden Länder, die jetzt selber auch Migranten akzeptieren müssen, produziert sehr viele Probleme. So weigert sich etwa die Türkei, diesen Menschen einen permanenten Aufenthalt zu gewähren. Sie müssen in ihre Heimat zurück, oder, wenn sie Asylwerber sind, abwarten, bis sie ein anderes Land akzeptiert. All das erzeugt auch enorme Kosten.

Deshalb lautet mein Titel auch: »Migration ohne Ende«. Jeder, der sich mit Migration beschäftigt, sieht, dass das kein Ende hat.

Auch diese ganze Diskussion über Integration oder Assimilation ist sehr heikel. Die europäischen Länder sagen: Bis gestern wollten wir keine Arbeitskräfte, aber jetzt sind sie da, also sollen sie sich völlig integrieren. Was aber bedeutet Integration? Geht es dabei um Assimilation oder um verschiedene Formen der Integration? In meiner Forschungsarbeit habe ich festgestellt, dass die einfachste Integration immer die strukturelle Integration, also das Anpassen an die Arbeitsbedingungen, ist. Diese haben die türkischen Migranten immer sofort leisten können. Eine Auswirkung dieser Anpassung war eine Veränderung des Zeitbewusstseins der Türken. Sie sind viel zeitbewusster geworden. Es gibt da eine wunderschöne Geschichte. Wenn zwei Männer um fünf Uhr morgens an einer Straßenecke stehen, wie erkennt man, welcher davon ein Migrant ist? Das ist sehr einfach. Zeigt die Ampel rot, so wird der Migrant auch um fünf Uhr morgens die Straße nicht überqueren. Der Nichtmigrant hingegen wird sagen: »Da ist kein Auto«, und gehen. Dieses Einhalten der Normen ist ein typisch migrantisches Verhalten.

Während die strukturelle Integration in den Arbeitsprozess sehr schnell realisiert wurde, war die ehegemeinschaftliche Integration sehr viel langsamer. So gibt es im Vergleich zu anderen Nationalitätsgruppen viel weniger Mischehen. Das Privatleben, das mit dem gesamten Wertsystem zu tun hat, hat sich sehr wenig verändert. Die Migranten haben sich krampfhaft an ihre Werte geklammert. Das Arbeitsleben war schnell und reibungslos realisiert, das private Leben aber nicht. Und dann kam in einer späteren Phase die Ausländerfeindlichkeit hinzu. Und diese Diskriminierung dauert ja zweifellos noch immer an.

Zentral dabei ist das Identitätsproblem. Jeder Mensch will wissen, wer er ist und wo er im Leben steht. Migranten, die in ein anderes Land kommen und eine neue Nationalität annehmen, haben dann zwei Pässe oder einen Pass mit einer Vergangenheit. In dieser ganzen Integrationsdiskussion kommt dann immer wieder das Motto: »Ihr müsst euch total integrieren, ihr müsst euch das neue Land total aneignen, ihr müsst loyal zu diesem neuen Land sein.« Gefordert wird also: »Vergesst die Vergangenheit, akzeptiert die Gegenwart.« Entweder oder. »Entweder seid ihr Österreicher, Deutscher, Belgier oder ihr wollt Türken bleiben, dann könnt ihr entweder nach Hause gehen oder müsst in Kauf nehmen, als Ausländer hier zu leben.« Es gibt jetzt eine Wende, denn viele Sozialwissenschaftler – ich zitiere nur einige Namen: in Deutschland Thomas Faist, in der Türkei Ayhan Kaya, in Amerika Mark Miller und in England Steve Castle – untersuchen das neue Phänomen des Transnationalismus. Transnationalismus hängt mit dem Konzept von Kultur zusammen. Früher galt Kultur als holistisch, als ganzheitliche und unveränderliche Totalität. Jetzt ist man zu der Erkenntnis gekommen, dass die Kultur immer synkretisch ist. Wie in diesem türkischen Gedicht: »Ich trage zwei Welten in mir. Aber keine der zwei Welten ist ein Ganzes. Beide bluten immer, weil die Grenze in der Mitte meiner Zunge verläuft.« Integration verlangt von Menschen, die zwei unterschiedliche Sprachen haben – eine öffentliche und eine, die sie zuhause sprechen –, ein Ganzes zu werden.

Transnationalisten stellen diesem Entweder-oder ein Sowohl-als-auch entgegen. Wobei dies nicht nur zwei, sondern auch drei Kulturen sein können.

Wie beispielsweise eine Bekannte meines Sohnes, die in Amerika lebt. Sie hat ihren Ehemann bei der 9/11-Attacke auf das *World Trade Center* verloren. Sie ist die Tochter von Engländern, die nach Kanada ausgewandert sind, und hatte deshalb sowohl die englische als auch die kanadische Staatsbürgerschaft. Und mit ihrer Heirat ist sie Amerikanerin geworden. Als Zeichen der Trauer hingen an ihrem Haus drei Fahnen, die kanadische, die englische und die amerikanische. Sie wollte nichts aufgeben. Sie wollte von allem etwas behalten.

Ein anderes Beispiel ist ein junger Mann, ein Rapper, der auf die Frage »Wo gehörst du hin?«, sagte: »Ich bin ein gebürtiger Kreuzberger.« Er ist also kein Deutscher, kein Berliner, er ist Kreuzberger. Und dann fügte er hinzu: »Ich gehöre nach Kreuzberg – und nach Kadiköy.« Das ist ein Stadtviertel von Istanbul. Das ist also eine Identität, die sich auf zwei verschiedene Stadtviertel bezieht.

Identität manifestiert sich natürlich auch in der Kleidung, wie die Diskussion um das Kopftuch zeigt. Meines Erachtens ist das Kopftuch ein politisches Symbol. Ich möchte mich bei denjenigen, die anders denken, entschuldigen, aber das ist meine Auffassung. Ich habe eine Verwandte, die nach Mekka gepilgert ist. Auf der Rückkehr darf man seine Haare nicht zeigen. Also trägt sie in Ankara den herkömmlichen *türban*, um die Haare zu bedecken. Wenn sie aber ihre Familie in München besucht, dann trägt sie eine Perücke. Denn sie möchte mit den Nachbarn reden und sie möchte nicht auffallen. Die Haare sind also nicht sichtbar, aber die Perücke sind Haare von anderen. Eine schwierige Logik: Welche Haare darf man nicht zeigen und welche darf man zeigen? Diese ganzen Manipulationen mit Kleidungsstücken haben sehr viel mit historischen Gegebenheiten zu tun. Zum Beispiel habe ich mit großem Interesse entdeckt, dass in Österreich Frauen viel früher Zugang zur medizinischen Fakultät hatten als Frauen in anderen Ländern. Der Grund dafür war sehr einfach: Als das österreichisch-ungarische Kaiserreich Bosnien und Herzegowina annektiert hat, wurden die bosnischen Männer in die Armee eingezogen und die Gesundheitsversorgung der Bevölkerung wurde von Österreich übernommen. Die bosnische Bevölkerung wollte ihre Frauen aber nicht von männlichen österreichischen Ärzten behandeln lassen. Sie wollten weibliche Ärzte. Es gab aber keine. Infolgedessen waren die Österreicher gezwungen, die Frauen zum Medizinstudium zuzulassen. Natürlich, Madame Curie war schon in Paris tätig, aber in anderen europäischen Ländern durften sie noch nicht studieren. Nur die Österreicherinnen durften studieren, damit sie die muslimischen Frauen behandeln konnten. Es gibt also vielfältige Ursachen für solche Entwicklungen.

Es entspricht nicht meiner Überzeugung, dass man mit dem Kopftuchtragen freier ist als ohne. Ich respektiere diese Auslegung, aber für mich gilt das nicht. Denn die Freiheit der Frau beinhaltet ja nicht nur die Gewissensfreiheit, sondern auch die Kontrolle ihres Körpers, also die Freiheit zu entscheiden, wie viele Kinder sie haben will, wann sie heiraten will, welchen Beruf sie ergreifen will. All das gehört zum Konzept der Freiheit, zusammen mit dem Konzept des Glaubens. Deshalb ist es für mich kein überzeugendes Argument. Wenn Sie mich aber jetzt fragen: »Sollen diese kopftuchtragenden Mädchen alle vom Studium ausgeschlossen werden?«, dann muss ich sagen: »Das ist keine glückliche Lösung, denn den jungen Männern, die dieselbe Auffassung haben wie diese jungen Mädchen, kann man dies nicht ansehen.« Infolgedessen werden die jungen Männer an der Universität akzeptiert und die jungen Damen nicht. Das ist auch wieder eine Ungerechtigkeit. Aber bis zu meinem letzten Atemzug bleibe ich eine säkulare Kemalistin. Für mich ist die Freiheit eben eine totale Freiheit.

Integration ist keine einseitige Verpflichtung. Es ist vielmehr ein zweiseitiges Verhältnis – auch wenn Migranten eine Minorität in der Mehrheitsgesellschaft sind. Aber eine numerische, eine Zifferndemokratie gibt es nicht. Die Mentalität, die allgemeinen pauschalen Werturteile über Ausländer vergiften das gemeinsame Leben. Wie etwa die Witze, die auf Juden gemünzt waren, und die nun auf Türken übertragen werden. Oder wie diese kleine Geschichte von Zülfi Livanelli, einem bekannten türkischen Schriftsteller:

»Unterwegs redeten sie kein Wort. Peter war sein erster fremder Freund. Er genoss es, zusammen mit ihm zu laufen. Ab und zu schaute er seinen blonden Freund mit der Stirnlocke an, der so ruhig wirkte, und lächelte ihm zu. Als sie vor dem Haus angekommen waren, sagte Peter: ›Komm mit, wenn du willst.‹ ›Gut‹, sagte der Junge. Sie gingen in den fünften Stock des Nachbarhauses. Peter öffnete mit dem Schlüssel die Tür und sagte, ›komm‹. Dann rief er, ›Mutter, wir sind da, mein Freund und ich‹. ›Wer ist dein Freund?‹ ›Yilmaz‹. ›Wer?‹ ›Yilmaz, ein Türke.‹ Dann ging er hinein, Yilmaz schaute sich im Spiegel an und wartete. Als Peter wieder kam, sagte er, ›Meine Mutter erlaubt mir nicht, dass ich mit Ausländern spiele. Wir sehen uns morgen!‹«

Die Vorurteile gründen auf Pauschalisierungen: In allen türkischen Haushalten sei der Ehemann ein Quasi-Sultan, Ehrenmorde seien gängig, ebenso erzwungene Selbstmordversuche usw. Natürlich gibt es das. Aber nur fallweise. Das sind Überbleibsel einer verschwundenen feudalen Ordnung, die in der Mitte von Europa weiter existieren.

Die Ansicht, dass alle Kulturen gleichwertig sind, dass man alle Kulturen gleichermaßen respektieren soll, ist falsch. Man darf eben nicht sein eigenes Kind töten wie bei den sogenannten Ehrenmorden. Man darf Mädchen nicht beschneiden wie in verschiedenen afrikanischen Ländern. Und wenn sich dann in Frankreich die sozialistische Partei dafür einsetzt, dass diese völlig inhumane

Intervention mithilfe von westlich ausgebildeten Ärzten gemacht wird, dann ist das völlig falsch. Denn es ist wirklich eine Verstümmelung des menschlichen Körpers. Wir müssen uns also vorsichtig mit kulturellen Werten beschäftigen. Wir haben noch einen sehr langen Weg vor uns und eine Lösung gibt es nicht, weil jede Lösung ein neues Problem bringt. Aber wenn Sie mich jetzt fragen, ob ich glaube, dass die Türkei es schaffen wird, eines Tages Mitglied von Europa zu werden, sage ich: Sie ist es schon. Sie ist schon lange hier. Sie war es schon zu Zeiten von François Legrand in Frankreich, als der damalige französische König mit Sultan Suleiman einen Pakt gegen Habsburg geschlossen hat. Die Osmanen waren schon hier. Und wenn unsere Vorfahren hier waren, dann werden wir auch hier sein.

In Serbien hat der Bürgermeister von Carlovca kürzlich den türkischen Botschafter zu einer Restaurationszeremonie zum 300. Jahrestag des Friedenspakts von Carlovca eingeladen. Dieser war der Anfang des langsamen Untergangs des Osmanischen Reichs. Der Friedensvertrag wurde von vier Staaten geschlossen: Österreich, Italien, Venedig und den Osmanen. Es gab damals kein Gebäude in Carlovca. Sie hatten ein großes Zelt gebaut mit vier Eingängen. Die Vertreter der vier Staaten sind zur selben Zeit durch die vier verschiedenen Eingänge hereingekommen und haben dann den Pakt geschlossen. Später wurde an dieser Stelle eine Kirche gebaut. Diese Kirche hatte wieder vier Eingänge. Aber die Mauer nach Osten ist zugemacht worden. Unser Botschafter hat gesagt: »Ich komme sehr gerne, wenn Sie die Mauer öffnen.« Das war am 26. Januar 2009. Die Mauer ist abgetragen worden. Und unser Botschafter ist von Osten in die Kirche eingetreten. Damit ist er auch auf europäischen Boden eingetreten. Wir haben ein türkisches Sprichwort: »Man muss warten lernen. Wir sind geduldig.«

Was tun? Gegenstrategien

Interkultur

Die Herausforderungen der Einwanderungsgesellschaft

Mark Terkessidis

Ich habe ja damals ein wenig in mich hinein gelächelt, als die Bundesrepublik 1998 erstmalig anerkannt hat, dass Deutschland ein Einwanderungsland sei – was für eine Erkenntnis... Trotzdem hat diese Anerkennung enorm viel ausgelöst. Man war gezwungen, das Provisorium aufzugeben. Davor sind viele Entscheidungsträger implizit davon ausgegangen, dass all diese Leute, die nach Deutschland gekommen sind, irgendwann einfach wieder nach Hause gehen. Das mag völlig realitätsfern gewesen sein, aber es war eine Annahme, die alle politischen Prozesse geprägt hat, mit dem Ergebnis, dass die Einwanderer nicht in der Gesellschaft ankommen konnten. Mit diesem Provisorium ist es seit einigen Jahren endgültig vorbei.

Erstaunlicherweise gab es dann ab 2000 eine Renaissance des Begriffes »Integration«. Das war deswegen überraschend, weil der Begriff Integration aus den mittleren 1970er Jahren stammt. Tatsächlich blieb auch die Problemagenda der Migration nach 2000 die gleiche wie damals. Das bedeutete, man sprach über patriarchale Familienverhältnisse, man sprach über mangelnde Sprachbeherrschung und über Gettobildung – nun Parallelgesellschaft genannt. Das war das ganze Themenspektrum.

Ich habe die Wiederkehr dieses Begriffs nicht gerne gesehen. Der Begriff war schon in den 1970er Jahren kritisch zu sehen, aber die Situation nach 2000 ließ sich damit gar nicht mehr erfassen. Unterdessen gibt es zwar einen pragmatischen Begriff von Integration als Integrationspolitik, die auf Chancengleichheit und Teilhabe zielt, doch das herrschende Verständnis von Integration ist weiterhin normativ – und das halte ich für sehr problematisch. Dieses Verständnis geht davon aus: Es gibt die einen, das sind die Richtigen, die bewohnen diese Gesellschaft zu Recht und haben auch die geeigneten Voraussetzungen dafür, und es gibt die anderen, die eine Reihe von Defiziten aufweisen, die korrigiert werden müssen – und zwar auf kompensatorische Weise, also neben dem Regelbetrieb der Institutionen. Und zu einer gewissen Stunde Null, etwa dem

Schuleintritt, können wir dann alle gemeinsam durchstarten. Nun ist heute zum einen völlig unklar, was diese Norm eigentlich sein soll, und zum anderen hat sich gezeigt, dass diese Norm aus politischem Interesse verschoben werden kann, um Personen mit Migrationshintergrund nicht in der Gesellschaft ankommen zu lassen.

Integration ist ein unklarer Begriff, mit dem man meiner Meinung nach nicht weiterkommt. Zumal durch diese Herangehensweise eine regelrechte Helferindustrie entstanden ist, um die jeweiligen Defizite zu kompensieren. Ich bin Psychologe und kann ganz böse sagen, dass meine Profession ein enormes Interesse daran hat, dass Leute Probleme haben. Und so verhält es sich teilweise eben auch mit dieser Hilfsindustrie.

Obwohl es, wie gesagt, pragmatischere Ansätze gibt, hat das normative Verständnis von Integration weiterhin Effekte. Vor einigen Jahren wurde in Deutschland unter großer Medienaufmerksamkeit die sogenannte Sprachstandsfeststellung eingeführt. Im Alter von vier Jahren werden nun alle Kinder in den Kindergärten getestet, wie ihr Sprachniveau in Deutsch aussieht. Nun kann man sagen, das ist erstmal eine gute Maßnahme, weil zumindest endlich aufgefallen ist, dass da etwas getan werden muss. Allerdings ist es so, dass Familien mit Migrationshintergrund oft ihren Kindern erstmal ihre Muttersprache beibringen. Und das ist pädagogisch richtig: weil das die Sprache ist, die sie am besten beherrschen. Wenn diese Kinder nun mit drei Jahren in den Kindergarten kommen (vorher gibt es ja kaum Angebote in Deutschland), dann haben sie zum Zeitpunkt des Tests ein Jahr Deutsch gelernt im Kindergarten. Insofern war die Feststellung von Defiziten wenig überraschend – hier wäre also ein Test in der Muttersprache gut gewesen, damit man auch weiß, was die Kinder für Potenziale haben.

Überraschend war allerdings, dass bei der Sprachstandsfeststellung gezeigt werden konnte, dass auch über ein Viertel der einheimischen Kinder kein zureichendes Sprachniveau aufweist. Offenbar ist das Sprachniveau also keineswegs vom Migrationshintergrund abhängig, sondern auch vom sozialen Milieu oder anderen Faktoren. Da muss man doch umdenken. Jetzt ist es doch nicht mehr getan mit kompensatorischen Angeboten, sondern man muss die Neustrukturierung des ganzen Kindergartens angehen – oder besser gesagt: der ganzen vorschulischen Erziehung.

Nachdem die Ergebnisse bekannt waren, hat man oftmals – Kindergärten sind vielfach in freier Trägerschaft und daher sehr unterschiedlich – den Erziehern den »Sprachunterricht« als zusätzliche Leistung aufgebürdet. Die wiederum haben von Spracherziehung aber gar nicht so viel Ahnung und müssen dafür auf Konzepte zurückgreifen, die sie quasi importieren. Eine Evaluation aus Baden-Württemberg hatte dann das unschöne Ergebnis, dass diese Sprachförderung überhaupt nichts nutzt. Die Vergleichsgruppen mit und ohne Förderung hatten am Ende das gleiche Sprachniveau.

Ich glaube, dass die Logik falsch ist. Die richtige Logik wäre es, sich zu fragen: »Wie muss sich die Institution rüsten in Anbetracht der Tatsache, dass es Leute mit unterschiedlichen Voraussetzungen, unterschiedlichen Hintergründen gibt?« Jede moderne Pädagogik basiert auf Individualisierung. Da müsste man schon bei der Ausbildung der Erzieher ansetzen. Zudem gehört Spracherwerb in den Regelbetrieb des Kindergartens. Es hat überhaupt keinen Sinn, weiter nach der Logik der Sonderklasse vorzugehen, bestimmte Kinder zur Kompensation auszugliedern, damit sie dann irgendwann der Norm entsprechen. Tatsächlich gibt es das 1950er-Jahre-Normkind mit den richtigen Voraussetzungen nicht mehr – wenn es denn je existiert hat.

Statt von »Integration« möchte ich lieber von »Interkultur« sprechen. Das ist ein Begriff, der schon längere Zeit diskutiert wird. Etwa in dem Begriff »interkulturelle Öffnung«. Allerdings gibt es auch ein naives, harmonisierendes Verständnis. Da stellt man sich unter interkulturell eine Band vor, in der türkische Musiker mit griechischen Instrumenten russische Volksweisen spielen, und ein nigerianischer DJ macht dazu Beats. Das ist sehr polemisch, aber ich möchte mit diesem Beispiel erklären, was ich eben nicht unter Interkultur verstehe. Interkultur sollte kein Sonderbereich sein, Interkultur hat nach meiner Auffassung nicht vorrangig etwas mit Ethnizität zu tun, und Interkultur ist keine primär pädagogische Angelegenheit. Interkultur ist ein Programm zur Veränderung von Institutionen.

Kommen wir zunächst zu den Sonderbereichen. In Deutschland finden alljährlich an vielen Orten die »interkulturellen Wochen« statt. Aber was heißt das? Dass die restlichen 51 Wochen nicht interkulturell sind, also »normal«? Nehmen wir ein Beispiel aus dem Bereich der Kultur – ich finde es ja sehr gut, dass »interkulturelle Öffnung« heute nicht mehr nur an den Beispielen Verwaltung, Gesundheitsversorgung und Sozialdienste diskutiert wird, sondern auch in den Institutionen der Hochkultur, die ja auch für alle da sein sollen. In der Kulturförderung also gibt es sehr häufig einen Extrabereich für interkulturelle Kunstprojekte. Nur was ist das eigentlich: ein interkulturelles Kunstprojekt? Ist das die erwähnte Band? Oder der Bereich, wo die Leute mit den komischen Namen ihre Anträge stellen? Und die anderen Förderbereiche sind: nicht interkulturell, also »normal«?

Ich selbst habe lange bei der Welle »Funkhaus Europa« des Westdeutschen Rundfunks moderiert. Das ist ein Nischenprogramm, das sich hauptsächlich an Leute mit Migrationshintergrund richtet. Ich habe da immer gerne gearbeitet, aus Interesse. Aber warum sind eigentlich nur die Mitarbeiter von »Funkhaus Europa« dazu gezwungen, die ganze Differenz auszuhalten? Was habe ich eigentlich mit jemandem zu tun, der russischer, italienischer oder türkischer Herkunft ist? Warum werden wir alle in diesem Programm untergebracht, während der Rest des WDR erst recht zaghaft beginnt, sich für die neue Vielfalt der Nutzer zu interessieren? Im öffentlich-rechtlichen Rundfunk in Deutschland arbeiten etwa drei bis vier Prozent an Leuten mit Migrationshintergrund. Wenn bei den Kindern unter sechs Jahren in den deutschen Städten die Kinder mit Migrationshintergrund bereits in der Mehrheit sind, dann brauchen alle Programme eine Veränderung – das ist eine Herausforderung für die gesamte Institution.

Sicher ändert sich gerade das Bewusstsein. In der Kulturförderung etwa hat die Stadt München neue generelle Richtlinien, wonach alle Projekte, die dort beantragt werden, kulturelle Vielfalt sichtbar machen, Austausch und Grenzüberschreitung befördern sollen. Zudem sollen die Projekte das identitätsbezogene Konzept von Kultur in Frage stellen und zu Auseinandersetzung anregen. Das ist eine neue Logik. Es geht nicht darum, dass jeder er selbst bleibt und in seiner Nische ein paar Euro bekommt, sondern es geht um Mainstreaming und Veränderung. Allerdings: Papier ist geduldig.

Die Erwähnung des identitätsbezogenen Konzeptes bringt mich auf den zweiten Punkt: Interkultur hat nicht primär mit ethnischer Herkunft zu tun. Gewöhnlich wird davon ausgegangen, dass die ethnische Differenz von Anfang an und immer da ist und deswegen die Basis von Zusammenarbeit darstellen muss. Das ist nicht mein Verständnis von Interkultur, weil ich kein Interesse daran habe, dass Leute unter die Knute irgendeiner konservativen Vorstellung von »Identität« gezwungen werden. Es geht darum, sich zu verändern. Es geht darum, einen neuen, gemeinsamen Raum zu erfinden, in dem man in Zukunft leben möchte. Das bedeutet eben nicht, dass Unterschiede irrelevant sind oder verleugnet werden müssen. Es bedeutet, dass sie auf eine neue Art und Weise eingebracht werden können – im Sinne einer gemeinsamen Veränderung.

Diese Festlegung auf Herkunft ist vielen Personen mit Migrationshintergrund bekannt. Ich selbst etwa bin anfangs im Gymnasium immer der Fachmann für Griechenland gewesen – zu einem Zeitpunkt, wo ich noch nie dort war. Ein Geschichtslehrer war sogar der Auffassung, ich müsste auch Fachwissen über die Antike haben. Immer wenn ich das erzähle, wird gelacht. Aber auf der anderen Seite ist es das, was viele Kinder dieser Tage in der Schule immer noch erleben, wenn es heißt: Ayse, erzähl uns mal was über den Islam. Aber Ayse kann nichts über den Islam erzählen, weil vielleicht Religion keine Rolle spielt, oder doch – dann aber ist es etwas Selbstverständliches, das Kinder nicht erklären können. Ayse ist ja in der Schule, um etwas zu lernen. Kindern mit Migrationshintergrund wird aber eine Art genetisches Herkunftswissen unterstellt.

Das ständige Ansprechen der Kindern darauf, dass sie anders sind, führt am Ende dazu, dass sie sich tatsächlich anders fühlen und dass sie anfangen, diese Andersheit auch mit gewissen kulturellen Inhalten zu füllen, weil sie keine Lust haben, immer ein Defizit in Bezug auf ihre Herkunft zu haben. Tatsächlich führt das »Versagen« in Sachen Herkunftswissen dazu, dass es heißt: »Du bist ja gar kein richtiger Grieche, du bist gar kein richtiger Türke.« So richtig deutsch können sie aber auch nicht werden. So wird Kindern dann eingeredet, dass sie »zwischen zwei Stühlen« sitzen. Und dieser Zustand wird seit den 1970er Jahren von zahlreichen Forschern untersucht, ohne dass darüber nachgedacht wird, wie dieser Zustand schon im Kindesalter durch diese Art von naivem interkulturellem Verständnis produziert wird.

Ich will den Lehrern im Übrigen gar nicht vorwerfen, dass sie so handeln. Das sind ja oft sehr bemühte Lehrer. Sie interessieren sich für den Unterschied und versuchen damit umzugehen. Das Problem ist die Institution Schule selbst, die eben im »Normalbetrieb« Umgang mit unterschiedlichen Hintergründen hat. Wie werden diese Hintergründe im Curriculum berücksichtigt? Welche Geschichte wird im Geschichtsunterricht erzählt? Wessen Literatur gelesen? Das sind doch Fragen, mit denen man sich konfrontieren muss, wenn die Mehrheit der Schüler demnächst Migrationshintergrund hat. Wie kann ich einen gemeinsamen Raum mit pluralen Perspektiven gestalten? Zurzeit klafft da noch eine ganz große Lücke, was die Selbstverständlichkeit der Einbeziehung betrifft.

Im Kulturbetrieb ist das ganz ähnlich. An Theatern oder in Museen gibt es oftmals so eine Art unausgesprochene Quote, die heißt, jetzt machen wir einmal was für »die Türken« oder für »die Inder«. Da wird eben nicht über die Institution als Ganze nachgedacht, sondern der Versuch unternommen, bestimmte Gruppe über ihre Herkunftskultur anzusprechen. Sicher kann man spezielle Interessen auch berücksichtigen, aber damit legt man Leute auch immer wieder ausschließlich auf ihre Herkunft fest. Und dann wirken die interkulturellen Kunstprojekte fast notwendig ausgedacht und bemüht – so wie in der beschriebenen Band. Die entscheidende Frage ist doch vielmehr, wie sich partikulare Geschichten in der gemeinsamen Kultur universalisieren lassen.

In Deutschland gab es eine Enquetekommission des Bundestages zum Thema Kultur. Da war ich als Experte zum Thema Interkultur eingeladen. Ich bin da hingegangen, um eine Sache zu verdeutlichen, nämlich dass Interkultur nicht gleich Migrantenkultur ist. Ich weiß ohnehin nicht genau, was Migrantenkultur eigentlich sein soll, aber – und das habe ich jetzt reichlich begründet – Interkultur ist etwas gänzlich anderes und betrifft die ganze Gesellschaft. Am Ende hieß der Abschnitt, der sich mit dem Thema befasste, »Migrantenkulturen/Interkultur«... Interessant dabei war auch, wie dort die kulturellen Artikulationen von Leuten mit Migrationshintergrund betrachtet wurden. Da hieß es nun, das ist ganz toll, wir haben jetzt ganz viele Leute nichtdeutscher Herkunft, die auch in Deutschland Kultur machen, die zur deutschen Kultur gehören, und die haben »für die Widersprüche des Stoffes Integration spezifische Darstellungen« gefunden. Wir sehen: Der Künstler mit Migrationshintergrund beschäftigt sich offenbar den lieben langen Tag mit Integration. Das ist absurd. Fatih Akins internationaler Erfolg hat nichts damit zu tun, dass seine Filme von Integration handeln, sondern dass er Geschichten vor einem spezifischen Hintergrund universalisiert. Aber wenn es um Ethnizität geht, dann ist die Kunst offenbar nicht mehr universell, sondern handelt von Integration.

Reden wir mal über Herta Müller. In Rumänien als Deutschstämmige aufgewachsen, hat sie sich in ihren Büchern ausführlich mit ihrer Zeit in Rumänien beschäftigt. Sie hat mal geschrieben, dass ihr die Kritik in Deutschland immer abverlangt habe, endlich mit der Vergangenheit aufzuhören und über Deutschland zu schreiben. Noch 2007 findet man einen Text von ihr in einem Reclam-Heft über »Migrantenliteratur« – mit einem soziologischen Anhang über die schlimmen Probleme der Migration. Und 2009 erhält sie den Nobelpreis. Und zwar gerade weil sie weiter über Rumänien geschrieben hat und damit aus der üblichen deutschen Selbstbespiegelung ausgestiegen ist. Tatsächlich erweitern ihre Romane den Begriff von deutscher Kultur, die räumlichen Grenzen der traditionellen Vorstellungen. Kulturelle Artikulation in Deutschland ist heute stets ein Knotenpunkt in einem Netzwerk von Verbindungen.

In der Debatte über Postkolonialismus wurde bereits zu Beginn der 1990er Jahre über einen anderen, eben nichtnationalen Kulturbegriff gesprochen. Es geht nicht mehr um das Eigene, sondern, um es mit Eduard Glissant zu sagen, um eine »Poetik der Beziehung«. Und natürlich sorgt die Einwanderungsgesellschaft nicht nur für Probleme in der Selbstwahrnehmung bei den Einwanderern, sondern eben auch bei den Einheimischen. In diesem Sinne hat Stuart Hall festgestellt, auch das »Britische« sei immer schon »durch das Nadelöhr des anderen« hindurchgegangen: »Was verbinden wir mit Britisch-Sein?«, hat Hall gefragt – es ist der Tee am Nachmittag. Doch dieser Tee stammt aus Ceylon. Im Teeritual ist die Geschichte der kolonialen Reise stets präsent. Stuart Hall hat sich auch dagegen gewehrt, dass er als Jamaikaner, der nach Großbritannien gekommen ist, als Einwanderer betrachtet wird. Denn er wäre immer schon dort gewesen. Er sei der Zucker gewesen, der Generationen von britischen Kindern die Zähne zerstörte – die karibischen Inseln waren im Empire die Zuckerproduzenten Nummer eins. Die Rückfrage des »Kreolischen« an das Britische hat also gezeigt, dass dieses nicht etwas Gegebenes ist, wonach man einfach suchen kann. So sehe ich auch Interkultur nicht primär unter diesen ethnischen Gesichtspunkten, sondern als Erfindung eines neuen Raums.

Mein dritter Punkt ist das pädagogische Verständnis von Interkultur. Gemäß der kompensatorischen Idee von Integration dienen die Bemühungen in allen Bereichen nur der Beseitigung von Defiziten. Die Potenziale von Einwanderern werden gar nicht ernst genommen. Das wirkt sich im Bereich der Kultur besonders dramatisch aus. In Köln etwa hat es über mehrere Jahre das Projekt »Planet Kultur« gegeben. Da wurden Jugendliche mit Migrationshintergrund vom Arbeitsamt in eine Maßnahme eingewiesen, bei der sie durch Theater und begleitenden Unterricht für den Arbeitsmarkt »fit« gemacht werden sollten. Am Ende wurde Shakespeare aufgeführt, durchaus sehenswert, aber natürlich völlig entwertet dadurch, dass es als Sozialprojekt gesehen wurde. Noch bis vor kurzem wurden die meisten Kulturprojekte, die Personen mit Migrationshintergrund einbezogen haben, aus Sozialtöpfen finanziert. Hier herrscht ein so instrumentelles Kulturverständnis – das würde man im Hinblick auf »normale« Kultur niemals akzeptieren. Und am Ende sorgt das eben nicht für die »Verbesserung« der »armen Jugendlichen«, sondern dafür, dass sie auf ihrem Platz bleiben.

Seit sich nun herumgesprochen hat, wie die Zahlenverhältnisse bei den Kindern unter sechs sind, lautet die Wunderwaffe »kulturelle Bildung«. Das ist im Übrigen auch nicht falsch, aber die Einbeziehung kann, naiv angegangen, auch neuen Ausschluss bedeuten. Zum Beispiel dann, wenn die Jugendlichen mit Migrationshintergrund dazu aufgerufen werden, ununterbrochen ihr »eigenes Leben« aufzuführen bzw. »die Straße« auf die Bühne zu bringen.

In Jugendzentren hat es ja schon lange Tradition, Jugendlichen mit Migrationshintergrund Rap-Workshops anzubieten. Hip-Hop galt als die Artikulationsweise der Minderheiten in den USA und schien eben passend, damit die Jugendlichen ihren Alltag erzählen und reflektieren können. Was aber erzählen die Jugendlichen über ihr »eigenes Leben«, wenn sie von Sozialarbeitern oder auch Theaterpädagogen gefragt werden? Tatsächlich ist die Essenz davon, 16 zu sein, keine Ahnung zu haben, wie das eigene Leben geht. Bei den frühen Hip-Hop-Produktionen, die in Deutschland erschienen sind, etwa »Islamic Force«, hat man sich immer darüber gewundert, warum die so einen ungeheuer sozialarbeiterischen Akzent gehabt haben: So Alter, du musst wegkommen von den Drogen, du musst wegkommen von der Straße, du musst echt was für deine Bildung tun usw. Natürlich ist es das, was die Sozialarbeiter ihnen den ganzen Tag erzählt haben. Wenn man als Erwachsener Jugendliche nach ihrem »eigenen Leben« fragt, dann muss man damit rechnen, dass die eigenen Auffassungen und Erwartungen zum Bestandteil der Antwort werden.

Irgendwann haben dann Jugendliche in Rap-Workshops festgestellt: »Hey, die in den USA, die haben echt interessantere Probleme als wir. Da wird mit großer Artillerie geschossen.« Und dann gab es plötzliche eine deutsche Variante von Gangster-Rap, deren Version von »der Straße« ein weitgehendes Fantasieprodukt war. Und ein Ergebnis davon ist Bushido. Das ist die Erklärung dafür, warum diese Musik auf der einen Seite so extrem schlecht ist und auf der anderen Seite so abstrakt wirkt – dem wird ja keine musikalische Kritik mehr gerecht. Mit Typen wie Bushido hat die Abfragung des »eigenen Lebens« am Ende genau den Typen hervorgebracht, vor dem sich dann die einheimische Mittelschicht wieder gruseln kann – den gefährlichen jungen Mann »von der Straße«. Aber man sollte sich schon fragen, inwiefern die pädagogische Maschinerie an der Hervorbringungen dieses Typus beteiligt gewesen ist.

Was wäre nun das Programm Interkultur? Bleiben wir noch kurz bei den Einrichtungen des Kulturbetriebes. Unterdessen wird ja gefragt: Warum kommen Leute mit Migrationshintergrund so selten ins Theater? Warum kommen sie weniger in die Museen? Da gibt es häufig erstmal eine Abwehrhaltung: Die Leute sind selbst schuld. Die kommen nicht, weil sie sich mehr für Fernsehsender aus der Heimat oder deutsches Unterschichtsfernsehen interessieren. Die haben nicht die nötigen Qualifikationen, um die hohe Kultur zu begreifen, sprechen möglicherweise nicht einmal unsere Sprache. Man sucht also die Ursachen bei den Leuten. Das wäre aber der Punkt, wo man umdenken müsste: eben nicht zuerst nach den Defiziten der betreffenden Gruppen suchen, sondern die Institution in den Fokus rücken: Wie »offen« ist die Institution, welche unsichtbaren Hürden gibt es, welche Voraussetzungen müssen Personen implizit erfüllen, ist die Atmosphäre tatsächlich so, dass sich alle Bewohner einer Stadt, alle Mitglieder der Gesellschaft wohlfühlen können?

Dazu noch einen Exkurs. Anfang der 1990er Jahre ist in London bei einem offensichtlich rassistisch motivierten Angriff an einer Bushaltestelle ein etwa 18-jähriger schwarzer Teenager namens Stephen Lawrence erstochen worden. Die Polizei hat diesen Fall sehr ungenügend behandelt. Jack Straw, der damalige Innenminister der Regierung Blair, hat schließlich angesichts des zunehmenden Drucks aus der Gesellschaft eine unabhängige Untersuchungskommission eingerichtet. Vorsitzender der Kommission wurde der ehemalige Lordrichter Archibald McPherson. Und es geschah etwas wirklich Erstaunliches – das war ein Meilenstein in der britischen Rechtsgeschichte. Der McPherson-Report stellte fest: In der britischen Polizei gibt es institutionellen Rassismus. Das war ein ziemlicher Schock. Tatsächlich hat der Report nicht gesagt, dieser und jener Polizist hat sich offen rassistisch verhalten, sondern von Routinen innerhalb der Polizei gesprochen, die bestimmte Leute in den Polizeidienst hineinbringt und wiederum anderen Leute als Delinquenten erscheinen lässt. Routinen, die in höchstem Maße diskriminierend wirken. Das hat in Großbritannien zweifellos zu einem Umdenken geführt. Auch wenn dort nicht alles Gold ist, so wird vermehrt auf die Institutionen geschaut und überlegt, was die Einrichtungen eigentlich tun müssen, um der Vielheit der Gesellschaft gerecht zu werden, also *Diversity* mit einem großen D zu realisieren.

Beim Thema »interkulturelle Öffnung« geht es meist um die Einrichtungen, die mit »dem Migranten« zurecht kommen mussten. Daher bestanden deren Programme häufig in Kompetenztrainings mit den einheimischen Mitarbeitern von Verwaltung, Gesundheitsversorgung und Sozialdiensten. Diese Trainings können gut sein, verbreiten aber auch oft ein »Ethno-Rezeptwissen«, das ziemlich klischeehaft Alltagsschwierigkeiten zu Kulturproblemen verklärt. Da wird zum Beispiel in Sachen Verwaltung nur selten darauf geschaut, ob der Personalbestand der Institution noch mit der tatsächlichen Bevölkerung korrespondiert – und wie man das verändern kann. In den letzten Jahren hat sich die Polizei in einigen Bundesländern wie Hessen oder Rheinland-Pfalz sehr um die Erhöhung des Anteils von Beamten mit Migrationshintergrund bemüht, eben weil für die Polizeiarbeit, die ja auf der Ressource Vertrauen basiert, die »Passung« mit der Bevölkerung ein entscheidendes Erfolgskriterium darstellt.

Es ist aber wichtig, über alle Institutionen zu reden – etwa auch über die erwähnten Institutionen der Hochkultur, weil die bislang fast gar keine Rolle im Diskurs über Einwanderung gespielt haben. Wie viele Leute arbeiten eigentlich im Theater, die Migrationshintergrund haben? Wie ist der Personalbestand in den Museen beschaffen? Es braucht also eine Bestandsaufnahme. Denn wenn hier im professionellen Bereich kaum Personen mit Migrationshintergrund zu finden sind, wie sollen diese Einrichtungen die Vielheit abbilden, für Identifikation sorgen und einen Kulturbegriff entwickeln, der die herkömmlichen Vorstellungen des Nationalen hinter sich lässt? Wie sollen sie eine Agenda formulieren, die nicht allein von den sogenannten Einheimischen bestimmt wird und die Bevölkerung mit Migrationshintergrund in einen Kontext von »Problemen« rückt? Kurz gesagt – nur durch eine bewusste, proaktive Veränderung des Personalbestandes von Institutionen kann sich ein neuer interkultureller Raum entwickeln.

Allerdings reicht dieser Wandel des Personalbestandes allein nicht aus, solange die Organisationskultur gleich bleibt. Eine naive Herangehensweise führt am Ende dazu, dass die betreffenden Personen die Einrichtung schnell wieder verlassen, weil sie sich instrumentalisiert fühlen – etwa um »die Türken« anzusprechen. Das Schauspiel Köln hatte mit großer Medienaufmerksamkeit eine Quote im Ensemble eingeführt. Viele der »Neulinge« kamen frisch von der Schauspielschule und bekamen nur winzige, quasi »dienende« Rollen, während die Intendanz sich zu der Maßnahme beglückwünschte. Sie verließen daher das Theater bald. Die Intendantin meinte kürzlich, dass sie demnächst keine Zugeständnisse mehr machen würde bei der Qualität – womit klar ist: Das Scheitern hatte damit zu tun, dass die betreffenden Personen nicht gut genug waren. So können unreflektiert eingeführte Maßnahmen auch nach hinten los gehen.

Was die Organisationskultur angeht, muss man schauen: Welchen »Typus« gibt es, den die Einrichtung in ihren unterschiedlichen Sektoren, in der Leitung, in der Verwaltung, in der Technik, in der Dramaturgie, im Ensemble und im Publikum implizit bevorzugt? Warum hat dieser »Typus« eigentlich Privilegien, ist das noch zeitgemäß und welche Geschichten werden erzählt, um die Privilegien dieses Typus zu legitimieren? In den *Diversity*-Programmen im englischsprachigen Raum stehen häufig sogenannte *Codes of Conduct* am Anfang, Betriebsvereinbarungen, die festlegen, wie eine nichtdiskriminierende Atmosphäre in einem Unternehmen oder einer Einrichtung beschaffen sein soll. Das ist sinnvoll, denn so werden Regeln explizit gemacht. Im Grunde geht es darum, den Begriff »Barrierefreiheit« zu erweitern, der in Bezug auf Behinderung verwendet wird. In diesem Fall werden eben unsichtbare Schwellen und Hürden angesprochen – jedenfalls Barrieren, die bestimmten Personen den Zutritt, das Weiterkommen in der Institution oder den Zugang zu ihren Dienstleistungen erschwert. Und hier zeigt sich auch der Kulturbegriff, der bei Interkultur im Zentrum steht: Das Organisationsprinzip muss angepasst werden an die Individuen und ihre unterschiedlichen Vorrausetzungen und Hintergründe.

Teilweise kann man aber nur via Gruppenzugehörigkeit zu Individuen vordringen, denn Einwanderergruppen haben aufgrund ihrer jahrzehntelangen Ausgrenzung natürlich alternative Kommunikationsstrukturen entwickelt. Ein schönes Beispiel kommt von der Berliner Philharmonie. Dort wird seit einigen Jahren eine Reihe gemacht mit türkischer Kunstmusik, und natürlich wollte man auch, dass die Berliner Bevölkerung türkischer Herkunft an diesem Angebot Interesse entwickelt. Es wurde Werbung gemacht, in den entsprechenden Zeitungen, mit Plakaten in türkischer Sprache in den richtigen Vierteln – aber der Erfolg wollte sich nicht einstellen. Als nachgefragt wurde, stellte man fest: Viele Leute türkischer Herkunft erwarten, dass sie da, wo das Plakat hängt, auch eine Karte kaufen können, etwa im Gemüseladen. Und dann hat die Philharmonie ein bestimmtes Kontingent an Karten in die Gemüseläden gegeben. Und tatsächlich hat das dazu geführt, dass deutlich mehr Karten an Berliner türkischer Herkunft verkauft wurden. Man sieht dabei auch: Bei Interkultur geht es um Kreativität. Das darf sogar Spaß machen, das ist keine beklagenswerte, zusätzliche Integrationsanstrengung.

Um die Logik zu illustrieren, erzähle ich gern eine Geschichte von Roosevelt Thomas, einem schwarzen Organisationsberater, der den Begriff *Diversity Management* in den 1990er Jahren stark gemacht hat. Es ist die Geschichte von der Giraffe und dem Elefanten. Die Giraffe hat ein Haus, das auf die Bedürfnisse einer Giraffe abgestellt ist, und hat auch mal einen Preis bekommen für das schönste Giraffen-Haus des Jahres. Irgendwann sieht sie auf der Straße den Elefanten vorbeilaufen und denkt: Ach, den kenne ich vom Elternabend, den lade ich zum Kaffee ein. Der Elefant kommt und steht zunächst mal ratlos vor der Tür, die lang und schmal ist. Nun kann man einen zweiten Flügel der Tür öffnen, und er tritt ein, doch danach ist er der sprichwörtliche Elefant im Porzellanladen. Er stößt Vitrinen um, weil er nicht durch die Durchgänge passt, will die Treppe hoch, doch die bricht ein – bis es der Giraffe irgendwann reicht. Sie sagt: »Wenn du öfter hierher kommen willst, solltest du dringend eine Diät machen.« – und empfiehlt ihm als Weg zum Abspecken das Ballett. Der Elefant wiederum meint: »Wenn wir beide zusammen in einem Haus leben wollen, dann müssen wir das Haus umbauen.«

Gekommen um zu bleiben

Das Ende der Opferrolle

Birand Bingül

»Gekommen um zu bleiben. Das Ende der Opferrolle« – darin stecken drei Annahmen.

Erstens: Die Deutschtürken, die jetzt in Deutschland leben oder geboren sind, werden zum allergrößten Teil auch in Deutschland bleiben. Das passt nicht allen. Aber so ist die Wirklichkeit.

Zweitens: Zu viele Deutschtürken verharren in einer Opferrolle. Zu viele Deutsche drängen sie hinein. In dieser Opferrolle zu leben, ist für die Deutschtürken selbst verheerend.

Drittens: Der deutsche Staat und die deutschtürkischen Communities – alle müssen erhebliche Anstrengungen unternehmen, um die Menschen bzw. sich selbst aus der Opferrolle herauszubrechen.

Meines Vaters Traum und der seiner Generation, egal ob Arzt oder Arbeiter, egal ob Istanbuler oder Anatole, egal ob gebildet oder nicht, der Traum bestand aus einem einzigen Wunsch: ein besseres Leben in Deutschland durch Deutschland. 1967 war mein Vater aus der Türkei gekommen, ein Arzt aus Istanbul in Wickede an der Ruhr. Dort wurde ich geboren, ein Deutschtürke der zweiten Generation. Und dass ich jetzt im Jahr 2007 über die jahrzehntealten Gastarbeiterwünsche meiner Eltern spreche, verrät es schon: Der türkische Traum in Deutschland ist nicht vollendet. Natürlich sind viele von uns besser integriert als die öffentliche und veröffentlichte Meinung weismachen will. Sie machen ihren Weg in Deutschland, allerdings jammern wohl ebenso viele über die bösen Deutschen und wählen die Opferrolle des Ausgegrenzten, ein vergebliches Unterfangen in meinen Augen.

Kämpft, Deutschtürken! Kämpft selbst für bessere Integration, nicht um den Deutschen zu gefallen, sondern zu eurem eigenen Wohl. Die Zeit dafür ist günstig. Wir leben in einer historischen Phase der Integration in Deutschland. Erstmals versuchen die Bundesregierung und Länder wie Nordrhein-Westfalen eine echte und praktische Integrationspolitik umzusetzen. Herausragendes

Beispiel ist wohl die Finanzierung einer flächendeckenden Sprachförderung für Kinder in Nordrhein-Westfalen, übrigens nicht nur für Migrantenkinder. Leider ist der nationale Integrationsplan nur ein Sammelsurium, das kaum in praktische Politik zu gießen ist. Aber es gibt keine ignorante Nichtpolitik mehr wie zur Gastarbeiterzeit – wir brauchen Arbeitskräfte, und fertig –, keine arrogante »Danke-und-Tschüss«-Politik per Abfindung à la Helmut Kohl, die wir in den 1980er Jahren hatten, keine leider nur idealistische Integrationspolitik, mit der Rot-Grün zwar einiges in den Köpfen bewegt hat, aber wenig in der Lebenswirklichkeit.

Welche fairen Chancen bekomme ich? Wie lebe ich? Und fühle ich mich dazugehörig? Auch: Wie viel Geld habe ich im Portemonnaie? Für mich sind das die Kernfragen der Integration heute.

Die strukturelle Benachteiligung von uns Deutschtürken tritt in Deutschland noch immer allenthalben zutage. Als Bürger dieses Landes ärgert es mich, von Vermietern zu hören, dass sie per se nicht an uns vermieten. Ich habe das persönlich erlebt. Als Fernsehjournalist finde ich es erschreckend, dass die 1,8 Millionen Türken ohne deutschen Pass nicht bei der Erhebung der Quoten gemessen werden. Sie sind Luft. Ihr Fernsehgeschmack, ihre Sehbedürfnisse bleiben außen vor. Gemäß einer OECD-Studie besuchen deutschtürkische Kinder unabhängig von ihrem Potenzial schlechtere Schulen als deutsche. Es ist skandalös, dass laut internationaler Grundschulleseuntersuchung, bekannt als Iglu-Studie des internationalen Verbandes für Bildungsforschung, Ausländerkinder bei messbar gleicher Leistung schlechtere Noten als deutsche bekommen. Dass das deutsche Schulsystem Kinder mit Einwanderungshintergrund so benachteiligt wie kaum ein anderes getestetes Land, wissen wir seit Pisa. In Deutschland – man kann nichts anderes konstatieren – existiert 2007 eine ethnische Bildungsschere, auch nach der Schulzeit. So ist erwiesen, dass bei gleichen Fachleistungen die Chancen eines deutschtürkischen Jugendlichen auf eine Berufsausbildung gerade einmal halb so groß sind wie die eines deutschen.

Deutschland ist nicht perfekt. Aber wir Deutschtürken wären alle miteinander nicht hier, wenn in der Türkei alles perfekt wäre oder auch nur besser. Was mich deshalb noch wütender macht als diese Ungerechtigkeiten ist die Reaktion allzu vieler Deutschtürken darauf. Weite Teile der ersten Generation ziehen sich zurück und resignieren. Nicht nur in den türkischen Teestuben hört man immer noch die alten pauschalen Schuldzuweisungen: »Das sind eh alles Nazis.« Türken und Deutsche haben eine zwanghafte Vorliebe für Schuldfragen, glaube ich. Zwei Völker von Gefühlshistorikern, das macht es nicht leicht. Stärkste Nachwirkungen haben deshalb die rechtsextremen Attacken von Hoyerswerda und Mölln, vor allem Solingen. Am 29. Mai 1993 steckten dort vier junge Männer aus Ausländerhass das Haus der Familie Genç an. Fünf Menschen starben in den Flammen. Wir, meine Familie, lebten nicht weit von Solingen. Ich war keine 18 und war mir immer ziemlich normal vorgekommen. Ich ging auf eine normale deutsche Schule, war im deutschen Sportverein, hatte eine deutsche Freundin. Doch auf einmal war ich zuallererst Türke. Ich bekam panische Angst, dass durch unsere gläserne Haustür ein Molotowcocktail fliegen könnte. Ich fing an, bei jeder Gelegenheit die Tür im Auge zu behalten. Ich hörte meine Eltern jeden Abend über eine Rückkehr in die Türkei sprechen. Der Schreck, ja, die Todesangst, steckt vielen Deutschtürken bis heute in den Knochen und hat die Erziehung der heutigen Jugendlichen mitgeprägt. Ich kann nachempfinden, dass Migration, wie sie die meisten Deutschtürken meiner Elterngeneration erlebt haben, regelrecht krank machen kann. Mindestens 60 Prozent von ihnen sollen einer Studie zufolge an Heimweh, Angstzuständen und Depressionen leiden, obwohl sie seit Jahrzehnten hier leben.

Ausgerechnet der Strukturwandel in Deutschland hat viele abgehängt und arbeitslos gemacht. Fast alle Gastarbeiter waren Unterschicht, als sie nach Deutschland kamen, und zwar türkische Unterschicht aus dem Anatolien der 1960er Jahre. Arbeiter, Dorfbauern und Ungelernte. Es störte nur wenige von ihnen, schlecht ausgebildet zu sein. Das Wirtschaftswunderland bot ihnen zunächst dennoch Arbeit. Heute werden die deutschtürkischen Communities durch Digitalisierung und Globalisierung für ihre Bildungsferne bestraft. Die Arbeitslosigkeit unter Deutschtürken ist auf 25 Prozent gestiegen. Mit anderen Worten: Viele Deutschtürken leben im Prekariat, und sie wissen es.

Inzwischen meinen viele junge Männer der zweiten und dritten Generation von Deutschtürken auch zu wissen, dass sie nicht nur heute, sondern auf immer und ewig Verlierer sein werden, Loser, Opfer. Ihre Reaktion? Sie geben bewusst den türkischen Macho. Etwa, indem sie die Autorität von Lehrerinnen nicht anerkennen. Diese Machokultur geht weit über das Zwischengeschlechtliche hinaus ins Gesellschaftspolitische nach dem Motto: »Wenn ihr mich als Ausländerproblem stigmatisiert, dann wehre ich mich nicht, sondern übersteigere die zugewiesene Rolle.« Trotzidentität nennen das die Soziologen. So geprägte Jungs können ihren Mitschülern, ihren Eltern und auch ihrer Familie das Leben zur Hölle machen. Hinter der gespielten Stärke versteckt sich aber erlebte Schwäche. Jeder zweite 15-jährige Deutschtürke besucht die Hauptschule. Jeder fünfte schafft keinen Abschluss. Jeder dritte zwischen 25 und 35 Jahren hat keine Ausbildung. Das sind die Zahlen. Dahinter stecken Schicksale von Hunderttausenden. Sie sind Erklärungen für schlechtes Benehmen, Asi-Kultur, auch für Gewalt. Sie können aber keine Entschuldigung dafür sein.

Es liegt an uns Deutschtürken selbst, unsere Integration zu gestalten. Und da liegt die Verantwortung vor allem bei den erfolgreichen Deutschtürken in der zweiten Generationen, bei Frauen und Männern zwischen 25 und 50, die ihren Weg in Deutschland gemacht haben. Als Brückengeneration ist die zweite Generation von Deutschtürken am besten integriert, hat aber noch starke Bindungen an und in die Türkei. Sie hat die Möglichkeit, in beide Richtungen zu wirken. Etliche Mitglieder dieser Generation sind handlungs- und durchsetzungsfähig.

Zuerst wurde das, wie häufig bei Minderheiten, in der Kultur und im Sport deutlich. Schriftsteller Feridun Zaimoglu, Regisseur Fatih Akin, Hitproduzent Mustafa Gündogdu (»Mousse T.«), Viva-Moderatorin Gülcan Karahanci (inzwischen Kamps), die Profifußballer Hamit und Halil Altintop. In der Wirtschaft setzen sich neben Großunternehmern wie Vural Öger und Kemal Sahin neue Leute durch. Turan Sahin ist im Vorstand von Siemens Tschechien, Ali Aslan Politik- und Medienberater des Bundesinnenministeriums. In der Politik gibt es nicht mehr nur Cem Özdemir von den Grünen. In Wissenschaft und Gesellschaft sind vor allem Frauen in den Vordergrund getreten. Die Rechtsanwältin und Frauenrechtlerin Seyran Ates, Yasemin Karakas, die an der Universität Bremen als Professorin interkulturelle Pädagogik lehrt, die Buchautorin Necla Kelek sowie Sanem Kleff, Projektleiterin von »Schule ohne Rassimus«.

Integration ist kein Beliebtheitswettbewerb. Martin Luther King Jr., der Anführer der schwarzen Bürgerrechtsbewegung in den USA, hat einmal gesagt: »Integration ist sinnlos ohne Teilhabe an der Macht. Wenn ich von Integration spreche, dann meine ich keine romantische Mischung der Rassen, sondern eine wirkliche Aufteilung von Macht und Verantwortung.« Ich finde es verblüffend, wie aktuell und wie richtig dieser Satz aus den 1960er Jahren ist. Der Weg heißt Wille zum Einmischen, Wille zum Mitmachen, Wille zur Teilhabe. Zunächst brauchen wir Deutschtürken dafür als Gemeinschaft ein neues Selbstbewusstsein. Kein nationales oder religiöses, sondern eines, das aus der eigenen Leistung heraus Würde bezieht. Nur das Streben, das Beste aus sich und seinem Leben zu machen, egal auf welchem Niveau, jeder für sich, ganz persönlich, nur dies bringt mehr Selbstachtung.

Das größte Hindernis auf dem Weg dorthin ist, dass die Deutschtürken in zahlreiche Gruppen zersplittert sind. Städter und Dörfler, Kurden, Armenier und Aramäer, Sozialdemokraten und Nationalisten, Kulturmuslime, fromme Muslime, konservative Muslime, Aleviten und Atheisten, Arbeitertürken, Akademikertürken, Businesstürken, Big-Business-Türken. Es gibt nicht eine, es gibt viele deutschtürkische Communities. Rund um diese sehr unterschiedlichen Interessen haben sich Vereine und Verbände gegründet. Sie produzieren verschiedenste, zum Teil widersprüchliche Forderungen an Deutschland. Je mehr Forderungen, desto weniger politische Durchschlagskraft. Um vollen Einfluss zu entwickeln, müssen sich diese Communities auf begrenzte Zeit zu einem Bündnis, nennen wir es »Aktionsbündnis Integration«, zusammenschließen und sich auf eine kurze Agenda einigen, die allein dem alltäglichen Wohl der Menschen verpflichtet ist. Alle sonstigen Interessen würden für diese Zeit auf Eis gelegt. Das Bündnis benennt und bekämpft die großen strukturellen Benachteiligungen und drängt auf wirkliche Teilhabe am deutschen System im Sinne Martin Luther Kings. Nach innen aktiviert das Bündnis den Willen zur Teilhabe und motiviert die Deutschtürken, das Heft selbst in die Hand zu nehmen. Die Schlüssel sind Bildung, Arbeit und Bewusstsein. Sich mit anderen

Minderheiten zu vernetzen, ist naheliegend. Das Bündnis ruft gezielt Kampagnen gegen strukturelle Benachteiligungen ins Leben, etwa im Bildungs- und Arbeitssektor. Es muss ein gemeinsames erreichbares Ziel geben. Das Bündnis kämpft für ein Wahlrecht auf Kommunal-, Landes- und Bundesebene für alle, die in Deutschland geboren sind oder länger als 15 Jahre hier leben, unabhängig vom Pass. Die Deutschtürken ziehen sich heraus aus den machtlosen Integrationsräten und drängen stattdessen in die Mitte von Parteien und Politik. Nur dort ist wirkliche Teilhabe möglich. Das Bündnis stellt ausschließlich Persönlichkeiten in den Vordergrund, die auf beiden Seiten glaubwürdig sind und verstehen, im politisch-medialen Raum überzeugend aufzutreten. Nach innen organisiert das Bündnis eine Aktion »Runter von der Straße, raus aus den Teestuben, ran an die Schulen zum Wohle der Kinder«. Die Deutschtürken müssen mit ihrem Engagement die Schulen und ihren eigenen Nachwuchs regelrecht belagern. Deutschtürken für Deutschtürken, zum Beispiel durch freiwillige Nachhilfe. Das Bündnis unterstützt jedes Elternpaar, das für die Bildungschancen seiner Kinder kämpft. Passivität wird geächtet. Das Bündnis setzt sich für Gleichberechtigung von Mann und Frau ein und dafür, nicht weiter eine längst vergangene Türkei in manchen deutschen Stadtvierteln oder Straßenzügen zu konservieren. Selbst die Türken in der Türkei spotten darüber.

Die erste Generation der Deutschtürken hat geleistet, was sie geleistet hat. Und das war oft eine ganze Menge. Ist es für die zweite und dritte Generation nicht eine Frage der Ehre, ihren deutschen Traum vom besseren Leben in Freiheit, Wohlstand und Glück so weit zu tragen, wie sie nur kann? Es braucht etwas Mut zur Veränderung, aber es wird sich für jeden lohnen. Die Deutschtürken sollen sich aus Eigeninteresse wesentlich stärker selbst für ihre Integration engagieren. Damit meine ich überhaupt nicht einen Zwang zu vollständiger Assimilation, sondern eine Freiheit, im Rahmen des Grundgesetzes beide Identitäten, wenn gewünscht, zu leben. Damit meine ich den Ausbruch aus einer auch selbst verschuldeten Passivität. Ich meine eine selbst mitgestaltete Teilhabe an Deutschland, ein An- und Zur-Ruhe-Kommen. Ich meine ein neues Selbstbewusstsein aus sozialem Aufstieg und verbesserten Lebensbedingungen. Dazu gehört auch, dass Lobbygruppen mit zeitgemäßem professionellem Auftritt für volle Bürgerrechte kämpfen und nicht auf dilettantische Art und Weise egoistische Verbandsinteressen verlautbaren, die dann auch noch wirkungslos im politischen Raum verpuffen. Gleichzeitig soll der deutsche Staat Chancengleichheit herstellen. Das eine ist mit dem anderen verschränkt und umgekehrt.

Auf diese Vorstellungen habe ich unterschiedlichste Reaktionen bekommen. Die schärfste Reaktion war eine öffentliche Replik von Lale Akgün in der »taz«. Sie ist die islampolitische Sprecherin der SPD-Bundestagsfraktion. Ihre Kritik: Ich reduziere die Frage der Integration auf Herkunft, stecke sie in ein ethnisches Korsett. Dabei sei die Ethnie nur ein untergeordneter Teil der Identität jedes Einzelnen. *Weekend Ethnicity* heißt das, habe ich gelernt. Nun, ich finde die Integrationsdiskussion in Deutschland ist zuallererst eine Türkendiskussion, dann eine Muslim-, und zuletzt eine Russlanddeutschendiskussion. Ich kann nichts dafür. Ich habe mir das nicht so ausgesucht. Insofern ethnisiere ich nicht, sondern richte mich nach der gesellschaftlichen Wirklichkeit im Land. Und das würde einigen Politikern vielleicht auch ganz gut tun, wenn auch etwas weh. Und nirgendwo habe ich formuliert, dass die Deutschtürken nur noch als Berufstürken in einem Aktionsbündnis verkehren sollen. Ich rede von keiner Ausschließlichkeit, sondern von Gleichzeitigkeit. Es soll ja Leute geben, die zum Beispiel gleich in mehreren Vereinen aktiv sind. Die Leute dürfen gerne schwule Kurden bleiben, um bei einem Beispiel von Frau Akgün zu bleiben.

Ein weiterer Kritikpunkt lautet: Ein Aktionsbündnis der Deutschtürken bedeute Parallelgesellschaft und nicht »rein in die Mitte der Gesellschaft«. Wir bräuchten uns keine neuen Organisationen auszudenken, sondern sollten die Eingewanderten den Marsch durch die Institutionen antreten lassen. Diese Argumentation finde ich etwas schief. Wie eine gemeinsame Interessenvertretung auf Zeit mit den genannten Zielen Parallelgesellschaft bedeuten soll, kann ich nicht nachvollziehen. Den Marsch durch die Institutionen habe ich ja selbst beschrieben mit Namen, mit Beispielen. Da sind wir uns offenbar einig mit Frau Akgün. Aber die Menschen, von denen ich an dieser Stelle hauptsächlich gesprochen habe, machen keinen Marsch durch die Institutionen. Die machen einen Marsch durch die Sozialsysteme ins Elend. Und dazu habe ich von Frau Akgün leider nichts gehört. Ich will erwähnen, da ich jetzt singulär nur über eine SPD-Politikerin spreche, dass ich mit keiner politischen Partei verbändelt bin oder mit irgendeiner Migrantenorganisation, sondern völlig unabhängig als Journalist und aus der Beobachterrolle heraus all diese Dinge sage.

Ich komme zu der Frage nach dem Zusammenhang von Integration und deutscher Identität. Meine These ist, dass Integration von Ausländern offensiv die Identität der Deutschen fordert, ja herausfordert. Die deutsche Integrationsdebatte braucht deshalb dringend eine zielgerichtete Identitätsdebatte. Auf die Frage: »In was genau sollen wir uns denn integrieren?« hat die deutsche Gesellschaft und Politik nicht immer eine gute Antwort. Und mehr als das. Arbeitslose verzweifeln. Arme verschulden sich. Ostdeutsche grenzen sich ab. Mit 55 gehört man zum alten Eisen. Die Schule sortiert früh aus. Jugendliche sehen keine Chance. Ausländer ziehen sich zurück. Muslime fühlen sich stigmatisiert. Die Mittelschicht will nicht absteigen. Ein Praktikum ist kein richtiger Job. Wähler bleiben zuhause. Etliche wandern aus. Nicht nur Menschen mit ausländischen Wurzeln, auch Deutsche sind desintegriert. All das hat Wilhelm Heitmeyer in seiner Langzeituntersuchung »Deutsche Zustände« gemessen. Im Jahr 2005 waren 87 Prozent der Befragten der Auffassung, dass die Gesellschaft immer mehr auseinanderfällt. 83 Prozent sahen keinen großen Zusammenhalt mehr in der Gesellschaft. Desintegration, so Heitmeyer, finde nur auf der Hinterbühne der öffentlichen Wahrnehmung statt. Auch Bundeskanzlerin Angela Merkel hat das beobachtet. »Die Fliehkräfte, die unsere Gesellschaft auseinander treiben, werden eher stärker. Also brauchen wir auch stärkere Bindekräfte, um die Balance zu wahren.«

Welche sind das? Die Deutschen haben nach dem Krieg zwar eine neue Identität nach außen vor der Weltgemeinschaft prägen können, aber bisher keine richtige nach innen vor sich selbst. Wir haben eine unfertige Identität. Wir sind die unfertigen Deutschen. Wir sind nach wie vor nicht fähig, für das eigene Land ein gesellschaftlich verbindliches und einbindendes Selbstverständnis zu benennen. Daher scheitern wir bisher daran, einen integrationsfähigen Staat zu entwickeln. Die in Teilen massive Integrationskrise muss auch als anhaltende Identitätskrise der deutschen Nation verstanden werden. Nun ist »Nationale Identität« aus verschiedenen Gründen ein problematischer Begriff.

Was ist überhaupt nationale Identität? Sie lässt sich verstehen als Antwort auf drei Fragen. Wer sind wir? Wie sind wir? Und warum sind wir so geworden? Das Wir ist dabei als gedachte Gemeinschaft der Menschen und Bürger in der jeweiligen Nation zu verstehen. Diese Antworten müssen etwas Einzigartiges herausarbeiten.

Nach dem Dritten Reich ist die deutsche Identität eine beschädigte. Häufig sind wir schon damit zufrieden, dass es überhaupt wieder möglich ist, laut über so etwas wie deutsche Identität nachzudenken. Gleichzeitig fragen einige kluge Köpfe, ob es überhaupt noch so etwas wie nationale Identität in der globalisierten, individualisierten, zugleich pluralisierten und polarisierten Welt des 21. Jahrhunderts geben kann. Es verhält sich umgekehrt. Gerade die Globalisierung fordert das Selbstverständnis der Nationen heraus.

Ist nationale Identität nun historisch gegeben oder ist sie dynamisch, ist sie formbar? Beides ist richtig. Nationale Identität lebt durchaus von der Vorratskammer der Historie, von Deutschlands großartigen Dichtern, Denkern und Komponisten ebenso wie von den Monstrositäten Hitler-Deutschlands. Und natürlich von vielem mehr. Nationale Identität ist aber ebenso dynamisch. Sie verändert sich durch das konkrete Handeln des Staats, der Regierung, gesellschaftlicher Gruppen und der Menschen im Land. Die stille Revolution der DDR-Bürger ist genauso ein Beispiel dafür wie der erhebliche Erfolg der Öko-Bewegung. Für gewöhnlich leiten die freien Länder ihre Außenpolitik aus ihrem inneren Selbstverständnis ab. Wir Deutschen machen das umgekehrt. Die neue deutsche Identität wird von außen nach innen aufgebaut. Was wie ein deutsches Paradoxon wirken mag, ist historisch und emotional für mich vollkommen nachvollziehbar. Aber wie steht es um die deutsche Identität nach innen? Es wird leicht übersehen: Deutschland hat in den vergangenen 100 Jahren wie kaum ein anderes Land politische Extreme durchlebt und häufig auch durchlitten. Den militanten Chauvinismus der Kaiserzeit, den rassistischen Nazismus des Dritten Reichs, die Extremerfahrung, geteilter Frontstaat des Kalten Kriegs zu sein, den real existierenden Sozialismus der DDR im einen, den

Linksterror der RAF im anderen Teil. Die Identitätsfindung nach außen war ein Muss vor der Völkergemeinschaft. Die Identitätsfindung nach innen war ein Später – wenn das Land wieder aufgebaut, das Häusle abbezahlt, Deutschland wiedervereinigt ist. Jetzt lässt sich das nicht mehr verdecken und verschieben. Die Frage nach dem Kitt, der das Land zusammenhält, die Frage nach der neuen sozialen Balance nach Hartz IV ist unbeantwortet. Also, wie integrationsfähig ist Deutschland?

Die dynamische, formbare Identität beginnt nach dem Zweiten Weltkrieg mit Schweigen oder Verleugnen. Lautstark brachen die 1968er dieses Schweigen auf, ohne einen gesamtgesellschaftlich tragbaren Identitätsentwurf schaffen zu können. Die 1968er landeten irgendwo zwischen Sympathie für die RAF und Erfindung der Grünen Partei. Die Konservativen konservierten was auch immer. Was Westdeutschland im Großen und Ganzen bis zur Wende zusammenhielt, war der wirtschaftliche Erfolg. Der Wohlstand war Opium fürs Volk. Das Kaufhaus ersetzte die Germania. Damit wurde ein Identitätsangebot für gute Zeiten geschaffen, schreibt Richard Wagner in »Der Deutsche Horizont«. So lange die Ausländer an diesem Wohlstand bescheiden teilhatten, stellten sie keine grundlegende Herausforderung für die deutsche Gesellschaft dar. Nationale Selbstfindung fand, wenn überhaupt, in homöopathischen Dosen statt. Erst in den 1990er Jahren verschärften sich die gesellschaftlichen Bedingungen vehement, zynischerweise durch die und nach der Wiedervereinigung, die ja fundamental identitätsstiftend hätte sein können. Deutschland aber geriet aus dem Tritt. Reformstau, globale Konkurrenz, hohe Arbeitslosigkeit und das Ringen um soziale Balance. Erst die Asylbewerber, dann die Ausländerfrage, dazu die permanente Apathie zwischen Wessis und Ossis. Kein Wunder, dass Ende der 1990er eine Diskussion um das deutsche Selbstverständnis einsetzte.

Die Schlagworte waren Leitkultur auf der konservativen, Verfassungspatriotismus auf der linksliberalen Seite. Deutschland suchte nach der Wiedervereinigung und im Spiegel der Eingewanderten nach einer Formel für sich selbst. Beide Konzepte erwiesen sich als vollkommen untauglich, die deutsche Identität zu fassen. Leitkultur klang doch zu sehr nach Dominanz und Überlegenheit, Verfassungspatriotismus hingegen komplexbeladen und verkopft. Gerhard Schröder, selbst von der SPD, sagte als Bundeskanzler 2002 in seiner Rede »Nation. Patriotismus. Interesse«: Wenn die deutsche Nationalelf Fußball spielt, dann drücke ich den Deutschen nicht deshalb die Daumen, weil wir so ein wunderbares Grundgesetz haben.« Dabei sind beide Konzepte nicht so weit auseinander, wie das parteipolitische Theater glauben machen will. Beide Ideen stellen die freiheitlich-demokratische Grundordnung mit den entsprechenden Freiheiten, Rechten und Pflichten in den Mittelpunkt. Doch etliche Länder haben ganz ähnliche Verfassungen und noch mehr die Menschenrechtskonvention der Vereinten Nationen unterzeichnet. Was sagen Verfassungen schon über die Lebenswirklichkeit in einem Land aus? Die Diskussion verpuffte wegen der Begriffe, wegen der Parteipolitik, wegen der unzureichenden Tiefe. Ich glaube, wir haben Nachholbedarf.

Immer mehr Gruppen werden oder fühlen sich zumindest ausgegrenzt. Was passiert da? Und vor allen Dingen, mit welcher Konsequenz für Deutschland? Ausgrenzung ist eine Bedrohung für das Zugehörigkeitsgefühl der Menschen im Land und damit für den Zusammenhalt der Nation. Ausgrenzung, Desintegration und fehlende deutsche Identität müssen zusammen gedacht werden. Die Europäische Union definiert Exklusion als einen »Prozess, durch den bestimmte Personen an den Rand der Gesellschaft gedrängt und durch ihre Armut bzw. wegen unzureichender Grundfertigkeiten oder fehlender Angebote für lebenslanges Lernen oder aber in Folge von Diskriminierung an der vollwertigen Teilhabe gehindert werden«. Die Diskussion um Ausgrenzung in Deutschland konzentriert sich bisher auf die soziale Ungleichheit, den Arbeitsmarkt, auf die neue Armut. Die »Überflüssigen« werden sie auch genannt. Die generelle Debatte ist sehr kleinteilig und in der Unterscheidung von oben und unten, drinnen und draußen noch sehr holzschnittartig gedacht. Und sie hat die Durchschlagskraft der Ausgrenzung noch nicht erkannt. Viele Menschen reagieren darauf früher oder später mit Selbstausgrenzung und Rückzug. Das erhöht das Maß der Ausgrenzung. Dies verstärkt wiederum die Selbstausgrenzung. Ein Teufelskreis. Es gibt eine regelrechte Ausgrenzungsspirale.

Dies ist ein langfristiger und gleichzeitig dynamischer Prozess, der die Gesellschaft negativ prägt. Die Menschen ziehen sich in ihre Gruppe zurück, in unsichtbare Gettos, wie Soziologen das schon heute nennen. Politik und Zivilgesellschaft investieren punktuell viel Geld und Energie, um entgegenzuwirken. Ohne großen Erfolg. Zudem sind viele Gruppen nicht mehr in der Lage, Selbstverantwortung zu übernehmen. Die Folge ist: Die verschiedenen Ausgrenzungen hören nicht auf, sie sammeln sich an. Die bestehenden Gräben werden tiefer. Sie durchziehen das Land. Herzlich willkommen in Deutschland. Das identitätsstiftende Gefühl schwindet ebenso wie die Teilhabe am gesellschaftlichen Leben. Diese Wirkkraft der Ausgrenzungsspirale ist auch möglich, weil den Deutschen eine klare nationale Identität bisher fehlt. Die Ausgrenzungsspirale wirkt nicht wie sozialer Sprengstoff. Es gibt keinen Big Bang. Sie zersetzt die Gesellschaft langsam.

Bewegte Zugehörigkeiten

Sabine Strasser

Mit den Werkzeugen der Sozialanthropologie, im Speziellen der »Anthropologie der Globalisierung«, möchte ich innovative Kreolisierungen (oder Diasporaformationen) gleichzeitig mit Indigenisierungen (oder Parallelgesellschaften) und deren Beziehung diskutieren. Wie bei anderen Innovationen löste auch dieses neue Forschungsfeld in der Sozialanthropologie zunächst eine Krise aus. Feministische Theorien haben die »Krise der Differenz«, postkoloniale und postmoderne Theorien die »Krise der Repräsentation« ausgelöst. Die Krise, die durch die Globalisierung in die Sozialanthropologie gekommen ist, war eine fundamentale, die ich die »Krise des Warenbestandes« nennen möchte. Die Waren oder Untersuchungsgegenstände der Sozialanthropologie zeichneten sich bis in die 1980er Jahre hinein durch das Lokale oder Partikuläre aus und befanden sich innerhalb von fixen territorialen oder sozialen Grenzen (eines Dorfes, einer ethnischen Gruppe, einer Nation). Mit dem Interesse an sozialen Verbundenheiten und transnationalen Beziehungen bewegte sich diese Disziplin mit ihren Subjekten auf den globalen Hochschaubahnen und untersuchte beispielsweise lokale Effekte globaler Beziehungen und folgte den Menschen über nationalstaatliche und ethnische Grenzen hinweg. Nicht nur der Kulturrelativismus wurde dabei kritisiert, der Durchlässigkeit und Heterogenität von ethnischen Gruppen in Landkarten der Kulturen verwandelt hatte, der Kulturbegriff selbst wurde verdächtigt, zu Fixierungen und Essentialisierungen beizutragen.

Die Anthropologie der Globalisierung zeigte in der Folge die Kreativität des Ineinanderfließens und Auseinanderdriftens von ethnischen Zugehörigkeiten und globalen Imaginationen, oder, wie Arjun Appadurai es ausdrückte: vom Aufeinandertreffen von *moving people* mit *moving pictures*. Nina Glick-Schiller kritisierte den »Methodologischen Nationalismus« der Sozialwissenschaften und verlangte, dass die Wissenschaft nationale Grenzen überwindet. Sie zeigte durch ihre empirischen Arbeiten, dass MigrantInnen nicht auf Einbahnstraßen von ihren Herkunftsländern aufbrechen, um sich in ihren neuen Umgebungen anzupassen, sondern durch ihre sozialen, verwandtschaftlichen, ökonomischen oder politischen Beziehungen transnationale Räume schaffen. Politische, ethnische oder nationale Grenzen konnten somit die Forschungsfelder nicht mehr einsperren, auch wenn deren Bedeutungen und Wirkungen nicht bestritten wurden.

Obwohl Kultur durch die Krisen in der Theorie schließlich als historisch entstanden verstanden wurde, konnte nicht übersehen werden, dass viele Menschen, ja Mehrheiten, abgegrenzte soziale und territoriale Räume bevorzugen. Das heißt, kulturelle Differenzen, Regulierung von Diversität, Debatten um Multikulturalismus und weitreichende Nationalismen trugen neben globalen Flüssen von Menschen und Bildern zu wichtigen Forschungsfragen der Disziplin bei. Wie haben sich globale Dynamiken eigentlich lokal ausgewirkt, ziehen Prozesse ökonomischer Globalisierung auch kulturelle Homogenisierung nach sich? Warum gibt es eine »fear of small numbers«, wie Appadurai es nannte, eine Angst vor nationalen Minderheiten oder vor zugewanderten Gruppen, die meist unter zehn Prozent der Bevölkerung ausmachen, die jedoch immer wieder als Bedrohung wahrgenommen und bekämpft werden. Die Anthropologie hat also durch die Krise des globalen Warenbestandes begonnen, sich verstärkt mit den problematischen und widersprüchlichen Fragen von Kreolisierung und Grenzziehungen auseinanderzusetzen.

Jonathan Friedman hat diese gleichzeitigen und gegensätzlichen Prozesse von Hybridisierung und Indigenisierung als vertikale und horizontale Polarisierungen beschrieben. Unter Indigenisierung versteht er die Orientierung am Eigenen und die Ablehnung des Anderen als entschieden verschieden. Diese Haltung findet sich sowohl unter zugewanderten Gruppen als auch unter der lokalen Bevölkerung. Wenn wir verstehen wollen, wie Politik zu Polarisierungen beiträgt und warum rechtspopulistische, essentialistische Auffassungen immer wieder bevorzugt werden, dann ist die Untersuchung des Zusammenspiels von Hybridisierung und Indigenisierung, von vertikaler und horizontaler Polarisierung hilfreich.

Wir haben eine Gleichzeitigkeit von transnationalen und kosmopolitischen »Oberschichten«, die Differenz zunehmend als (begehrenswerte) Ware sehen, und von lokal orientierten »Unterschichten«, die sich immer stärker rechtspopulistisch ausrichten und Differenz als Bedrohung sehen. Wenn ich hier von Unter- und Oberschichten spreche, dann deshalb, weil sich die VertreterInnen der kosmopolitischen Orientierung als überlegen wahrnehmen, während sich RepräsentantInnen von Indigenisierung als verlassen und abgewertet, als »kleiner Mann« darstellen, als »neue RealistInnen«, die endlich sagen, was gesagt werden muss, und dabei je nach Konjunktur den Islam, die Schwarzen oder die Türken für Missstände im Land verantwortlich machen. Die kosmopolitische Oberschicht sieht dabei die indigene Bevölkerung meist als »rassistisch« und »ungebildet« an und trägt somit ebenfalls zu einer Dichotomisierung der Gesellschaft bei – eben hierarchisch oder vertikal und nicht horizontal (sprich: unvereinbare Gegensätze aufgrund von Kulturen, Ethnien oder Religionen). Nicht

Klassen sorgen für Spannungen und Polarisierungen in der Gesellschaft, sondern die Haltung zu Differenz und Durchlässigkeit, zu grenzüberschreitenden Beziehungen und zu Durchmischungen, die entweder als Innovation oder als Verunreinigung wahrgenommen werden.

Genau vor diesem Hintergrund möchte ich meine Fallbeispiele, meine Bohrungen in das Gestein der sozialen Spannungen in Österreich, beginnen.

Seit Mitte der 1980er Jahre und mit dem Aufstieg der Haider-FPÖ sind es Migration und Integration, seit Mitte der 1990er Jahre ist es die EU (insbesondere der mögliche EU-Beitritt der Türkei) und seit 9/11 ist es der Islam, der das Land in BefürworterInnen und GegnerInnen spaltet. Seit 1986 unterstützte die FPÖ mit ihren eindeutigen Positionen gegen Zuwanderung, gegen die EU und schließlich gegen den Islam die »Einheimischen« (den kleinen Mann) und machte kulturelle Differenz zu einer unveränderlichen und unüberwindbaren Bedrohung. Dieser Gegensatz lässt sich jedoch nicht einfach politischen Lagern, Bildungsschichten oder Altersgruppen zuordnen. Während die einen sich selbst als weltgewandt oder kosmopolitisch sehen und Migration wie auch EU als Chance und den Islam als eine Frage der Toleranz wahrnehmen, empfindet die Gegnerschaft all diese Erscheinungen als eine Bedrohung ihrer Umgebung oder ihrer Heimat. Die Teilung der Gesellschaft erfolgt also entlang der Frage, ob man kulturelle Differenzen als eine Bereicherung oder als eine Bedrohung wahrnimmt. Wie wir uns jeweils zu diesen Themen stellen, markiert somit die Polarisierung zwischen kosmopolitischen Anti-RassistInnen und lokal verankerten Einheimischen, die von den WeltbürgerInnen wiederum als nationalistisch oder rassistisch eingestuft werden. Dadurch entsteht also neben der horizontalen Polarisierung zwischen sogenannten einheimischen und sogenannten zugewanderten Gruppen auch eine vertikale, jene zwischen selbsternannten KosmopolitInnen und lokalen Bevölkerungen. Selbstverständlich gibt es auch Beiträge zur Diskussion, die warnen, Kultur überhaupt als relevant für diese Spannungen anzuerkennen. Sie sprechen dann von einer Kulturalisierung sozialer Probleme. Doch das berührt die überzeugten AnhängerInnen von kultureller Differenz als Chance oder eben als Gefahr kaum.

Diese doppelte (also vertikale und horizontale) Polarisierung der Gesellschaft zeigte sich insbesondere nach dem Wahlerfolg der FPÖ 1999. Die rechtspopulistische FPÖ kam im Februar 2000 in die Regierung. Eine Regierung, die von der EU mit Sanktionen bedacht wurde und mit massiven Protesten im In- und Ausland konfrontiert war. Die EU beschleunigte ihre Arbeit gegen Rassismus und erließ die Anti-Rassismusrichtlinie im Juni 2000. Der Erfolg des Rechtspopulismus in Österreich öffnete somit auch ein »*window of opportunity*« für minorisierte Gruppen und anti-rassistische Aktivitäten.

Ich habe mich in dieser Zeit mit politischen AktivistInnen beschäftigt, die selbst aus der Türkei zugewandert sind, sowohl in Österreich als auch in der Türkei enge soziale, politische oder verwandtschaftliche Netzwerke pflegen und sich in den Protesten gegen die »Allianz mit dem Rassismus« (wie es damals genannt wurde) besonders engagiert hatten.

Das Konzept der »bewegten Zugehörigkeiten« ist darauf ausgerichtet, in die Tiefen der biographischen Erfahrungen, in die Breite der persönlichen Netzwerke und in die Komplexität der transversalen Politik vorzudringen. Biographien, Netzwerke und politische Praxis ermöglichen es zu zeigen, wie politische AkteurInnen ihren Anliegen »Platz machen«. Diese AkteurInnen sind nicht von nur einer politischen Gemeinschaft geformt, sondern wirken über ihre Netzwerke in die Politik in mehr als einem Land. Um diese transversale Politik zu verstehen, werden also ethnische Einflüsse der sogenannten »Herkunftskontexte« betrachtet und politische Wirkungen im »Aufenthaltsland«. Da die Zugehörigkeit der AkteurInnen immer wieder territoriale und soziale Grenzen überschreitet, werden ihre Geschichten und Erfahrungen für eine Kartographie von Verbindungen herangezogen. Sie selbst erzählen die Bedeutungen der jeweiligen Kontexte und verbinden diese erst durch ihre Erzählungen. Im nächsten Schritt werden die durch die Biographien relevant gewordenen Netzwerke im Hinblick auf ihre politischen Praktiken, ihre Gemeinsamkeiten und Unterschiede hin untersucht.

Ich habe mich dabei speziell für Personen interessiert, die selbst aus der Türkei zugewandert sind und bei den Protesten von 1999/2000 durch ihre eigenen Netzwerke und politischen Aktivitäten in Erscheinung getreten sind. Dabei habe ich mich auf drei biographische Geschichten konzentriert, die in Opposition zueinander stehen, wenn es um die sozialen Spaltungen in der Türkei geht. Die Strategien von »Platz machen« sind je nach Zugehörigkeiten unterschiedlich und trotz der Gemeinsamkeit von Migrationserfahrungen in Österreich verfolgen sie nur partiell gemeinsame Ziele. Dadurch wurde der Zusammenhang zwischen persönlicher Erfahrung und Politik wie auch zwischen Herkunftskontexten und politischer Umgebung im Aufenthaltsland deutlich. Die Ergebnisse der Forschungen zeigen, dass die AkteurInnen der Politik mit Verbindungen zu mehr als einem Land unterschiedliche Strategien aufgreifen, die aber sehr stark geformt sind von ihren Erfahrungen in ihren Herkunftskontexten, von den Erfahrungen durch die Migration und schließlich auch von den Möglichkeiten, die im nationalen Kontext zur Verfügung gestellt werden. Die politischen AkteurInnen, die zwar alle ihre sogenannten »Wurzeln« in der Türkei haben, arbeiten aber durchaus nicht politisch zusammen, wenn ihre Zugehörigkeit entweder durch majoritär säkulare, dominant religiös-islamische oder minoritär kurdische Kontexte geformt worden ist.

Ich greife das Beispiel von Nihal Ongan heraus, die einen transnationalen Raum als ihr Zuhause bezeichnet, da sie in Wien lebt, sich aber nach wie vor ihrer Geburtsstadt Trabzon am deutlichsten zugehörig fühlt. Der Transnationalismus war in ihrer Familie keine spätmoderne Erfahrung. Bereits im 19. Jahrhundert hatte die Familie neben den Wohnsitzen in Trabzon, einer Provinzstadt am östlichen Schwarzen Meer, und Istanbul auch einen Wohnsitz im südlichen Frankreich, in Marseille. Das heißt, ein Leben an mehreren Orten und mit mehreren Sprachen war den Ongans, lange bevor die transnationale Forschung diese zu diskutieren begann, vertraut. Innerhalb der Familie gab es auch Spannungen: Nihals Vater, ein Mann aus einer angesehenen und wohlhabenden Familie aus der Provinz, der sich für Kunst und Kultur interessierte und im Geiste von osmanischer Pluralität (kosmopolitisch) aufgewachsen war, heiratete eine von der jungen Republik geprägte Frau aus der Hauptstadt. Die beiden Familien konnten nie so recht zusammenwachsen. Besonders die vom Kemalismus geprägte Großmutter Nihals versuchte, die Enkelin aus der Provinz nach Istanbul zu holen, damit sie dort eine internationale Schule besuchen konnte. Diese bildete eine Art Brücke zwischen den Familien der Eltern. Auch der Vater und seine Schwester hatten bereits eine französische und eine amerikanische Schule in Istanbul besucht. Dass Nihal gerade die österreichische Schule besuchte, war dann eher ein Zufall. Doch dieser Zufall führte sie später für ihr Studium der Theaterwissenschaften nach Wien. Europa war in dieser Familie immer Vorbild und Orientierung für türkische Politik, Architektur und Kultur. Europa weckte somit sehr hohe Erwartungen.

Die Ankunft in Österreich war allerdings eine ziemliche Enttäuschung und die ersten Erfahrungen bezeichnet Nihal als »Demütigungen«. Eine von der österreichischen Schule ausgezeichnet gebildete junge Frau kam in den 1980er Jahren in ein Österreich, das von der »Waldheim-Affäre« geprägt war, in eine Gesellschaft, die Fragen von Rassismus und Nationalsozialismus bevorzugt auswich. Das Entsetzen über dieses Verdrängen führte sie selbst zum Studium des Genozids an den ArmenierInnen in ihrem Herkunftsland. Nihal wurde in Wien nicht mit ihrem sozialen, kulturellen und ökonomischen Kapital wahrgenommen, sondern als Türkin auf ihre Herkunft reduziert. Das heißt, es wurde entweder nicht erwartet, dass sie die Sprache versteht, oder, wenn mit ihr gesprochen wurde und sie meist besseres Deutsch als ihr Gegenüber sprach, wurde sie zur Ausnahme erklärt. Immer wieder wurde sie gefragt, wie eine Person, die aus der Türkei kam, doch so europäisch wirkte und so gut gekleidet war. Das konnte doch keine Türkin sein! Wut, Vorwürfe an sich und an andere und schließlich Depressionen lösten diese Erfahrungen in Nihal aus.

Sie begann sich zu wehren und zog sich innerlich aus Österreich zurück: »Ich bin Trabzonerin, ich bin aus der Stadt, in der ich geboren bin, weil dort bin ich jemand. Hier hingegen bin ich ein unerwünschter Niemand.« Als sie in der Widerstandsbewegung 1999/2000 als politische Migrantin bezeichnet wurde, wies sie auch das als Zuschreibung zurück: »Ich bin keine politische Migrantin.« Sie forderte die Anerkennung ihrer Person und wies Kategorien und Essentialisierungen zurück. Sie forderte die Anerkennung von »Differenz als Normalität«.

Die Strategien, die eine intellektuelle Gruppe um Nihal für politische Interventionen gewählt haben, sind eine Reaktion auf Homogenisierungen und Diskriminierungen. Es ist die Umkehrung von dichotomen Zuschreibungen, eine Reaktion auf die Polarisierung durch die »Einheimischen« (nach Edward Said Orientalisierungen) durch Selbstermächtigung und Lächerlich-Machen (was ich Gegen-Orientalisierung nenne).

Ein Bespiel ist die Veranstaltung »Leitkultur Light. Einführung in die abendländisch-österreichische Kultur«. Es war eine Auseinandersetzung um das Definitionsrecht von Kultur vor dem Hintergrund der Debatten um die Regierungsbeteiligung einer rechtspopulistischen Partei in Österreich. Ein ÖVP-Politiker, der von der »österreichisch-abendländischen Kultur« sprach, wurde von dem »integrationswilligen« Hikmet Kayahan gefragte, was denn das sei, weil auch er das gerne wüsste und sich nicht zwischen Jelinek und Landmann, Schönbrunn und Sissi oder Sprüchen wie »Das hätte es unter Hitler nicht gegeben« entscheiden könne. Obwohl er doch schon lange im Lande lebe, sich auch vor der Einreise gut vorbereitet hätte, wüsste er noch immer nicht so recht, was einen guten Österreicher ausmache. Daraus hat sich eine lange Email-Debatte entsponnen, die bei einer Veranstaltung im Jüdischen Museum szenisch gelesen wurde. Anschließend diskutierten ausschließlich Personen aus minorisierten Kontexten Begriffe wie »Kultur«, »Abendland«, »Europa«. Der Ort war bewusst gewählt, um daran zu erinnern, dass Rassismus in diesem Land eine lange Geschichte hat. Es war ein klares Signal der AkteurInnen: Heute definieren wir! Es zeigte sich, dass »Kultur« ein sehr wenig brauchbares Konzept ist, um Diversität, Differenzen, Veränderungen in diesem Land ausreichend zu beschreiben, da es per se homogenisierend ist. Einzig eine »Kultur des Rassismus« wurde Österreich zugebilligt.

Diese Veranstaltung zeigt, wie Definitionsmacht von Intellektuellen beansprucht werden kann, wie Orientalismus verdreht werden kann. Vertikale Polarisierung ist ein möglicher Effekt von dieser »Politik des Gegen-Orientalismus«. Kosmopolitische AkteurInnen werten dabei lokale Bevölkerungen als rassistisch ab und erheben sich dadurch über horizontale Polarisierungen. Diese Form der Ermächtigung ermöglicht, sich von den Indigenisierungen der Bevölkerung mit türkischem Hintergrund genauso zu distanzieren wie von rassistischen Einheimischen, sie erreicht aber als Strategie nur die ohnedies bereits überzeugte Gruppe der kosmopolitisch »Überlegenen«.

Neben der »Politik des Gegen-Orientalismus« gibt es auch eine »Politik der politischen Partizipation«. Deren AkteurInnen versuchen, Allianzen mit bestehenden Organisationen herzustellen, sie wollen Partizipation statt einer symbolischen Neudefinition von Werten. Und es gibt auch eine »Politik der bewussten Einschließung«, wiederum eine Strategie der Selbsterhöhung, aber nicht durch die Abwertung der anderen, sondern durch Einverleibung von anderen minorisierten Gruppen. Als Beispiel dienen AkteurInnen des sunnitischen Islam, die auch den schiitischen Islam und Alewiten zu vertreten anfangen und sagen: »Wir alle sind Muslime.« Minderheiten innerhalb von Minderheiten setzen sich meist zur Wehr, aber sie haben selbst oft keine adäquaten Vertretungen. Ihr Hauptziel ist die Anerkennung, dafür wird Stärke durch Einverleibung gewonnen. Ich denke, dass diese Strategien wesentliche Möglichkeiten bezeichnen, ein Teil dieser Gesellschaft zu werden und sich selbst einen Platz zu schaffen. Das sind wesentliche Muster des »selfing and othering«, wie es Gerd Baumann genannt hat.

Machen wir noch eine zweite Bohrung: Sie findet in einer Kleinstadt in Österreich mit 20.000 EinwohnerInnen statt, in der 17 Prozent ausländische StaatsbürgerInnen leben, 7,5 Prozent der Bevölkerung haben türkischen Hintergrund (1500 Personen). Eine Frage, die sich in dieser Kleinstadt aufdrängt, ist die, warum nur die »Türken« ein Problem darstellen und für horizontale Polarisierung verantwortlich gemacht werden, während alle anderen Zugewanderten im Diskurs um *selfing and othering* kaum eine Rolle spielen. Während die »Einheimischen« finden: »Sie [die Türken] müssen sich eh nicht assimilieren, aber anpassen sollen sie sich halt!«, finden die »Türken«: »Je mehr wir uns anpassen, desto weniger mögen sie uns!« Sie glauben nicht, dass bessere Deutschkenntnisse ihre Probleme lösen, sondern im Gegenteil Erfolg in der Schule mit weiteren Abwertungen gedankt wird (Nihals Beispiel würde diese lokale These unterstützen.). Als besondere Bedrohung gelten dabei die vier Moscheen in der Stadt für die ca. 1500 türkischen Muslime, die nach Meinung der »Einheimischen« in allerlei Machenschaften verflochten sind, und von denen sie im schlimmsten Fall eine Machtübernahme und türkische Verhältnisse, inklusive Frauenunterdrückung, befürchten. Klar, vier Moscheen, das kann schon irritieren, es kann aber auch darauf hinweisen, dass es eben eine rege politische Debatte in dem Ort gibt, bei der es zu einer Ausdifferenzierung der politischen Positionen und zur Aufteilung in unterschiedliche Moscheen gekommen ist. Ist das dann türkische Politik auf österreichischem Boden? Nur wenn sie als Fremdkörper behandelt und die Anliegen der BesucherInnen dieser Moscheen an der Türkei orientiert bleiben. Doch nicht einmal die PolitikerInnen in der Stadt wissen so genau, an wen sie sich wenden sollen, mit wem sie Kontakt halten wollen, und können eigentlich nichts zu einer Aufklärung über das Geschehen in den Moscheen beitragen. Im Gegenteil, sie verlassen sich auf den türkischen Botschafter, der ihnen Tipps gibt, wen sie am besten als VertreterInnen des richtigen Islam akzeptieren sollen. Interessant, dass gleichzeitig die Einmischung des türkischen Botschafters in die österreichische Integrationspolitik zu diplomatischen Verstimmungen führt. Auf der anderen (türkischen) Seite werden vor allem die Verlockungen durch Alkohol und sexuelle Freizügigkeit gefürchtet, die angeblich stabile Familien, Geschlechterverhältnisse und Altersversorgung gefährden. Moscheen werden zum Symbol der Differenz gemacht, ein Schutz für die türkische Bevölkerung und unüberwindbare Mauern für die »Einheimischen«.

Die Folge von diesen Polarisierungen ist ein Nebeneinander, das eher in Richtung Gegeneinander strebt und keinesfalls ein Miteinander zulässt. Beide Parteien ziehen sich in ihre Gruppen zurück, verfestigen ihre Grenzen und inszenieren die andere Seite als existenzielle Bedrohung. Das Eigene wird umso fester umklammert, je mehr die Gegenseite als Gefahr gesehen wird. Dass Alkoholkonsum, Fragen der Sexualität, Jugendbetreuung und Altersversorgung die zentralen Fragen für alle Beteiligten darstellen, wird durch diese horizontale Polarisierung und die Überbetonung der kulturellen Gegensätze ausgeblendet. Ohne Wissen über die Alltagserfahrungen, Praktiken, Transformationen und umstrittene Positionen im Inneren der jeweils als fix und einheitlich gedachten anderen Gruppe werden immer wieder gleiche bedrohliche Bilder verbreitet. Sedimentierte Annahmen über die anderen lassen nach 40 Jahren Zusammenleben kaum mehr Platz für neue oder überraschende Erfahrungen. Diese für alle als bedrohlich inszenierte Situation erscheint durchaus hilfreich, um Arbeitslosigkeit mit Kopftüchern zu erklären, fehlende Deutschkenntnisse mit Frauenunterdrückung, Gewalt gegen Frauen mit (angeblich unveränderter) türkischer Kultur. Die Zweifel an der ökonomischen Globalisierung und an EU-Eliten werden mit Empörung über Zuwanderung und Familienzusammenführung aus der Türkei zu einem Bündel von Grenzziehungen und Selbstvergewisserung, die als Neo-Nationalismus oder »Neuer Rationalismus« bezeichnet wurden.

Ich denke, es ist an der Zeit, differenzierter vorzugehen. Es ist mehr als 40 Jahre her, dass in Österreich Zuwanderung aus der Türkei begonnen hat. Es ist an der Zeit, Gegenstrategien zu den Dynamiken von Indigenisierung und Hybridisierung zu entwickeln. Das Wissen für differenzierte Interventionen fehlt den meisten politischen AkteurInnen nach diesen 40 Jahren nach wie vor. Zum Beispiel gäbe es in der Kleinstadt durchaus die Möglichkeit, Jugendliche zu fördern, die aus meiner Perspektive politisch unabhängig von der Türkei sind, die EU-Muslime sind, wie sie sich selbst bezeichnen, die sich durchaus mit Demokratie und Feminismus beschäftigt haben. Manche so intensiv, dass ich gern unsere männlichen Jugendlichen zu Schulungen hinschicken würde, damit sie ein bisschen Feminismus lernen. Die Absicht, die Verantwortung für Familie und Kinder zu tragen, ist beeindruckend und beruhigend. Dass sie von bestimmten Verhaltensweisen, zum Beispiel Alkohol trinken und Sex vor der Ehe, Abstand halten wollen, scheint mir für ein gemeinsames Leben in einer Stadt nicht weiter bedrohlich. Es geht also um ein Hinschauen und Allianzen-Bilden statt Wegschauen und Abwerten.

Vertikale und horizontale Polarisierungen, also Hybridisierungen und Indigenisierungen, sind gleichzeitige Dynamiken der Globalisierung, die sowohl Grenzziehungen zwischen lokalen Bevölkerungen und zugewanderten Minderheiten stärken, als auch transnational ausgerichtete KosmopolitInnen von lokalen Bevölkerungen trennen. Missfallen und Verachtung wird nicht nur zwischen Zugewanderten und Einheimischen zu einer Mauer, sondern vergrößert auch den Abstand zwischen lokalen Einheimischen und transnationalen Eliten (unabhängig welcher ethnischen Zugehörigkeit).

Es fehlt eine tiefere Auseinandersetzung, die ich heute ganz bewusst wieder als eine kulturrelativistische Auseinandersetzung bezeichnen würde, die natürlich politische Strategien einschließt. Eine wissenschaftliche Analyse in diesem Feld muss sich allerdings einem *kritischen* Relativismus (der zweidimensional globale Interessen und Menschenrechte mit lokalen Erfahrungen und kulturellen Rechten zu verbinden versteht) zuwenden. Eine Politik der Diversität kann nur erfolgreich sein, wenn sie gemeinsame Interessen genauso wie kulturelle Besonderheiten fördert – und bei der Gestaltung von beiden möglichst viele partizipieren lässt. In einem labilen Gleichgewicht bewegter Zugehörigkeiten tragen Indigenisierung und Hybridisierung zu Spannungen und Spaltungen, aber auch immer wieder zu neuen *windows of opportunity* bei, die von der Politik nicht vorschnell geschlossen werden dürfen.

Migration im Gemeindebau

Renate Schnee

Vorbemerkung

Das Rote Wien der Zwischenkriegszeit war ein einzigartiges Sozialprojekt mit hoch innovativen wirtschaftlichen, steuerpolitischen, wohnbautechnischen und stadtplanerischen Strukturen. Heute ist Wien noch immer eine Stadt mit einem sehr hohen Anteil an sozialem Wohnbau. Die Stadt ist im Besitz von etwa 220.000 Gemeindewohnungen, in denen etwa ein Viertel der Wiener Stadtbevölkerung lebt. Das sind fast eine halbe Million Menschen. Die krassen gesellschaftlichen und wirtschaftlichen Umbrüche verändern das Leben in diesen Gemeindebauten massiv. Es gibt darüber viel Unmut. Für die Stadtpolitik ist es eine große Herausforderung, diesen Unmut handzuhaben.

Ein Bericht von der Gemeinwesenarbeit in der Trabantenstadt »Am Schöpfwerk«

Ich möchte mit einem kleinen Ausflug in die Soziologie beginnen. 1960 hat Norbert Elias[1] in einer Londoner Vorstadt die äußerst schlechten Beziehungen zweier Arbeitersiedlungen erforscht. Es gab da die alt eingesessene Arbeitersiedlung und daneben die neu Hinzugezogenen. Beides waren englische Arbeiterfamilien, nicht MigrantInnen aus den Kolonialländern. Elias beschreibt, wie die Alteingesessenen von Anfang an eine unvorstellbare Gruppenüberheblichkeit und Gruppenverachtung den Neuen gegenüber entwickeln. Das soziologische Alter dieser Formation hat ihnen solch ein ausgrenzendes Gruppenverhalten verschafft. Die Fähigkeiten der besten Mitglieder ihrer Gruppe haben sie für sich zur Norm erkoren und die schlechtesten Eigenschaften der schlechtesten Mitglieder ihrer Gruppe haben sie auf die neu Zugezogenen projiziert. Wenn das eine Zeit lang funktioniert, übernehmen die Neuen diese Zuschreibungen und werden dadurch weiterhin geschwächt. Die Alteingesessenen sehen durch

1 | Elias, Norbert; Scotson, John L.: *Etablierte und Außenseiter*, Frankfurt a.M.: Suhrkamp 2002.

selektive Wahrnehmung ihre Annahmen immer wieder bestätigt und verbreiten durch Klatsch diese Geschichten weiter. Klatsch – bei Norbert Elias heißt das auch Schimpfklatsch – hat neben einem erheblichen Unterhaltungswert die Funktion, den Zusammenhalt der machtvolleren Gruppe zu stärken. Jeder »Verstoß« gegen die ungeschriebenen Regeln der Zugezogenen wird in einem der Klatschzentren verbreitet. Die Inhalte bei dieser stillen Post verändern sich natürlich und so kommt es schließlich zu Gerüchten – wie etwa das berühmte Hammelschlachten auf dem Balkon. Die Alteingesessenen dieser Untersuchung haben keinen Kontakt mit den Neuen aufgenommen. Es war ganz klar: Sie sind die Guten und die anderen sind die Schlechten. Aber nicht aufgrund von individuellen Eigenschaften, sondern einfach weil sie diese neue Kultur en bloc als fremd und minderwertig abgelehnt haben.

Wie können sich die neu Zugezogenen wehren? Sie sind nicht nur entwurzelt, sondern auch füreinander Fremde. Das macht es ihnen ganz schwer, ein eigenes Kommunalleben auszubilden.

Im Gemeindebau beobachten wir ähnliche soziologische Muster. Das ist übrigens kein typisches Wiener oder österreichisches Muster, sondern ein soziologisches Phänomen, das in fast allen entsprechenden Systemen beobachtbar ist. Ich nehme es an mir selber auch wahr, muss ich gestehen. Wenn ich mit dem Zug von Wien nach Vorarlberg fahre und mir denke: »Fein, ich bin heute ganz allein«, und dann kommt jemand ins Abteil, dann denke ich mir nicht: »endlich kommt jemand«, sondern: »der hätte sich auch woanders hinsetzen können«, und packe meine Sachen zusammen. Und wenn dann in St. Pölten wieder einer einsteigt, dann geht es uns beiden so, dass wir ein bisschen widerwillig unsere Sachen wegräumen und Platz machen. Ist es möglich, dieses Muster zu unterbrechen?

Es gibt Interventionsmöglichkeiten. Die Gemeinwesenarbeit, die wir in unserem Stadtteilzentrum »Bassena« am »Schöpfwerk« machen, beschäftigt sich genau mit solchen Strategien. Ein kleines Beispiel: Klatschzentren, wo alle üblen Dinge von den anderen weitererzählt werden, sind u.a. der Friseur und der Zeitungskiosk. Dort treffen sich die Leute. Beim Friseur haben sie sehr viel Zeit. Da sagen ältere Menschen schon mal: »Wie *er* noch da war, hätte es das nicht gegeben mit den Ausländern.« Im Kiosk werden hauptsächlich Boulevardzeitungen, etwa die Kronenzeitung, verkauft. Diese hat in der Regel eine negativ konnotierte Schlagzeile, die das Tagesgespräch bestimmt. Deswegen waren uns gerade die Friseurin und die Zeitschriftenhändlerin wichtig. Wir haben sie zu Workshops über Stammtischparolen und gewaltfreie Kommunikation eingeladen. Der Friseurin war es dann ein bisschen zu anstrengend, weil sie Angst gehabt hat, ihre KundInnen zu verlieren. Aber die Frau vom Kiosk übt jetzt mit unserer Gruppe gewaltfreie Kommunikation, damit sie den Kontakt mit ihren KundInnen halten und trotzdem im Gespräch mit ihnen einen Reflexionsprozess in Gang setzen kann. In dieser Gruppe gibt es auch einen Lehrer, einen Mieterbetreuer, eine Gebietsbetreuerin und »Bassena«-MitarbeiterInnen. Für uns ist dieses Handwerkszeug wichtig: Gesprächsführung mit Menschen, die rassistische Bemerkungen machen, in Kontakt zu bleiben, egal was gesagt wird, und am Schluss klar zu zeigen, wofür man steht, ohne dass die anderen gekränkt, beleidigt oder zornig werden müssen.

Eine weitere Interventionsmöglichkeit für uns am »Schöpfwerk« ist die Schaffung von Schnittstellen, wo das Soziale und das Alltägliche inszeniert werden. Es gibt bei uns einen Gratis-Basar. An zwei Tagen in der Woche kommen jeweils 100 Menschen, die Sachen bringen, die sie nicht mehr brauchen – Kleidung, Elektrogeräte, Hausrat –, und andere können sich täglich drei Sachen aussuchen. Es gibt eine hohe Verweildauer, die Leute stehen sehr lang in diesem Gratis-Basar, suchen sich Dinge aus und kommen so ins Gespräch miteinander. Integration ist da kein künstliches oder aufgesetztes Thema. Es ist ein Ort, wo Menschen ganz alltägliche Dinge miteinander erleben und es überhaupt keinen Unterschied macht, welche Muttersprache man spricht.

Eine zweite Inszenierung ist unser Feld. Im Sommer bauen wir SozialarbeiterInnen mitten im »Schöpfwerk« auf einer freiliegenden Fläche Gemüse an. Wir sagen dann, Sozialarbeit ist Feldarbeit. Das ist eine Möglichkeit, mit Menschen in Kontakt zu kommen, die sonst nicht in unsere Einrichtung kommen, weil sie sagen, da sind viel zu viele Ausländer drin, da gehe ich nicht hinein. Die erreichen wir dann auf diesem Feld, wo sehr viele Gespräche zustande kommen, wo einfach etwas ganz Alltägliches passiert, wo man fragt, was wächst hier eigentlich, wo unsere migrantischen Frauen mit Samen aus ihrer Heimat Pflanzen anbauen, die wir wiederum nicht kennen. Am Feld gibt es viele Möglichkeiten zur alltäglichen Kommunikation.

Diese beiden Alltagsinszenierungen sind Orte für die Entstehung neuer Ideen und Projekte, die unsere SozialarbeiterInnen mit den BewohnerInnen weiterentwickeln und umsetzen. Es wird nicht über Inklusion gesprochen – das *ist* Inklusion.

In Wien und in anderen europäischen Städten greifen überforderte Stadtregierungen immer öfter zu ordnungspolitischen Maßnahmen. In Wien werden neuerdings »Ordnungsberater« gezielt in die Gemeindebauten geschickt. Mir ist schon klar, dass die sozialen Folgeprobleme des Auseinanderklaffens unserer Gesellschaft vom politisch-administrativen System unter Kontrolle gebracht werden müssen. Aber mit solchen Maßnahmen wird absolut nicht auf die Ursachen der sozialen Probleme, nämlich auf die ungerechte Verteilung von Macht und Wohlstand und der damit erfolgenden Ausgrenzung hingewiesen, sondern ganz öffentlich auf das Versagen von Individuen, also von sozial Schwächeren. Wer Müll neben den Container ablegt oder wer unbefugt Fußball spielt, der wird vor allen anderen öffentlich mit einer Strafe von 36 Euro abgemahnt.

Der Vorteil von solchen Maßnahmen ist, dass sie sehr schnell installiert werden können und sehr schnell von der Öffentlichkeit wahrgenommen werden.

Das Ergreifen der Missetäter kommt als Erfolgsmeldung in die Medien. Mit diesem Vorgehen wird das Image des Gemeindebaus in Richtung Verwahrlosung und Devastierung gedrängt. Die Schuld wird ganz öffentlich auf sozial Schwächere verlagert. Die Reflexion der Ursachen für soziale Folgeprobleme einer kapitalistisch geprägten Stadtentwicklung bleibt einfach auf der Strecke. Überwachungen und Bestrafungen sind aber Strategien, die in der Gesellschaft Misstrauen und Verleumdung produzieren. Solche Maßnahmen verhindern genau das, was ein funktionierendes Gemeinwesen braucht, nämlich Solidarität.

Migration im Gemeindebau ist ein sozialpolitisches Experiment, das viel Behutsamkeit erfordert. Wir haben es hier mit lebenden Systemen zu tun, die nicht berechenbar sind. Deswegen müssen wir tatsächlich experimentieren. Die westliche Gesellschaft ist durch lineares und kausales Denken geprägt, was technischen Fortschritt, den Bau von Maschinen befördert. Also: wenn – dann. Wenn ich eine Münze in den Kaffeeautomaten hineinwerfe, dann kommt Kaffee heraus. Dieses technische lineare Denkschema prägt uns und wir wenden es auch in sozialen Systemen an. Wenn ich Obdachlosigkeit beseitigen will, dann muss ich Parkbänke abmontieren. Wenn ich Integration im Gemeindebau will, dann muss ich Ordnungsberater einsetzen. Lebende Systeme funktionieren jedoch anders als technische, sie sind nicht plan- und berechenbar.

Heinz von Förster[2] hat für diverse Funktionsweisen von Organisationen die Begriffe »Trivialmaschine« und »nichttriviale Maschine« geprägt. Bei der Trivialmaschine steht lineares und kausales Denken im Vordergrund: Ursache – Wirkung. Mit einer angeordneten Maßnahme soll das geplante Ergebnis erzielt werden. Entspricht das Ergebnis nicht der Vorstellung des Auftraggebers, wird es als falsch bezeichnet und es werden Schuldige für Fehler gesucht. Die nichttriviale Maschine funktioniert anders. Man weiß, dass man es mit lebenden Systemen zu tun hat, die man nicht berechnen kann. Das Ergebnis, die Wirkung einer Maßnahme, ist weder richtig noch falsch, sondern ein wichtiger Hinweis, der in einer weiteren Feedbackschleife dann wieder zu einem neuen Input führt. Das ist eine Funktionsweise, die in nichthierarchischen Organisationen angewandt wird. In der trivialen Wirkungsweise gibt es Fremdbestimmung und Top-down-Hierarchien. In der anderen Wirkungsweise gibt es Möglichkeiten zur Selbstbestimmung. Im einen Ansatz gibt es die Experten des Wissens, die zu wissen glauben, was gut und richtig ist. Und im anderen gibt es die Expertise des Nichtwissens, wo man sich auf die Suche nach Lösungen macht. In der trivialen Funktionsweise werden nicht zutreffende Hypothesen vollkommen ausgeschlossen, ausgeblendet. In dem anderen System wird genau mit diesem Widerspruch experimentiert. Das heißt, die einen trennen, grenzen aus und die anderen treten in Diskurs und streiten anständig miteinander. Eine städtische

2 | Von Förster, Heinz: *Sicht und Einsicht. Versuch zu einer operativen Erkenntnistheorie*, Heidelberg: Carl Auer Verlag 1999.

Strategie zur Förderung der Integration im Gemeindebau braucht genau diesen lebendigen Diskurs.

Beim Thema Migration finden sich widersprüchliche Sichtweisen. Zum Beispiel die Forderung nach Gleichheit der Geschlechter, die in integrationspolitischen Debatten von der Aufnahmegesellschaft erhoben wird, auch wenn diese im eigenen Land keineswegs gegeben ist, und nur von bestimmten Teilgruppen der Migrationsbevölkerung nicht umfassend geteilt wird. Türkische Männer würden ihre Frauen unterdrücken, höre ich immer wieder. Gleichzeitig wird die Integration in Österreich von durchaus patriarchalischen Gesetzen bestimmt. So wird der Rechtsstatus von migrierenden Frauen weitgehend von dem ihrer Ehemänner abgeleitet, was neben rechtlicher auch zu sozialer und wirtschaftlicher Abhängigkeit vom Mann führt.

Auch das Thema Bildung von Communities stellt sich widersprüchlich dar. »Die bleiben ja immer unter sich.« Die gegenseitige Unterstützung in ethnisch konzentrierten Verwandtschaften oder Netzwerken wird häufig unter dem Begriff »Parallelgesellschaft« kritisiert und auch problematisiert, während gleichzeitig gerade die Erosion solcher familiärer Netzwerke im Zuge von Individualisierungsprozessen von unserer Gesellschaft als Desintegrationsdynamik zum Problem erklärt wird.

Die am häufigsten genannte Forderung, die ich im Gemeindebau höre, lautet: »Die müssen sich unserer Kultur anpassen.« Und wenn ich dann frage: »Was ist denn eigentlich unsere Kultur, was ist denn die Kultur in Wien oder im Gemeindebau, an was sollen sich die denn anpassen?«, dann herrscht Ratlosigkeit. Es kommt nichts. Irgendwann kommt dann der Heurige oder das Wiener Schnitzel. Viele Menschen verfügen über keinen Begriff ihrer eigenen Kultur.

Ein anderer Widerspruch ist der Vorwurf: »Die können mit der Demokratie nicht umgehen, die kommen aus irgendwelchen Ländern, wo es Diktatoren gegeben hat.« Manchmal stimmt das auch. Oft ist das der Grund, warum sie hierher kommen. Hier ein Beispiel dafür, dass auch österreichische Bewohner des »Schöpfwerks« durchaus Nachhilfe in der Kulturtechnik »demokratisches Handeln« brauchen: die Geschichte von einer Mietervertreterwahl. Mietervertreter bilden die Schnittstelle zwischen BewohnerInnen und Verwaltung in einem Gemeindebau. Alle drei Jahre wird gewählt. Wir haben uns seinerzeit vor ungefähr 20 Jahren sehr bemüht, dass die Menschen dieses Amt übernehmen und gut ausfüllen. Inzwischen sind es schon seit 17 Jahren immer wieder dieselben Personen – meistens Männer um die 60 und zu 100 Prozent österreichischer Herkunft. Diese sollten nun die gesamte Diversität dieses Gemeindebaus vertreten, also Männer und Frauen aller Altersgruppen und mit den verschiedensten Muttersprachen.

Die zwei Kandidaten der vorigen Periode kamen mit fünf Bekannten, um die Wahl abzuwickeln. Aber bei dieser Wahl fanden sich unerwartet mehrere Migranten ein und erstmals hat sich ein türkischer Mitbewohner als Kandidat aufstellen lassen. Der ist wegen eines Formfehlers abgelehnt worden. Das hat lauten Unmut ausgelöst. Man hat alles immer wieder auf Arabisch, Türkisch, Deutsch übersetzt. Die Österreicher waren sehr misstrauisch, weil diese Übersetzungen sehr lange gedauert haben. Ich nehme an, weil es im Arabischen oder Türkischen nicht unbedingt einen Fachbegriff für das Wort Formfehler gibt. Die Stimmung war dann so aggressiv, dass die Österreicher gesagt haben: »Okay, der Türke darf jetzt mitmachen.« Der hat dann am Schluss vor lauter Verwirrung sogar gegen sich selbst gestimmt. Dann hat sich ein arabischer Mann aufstellen lassen und der ist von vornherein abgeblitzt.

Am nächsten Tag sind dann diese Leute alle zu mir gekommen. Und der arabische Mann sagte: »Wissen Sie, ich komme aus Ägypten und dort gibt es in der Tat keine Demokratie, aber was ich gestern hier erlebt habe, das war viel schlimmer als in Ägypten. Bei dieser Wahl wurde drei Mal die Hand gehoben, bis das Ergebnis elf zu zwölf gestanden ist.«

Es ist Tage später dann gelungen, den türkischen Mann, den arabischen Mann und die beiden Österreicher zusammen zu bringen. Zwei Stunden hat es gebraucht, um diese Starrheit der Österreicher, die gesagt haben: »Das haben wir immer so gemacht, seit 17 Jahren machen wir das so, das ist uns wurscht«, zu brechen. Schließlich kam es zum Abkommen: Der Araber darf nachträglich Mietervertreter sein. Das war zwar politisch nicht korrekt, aber es war die einzige Möglichkeit, um ein nachhaltig schlechtes Klima zu verhindern.

Ich habe die Gruppe dann drei Jahre beobachtet. Es hat mehr schlecht als recht funktioniert. Wir müssen ganz besonders viel Augenmerk drauf legen, wie diese Dinge sich weiterentwickeln. Das können wir nur tun, weil wir vor Ort als Stadtteileinrichtung anwesend sind und einen Raum bilden, in dem alle diese Leute sich einigermaßen verstanden fühlen. Genau das ist ein Teil unserer Gemeinwesenarbeit. Die Kultur, das Soziale und das Politische müssen ständig neu geschaffen, ständig neu gestaltet, bewegt und ständig neu verteidigt werden. Diese kleinräumigen kommunikativen Einheiten wie eben Gemeinwesen, das Wohnumfeld der Menschen, sind genau der richtige Raum für demokratische Gestaltungsprozesse.

Meine MitarbeiterInnen sind darin bestens geschult. Sie sind nicht die SozialexpertInnen, die wissen, was gut ist für die Leute, sondern sie sind vielmehr die professionellen Nichtwissenden, die mit vielen Fragen auf die Menschen zugehen und die versuchen, die soziale Lebenswelt der Menschen zu erkunden. Sie machen das mit nur vier leitenden Fragen. »Was läuft hier gut?« Das ist die Frage nach den Ressourcen. Die Menschen antworten dann meistens mit der Antwort zwei auf die Frage eins. Die Frage zwei lautet: »Was läuft nicht gut hier?« Die verbotene Frage ist: »Warum läuft es nicht gut hier?« Denn das ist die Möglichkeit, Schuldzuweisungen zu suchen. Wir versuchen, das zu verhindern. Die dritte Frage ist eine hypothetische Frage: »Was müsste denn sein, damit es hier bei Ihnen gut läuft, damit es Ihnen gut geht, damit Sie ein gutes

Leben haben?« Das ist die schwierigste Frage für die Menschen, weil in Ermangelung von erlebten Alternativen ihnen dazu kaum etwas einfällt. Wir helfen dann ein bisschen nach, indem wir fragen: »Wenn Sie zum Beispiel Bürgermeister wären, was würden sie denn als Erstes hier verändern?« Da kommen dann Ideen und wir versuchen, an diesen Ideen weiterzuarbeiten, so lange, bis wir den Eindruck haben, da wäre etwas Umsetzbares vorhanden. Und die vierte Frage ist dann die Frage nach der Bereitschaft zur Mitgestaltung: Können Sie sich vorstellen, dass Sie mit noch ein paar Leuten gemeinsam – mit unserer Hilfe, wenn Sie wollen – überlegen, wie man das umsetzen kann? So entstehen vielfältige horizontale und vertikale Netzwerke im Gemeinwesen. Je vielfältiger und dichter solche Netzwerke sind, umso mehr gesellschaftlicher Zusammenhalt kann entstehen.

In unserer Arbeit ist Medienarbeit auch etwas Wichtiges, weil es notwendig ist, dass die Menschen, die Betroffenen, ihre fundierte Kritik erstens äußern können und auch ihrer Stimme Gehör verschaffen können. Deswegen gibt es seit 20 Jahren den »Schöpfwerkschimmel«. Das ist eine Stadtteilzeitung, die mit fast 30 BewohnerInnen geschrieben und kostenlos an alle Haushalte verteilt wird. Es gibt ein Radio am »Schöpfwerk«, das seit dem Jahr 1996 jede Woche eine Radiostunde sendet, seit kurzem auch als Internetradio. Es gibt viele weitere selbstorganisierte BewohnerInnengruppen. »Historiker«, ältere Menschen, die auf sehr subjektive Weise die Geschichte des »Schöpfwerks« schreiben, KartenspielerInnen, Tischtennisspieler. Manche Gruppen werden von uns moderiert, die HausbesorgerInnen, die MietervertreterInnen oder Mieterinitiativen. Und an den Wochenenden ist die »Bassena« Ort für verschiedenste selbstorganisierte Familienfeiern und Feste, bei denen die Menschen mit Migrationshintergrund ihre Traditionen in einem geschützten Rahmen fortsetzen können: das Erster-Zahn-Fest bei den türkischen Familien, Hennafeste, Beschneidungsfeste, Frauentreffs.

Die soziale Ökonomie ist ein Schnittthema, das gleichermaßen alle Menschen betrifft. Vor kurzem haben wir KAESCH, einen Tauschkreis, ins Leben gerufen. Das ist eine Plattform, wo Menschen mit vielfältigen Fähigkeiten sich miteinander verbinden können, um ihre Talente über diese virtuelle Währung KAESCH auszutauschen. Eine Steuerungsgruppe aus ganz unterschiedlichen TeilnehmerInnen organisiert dieses Netzwerk für Nachbarschaftshilfe. Ich habe noch nie so eine unterschiedliche Gruppe erlebt: Gül ist eine türkische Frau, Natascha eine österreichische Frau, die einen türkischen Mann geheiratet hat und zum Islam konvertiert ist. Mohamed ist ein Religionslehrer, der in der Moschee tätig ist. Es gibt den jungen Volkswirt, der ein alternatives Leben führt. Und es gibt den erfolgreichen Selbstständigen in dieser Gruppe. Sie organisieren miteinander diesen Tauschkreis, wo sowohl Zeit gegen Zeit getauscht werden soll als auch Zeit gegen Gutschein.

Im Rahmen von *Good Governance* gewinnen Bemühungen um das Einbeziehen der BürgerInnen in die Gestaltung von lokalen Lösungen und die Beteiligung an der Erbringung von öffentlichen Aufgaben immer mehr Bedeutung und eine neue Aktualität. Eine Idee wären Bürgerbudgets im Gemeindebau. In kleinen, überschaubaren Einheiten wie eben zum Beispiel Gemeindebauten könnten sich Nachbarschaftsräte bilden, die proportional aus VertreterInnen aller vor Ort lebenden Gruppen bestehen. Sie bekommen ein Budget zur Verfügung gestellt und organisieren und finanzieren lokal Projekte, die sie hoch prioritär einstufen. In Montevideo ist im Zuge einer Verwaltungsreform, wo es Bürgerbudgets gibt, eine städtische Abteilung für Dezentralisierung und Bürgerbeteiligung geschaffen worden, um mit diesen Nachbarschaftsräten sogenannte Budgetkompromisse auszuhandeln. Die Nachbarschaftsräte können aus Informationen in der Nachbarschaft Vorschläge für bestimmte Problemlösungen erarbeiten, Initiativen starten und die Arbeit der Stadt evaluieren. In Montevideo wird der Nachbarschaftsrat überdies dazu angehalten, die Bevölkerung, also die Nachbarn, regelmäßig über die Aktivitäten zu informieren und sie zu einer aktiven Bürgerbeteiligung aufzufordern. Da gibt es einen regen Austausch zwischen dem Rat und der Bevölkerung. Das ist Bürgerbeteiligung und Partizipation auf Augenhöhe mit Verwaltung und Politik, MigrantInnen und Einheimischen.

Das Max-Planck-Institut in Göttingen hat 2008 ein Forschungsprojekt zu multireligiösen und multiethnischen Gesellschaften in Deutschland gemacht, mit dem Resümee, dass sozialer, politischer und wirtschaftlicher Erfolg einer Stadt davon abhängt, wie gut sich Gesellschaften mit der steigenden Komplexität auseinandersetzen, und nicht, wie sie dagegen ankämpfen.

Anstatt über ordnungspolitische Maßnahmen würde ich mit der Stadtpolitik lieber über so ein adäquates partizipatives Steuerungsinstrument wie BürgerInnenrat und BürgerInnengeld diskutieren, wo Top-down- und Bottom-up-Ansätze miteinander kombiniert werden und wo Verwaltung, Politik, einheimische und migrierte Bewohnerschaft im Gemeindebau ganz direkt eingebunden sind. Das wäre ein sozialpolitisches Experiment, das zu einem Relaunch des einstigen Roten Wien werden könnte. Es wäre der Versuch, bürgerschaftliche Ressourcen in kooperative Aktivität zu verwandeln, und die Möglichkeit, gemeinsam demokratische Kultur zu praktizieren und Verantwortung zu übernehmen. Natürlich wird da auch gestritten werden, aber eben anständig gestritten. Wie das finanziert werden könnte? Vielleicht könnte ganz unspektakulär das Geld für ordnungspolitische Maßnahmen dafür eingesetzt werden. Wenn das nur drei bis fünf Euro pro Person im Gemeindebau wären, hätte zum Beispiel das »Schöpfwerk« eine Summe von 15.000 bis 25.000 Euro zur Verfügung. Ich würde sehr gerne erleben, wie die Menschen dann wahrscheinlich unvorstellbar klug mit diesem Geld umgehen.

In diesem Sinne wünsche ich mir, dass die Stadt einfach demokratische Kultur fördert, wo immer das geht, dass Aushandlungsprozesse mit großem Respekt für alle Beteiligten initiiert und begleitet werden. Ich wünsche mir natürlich auch, dass es in weiteren Stadtteilen, wo ein großer Handlungsbedarf besteht, solche »Bassenas« geben wird.

Kapitel IV

Ästhetisches Exil

Exil als Heimat

Die literarischen Früchte der Entwurzelung

Ilija Trojanow

1. Exil als trauriger Topos

Gehe, doch ungeschmückt,
wie's dem Buch des
Verwiesenen ziemet.
Schäm auch der Flecken dich
nicht. Wer diese sieht,
wird spüren, sie stammen
von meinen Tränen.
Geh und begrüße, mein Buch,
statt meiner die mir teuren Orte;
Betrete sie der Fuß
wenigstens meiner Worte.
Wenn noch im Volk sich
einer meiner erinnert,
wenn dort einer vielleicht, wie
es mir gehe dich fragt,
Sag, ich lebe, doch dass es
wohl mir gehe, verneine.

Verneinung prägt die Haltung des ersten literarischen Exilanten. Verbannt ans Ende der Welt, ins Nichts vertrieben, kann der Dichter nur negieren. Die Reise ins Exil voller Gefahren, der Frost so heftig, er verhärtet die Tränen, das Leben unter Barbaren kaum zu ertragen, und damit nicht genug – jenseits der Donau lauern noch schlimmere Horden. Der Dichter klagt, er jammert, seine Worte heben und senken sich in Rage. Trist seine Gedichte, ihr Titel »Tristia«.

Im Jahre 8 n. Chr. wird der Dichter Publius Ovidius Naso von Kaiser Augustus verbannt, ans Schwarze Meer. Nur wenige Jahre später schickt er seine elegischen Briefe nach Rom, beklagt sein unbegreifliches und unverdientes Schicksal. Ein Topos wird erschaffen von den unweigerlichen Folgen der Vertreibung aus dem Paradies der ersten Heimat: Nostalgie, verzweifelte Hoffnung auf Rückkehr, die Trauer eines Solitärs, der aufreibende Kulturkonflikt zwischen der Zivilisation des Eigenen und der Barbarei der Fremde. Die Klage des Ovid ist zudem auch Selbstanklage. Er verliere seine poetische Kraft; sein Spätwerk tauge wenig. Die Nachgeborenen haben ihm dieses Urteil abgenommen, obwohl ein Autor in eigener Sache ein unzuverlässiger Zeuge ist. »Mir kommt vor, ich hab das Lateinische schon verlernt, und dafür getisch und sarmatisch zu sprechen gelernt«, geißelt er sich selbst. Im Exil entgleitet einem selbst die Muttersprache, auch das ein integraler Bestandteil dieses Topos. Allerdings wäre die Behauptung überzeugender, hätten diese Zeilen aufgrund der nachgeahmten rauen Kehllaute der fremden Sprachen im lateinischen Original nicht einen so wunderbaren onomatopoetischen Klang, wären Ovids Trauergesänge nicht gar so kunstvoll geraten. Es ist bemerkenswert, wie wortreich virtuos Ovid sein Verstummen besingt.

Gewiss leidet Ovid unter dem Exil, körperlich wie auch geistig, er ist todunglücklich – »Exil ist wie auf Raten sterben«, wird zwei Jahrtausende später ein Leidensgenosse schreiben –; er ist überzeugt, sein Leben wäre zerstört, wenn ihm die Rückkehr nach Rom nicht gelänge. Und doch, als Bürger unterdrückt, beugt sich Ovid als Intellektueller nicht. Das Exil erniedrigt ihn als Menschen, nicht aber als Dichter. Seine Poesie geht bei dem Konflikt mit der Barbarei nicht zugrunde, sondern verändert sich und straft seinen eigenen fatalistischen Zweizeiler Lügen: »Schwinden bei solchem Leid/wird sein gesamtes Talent.« Ovid dichtet meisterhaft weiter, getrieben von der Sehnsucht nach seiner verlorenen Heimat, bis irgendwann (für ihn vielleicht nicht sichtbar, aber für den Leser) der Phantomschmerz sich neue Glieder schafft und aus dem Exil eine neue Heimat wird.

Der Topos hat sich bis zum heutigen Tag frisch gehalten. Er nährt sich von den althergebrachten Vorstellungen von heiliger Heimat und seliger Muttersprache. Der Flüchtling, der Migrant, der Vertriebene sitzt in einem Zug, stillgelegt auf einem Abstellgleis, gefesselt von der Erinnerung an die Heimat und getrieben von der Erwartung auf die Rückkehr. Doch wie sieht es aus, wenn wir die Medaille umdrehen, wenn wir die lichte Oberfläche dieser Schattenseite wahrnehmen. »Doch wenn wahres Exil der Zustand endgültigen Verlusts ist, wieso ist es so mühelos in ein starkes, vielfältiges Motiv der modernen Kultur verwandelt worden?«, fragt Edward Said. Wieso gedeiht Literatur im Exil, selbst wenn der Einzelne darin untergeht? Und geht er wirklich unter oder wird er transformiert? Handelt es sich also in Wirklichkeit um den Gegensatz zwischen Akzeptanz und Verweigerung solcher Metamorphosen? In der doppelten Buchführung der Migration verwandelt sich Verlust durch Befreiung in Gewinn, so wie man sich nicht nur erleichtert, sondern auch bereichert, wenn man Gepäck abwirft, weil man Platz schafft für Neues. Diese inhärente Widersprüchlichkeit ist schon in dem Wort selbst angelegt, bedeutet doch das lateinische *exilium* sowohl »in der Fremde weilend« wie auch »verbannt sein«. Einerseits ausgeworfen, andererseits entschädigt mit Fremdeweile. Diese Bedeutungszange weist voraus auf die geradezu normative Qualität, die dem Exil in der Literatur des 20. Jahrhunderts zukommt angesichts der konstitutiven Anzahl europäischer und außereuropäischer Autoren, die entwurzelt und fremdgesättigt waren.

Allerdings sollten wir das Phänomen »Exil« deswegen nicht gleich verherrlichen. Im sekundären Diskurs erfahren bestimmte Begriffe gelegentlich eine zweischneidige Popularität, sodass sie vor lauter Glanz und Glorie die schmerzhafte und widersprüchliche Realität, die sie zu beschreiben haben, nicht mehr heraufbeschwören können. In manchen Texten der gegenwärtigen Kulturwissenschaften scheint »Exil« aus seinem ursprünglichen Bedeutungszusammenhang exiliert zu sein. Je vager der Begriff, desto attraktiver scheint er zu sein. Exil als Überbegriff der postmodernen Existenz schlechthin, als Übervater modischer Termini wie *relocation, alienation, displacement, limination* und vieler anderer mehr. Aufbewahrt im diskursiven Formaldehyd der postmodernen, postkolonialen, postfeministischen Wissenschaft, ähnelt Exil gelegentlich einer aufgedunsenen Leiche. Völlig unangebracht ist die übersteigernde Verallgemeinerung, wir alle seien heutzutage Exilanten, die Heimatlosigkeit Grundzustand in einer sich rasant verändernden, globalisierten Welt. Wir wollen die Kirche im Dorf lassen, wo die sonntägliche Kollekte an die Flüchtlinge im nahe gelegenen Auffanglager geht. So gleich sind wir nicht, dass die einen nicht spenden und die anderen nicht empfangen müssten.

Wir wissen nicht, ob Ovid sich mit den Thrakern abgegeben, ob er Spuren in ihrem Land hinterlassen hat. Wir kennen aber unzählige Beispiele von den fruchtbaren Folgen des literarischen Pollenflugs, der einsetzt, wenn ein Autor ins Exil geht. Denn Geschichten und Erzählweisen wandern mit, sie finden Platz in den Satteltaschen der Migration. Etwa im Falle des Juden Petrus Alfonsi, 1066 in al-Andalus geboren, ein Mitglied der muslimisch-jüdischen Elite, der sich nach seiner Konvertierung zum Katholizismus offenbar von seiner Familie und Gemeinde entfremdete, seine spanische Heimat verließ und nach England zog. Dort muss er sich vorgekommen sein wie der Einäugige unter den Blinden. Durch die Erziehung, die er in seiner Heimat genossen hatte, war er der Gesellschaft im normannischen England, die man in wissenschaftlicher wie in literarischer Hinsicht als primitiv bezeichnen muss, weit voraus. Petrus wurde Leibarzt von Heinrich I. und der wichtigste Gelehrte am Hof. Schon bald erlangte er literarischen Ruhm. Seine Bücher wurden in England viel gelesen und im ganzen christlichen Europa übersetzt; sie waren quasi »Bestseller« der damaligen Zeit. Heute sind sie vergessen, abgesehen von der 1115 fertig gestellten »Disciplina Clericalis« (»Unterweisung für Kleriker«), einer Sammlung von 34 Geschichten, die er aus dem Arabischen ins Lateinische übersetzt hat.

Petrus' Erzählungen strotzen geradezu vor Lügengeschichten und Kuriositäten, gewagten Übertreibungen und verblüffenden Widersprüchen. Sie spielen in Palästen, Hütten und auf dem Feld, handeln von gewöhnlichen Sterblichen oder von Alchemisten und Zauberern aus fernen, unbekannten Welten. So aufregend vielfältig sie auch waren, es hatte ihnen an einer erzählerischen Klammer gefehlt. Die Lösung lag auf der Hand. Petrus Alfonsi war mit der Tradition der Rahmenhandlung aufgewachsen, bei der eine Geschichte in die andere eingebettet ist, ein Elfenbeinkästchen, das immer noch ein weiteres, kleineres und exquisiteres Kästchen freigibt. Entsprechend band Petrus Alfonsi seine Geschichten in ein Gespräch zwischen Vater und Sohn ein – ähnlich ordneten die ersten großen westeuropäischen Geschichtenerzähler ihr imaginäres Material: Giovanni Boccaccio sein »Decamerone« und Geoffrey Chaucer seine »Canterbury Tales«.

2. Exit in die Vielfalt

Des einen Fremde ist des anderen Heimat – das ist eine Binsenwahrheit. Ich bin in Thrakien geboren und in den ersten sechs Jahren meines Lebens war diese Gegend am Schwarzen Meer die einzig mir vertraute. Als Kind saß ich am Strand und blickte zu den Schiffen hinaus. »Wohin fahren sie?«, fragte ich meinen Vater. »Nach Sewastopol«, sagte er. Was für ein Name! »Nach Zarigrad«, sagte er (Istanbul, auf Bulgarisch »Stadt der Könige«). Was für ein Name! Eine Sehnsucht nach dem Unbekannten stieg in mir auf, meine Fantasie brach auf als blinder Passagier. Zwei Jahre später stand ich vor einem alten Globus, einer bemalten, nicht mehr gleichmäßig kreisenden Holzkugel. Ein abgegriffenes, schmutziges Teil. Auf den hellblauen Ozeanen sah man fettige Fingerabdrücke. Jemand hatte Irland die Hauptstadt ausgekratzt, und ein kleines Stück Kaugummi pappte neben Rio de Janeiro. Neben mir standen einige andere Internatszöglinge. »Augen zu«, rief einer von ihnen, und ich drückte die Lider fest zu. Mein Zeigefinger glitt auf der Kugel entlang und hielt irgendwo an, leicht auf die Erdoberfläche gestützt. Die Kugel wurde angeschoben, die Erde begann sich zu drehen, drehte sich einige Tage, einige Wochen, einige Jahre lang, Kontinente und Ozeane rieben sich an meinem Zeigefinger ab, allmählich verausgabte sich ihr Schwung, und der Globus trudelte aus. Der Finger stach wie die Lanze eines Eroberers in die Erde. Bei diesem Spiel war jeder Ort, jedes Land für uns verfügbar.

Zwischen der Strandszene und der Globusszene lagen eine Flucht, zwei Lager und drei Sprachwechsel. In diesen zwei Jahren hatte sich ständige Veränderung als die Konstante des Lebens etabliert. Der Aufbruch ins Exil war für mich eine Explosion in die Pluralität. Von da an hatte ich die vorübergehende Natur aller Dogmen und Gewissheiten verinnerlicht und konnte das Homogene, Monokulturelle, Einsprachige nur als Aberration betrachten.

Joseph Conrad ist es wohl ähnlich ergangen, dem ersten modernen Exilanten der Literatur, der übrigens – für Fans nebensächlicher Details – dort geboren wurde, wo Balzac geheiratet hat, nämlich im ukrainischen Berditschew. Conrad wurde schon früh der Vielfalt ausgesetzt. Als Kind vernachlässigte er seine Hausaufgaben und versenkte sich lieber in die Lektüre von Expeditionsberichten über die Arktis und Afrika; er zeichnete Karten von den Regionen, die er bereisen wollte. Eines Tages soll er seinen Finger auf eine weiße Stelle des Globus (irgendwo in Zentralafrika) gesetzt und ausgerufen haben: »Wenn ich einmal groß bin, gehe ich da hin.« Allerdings findet sich diese Anekdote schon in zwei Expeditionsberichten früher Afrikareisender, die Conrad als Jugendlicher verschlungen hatte. Er verreiste mit den Romanen von Sir Walter Scott, James F. Cooper und Charles Dickens, interessanterweise in polnischer und französischer Übersetzung, bevor er sich selbst auf den Weg machte: »An einem Septembertag des Jahres 1874 betrat ich den Zug (den Wien-Express), so wie ein Mann in einen Traum gelangt – und dieser Traum hält an bis zum heutigen Tag.« Wie sehr unterscheidet sich dieses Entschwinden aus der Heimat von der Verbannung Ovids – so sehr wie ein Traum von einem Albtraum. Heiner Müller hat vor Jahren das Leuchtzeichen EXIT in der Villa Aurora – dem ehemaligen Wohnhaus Lion Feuchtwangers, auch er ein Exilierter – in Pacific Palisades bei Los Angeles zu einem EXIL verwandelt – bei Conrad verlief es umgekehrt: Sein Exil war ein Exit in die Welt unbegrenzter Möglichkeiten.

Im Juni 1878 landet er als Matrose zum ersten Mal in England, in der Hafenstadt Lowestoft, dem östlichsten Punkt der Insel. Er kann nur einige Brocken jener Sprache, die er bald beherrschen sollte wie kaum ein anderer: Englisch. Die nächsten 16 Jahre arbeitet er als Angestellter der britischen Handelsmarine, lernt Englisch unterwegs, nicht als geographisch gebundene Sprache, sondern als Lingua franca eines Weltimperiums, bevor er sich 1889 in London niederlässt und seinen ersten Roman »Almayer's Folly« beginnt, doch bald schon die Arbeit unterbricht, um in den Kongo zu reisen.

Wer meint, das Reisen sei eine Flucht ins Exotische, eine amüsante Nebensächlichkeit, der wird von »Heart of Darkness« eines Besseren belehrt, diesem dichten, enigmatischen und verstörenden Text, der nur von jemandem geschrieben werden konnte, der in der »transzendentalen Heimatlosigkeit« aufgegangen war, die Georg Lukács als Grundzustand der modernen Literatur ausmacht. Wie anders lässt sich die unauslotbare Doppelspiegelung zwischen der dunklen Seele des britischen Imperiums und dem dunklen Zentrum Afrikas erklären. »*Before the Congo I was a mere animal*«, soll Joseph Conrad gesagt haben. In einem Land, in dem die Unmenschlichkeit wütet, wird der heimatlose Autor nach eigenem Dafürhalten zu einem höheren Wesen, vielleicht gerade weil er in der undurchdringlichen Fremde Einblick in das Herz der Menschen gewinnen kann. In Zentralafrika, in der ultimativen Ferne, wird Conrad endgültig zum *homo multiplex*.

Balzac – der Mann, der in Berditschew heiratete – strebte danach, die Gesellschaft wie ein Naturwissenschaftler abzubilden. Dieser Anspruch verbietet sich einem Entwurzelten. Die menschliche Komödie verwandelt sich in seinen Händen in eine zugespitzte individuelle Tragödie, deren prototypischer Schauplatz das Schiff ist, isoliert, auf bedrohlich hoher See fernab vom üblichen Fluss des Lebens, ein geschlossener Raum, der auch in einem Dorf mitten im Dschungel inszeniert werden kann. Die imaginären Heimaten des Entwurzelten sind einsame Vorposten, nicht der Zivilisation, wie Conrad oft missverstanden wird, sondern der Menschlichkeit. Gewiss hat der Entwurzelte einen besonderen Sinn für das Ausgefallene, Seltsame, Sonderbare, aber seine repräsentative Bedeutung in der Moderne erhält er durch die vermeintliche Ausgesetztheit des Einzelnen im 20. Jahrhundert, durch sein Warten in einem Vorhof der Hölle.

3. Das eigene Land schreibend am Leben erhalten

Stellen Sie sich einen jungen Mann aus Somalia vor, der im fernen Chandigarh in Nordindien Literatur und Philosophie studiert und unter Heimweh leidet. Seine Mutter ist eine orale Dichterin, seine Muttersprache kennt noch keine Schrift. Sein Vater arbeitet als Dolmetscher für die Kolonialherren. Seine Kommilitonen wissen nichts über Somalia, er sieht sich täglich mit einer ihm bis dato unbekannten Neugier konfrontiert: »Wer seid ihr? Wie lebt ihr?« Ernsthaft um die Beantwortung dieser Fragen bemüht, beginnt der junge Mann die Welt seiner Herkunft mit neuen Augen zu sehen, von innen und von außen zugleich; er kann sie nicht verherrlichen, weil er ihre Schwächen kennt, aber er will einen Kosmos heraufbeschwören, der ihm abgeht. Der junge Mann namens Nuruddin Farah setzt sich hin und schreibt einen Roman mit dem Titel »From A Crooked Rip«. Viele afrikanische Autoren haben in ähnlicher Lage zum Schreiben gefunden, ob Ngugi wa Thiong'o in England oder Camara Laye in Frankreich. Viele sind wie Nuruddin Farah nach dem Studium in das Land ihrer Herkunft zurückgekehrt, und viele mussten es ein zweites Mal verlassen, nunmehr nicht auf der Suche nach Ausbildung, sondern auf der Flucht vor den Schergen eines Diktators. Im Falle Farahs hatte dem durch einen Putsch an die Macht gelangten Siad Barre der letzte Roman des Autors missfallen. »Das veränderte mein Leben. Denn wäre ich wie vorgesehen nach Somalia zurückgekehrt, hätte ich nicht schreiben können, wie ich wollte. Also ermöglichte mir erst das Exil, mutiger zu sein.«

Wie eine Generation früher der Kubaner Lezama Lima, nimmt Nurrudin Farah imaginären Zugriff auf jede Tradition, auf jedes Vorbild, schöpft sowohl aus heimischer Konditionierung, als auch aus kosmopolitischer Kultiviertheit. Sein Schreiben wirkt zugleich primordial und postmodern. Er vertraut den heimischen Mythen, auch wenn er sie manchmal als Wolken stürmen lässt, die sich an unerwarteter Stelle abregnen. Die Grenzen zwischen Tradition und

Moderne, zwischen Lokalität und Globalität verwischen ständig. Farah ist – sowohl was den Stil, als auch den Inhalt seiner Werke betrifft – ein eigenwilliger Einzelkämpfer, der Somalia stets treu bleibt. Jeder seiner zehn Romane spielt in seinem Heimatland, sein einziges Reportagebuch, »Yesterday Tomorrow«, behandelt das Schicksal somalischer Flüchtlinge. Obwohl er seine Geschichten stets in Somalia verortet, hat er wie kaum ein anderer afrikanischer Autor jegliche Regionalität überwunden. Auch nach drei Jahrzehnten im Exil ist er thematisch nie ausgewandert. »Ich schreibe«, hat er einmal gesagt, »damit Somalia nicht stirbt.«

4. Enigma der Rückkehr

Obwohl das Exil immer wieder zur Heimat wird, pocht der Schmerz über die Vertreibung weiter. Nostalgie gehört zur widersprüchlichen Heimat der Literatur dazu, gespeist aus der unverrückbaren Wahrheit: Es kann keine Rückkehr geben, so wie eine Rückkehr in den Mutterleib unmöglich ist. Die Sehnsucht danach stirbt trotzdem nie völlig ab. Von der langfristigen Zähmung der Nostalgie hängt der Erfolg des Exilierten ab. Wem die Fremde nicht zur Heimat werden kann, ist dazu verdammt, immer wieder ins Nichts zurückzukehren, denn das Authentische wird täglich neu geschaffen, weiterentwickelt, daheim und auswärts, und der Rückkehrgewandte wirkt lächerlich, weil er eine Mode als Dernier Cri spazieren trägt, die zwischenzeitlich ins Museum gewandert ist. Das führt zu Verformungen auch des literarischen Charakters. Nur so kann man sich erklären, dass der große satirische Kritiker des kommunistischen Systems, Alexander Sinowjew, jahrzehntelang Emigrant in München, gegen Ende seines Lebens Stalinist wurde, ein Anhänger also jenes Systems, das sein Leben zerstört hatte, oder dass ein Alexander Solschenizyn so reaktionär wurde, als wolle er die gesamte russische Kultur seit Puschkin rückgängig machen.

Mit einigem Recht setzt ein anderer berühmter Exilant, der Tscheche Milan Kundera, Nostalgie mit Ignoranz gleich, in der Überzeugung, dass Nostalgie die Erinnerung beschädigt. Wer sich ins Vergangene zurücksehnt, der findet nur verwischte Spuren. Über Odysseus schreibt Kundera: »Während der zwanzig Jahre seiner Abwesenheit bewahrten die Menschen Ithakas viele Erinnerungen an ihn, aber niemals fühlten sie Nostalgie nach ihm.« »Wie zutreffend«, kommentiert der chinesisch-amerikanische Autor Ha Jin, denn »Nostalgie ist niemals eine kollektive Empfindung«.

Wenn Exil Sterben in Raten ist, dann ist Nostalgie der Tod selbst. Keiner hat das evokativer dargestellt als Andrei Tarkowski in seinem Film »Nostalghia«. Der Nostalgiker watet darin durch die Kanalisation seiner Sehnsüchte, seine Beine behindert von Schlick und Schleim, die Lungen bekommen kaum Luft, und der Kopf ist umwölkt von Hoffnungslosigkeit. Der Film ist so wenig zu ertragen wie der Zustand selbst.

Wie verwinkelt und verkrümmt das Labyrinth mehrfacher Vertreibungen und Nostalgien sein kann, offenbart das Werk V.S. Naipauls. Auf seiner Geburtsinsel Trinidad wird den brahmanischen Jungen unter den indischen Einwanderern bei ihrer Initiation aufgetragen, sich nach Varanasi zu begeben, jener Quelle des Wissens und der Erkenntnis am Ufer des Ganges. Bei diesem Ritual sollen die Jungen einige symbolische Schritte gehen, dann umdrehen und zurückkommen. Doch Naipauls Figur Ganesh Ramsumair schreitet aus, er geht und geht und geht, es wird klar, dass er nicht umdrehen wird und daher mit Zwang von seinem absurden Vorhaben abgehalten werden muss. »*Stop behaving stupid*«, rufen ihm die anderen zu, »*you think you really going to Benares? That is in India, you know, and this is Trinidad.*«

Die Inder in Trinidad sind eine Gemeinschaft im Exil. Die hehren und heiligen Referenzpunkte liegen alle in Indien. Doch diese Bindung ist reine Illusion. Und anstatt Illusion als Bestandteil menschlicher Existenz zu betrachten, wie es der brahmanischen Tradition entspräche, lässt Naipaul sie auf die bohrende Beharrlichkeit der Fakten prallen und den Kürzeren ziehen. Er gibt die Mythen der Herkunft der Lächerlichkeit preis. Naipauls Figuren leben in Welten, in denen der rituelle, althergebrachte Weg ins Nichts führt, denn die Protagonisten tragen Gesetze aus einem Land in sich, schwitzen aber in einem anderen Land, sie sind innerlich zerrissen und äußerlich recht arm dran. Das Hybride, das sich in ihnen regt, ist Naipaul in hohem Maße suspekt. Getrieben von einer typisch brahmanischen Angst vor der Unreinheit, schreibt er sich ein Leben lang aus seinem eingeborenen Exil heraus, indem er der Peripherie jegliche Würde und jeglichen Sinn verweigert.

Wie kaum ein anderer Autor hat sich Naipaul eine Reputation als Vertriebener geschaffen, als einer, der auf keiner Seite steht, als Mann ohne Land und Gemeinschaft, als Verkörperung des individuellen Prinzips schlechthin. Naipaul ist nicht im Laufe der Zeit entwurzelt worden, er wurde entwurzelt geboren, als Abkömmling einer Kultur, die sich selbst vor kurzem, in der Generation der Väter und Großväter, entnabelt hat. Trotzdem wagt er als fast 40-Jähriger die Rückkehr zur kulturellen Urmutter – Indien. Sein Reisebericht »*An Area of Darkness*« verzeichnet wie kein anderes Buch der Weltliteratur das Zerschellen aller nostalgischen Sehnsüchte und Illusionen. Indien ist eine einzige Enttäuschung, so sehr, dass Naipaul in das literarische Äquivalent eines hysterischen Schreianfalls verfällt. Der nostalgische Mythos von Heimat ist nichts weiter als ein Areal der Finsternis. Naipaul schreibt fast ausschließlich über Bewohner des Dazwischens, Menschen in einem Zustand des Weder-hier-noch-dort, gefangen in einer Wüste zwischen zwei ursprünglichen, eigenständigen, mehr oder weniger zivilisierten Polen. Diese Menschen sind zum Scheitern verurteilt. Das erklärt, wieso Naipaul zunehmend zynischer, bitterer und aggressiver geworden ist, wieso seine Urteile immer gnadenloser ausfallen. Naipaul muss vieles in der heutigen Welt abkanzeln, weil er das Hybride als Ausdruck von

Minderwertigkeit und Niedergang erachtet. Diese rigorose Haltung ist das literarische Gegenteil von Farahs Projekt, dessen somalische Herkunft keineswegs weniger tangential ist, der aber darauf besteht, dass er aus dem Exil heraus sein Herkunftsland literarisch würdevoll verheimaten kann. Es ist ein einfacher Gegensatz: Der eine vertraut dem Peripheren, das sich durch Zusammenflüsse ständig formt, der andere verneint es. Aber natürlich strebt auch Naipaul nach einer Wahlheimat, und er hat sie zwischen den akkurat geschnittenen Hecken im englischen Wiltshire gefunden – so hat schließlich ein Nachfahre von Caliban und Crusoe eine unmögliche Rückkehr zur imperialen Grandeur bewerkstelligt.

5. Das Asyl im Exil

Seit jeher werden lokale Prägungen zur universellen Wahrheit hochgedichtet. Aus Region wird im Wortumdrehen Religion, Dogma und ewiges Gesetz. Die Literatur der Migranten durchbricht solche Anmaßungen. Das Provinzielle wird in einen unvorteilhaften Maßstab gesetzt, es wird in seiner Zwergenhaftigkeit sichtbar. Zudem tönt der Migrant: »Keiner kann für mich sprechen, ich habe eine eigene Stimme, und die spricht nicht nur, sie widerspricht.« »Ich bin«, tönt Alexander Sinowjew, »mein eigener Staat« (der Titel eines seiner Bücher); »Ich bin«, singt Derek Walcott, »entweder ein Niemand oder eine Nation« (aus: »The Schooner Flight«). Weil der entwurzelte Autor einem eingeborenen Koordinatensystem entwachsen ist, hat er seinen einstigen Käfig von außen gesehen und kann nun nicht anders, als den politischen und kulturellen Kontext zu relativieren, sich selbst und seine Sätze in Frage zu stellen, während er sie immer wieder aufs Neue konstruiert. Der Exilant ist sich jederzeit bewusst, dass das Haus, das er gerade erbaut, auch anders aussehen könnte. Die Frage, wie es dem Dichter im Exil ergeht, lässt sich nur beantworten anhand seiner Suche nach einem Asyl. Im Asyl findet er wie jeder Flüchtling Aufnahme, allerdings ist dieses Asyl beim Dichter das eigene Werk. Darin liegt die kreative Macht des entwurzelten Autors begründet. Er konstruiert sich sein eigenes Asyl, er gestaltet seine eigene Riten. Das ist in der Welt von heute ein Vorzug.

Symbolische Grenzen

Khaled Fouad Allam

»Starke Winde strichen über die vielen Gesichter der Welt
Winde, die jubelnd über die Welt fuhren,
ohne Heim noch Haus,
Winde ohne Halt noch Maß,
Winde, die uns Menschen aus Stroh
auf ihrer Fährte ließen im Jahr des Strohs...
Ach ja, sehr starke Winde
auf den vielen Gesichtern von allem Lebendigen!«
Saint-John Perse (1887-1975): *Winde*

»Nun ist mein Herz offen für alles, was es gibt: Es ist eine Wiese für Gazellen
und ein Kloster für Mönche; ein Tempel für Götterbilder
und eine Kaaba für den Pilger, ein Schrein für die Thora und
Blätter für den Koran. Ich bekenne meinen Glauben an die Liebe; wo auch
immer sie ist, meine Liebe ist meine Religion und mein Glaube.«
Ibn Arabi, islamischer Philosoph und Mystiker (1165-1240)

Wenn man eine historische Analyse des Verhältnisses zwischen physischer Geographie und Bevölkerung vornimmt, kann man feststellen – wie vor kurzem der polnische Historiker und Abgeordnete zum Europaparlament Boris Geremek bemerkte –, dass die Geographie, die verschiedenen Arten von Bevölkerung und die Gebiete sich nach und nach in dem Maß verändern, wie das, was die Völker und die Kulturen daran hinderte miteinander zu kommunizieren, verschwindet. Wenn man sich ansieht, wie die Haltung gegenüber Ländern im Bereich des westlichen Mittelmeeres, Spanien, Portugal oder sogar Deutschland in den 1950er Jahren war und wie sich diese gegenüber den 1980er Jahren veränderte, dann zeigt uns dies, in welch hohem Maße die Entfernung und der Unterschied zwischen diesen Völkern und Kulturen zu dem beiträgt, was ich den imaginären Aufbau von kulturellen Grenzen nenne. Heute liegen die Dinge anders. Die Menschen reisen, die Kommunikationstechnologien überschreiten die Grenzen und scheinen die Vorstellung vom Verhältnis zwischen den Völkern und Kulturen zu erweitern. Die Geographie der Grenzen erscheint aus diesem Blickwinkel als ein vorübergehender Augenblick wie viele andere in der Geschichte. Doch das Umfeld verändert sich, die Bedingungen der historischen Praxis definieren sich nach neuen Gegebenheiten aufgrund der Veränderung der politischen, sozialen und kulturellen Räume. Wenn man sich zum Beispiel den Übergang von einem Reich zur Nation ansieht – wie im Fall der österreichisch-ungarischen Monarchie oder des ottomanischen Reiches, aber auch bei den ehemaligen britischen oder französischen Kolonialreichen –, dann muss man feststellen, wie fragil die Verbindung zwischen Geographie und Volk ist. Oft erscheinen Völker nur als eine einfache Variable des geographischen und öffentlichen Raumes. Diese Verbindung kann sich dialektisch gestalten und zu einer Spannung zwischen Mehrheit und Minderheit führen. Hier begegnet uns das berühmte Thema der Rechte der kulturellen Minderheiten, das wenige politische Systeme erfolgreich regeln konnten. Im Fall der Reiche können wir feststellen, dass zu dem Zeitpunkt, als die Minderheiten eine Nation werden wollten, ein Bruch in der Geschichte stattfand. Dieser führte zum Zerfall der Reiche und in der Folge zur Bildung von Nationalstaaten. Doch die gleiche Tragödie kann sich auch im Fall der Nationalstaaten ereignen, wenn Minderheiten, die historisch auf diesem Gebiet lebten, sich nun in einem Spannungsverhältnis zu den anderen Gruppen befinden. Die Welt ist voll von solchen Brüchen, von Orten, wo sich Gewalt ereignet und es zu einem Zerspringen der physischen Geographie in tausend Splitter kommt. Im ehemaligen Jugoslawien, im Afrika der großen Seen und in anderen Gegenden der Welt trat in den letzten Jahren ein neues Phänomen auf, aufgrund dessen die Radikalisierung der verschiedenen Identitäten immer mehr zu einer gemeinschaftlichen Sichtweise des Verhältnisses zwischen Kultur und Politik führt. Unter Politik verstehe ich hier nicht die ideologische Funktion, die jedem Regierungsakt zugrunde liegt, sondern einfach im etymologischen Sinn des Wortes das, was der französische Semiologe und Linguist Roland Barthes in seiner Vorlesung am Collège de France, die er von 1975 bis 1977 hielt, mit folgender Frage formulierte: »Wie kann man zusammenleben?«

Das Eindringen der kulturellen Fragen in den Bereich des Politischen, das wir in den letzten Jahrzehnten beobachten können, reduziert tendenziell die Möglichkeit, das Verhältnis zwischen sozialem Zusammenhalt, Vielfalt und Demokratie aufrecht zu erhalten. Das ist heute eine äußerst wichtige Frage, weil sie unsere modernen Demokratien in Mitleidenschaft zieht, die Rolle der weltweiten Diasporabewegungen und die politische Konstruktion der Heterogenität der Kulturen eventuell zusätzlich problematisch gestaltet. Wie ist es möglich, eine politische Ausdrucksweise zu finden, die diese Heterogenität der Kulturen im heutigen Europa wiedergibt, und die, weil wir die Zeit der Kolonien hinter uns gelassen haben, nicht mehr theoretisch oder exotisch, sondern sehr greifbar, geradezu physisch spürbar ist, wenn wir durch Wien, Rom, Paris, Frankfurt oder London gehen?

Mir scheint es sehr wahrscheinlich, dass eine Art Trennung in unserem Verhältnis zum Universellen auftauchen könnte – und zwar sowohl im Hinblick auf die Fragen, die der Islam innerhalb der muslimischen Länder aufwirft als auch im Hinblick auf die Diaspora. Probleme wie der Schleier, der Bau von Moscheen oder andere Forderungen, die ein Zeichen für diese Spannung zwischen den Kulturen sind, könnten unter Umständen zu einer der schlimmsten Krisen in der ganzen Geschichte führen. Vielleicht müsste man die wirklich schönen Seiten von Franz Rosenzweig und Jan Patočka noch einmal lesen um zu verstehen, was der europäische Geist sein könnte und was er nicht sein darf. Natürlich ist es immer die Erfahrung des Krieges, die die großen Fragen der Geschichte transzendiert, das Warum der mangelnden Kommunikation zwischen den Völkern und Kulturen. Aber Europa kann eine Antwort sein, denn das Besondere an Europa ist seine Einheit. Eine Einheit, die per definitionem jegliche Eigenheit, jede Beziehung zu einer definitiven geographischen Verankerung übertrifft. Die Idee von Europa kann nur insofern existieren, als deren Bestimmung über die eigenen Grenzen Europas hinausgeht. Dieses beinhaltet eine universelle Bedeutung, das heißt eine Nichtkoinzidenz mit der Geschichte im Sinne einer Aufeinanderfolge von Ereignissen und der Geographie als eines definierten und messbaren Raumes. Gerade weil Europa der Ort zahlreicher Diasporabewegungen der Welt, verschiedener Völker und Kulturen ist, beinhaltet die Idee von Europa etwas anderes als dessen Raum und dessen Vergangenheit. Denn Europa ist jener Ort, wo sich Vergangenheit, Gegenwart und Zukunft kreuzen. Das mag sehr kompliziert klingen, doch das Verhältnis zwischen Diasporabewegungen und Europa ist ein kontinuierliches, permanentes und ein Verhältnis der Enteignung, allerdings einer Enteignung, die später wiederum zu einer Aneignung wird, weil sie Einzigartigkeit in Einheit umwandelt. Das ist das Besondere an Europa. Wien war ein Ort, eine Hauptstadt dieser Spannung zwischen lokaler und universeller Kultur. Aber eben weil es einer bestimmten Epoche nicht gelang, den Eklektizismus der Kunst und Literatur im Wien zu Beginn des 20. Jahrhunderts zu einer Einheit werden zu lassen, brach diese Welt zusammen und der Krieg begann zu sprechen – anstelle der Dichter und Musiker.

Ich weiß nicht, ob wir am Vorabend einer großen Katastrophe stehen, aber wir sollten uns an das erinnern, was Patočka über diese europäische Kultur sagte: »Die europäische Kultur ist eine universelle Kultur. Aus diesem Grund können dort nur Themen im Mittelpunkt des Interesses stehen, die eine universelle Bedeutung haben, mit dem inhärenten Anspruch, auf alle Menschen und alle Gemeinschaften anwendbar zu sein, und zwar nicht durch das Diktat der Gewalt, sondern aufgrund einer inneren Gesetzmäßigkeit, die endlich von der Menschheit entdeckt wurde.«[1]

Immer schon war es so, dass die Diasporabewegungen, die sich in Europa bildeten oder sich gerade bilden, die Ausformung dieses Verhältnisses zwischen kulturellen Eigenheiten und dem Hinauswachsen über diese Eigenheiten darstellten. Totalitäre Erscheinungen wie der politische Islam heute, der Rückzug auf eine bestimmte Identität wie in manchen politischen Bewegungen oder Parteien sind in Wirklichkeit eine Verlagerung eines offenen Konflikts zwischen den Kulturen. Auf diese Weise kommt es leicht zu einer politischen Instrumentalisierung und das perverse Spiel des Ausschließens ist die Antwort darauf. Absurderweise erfolgt diese Instrumentalisierung, dieser Einsatz von Kulturen zu ideologischen Zwecken immer zur angeblichen Abwehr einer drohenden Gefahr. Aus diesem Grund wird in diesem Umfeld immer ein Vokabular des Schreckens und der Gefahr eingesetzt, das in einem Diskurs über das Verschwinden der Identität gipfelt. Oft findet man in manchen Strömungen auf einer sehr subtilen Ebene die Vorstellung von einer Gefahr, der die europäische Idee angeblich ausgesetzt sein soll. Diese Vorstellung zeichnet ein Bild, in dem die europäischen Kulturen angesichts einer hypothetischen Gefährdung ihrer jeweiligen Identität unter Umständen aufhören würden, an ihre humanistischen Ideale zu glauben und zwar eben deshalb, weil eine grundlegende Eigenschaft des Humanismus darin besteht, sich nicht politisch instrumentalisieren oder zu ideologischen Zwecken einsetzen zu lassen. Kultur kann zwar zu einem Kultursurrogat werden, wenn sie ideologisch »verwertet« wird, doch Humanismus kann nicht zu ideologischen Zwecken eingesetzt werden. Somit hat Europa unter Umständen die Wahl, entweder weiterhin Vertrauen in seinen universellen, dem Rest der Welt gegenüber offenen Charakter zu haben, oder das, wovon es glaubt, dass es seine Identität sei, in eine uneinnehmbare und unzugängliche Festung zu verwandeln, indem es sich auf ein Territorium, ein Volk usw. zurückzieht. Man muss jedoch feststellen, dass eine Kultur, die die Wahl getroffen hat, eine Festung zu werden oder zu sein, bereits auf ihre Existenz und ihre Lebendigkeit verzichtet hat. Das ist ja genau das, was sich derzeit im Islam und in der islamischen Welt abspielt. Vom hintersten Afghanistan bis zu den maghrebinischen Ländern, von Ägypten bis zum Libanon muss die Wahl getroffen werden, ob man dem Leben seine Lebendigkeit gibt oder es absterben lässt, denn manche islamische Bewegungen in Europa sind der Ansicht, dass Kulturen keine Brücken, sondern echte Mauern sind.

Übergänge sind in der Geschichte oft von Umbrüchen begleitet – sei es auf persönlicher, sei es auf gesellschaftlicher Ebene –, aber sie prägen eine Zeit wie ein Maler, der ein Bild signiert, denn gerade die Intensität des Umbruches ist

---

1 | Patočka, Jan: »Die tschechische Kultur in Europa«, in: *Die Idee von Europa in Böhmen*, Grenoble 1991, S. 136 i. O.

so stark, dass der oder die historischen Augenblicke keinerlei Anonymität zulassen. Aus dieser Sichtweise heraus gibt es eine Geschichte in der Geschichte, eine Geschichte im Inneren der Geschichte, die eine Zeit prägt, um die Fallen der Geschichte zu vereiteln, wie Hegel sagte. So prägten zum Beispiel der Fall der Berliner Mauer 1989 und das Attentat auf die Twin Towers in New York am 11. September 2001 für immer unseren Eintritt in das 21. Jahrhundert. Diese beiden Ereignisse leiteten die neue Zeit einer sehr widersprüchlichen Geschichte ein: Auf der einen Seite schien der Fall der Berliner Mauer 1989 einen Frühling für die Völker einzuläuten, die sich so von der Last der Geschichte befreiten, denn in Berlin brach eben die Mauer der Geschichte ein. Auf der anderen Seite wird der 11. September für immer als ein Zeichen der Gewalt in der Geschichte stehen, für Gewalt im Verhältnis zwischen dem Okzident und einer gewissen Ausprägung des Islam. Gibt es eine Gemeinsamkeit zwischen den beiden Geschehnissen? Beide sind natürlich historische Ereignisse, doch da gibt es noch etwas anderes, das schwieriger zu fassen ist: Ich würde es fast das in Schwebe befindliche Schicksal der Welt nennen, womit ich die Tatsache meine, dass man zwar ein Ereignis kennt, nicht jedoch dessen Tragweite. Es ist, als ob es sich um eine Geschichte handelte, die erst nach und nach zutage tritt, in Schüben, die nicht unbedingt positiven Fortschritten entsprechen müssen, sondern auch Rückschritte oder eine Stagnation bedeuten können, wenn man nicht weiß, wie man mit der Frage umgehen soll. Daher ist ein Terminus heutzutage so weit verbreitet, der gleichermaßen beliebt bei Journalisten, Politologen und Politikern ist – nämlich der englische Terminus *governance*. Anders gesagt: Wie soll man regieren, was nicht regierbar ist, und für das wir keinerlei Regeln noch Konzepte haben? Wir sind dergestalt die meiste Zeit mit einem Vakuum konfrontiert, mit einem Mangel an Methode. Es ist, als sei die Historie der Menschen unfähig, ihre eigene Geschichte hervorzubringen und selbstreflexiv zu sein. Folglich ist heute auch eine ideologische Verwendung des Terminus »Integration« festzustellen. Man findet ihn im europäischen Vokabular: die Integration neuer Länder, oder auf persönlicher Ebene, bei juristischen Fragen im Zusammenhang mit der Zuerkennung einer Staatsbürgerschaft, aber auch auf kultureller Ebene, wenn es um Bevölkerungsgruppen geht, die eine Zielscheibe darstellen, wie zum Beispiel im Fall der Roma und Sinti oder der islamischen Bevölkerung in Europa. Man sieht genau, wie Politiker diese Frage im Rahmen der Gesetzgebung nicht vom humanistischen Standpunkt, sondern vom Standpunkt der Kulturen aus betrachten. Damit meine ich, dass die Kultur auf zwei Ebenen zu einem Problem wird: Besonders hier tauchen Zweifel in Bezug auf die kulturelle Identität und die Fähigkeit auf, sich als demokratisch zu definieren, und natürlich ist der Islam ein exzellentes Beispiel für all das. In diesem Fall kann man sehr wohl eine diskriminierende politische Behandlung jener »anderen« Kulturen feststellen. Im Rahmen meiner Tätigkeit als italienischer Abgeordneter arbeitete ich in der »Kommission für Verfassungsfragen im Verhältnis zum Innenministerium« in der Abgeordnetenkammer. Diese Kommission ist ein privilegierter Ort insofern, als dort juristische Bestimmungen ausgearbeitet werden, die Themen wie den Zugang zur Staatsbürgerschaft, Immigration, Integration usw. betreffen. Und ich habe sehr genau festgestellt, wie eine in der Defensive befindliche Identität oft das verhindert, was man Integrationsmaßnahmen nennt, und zwar weil die Kulturen stigmatisiert sind oder weil man eben dadurch die Öffnung dieser Kulturen in Richtung Demokratie verhindert. Der Islam wird somit ausschließlich im Hinblick auf seine politische Akzeptanz und nicht im Sinne der Akzeptanz einer Kultur gesehen, denn sobald man das Wort »Islam« ausspricht, denkt man viel eher an Fundamentalismus und seine Konsequenzen als an die Dichter oder Musiker dieses Kulturkreises. Diese Einschränkung ist sehr gefährlich und stigmatisiert unter Umständen diese Diasporabewegung zum Sündenbock, der auch noch abgeschottet wird. Diese Abschottung kann sich doppelt nachteilig auswirken – erstens durch den Ausschluss und dessen Folgen, zweitens weil das Wasser auf die Mühlen derer ist, die meinen, dass man im Islam nur dann überleben kann, wenn man auf sich selbst zurückgezogen ist – und das ist das Hauptmerkmal des islamischen Fundamentalismus. Durch diese Art der politischen Behandlung wird zum Beispiel der Zugang zur Staatsbürgerschaft sehr erschwert, weil man diesen Menschen gegenüber Zweifel und Angst hat. Heute kann man sehr gut feststellen, dass Sicherheitsfragen auch gleichzeitig Fragen der politischen Macht sind. Das Sicherheitsbedürfnis in der öffentlichen europäischen Meinung und die Verwendung des Begriffes Sicherheit dienen als Verstärkung des Paradigmas der Integration: Integration erfolgt aus dem Blickwinkel der Sicherheit.

Diese gesamte Realität, die derzeit in ständiger Veränderung begriffen ist, steht in direktem Zusammenhang mit den zwei erwähnten historischen Ereignissen. Die Schlussfolgerung, die man daraus ziehen kann, ist folgende: Bei aller Globalisierung entstehen weltweit neue symbolische Grenzen. Diese symbolischen Grenzen sind nicht mehr rein territorial, denn heute überschreitet man Grenzen doppelt – einerseits durch den europäischen Integrationsprozess, andererseits durch die neuen Kommunikationsmittel. Aber wenn diese symbolischen Grenzen keine territorialen Grenzen sind, zu welcher Kategorie gehören sie dann? Zur Kultur, zu den Sprachen und den verschiedenen Identitäten. Das alles schwingt unausgesprochen mit, wenn man im politischen Sprachgebrauch oder in der Analyse eines Konfliktes den Terminus »Volk« verwendet. Die Problematik der Volkszugehörigkeit, die bis dato zu den Problemstellungen der Sozialwissenschaften gehörte, verschob sich seit dem Fall der Berliner Mauer in den politischen Bereich. Dieser Terminus der Volkszugehörigkeit verweist in Wirklichkeit auf einen fehlenden Mechanismus, der es den Kulturen ermöglichen würde, zu dem zurück zu kommen, was ihre Bestimmung ist – nämlich Universalität. Die große Frage der Integration kann politisch nur dann gelöst werden, wenn die Menschen bereit sind, über ihren Zaun zu schauen und die

Grenzen abzubauen, die sie daran hindern, in den anderen Menschen ihr eigenes Spiegelbild zu sehen. Für mich ist dies das Bild Europas – diese Erfahrung der Grenzen; Grenzen, weil es Kriege und Konflikte gab. Und für mich zählt auch der Kolonialismus zu ihnen. Vielleicht ist Europa jene undefinierbare Grenze der Hoffnung, die schwindet und wiederkehrt, weil Menschen ohne Hoffnung nicht leben können.

Kapitel V

Was heißt »Wir« sagen?

Judentum

»Wir« sagen

Zur Frage der Zugehörigkeit und Gemeinschaft

Vivian Liska

Zum Geleit

Was heißt »Wir« sagen? Was ist das Problem von Zugehörigkeit und von Gemeinschaft?

Wer »Wir« sagt, verspricht vieles. Das Gefühl, geborgen zu sein, geschützt, gestützt, umringt von anderen, die ihm gleichen und in deren Namen er spricht. Er steht für sie ein und verleiht ihnen eine Stimme. Mit vereinter Kraft und einheitlichen Interessen schafft »Wir« sagen Einmut und Eintracht und mit diesen die doch so irritierende, verwirrende Vielfalt aus der Welt.

Doch wer »Wir« sagt, verspricht sich, er schaltet Unterschiedliches gleich, gibt vor, eine Einheit zum Sprechen zu bringen und verschweigt dabei seine Sonderstellung als Wortführer der Gruppe, die er im Wir benennt. Wer »Wir« sagt, erklärt sich für verbunden und seine Aussage für verbindlich, er spricht aus dem Kreis eines Kollektivs heraus, dem er angehört, für das er stellvertretend einsteht, und mit dem er sich zusammenschließt, doch verdeckt er dabei den Unterschied, der ihn in seiner Autorität als Sprechenden von den im Wir Mitgemeinten trennt, macht diese ihm selbst und untereinander gleich. Dabei verschweigt er nicht nur sein Ich und ein Du anerkannter Andersheit, sondern schafft eine Grenze zum Ihr oder Sie jener, die nicht dazugehören. Wer »Wir« sagt, schafft Gemeinschaft und ermächtigt sie und dabei sich selbst. Wer »Wir« sagt, schaltet gleich und schließt aus. Wer »Wir« sagt, verspricht Sicherheit und ist gefährlich.

***

In einem Aufsatz in »Die Zeit« malt Margret Atwood eine Distopie, also das Gegenteil einer Utopie, ein schwarzes Bild der Zukunft: »In Zukunft wird es kein Wir mehr geben. Das Wir verschwindet aus dem Sprachgebrauch. Es wird durch Ich ersetzt, denn jetzt befindet sich jeder gegen jeden im Krieg.« Auch der Germanist Werner Hamacher spricht von einer »Wir-freien Zeit, einer Zeit ohne Wir«, in der es nur noch Singularitäten geben wird. Bei ihm ist dies allerdings eine messianische Utopie. Um diese Doppelheit geht es mir. Was ist eine Wir-freie Zeit: Albtraum oder Utopie?

Das Rätsel dieses Paradoxes möchte ich zu erläutern versuchen, allerdings nicht konzeptuell, sondern anhand der Literatur.

Das 20. Jahrhundert hat die Kehrseite ebenso des Individualismus wie des Kollektivismus hervorgebracht: einerseits die Isolation des Einzelnen in der modernen Welt, andererseits den Totalitarismus des Kollektivdenkens. Daher die Suche nach alternativen Vorstellungen eines Wir, nach alternativen Theorien, ein solches Wir zu denken. Und es gibt da eine ganze Reihe von Denkern, vorwiegend im französischen Sprachraum, mit Titeln wie »La Communauté Inavouable«, die uneingestehbare Gemeinschaft, »La Communauté Desœuvrée«, die entwerkte Gemeinschaft, »La Communauté à venir«, die kommende Gemeinschaft.

Diese Theorien unterscheiden sich in einiger Hinsicht von dem, was ich hier machen möchte. Und ich möchte auch zeigen warum.

Vieles, das am Anfang des 20. Jahrhunderts gedacht wurde, ist für uns heute noch von Bedeutung, weil sich die Probleme von heute damals in einer ganz bestimmten Art formiert haben. Diesen Anfang des 20. Jahrhunderts verstehe ich als den Moment, an dem die Hoffnungen der Aufklärung, die sich im langen 19. Jahrhundert entwickelt haben, in Zweifel gezogen worden sind. Welche Hoffnungen? Die Hoffnungen, dass das Individuum sich aus seiner, wie es bei Immanuel Kant heißt, »selbstverschuldeten Unmündigkeit« befreien wird und dass das die Lösung aller Probleme ist. Im Laufe dieses 19. Jahrhunderts hat sich allerdings im Bürgertum dieser Individualismus zu einer Lebensform entwickelt, an der zunächst einmal nicht alle teilhatten, sondern hauptsächlich jene, die man damals die Hausväter nannte. Denn weder die Jugend noch die Kinder oder auch die Frauen hatten daran teil. Daher fand auch im frühen 20. Jahrhundert eine Revolte der Jugend, der Söhne gegen die Väter, und eine Revolte der Frauen statt. Eine gewisse Lebensform, die sich aus der Aufklärung entwickelte, wurde also in Frage gestellt – auch durch die Verstädterung, die sehr viele in eine Isolation zurückgeworfen hat. Der Individualismus war also einerseits eine Loslösung, eine Befreiung aus geschlossenen Gemeinschaften, die eine einengende Lebensform voraussetzten, andererseits aber eben auch eine Vereinsamung, die Sehnsüchte nach solchen gemeinschaftlichen Gebilden weckte und schon zu Beginn des Jahrhunderts sehr oft in eine Rekonstruktion von künstlichen Gemeinschaften mündete. Und diese Entwicklung sollte dann in der Mitte des 20. Jahrhunderts zu ihrem Kulminationspunkt kommen.

Auf der konzeptuellen Ebene war dafür ein Buch von Ferdinand Tönnies entscheidend: »Gesellschaft und Gemeinschaft«. Tönnies unterscheidet darin zwischen Gemeinschaft, die organisch gedacht wird, also ein Zusammenleben, das auf symbolischen oder realen Familienbanden basiert und das sich durch gemeinsame Sprache, Rituale und Traditionen erhält, und Gesellschaft, die nicht organisch, sondern mechanisch funktioniert und von anonymen Gesetzen geregelt wird. Gesellschaft ist dasjenige, das sich aus der Aufklärung entwickelt hat. Beide Formen, Gesellschaft und Gemeinschaft, erwiesen sich am Anfang dieses 20. Jahrhunderts als problematisch.

Innerhalb der Entwicklung dieser zwei Lebensformen spielten die deutsch-jüdischen Denker und Autoren, wahrscheinlich die deutsch-jüdische Lebenswelt überhaupt, eine Rolle insofern, als sie eine besondere Sensibilität ebenso für die Anziehungskraft von Gemeinschaften als auch für deren Gefahren entwickelten. Einerseits hatte diese deutsch-jüdische Welt das Stetl, das sie als eine geschlossene, einengende Gemeinschaft betrachtete, hinter sich gelassen, andererseits blieben sie aber Außenseiter der Mainstream-Gesellschaft. Und in diesem Zwischenraum konnten sie gleichzeitig Gefahren und Anziehung von beidem erkennen und später auch am eigenen Leib erfahren.

Im 20. Jahrhundert wurden die Juden zum Opfer des mörderischsten, stärksten und mächtigsten Wir. Der Nationalsozialismus wollte die Dorfgemeinschaft auf ein ganzes Reich ausdehnen. Das Dritte Reich sollte eine Gemeinschaft sein, die auf Blutsbanden basiert und die Vorstellungen von Gesellschaft, also von unabhängigen Individuen, deren Zusammenleben von demokratischen, anonymen Gesetzen geregelt wird, unterwandern. Dadurch wurden sich vor allem die deutschen Juden und die deutsch-jüdischen Autoren, von denen ich hier spreche, gleichzeitig der Gefahren, die aus Gemeinschaftlichkeit hervorgehen, bewusst, aber ebenso der Verletzbarkeit des einzelnen Individuums in der Gesellschaft. In diesem Zwischenraum, in diesem Paradox, entwickelte sich ihre Sensibilität für die Problematik von geschlossenen Gemeinschaften.

Ein Autor entwickelte diese Sensibilität ganz besonders: Franz Kafka. Er gehörte, wie er in einem berühmten Satz meinte, nicht ganz in seine Familie, nicht ganz in seinen Freundeskreis und nicht ganz in seine Prager Umgebung. Aus dieser Position heraus hat sich Kafka mit der Problematik von Gemeinschaftlichkeit auseinandergesetzt.

Literatur hat keine begrifflichen Antworten parat für die Paradoxa, die sich aus der Gemeinschaft ergeben, einerseits Schutz und Sicherheit, andererseits Ausgrenzung und Gleichschaltung. Literatur kann die Problematik erfahrbar machen und sie kann – das ist mein Hauptanliegen – unsere Wahrnehmung der Funktionsweise von Gemeinschaften verändern. Sie wirkt also in einer Art, die nicht nur als Konzept oder als Begriff bei uns hängen bleibt, sondern sich in unser Erleben integriert. Dadurch hat Literatur die Möglichkeit, dem Gegebenen, dem Existierenden das Monopol über die Wirklichkeit abzusprechen. Literatur kann, wie das bei Theodor W. Adorno heißt, zeigen, dass es auch anders sein kann als so, wie es ist. Sie bleibt uns mitgegeben in unserem Handeln und Wandeln auf eine Art und Weise, die sich auf indirektem Wege bemerkbar macht.

Innerhalb der deutsch-jüdischen Literatur ist die Gestalt Kafkas von besonderer Bedeutung. Nicht, weil er eine spezifische politische Position hatte, sondern gerade weil es in seinem literarischen Werk (also nicht in seinen Tagebüchern oder Briefen) kaum Realitätspartikel gibt. Alles scheint in einer wirklichkeitsfremden Welt zu geschehen. Und trotzdem heißt das nicht, dass dies nicht der Wirklichkeit entspricht. So kommen beispielsweise sehr viele Gemeinschaften bei ihm vor. Aber um welche Gemeinschaften es sich dabei handelt, das wird nicht gesagt. Dadurch wird sein Werk zu einer Projektionsfläche und die Interpretationen dieser Gemeinschaften häufen sich dann: Ja, damit ist der Nationalismus gemeint, nein, damit sind die Ostjuden gemeint usw.

Meiner Meinung nach ist das aus den Texten deshalb nicht herauszulesen, weil es gar nicht darum geht. Es geht vielmehr um die Funktionsweise, um die Dynamik, um den Mechanismus des Zusammenlebens, die dadurch erfahrbar werden.

Warum ist Kafka zu einem Paradigma der Moderne geworden? Kafka selbst hat den Satz geprägt: »Ich bin Ende oder Anfang.« Das ist in zweierlei Hinsicht eine Umkehrung von »Ich bin das Alpha und das Omega.« Zunächst einmal weil Kafka sagt: »Ich bin Ende oder Anfang«, aber auch weil er nicht »und« sagt, sondern »oder«. Mit der Umkehrung bezeichnet Kafka einen Moment, an dem etwas zu Ende geht, nämlich die Hoffnung der Aufklärung, ohne dass noch ein Neues sich klar abzeichnen würde. Es ist eben ein Zwischenraum, in dem nichts sicher ist, wie dieses »oder« bezeugt, das die Ungewissheit einbringt.

Gustav Janosch erzählt von einem Gespräch (auch wenn dies nicht ganz zuverlässig ist), in dem Kafka darüber klagte, er sei so einsam. Daraufhin fragte Janosch: »Wie einsam bist du?« Und Kafka soll gesagt haben: »Einsam wie Franz Kafka.«

Kafka selbst beschreibt das nicht ganz so. In einer Tagebuchstelle spricht er »vom Grenzland zwischen Einsamkeit und Gemeinschaft, in dem ich mich angesiedelt habe, sogar mehr noch als in der Einsamkeit selbst«. Um dieses Grenzland geht es mir, um diese Alternative zwischen der Isolation des Einzelnen und der Gemeinschaft mit ihren Strukturen.

Kafka hat dieses Grenzland nicht unbedingt als beruhigenden Ort beschrieben. Es ist nicht einmal ganz deutlich, ob das hier mit einer Affirmation verbunden ist, ob dieses Grenzland ein gutes Land ist, gut im Sinne von lebbar. Einfach lebbar ist es sicher nicht. Ich glaube, dass die Reihe »Diaspora« an diese Problematik des Grenzlands anknüpft. Die Frage: »Ist Kafka, weil er sich in einem solchen Grenzland ansiedelt, ein diasporischer Autor und ein diasporischer Jude?«, ist durchaus gerechtfertigt. So schnell aber würde ich zur Antwort nicht schreiten. »Was habe ich mit Juden gemeinsam?«, schreibt Kafka, »Ich habe kaum etwas mit mir selbst gemeinsam und sollte mich in eine Ecke stellen, zufrieden, dass ich atme.«

Dieser Satz, »Was habe ich mit Juden gemeinsam?«, ist der einfachste Satz der Welt. Anstatt »Juden« kann da genauso gut etwas anderes stehen. Jede Identität, die mit einem Kollektiv in Berührung kommt, beruht auf einem solchen Satz. Die Antwort, die Kafka gibt, ist jedoch alles andere als einfach. Zunächst: »Ich habe kaum etwas mit mir selbst gemeinsam.« Wie kann er einer Gemeinschaft voll und ganz angehören, wenn er kaum sich selbst angehört? Man kann das in eine Sprache der Zeit übersetzen. Und es ist nicht zufällig die Zeit Sigmund Freuds. Wir sind eben nicht, wie man in der Aufklärung dachte, autonome, unabhängige, ganze Subjekte. Wir sind nicht Herren im eigenen Hause, wie es bei Freud heißt. Sondern wir sind gespaltene Kreaturen, die sich kaum selbst zusammenhalten können. Also wie sollten sie eine Gruppe konsolidieren können? Mit diesem Gedanken nimmt Kafka viele heutige Theorien vorweg. Ich denke hier nur an Julia Kristeva in ihrem Buch »Etrangers à nous mêmes« (»Fremde sind wir uns selbst«). Dort sagt sie, dass es eine Möglichkeit gibt, den Anderen, den Fremden anzuerkennen aus dieser Erfahrung unserer Selbstfremdheit heraus. Also gerade dort, wo wir nicht mit uns selbst zusammenfallen, erkennen wir, dass es Fremdes in unserem eigenen Ich gibt. Diese Anerkennung des Fremden in sich selbst bedingt die Anerkennung des Fremden außen. Das klingt in Kafkas Satz, »Ich habe kaum etwas mit mir selbst gemeinsam«, schon an.

Mit dem Rest des Satzes, »und sollte mich in eine Ecke stellen, zufrieden, dass ich atme«, beginnt es wirklich spannend und schwierig zu werden. Was ist dieses In-die-Ecke-Stellen? Es ist eine Kinderstrafe. Bestraft Kafka sich hier selbst? Heißt das, man ist in eine Ecke geraten und kann nicht weiter, oder ist das tatsächlich mit Schuld beladen? Wo stellt er sich da hin – ist das am äußersten Rand eines Raums, aber noch innerhalb des Raums? Wenn wir von Gemeinschaft sprechen, und der Satz hat ja damit begonnen, dann ist er in dieser Ecke so weit vom Zentrum entfernt, wie es nur geht, aber schon noch innerhalb des Raums. Wie dieses Bild des Sich-in-die-Ecke-Stellens genau zu interpretieren ist, wird nicht vorgegeben. Das ist also etwas, das man bei der Lektüre selbst produzieren, projizieren, hervorbringen muss. Und genau dort beginnt Literatur. Und dort beginnt auch die Erfahrung, dass es in der Literatur Erfahrungen gibt, die nicht unmittelbar politisch übersetzbar sind. Denn dieses In-die-Ecke-Stellen spielt sich auf einer anderen Ebene ab, wobei es durchaus politische Konsequenzen haben kann, Konsequenzen im politischen Erleben.

»Was habe ich mit Juden gemeinsam?« eröffnet eine Ambivalenz, die das, was ich hier darzustellen versuche, auch unterscheidet von vielen heutigen Theorien, in denen es um alternative Gemeinschaftsformen geht. Zunächst einmal, weil die Gemeinschaften, die heute gedacht werden, davon ausgehen, dass die Mitglieder in Distanz zu ihrer Herkunft mitsamt der Tradition, die sie mitbedingt, gehen müssen. Sie müssen diesen Theorien zufolge also von einer starken Identität zu einer, ich würde fast sagen, gleichgültigen Identität gelangen. Nun, bei Kafka ist das keineswegs so deutlich. Zu dem kommt, dass Kafka ein Doppeltes ins Auge fasst, weil die Sehnsucht nach Gemeinschaft durchaus noch mitgedacht wird. Das heißt, es ist ein Leichtes zu sagen: »Wir leben in einer modernen Gesellschaft, wir leben in einer Demokratie und das ist die beste Form, denn dort gibt es Möglichkeiten für Vertretungen von verschiedenen Meinungen.« Aber vielleicht ist das nicht ganz so einfach, denn gewisse Aspekte, die Gemeinschaften stiften, nämlich Zusammengehörigkeitsgefühl, Schutz, Sicherheit, das bietet dieses Modell nicht. Es gibt hier also wirklich eine Ambivalenz.

Eine Stelle aus »Beim Bau der chinesischen Mauer« illustriert perfekt, was eine organische Gemeinschaft bedeutet.

»Wie groß und schön und liebenswert ihr Land war. Jeder Landsmann war ein Bruder, für den man eine Schutzmauer baute, und der mit allem, was er hatte und war, sein Leben lang dafür dankte. Einheit, Einheit, Brust an Brust. Ein Reigen des Volkes. Blut nicht mehr eingesperrt im kärglichen Kreislauf des Körpers, sondern süß rollend und doch wiederkehrend durch das endliche China.«

Hartmut Binder, einer der bekannten Kafka-Interpreten, nimmt diese Passage als Beweis dafür, dass Kafka sich hier seinem Judentum voll und ganz zuwendete. Das ist Unsinn, nicht nur weil Kafka sich nie seinem Judentum auf diese Weise voll und ganz zuwendete, sondern auch weil diese Stelle ganz deutlich in einem Pathos geschrieben ist, das notwendigerweise auch ironisch gelesen werden muss.

In »Forschungen eines Hundes« findet sich das genaue Gegenstück dazu:

»Warum tue ich es nicht wie die andern, lebe einträchtig mit meinem Volke und nehme das, was die Eintracht stört, stillschweigend hin und bleibe immer zugekehrt dem, was glücklich bindet, nicht dem, was uns immer unwiderstehlich aus dem Volkskreis zerrt.«

Diese Passagen stellen genau jenen Ort der Ambivalenz her, an dem das Ideal einer homogenen Gemeinschaft zugleich Objekt der Sehnsucht und Instanz des Terrors ist. Ein anderes kurzes Prosastück, dem Max Brod den Titel »Gemeinschaft« gab, steht in demselben Zusammenhang.

»Wir sind fünf Freunde, wir sind einmal hintereinander aus einem Haus gekommen, zuerst kam der eine und stellte sich neben das Tor, dann kam oder vielmehr glitt so leicht, wie ein Quecksilberkügelchen gleitet, der zweite aus dem Tor und stellt sich unweit vom ersten auf, dann der dritte, dann der vierte, dann der fünfte.«

Hier gibt es ein logisches Problem. Wenn *wir* aus einem Haus gekommen sind, wo ist dann *ich*? Darauf kommt es an. Das Ich ist weg. Und das ist ein erstes Signal für das, was geschieht, wenn eine Gemeinschaft sich zusammenschließt. Dieser Text ist eine subtile Unterwanderung des Funktionierens von Gemeinschaften.

Das Bild des Quecksilberkügelchens (»glitt so leicht wie ein Quecksilberkügelchen«) beschreibt auf perfekte Weise die völlige Auflösung des Individuums in der Gemeinschaft. Denn Quecksilber ist das chemische Element, das die stärkste Osmose hat. Das heißt, es gibt ein Zusammenschmelzen ohne Rest. Die Tatsache, dass hier jemals Teile waren, verschwindet vollkommen.

Die fünf kommen einmal aus einem Haus, stehen in einer Reihe. Vielleicht hat es gerade geregnet und sie stehen unter dem Dach. Es wird nicht gesagt, dass sie ein gemeinsames Geschäft gehabt hätten in diesem Haus. Dann sieht sie jemand und sagt: »Diese fünf sind aus diesem Haus gekommen.« Irgendwann einmal aus irgendeinem Haus sind irgendwelche fünf gekommen. Wie werden sie zur Gemeinschaft? Indem sie einer dort stehen sieht. Die Gruppe muss also von außen wahrgenommen werden, um sich zu konstituieren. Und jetzt heißt es, *die* fünf sind aus *diesem* Haus gekommen – vom unbestimmten zum bestimmten Pronomen. Und schon ist eine Gemeinschaft da. Das, was Kafka hier macht, ist die Unterwanderung eines Gründungsmythos. Jede Gemeinschaft hat einen Gründungsmythos. Dieser wird zumeist mit Natur behaftet. Er soll naturhaft erscheinen – wie etwa bei Romulus, Remus und der Wölfin. Was in Natur gründet, ist unumstößlich. Kafka zeigt hier die Willkür dieses Gründungsmythos auf.

»Seitdem leben wir zusammen, es wäre ein friedliches Leben, wenn sich nicht immerfort ein sechster einmischen würde.«

Es gibt hier nicht einmal einen Punkt nach dem friedlichen Leben. Man kommt beim Lesen nicht zur Ruhe, weil dieser sechste schon im gleichen Satz da ist. Der Rest des Textes dient nur der Rechtfertigung, warum man den sechsten nicht aufnimmt. Die Argumentation für die Grenze der fünf und den Ausschluss des sechsten wird ad absurdum geführt. Das Fehlen des Punktes nach »friedliches Leben« zeigt, dass eine Gemeinschaft ohne diesen sechsten, ohne den Ausschluss des sechsten überhaupt nicht bestehen kann. Deshalb wird das in einem Satz gesagt. Und dann geht das so weiter.

»Er tut uns nichts, aber er ist uns lästig, das ist genug getan [...].«

Der ganze Rest des Textes ist reine kafkasche Scheinlogik, aufgebaut nach Regeln, als wäre es ein Argument. Und Satz um Satz zerfällt diese Logik. All das ist nur mit linguistischen, also mit Sprachmitteln gemacht. Wie geschieht das hier? »Er ist uns lästig, das ist genug getan [...].« Aus einem Aktivum wird ein Passivum, als wäre er schuldig an diesem Tun.

»[...] Warum drängt er sich ein, wo man ihn nicht haben will. Wir kennen ihn nicht und wollen ihn nicht bei uns aufnehmen. Wir fünf haben einander früher auch nicht gekannt und wenn man will, kennen wir einander auch jetzt nicht, aber was bei uns fünf möglich ist und geduldet wird, ist bei jenem sechsten nicht möglich und wird nicht geduldet.«

Das sind reine Tautologien, die in Luft aufgehen. Es klingt aber wie eine Argumentation, und geht dann noch weiter.

»Außerdem [da gibt es also noch einen Grund] sind wir fünf und wollen nicht sechs sein. Und was soll überhaupt dieses fortwährende Beisammensein für einen Sinn haben, auch bei uns fünf hat es keinen Sinn, aber nun sind wir schon beisammen und bleiben es, aber eine neue Vereinigung wollen wir nicht, eben aufgrund unserer Erfahrungen.«

Was sind diese Erfahrungen? Alles, was wir von diesen Erfahrungen wissen, ist, dass sie einmal aus einem Haus herausgekommen sind, in einer Reihe gestanden sind, dass einer sie gesehen hat und dass sie seither einen sechsten ausschließen. Mehr ist über diese Erfahrungen hier nicht zu erfahren.

Also Tautologien, ein Bestehen auf dem Status quo und das Ausschließen des sechsten, das sind die Mechanismen, die diese Gemeinschaft aufrechterhalten. Und dann:

»Wie soll man aber das alles dem sechsten beibringen, lange Erklärungen würden schon fast eine Aufnahme in unsern Kreis bedeuten, wir erklären lieber nichts und nehmen ihn nicht auf.«

Hier stellt sich die Frage, was das für uns Leser bedeutet. Denn ist es nicht so, dass wir, wenn wir diese Erklärungen als Erklärungen annehmen und akzeptieren, dann von dem Sprechenden in seinen Kreis aufgenommen werden? Wenn wir nicht durchschauen, wie sehr diese Scheinlogik sich selbst desavouiert, und wenn wir das akzeptieren, dann sind wir in dem Kreis.

»Mag er noch so sehr die Lippen aufwerfen, wir stoßen ihn mit dem Ellbogen weg, aber mögen wir ihn noch so sehr wegstoßen, er kommt wieder.«

Es gibt also eine kleine Hoffnung, eine Dynamik bleibt aufrecht. Da kommt einer, der stört. Und er wird immer wieder kommen. Diese auf Ausschluss beruhende Gemeinschaft ist nicht abschließbar, darin liegt die Hoffnung.

Der Komplementärtext dazu heißt: »Eine Gemeinschaft von Schurken«. Dabei sind diese Texte, der eine 1917, der andere 1918 geschrieben, ganz unabhängig voneinander. Während es in dem einen Text um die Außenpolitik der Gemeinschaft geht, zeigt dieser kleine Text deren Innenpolitik. Besteht die Gemeinschaft der fünf auf Ausgrenzung, so besteht sie hier auf Gleichschaltung. Dort haben wir es mit einem Wir zu tun, das spricht, hier mit einer scheinbar einheitlichen Außenperspektive, die wie ein Märchen klingt.

»Es war einmal eine Gemeinschaft von Schurken, d.h. es waren keine Schurken, sondern gewöhnliche Menschen, der Durchschnitt. Sie hielten immer zusammen. Wenn z.B. einer von ihnen etwas schurkenmäßiges ausgeübt hatte, d.h. wieder nichts schurkenmäßiges, sondern so wie es gewöhnlich, wie es üblich ist, und er dann vor der Gemeinschaft beichtete, untersuchten sie es, beurteilten es, legten Bußen auf, verziehen udgl.«

Wir haben es hier zunächst einmal mit einem seltsamen Phänomen zu tun: zweimal Schurken, gewöhnliche Menschen, und dann noch einmal etwas Schurkenmäßiges, das heißt etwas Gewöhnliches. Was bedeutet das? Nun, wenn einer in dieser Gemeinschaft etwas macht, nämlich irgendetwas, dann beichtet er es. Und dann wird das untersucht, beurteilt, man erlegt Bußen auf. Da spielt also ein religiöses Vokabular hinein, beichten und Buße tun. Aber es gibt da auch die Worte »Untersuchung« und »beurteilen«. Also spielt da durchaus auch ein juridisches, ein wissenschaftliches Vokabular hinein. Wenn einer irgendetwas macht in dieser Gemeinschaft, was geschieht dann? Dann wird das »verarbeitet«.

»Es war nicht schlecht gemeint. Die Interessen der einzelnen und der Gemeinschaft wurden streng gewahrt und dem Beichtenden wurde das Komplement gereicht, dessen Grundfarbe er gezeigt hatte.«

Was geschieht, wenn man zwei Komplementärfarben miteinander mischt? Dann wird die jeweilige Farbe neutralisiert. Egal also, welche Farbe einer zeigt, sie wird grau, ihr spezifischer Unterschied wird beseitigt. Die Gemeinschaft produziert Gleichschaltung.

»So hielten sie immer zusammen« – und man hört hier die Komik dieses Endes heraus –, »auch nach ihrem Tode« – also eine Gemeinschaft über den Tod hinaus, das wird hier wörtlich genommen – »gaben sie die Gemeinschaft nicht auf, sondern stiegen im Reigen« – i.e. ein Rundtanz, bei dem man sich an den Händen hält und ins Zentrum schaut – »zum Himmel«. Und dort ist dann das Jüngste Gericht. »Im Ganzen war es ein Anblick reinster Kinderunschuld wie sie flogen. Da aber vor dem Himmel alles in seine Elemente zerschlagen wird, stürzten sie ab, wahre Felsblöcke.«

Auch diese Gemeinschaft wird also bestraft. Im einen Falle kommt der sechste wieder, hier vollzieht sich das Scheitern vor dem Jüngsten Gericht. Offen sind noch zwei Stellen: »Schurken, d.h. gewöhnliche Menschen« und »etwas Schurkenmäßiges, d.h. [...]«. Diese Abkürzung »d.h.« ist absolut unüblich in einem literarischen Text. Genau auf die kommt es mir hier an.

Die narrative Situation scheint eindeutig zu sein: Da erzählt eine Stimme von außen, da gibt es kein Wir. Aber das, was im Verlauf des Textes geschieht, ist genau das, was mit Gemeinschaften geschieht. Von außen betrachtet hat man einen kritischen Blick und nennt das folglich eine »Gemeinschaft von Schurken«. Mit dem »d.h.« aber tritt der Erzähler in den Kreis hinein. Wenn man die Schwelle von außen nach innen überschreitet, dann werden die Regeln und Werte der Gemeinschaft neutralisiert, sie werden »gewöhnlich«, »üblich« und zum »Durchschnitt«, sie werden – das Selbstverständliche. Zweimal vollzieht der Text diesen Prozess der Veränderung des Blickpunkts und wechselt die Perspektive. Mit einem einfachen »d.h.« überschreitet er jedes Mal die Linie, die die Gemeinschaft abgrenzt und ist sowohl Zuschauer als auch Mitglied, urteilend und an dem Reigen teilnehmend. Damit trägt er zur Formation einer Figur bei, die zugleich nach innen und nach außen weist, einer Figur, die den Singular und den Plural zu einem anderen, nicht länger ausgrenzenden und gleichschaltenden Wir zusammenschließt.

Diaspora-Nationalismus

Jüdische Erfahrungen und universale Lehren

Natan Sznaider

In den frühen 1950er Jahren schrieb der aus Deutschland geflohene jüdische Schriftsteller Lion Feuchtwanger in Amerika den Roman »Die Jüdin von Toledo«, der von Raquel »La Fermosa« handelt. Diese Geschichte spielt im zwölften Jahrhundert in einem Land, das an der Grenze zwischen Christentum und Islam lag, an den Frontlinien von Kreuzzügen und Dschihad, als diese Begriffe noch mehr als Metaphern waren. Es ist die Geschichte eines ungleichen Paares: der wilde, mächtige Ritter und König Alfonso und die gebildete, verträumte Raquel, Tochter des jüdischen Finanzministers Jehuda Ibn Esra.

Ibn Esra, der nach seiner Rückkehr aus dem muslimischen Sevilla ins christliche Toledo zu einem der mächtigsten Männer der Stadt aufsteigt, wird von Feuchtwanger als Held der Geschichte dargestellt: ein verantwortungsbewusster Politiker und finanzielles Genie, der dazu beiträgt, dass Toledo sich zum Handelszentrum von Spanien entwickelt.

Der Jude Ibn Esra steht vor dem Problem, die ritterlichen Ideale seines Patrons unter Kontrolle zu halten, und er ist sogar bereit, dem Ziel eines friedlichen, durch Handel vermittelten Miteinanders von Moslems und Christen seine Tochter zu opfern. Er ist der moderne und kosmopolitische Jude inmitten von christlichen Barbaren, er liebt den Luxus und alles, was das zwölfte Jahrhundert an Konsumgütern zu bieten hat. Er ist keineswegs der herzlose und geldgierige Jude, wie solche Ibn Esras in antisemitischer Fantasie geschildert wurden, vielmehr ist er der Vertreter eines konstruktiven Umgangs mit der Macht, deren Ziel in der sozialen Koexistenz jenseits religiöser und nationaler Grenzen liegt. Feuchtwanger setzt sich in diesem Roman mit dem suggestionsstarken und oft glorifizierten Ideal des Rittertums auseinander, das trotz seiner Oberfläche der Höflichkeit noch tief in die Barbarei verstrickt ist und in seinem Streben nach Tod und Ehre notwendigerweise zerstört, was andere aufgebaut haben. Der Roman soll die Leser an das Fortbestehen dieses zerstörungsträchtigen ritterlichen Ideals erinnern, dem Wohlstand, Luxus und Konsum gleichgültig sind. Dagegen setzt er ein unheroisches Bild des Heldentums, dessen Träger die städtischen Bürger, Juden und Frauen sind, die der destruktiven Kraft der Ritter und Barone mit dem stillen Vergnügen an materiellen Dingen entgegenzuwirken versuchen. Es ist ein sanftes Heldentum, das in erster Linie leben – und überleben – will. Ein Heldentum, das in erster Linie den Tod fürchtet. Ibn Esra ist der Vorbote einer kosmopolitischen Moderne, die urban, mobil, gebildet, artikuliert, intellektuell und flexibel ist. Auch sollten wir nicht vergessen, dass aus dem historischen Toledo 1492 Juden und zehn Jahre später auch Muslime vertrieben wurden. Diaspora bedeutet nicht nur, jenseits der Heimat seinen Frieden zu finden. Diaspora bedeutet auch Vertreibung.

Hört man heute Diaspora, so denkt man an Aufbruch, Postkolonialismus, Hybridität, Kosmopolitismus, Migration, Mobilität und noch vieles mehr. Eine Aufbruchsstimmung zu einer neuen Erfahrung jenseits des geschlossenen Raumes. Vielleicht die kulturelle Begleitung eines geeinten Europas? Welchen Raum gilt es also zu erkunden, der jenseits des Nationalstaats angesiedelt werden kann?

In der jüdischen Geschichte und Theologie unterscheidet man zwischen Exil (*galut*) und Diaspora (*gola*). Während »Exil« als Strafe aufgefasst wird – ewig wandernd, ewig machtlos –, beinhaltet der Diasporabegriff die Chance, sicher in sich ruhend mit anderen Gemeinschaften zu leben. Die jüdische Lebenserfahrung kennt sowohl Trauer um die verlorene Einheit von Gott, Volk und Land, als auch die ethische Macht, die aus der Befreiung von Staat und Territorium kommt. Jüdische Historiker wie Simon Dubnow und Salo Baron haben daraus den widersprüchlich klingenden Begriff des »Diaspora-Nationalismus« entwickelt. Bis zum späten 18. Jahrhundert lebten Juden meist unter christlicher oder islamischer Herrschaft in einem eigenen sozialen und kulturellen Zwischenraum. Die Zugehörigkeit war nicht freiwillig und die Kontrolle überwältigend. Die schlimmste Strafe war der Bann. Er kam einer Todesstrafe gleich: keine Heirat, keine Scheidung, keine Schulen für die Kinder, keine Beerdigungen. Nichts war außerhalb der Gemeinschaft möglich. Exil hieß auch, in Distanz zur Politik zu leben. Aber genau das eröffnete einen Freiraum, den andere nicht hatten. Da Juden kein Land besitzen durften, hatten sie natürlich auch keine ländlichen Aufseher. Da es den Juden verboten war, einer Gilde anzugehören, hatten sie sich auch nicht der Autorität von Meistern unterzuordnen.

Dubnow wollte diese vormoderne jüdische Gemeindeautonomie in die Moderne retten. Konnte das überhaupt funktionieren, eine vormoderne politische und soziale Organisationsform in die Moderne retten? Liegt hier das Paradoxon des modernen Diasporabegriffs als einer Wahlidentität? Dubnow sah hier eine dialektische Geschichtstheorie im Spiel: Die moderne nationale Gemeinschaft wurde zur Synthese von vormodernen autonomen Strukturen und moderner Assimilation. Vor der Französischen Revolution gab es Autonomie, aber keine Gleichheit. Das war die These. Nach der Revolution gab es dann Gleichheit, aber keine Autonomie. Das war die Antithese. Nun sollte es zu einer Synthese von Gleichheit und Autonomie kommen. Diese sollte dann auch zur Grundlage einer modernen jüdischen Politik werden, jenseits von Exilpassivität und zionistischem Aktivismus. Dies war eine Bewegung gegen die liberale Integration, gegen das revolutionäre Versprechen, dass alle Menschen bürgerliche Freiheiten genießen können, wenn sie ihre partikulare Identität hinter sich lassen. Dubnows Konzept galt aber nicht nur für Juden. Er entwickelte den Diaspora-Nationalismus im historischen Zusammenhang der Minderheitenpolitik in den letzten Jahrzehnten der Imperien, wo diese Frage akut war. In seinen 1905 veröffentlichten Briefen über das alte und neue Judentum schreibt Dubnow: »Die Nation ist nach Vollendung ihrer Entwicklung eine kulturhistorische Einheit, deren Mitglieder ursprünglich durch die Gemeinsamkeit der Rasse, der Sprache, des Territoriums und des Staates verbunden waren, sich aber im Laufe der Zeit innerlich oder geistig auf der Grundlage eines gemeinsamen Kulturerbes, gemeinsamer geschichtlicher Überlieferungen, geistiger und sozialer Ideale und anderer typischer Eigentümlichkeiten ihrer Entwicklung zusammengeschlossen haben.«

Daraus leitet Dubnow dann die Autonomieforderungen der Juden ab, da sie für ihn gerade wegen ihrer Territoriumslosigkeit eine kulturhistorische oder geistige Nation darstellen. Hier wird die Diaspora nicht überwunden, sondern zum erklärten Ziel. Politisch bedeutet das: Selbstverwaltung, Autonomie der Sprache, des Schulwesens und der Gemeinde. Dubnow wurde 1941 im Rigaer Getto auf offener Straße von den Nazis erschossen. Sollte das auch das Ende des Diaspora-Nationalismus sein?

Dieser Diaspora-Nationalismus steht natürlich im krassen Gegensatz zu dem liberalen Angebot, das durch die Französische Revolution den Juden gemacht wurde. Es war ein verlockendes Angebot, dem Exil ein Ende zu setzen und Teil der universalen Staatsnation zu werden. Die Französischen Revolutionäre verlangten die Auflösung aller Stände und Zünfte. Erinnern wir uns an die Rede des Comte Clermont-Tonnerre vom 23. Dezember 1789, die schon fast ikonisch in den Debatten um die jüdische Emanzipation geworden ist: »Aber, so wird man mir antworten, haben die Juden nicht ihre eigenen Richter und Gesetze? Das aber, antworte ich, ist euer Fehler, und ihr solltet es nicht dulden. Den Juden als Nation ist alles zu verweigern, den Juden als Menschen aber ist alles zu gewähren. Man darf ihre Richter nicht anerkennen, denn sie sollen nur die unseren haben... Sie dürfen innerhalb des Staates keine politische Körperschaft, keinen Orden bilden. Sie sollen Bürger werden. Nun behauptet man, sie selbst wollen keine Bürger sein. Mögen sie es nur ausdrücklich erklären, dann sollen sie des Landes verwiesen werden. Es ist nicht hinzunehmen, dass es eine Gesellschaft von Nichtbürgern im Staate gibt und eine Nation in der Nation.«

Hier öffnete sich eine Hoffnung. Das Exil kann in der Tat beendet werden. Die Assimilation, die bürgerliche Gleichstellung ist der Schlüssel dazu. Juden sind nicht mehr die Wanderer, sie können den anderen gleich werden. In dem allgemeinen Willen der Nation darf es keinen partikularen Willen mehr geben. Ein wahrhaft revolutionärer Gedanke.

Dieses Postulat der universellen Gleichheit aller Menschen sitzt tief im europäischen Selbstverständnis. Dieser universalistische Stolz Europas erlaubte es zwar den Juden, sich als Gleiche, das heißt als Deutsche, Franzosen usw. in Europa zu integrieren, aber eben nicht als Juden. Die Juden mussten also in Europa ihr Jüdischsein immer an der Garderobe abgeben und konvertieren, sich assimilieren, um als Gleiche anerkannt zu werden. Und ist nicht immer noch im Bilde Europas der wahre Jude der Nichtjude, ebenso wie der wahre Schwarze der Nichtschwarze oder der wahre Muslim der Nichtmuslim ist?

Partikularismus wurde damit als rückständig kritisiert. Gerade die postmoderne Kritik an der Aufklärung und an ihrem Universalismus hat ja den Begriff der Diaspora in den Mittelpunkt gerückt. »Diaspora« steht quer zum Universalen. Die Aufklärung und die Emanzipation wollten die bürgerliche Verbesserung der Juden, nicht die Beibehaltung ihrer Partikularität. Der Jude ist noch mehr Mensch als Jude, heißt es dann auch in Dohms Text von 1781 »Über die Bürgerliche Verbesserung der Juden«. Viele Juden verweigerten sich der »bürgerlichen Verbesserung« und zogen einen konstruktiven Umgang mit der Diaspora vor.

Kann es eine Diasporapolitik überhaupt geben? Wenn nicht, dann sollte der Diasporabegriff tatsächlich in der ästhetischen Schublade bleiben. Wenn es aber eine diasporische Politik gibt, dann kann sie sich natürlich nicht auf den in der Politik so wichtigen Souveränitätsbegriff stützen.

Das bringt uns zu Hannah Arendt und ihrem Verständnis von Diaspora und jüdischer Politik. Dieses Verständnis geht von ihrer Tätigkeit für verschiedene jüdische Organisationen aus. Sie war zwischen 1935 und 1951, also 18 Jahre lang, als jüdische Funktionärin tätig. In Paris arbeitete sie für die zionistische Organisation der Jugendalijah. 1936 nahm sie am Gründungskongress des »World Jewish Congress« teil. Sie kannte sich in internationaler jüdischer Politik gut aus und war auch mit der vielleicht typischsten Form jüdischer Diasporapolitik vertraut: dem Kampf um Minderheitenrechte. Nach dem Ersten Weltkrieg kamen die Sieger in Paris zusammen, um ein neues Europa zu schaffen. Der amerikanische Präsident brachte das Prinzip der »Selbstbestimmung der Völker« mit und Juden und andere ethnische Gruppen sahen sich plötzlich als Minderheiten, für deren Rechte eingetreten werden musste. Eines der schwierigsten Probleme – und das ist natürlich auch heute noch der springende Punkt für jede Form von diasporischer Politik – ist die Vereinheitlichung der Sprache. Dies wurde – etwa in Polen – zum Brennpunkt: die universale Staatsnation auf der einen Seite (ein Schulsystem, eine Nationalsprache usw.) und die kulturelle Selbstverwaltung von Minderheiten auf der anderen Seite (etwa die staatlich verordnete Sonntagsruhe). Und das war dann auch der Grund, warum die jüdischen Forderungen an die Friedenskonferenz 1919 sich folgendermaßen anhörten: »In allen neuen Staaten sollen den Juden nationale Rechte in Bezug auf Sprache, Schule und Vertretung in den politischen und Verwaltungs-Körperschaften gewährt werden.« Aber es ging nicht nur um Juden. Die jüdischen Vertreter der Minderheitenpolitik waren immer darauf bedacht, mit anderen ethnischen Minderheiten zusammenzuarbeiten. Die Diasporapolitik des jüdischen Weltvolkes stand in kreativer Zusammenarbeit mit anderen ethnischen Minderheiten. Und das geschah etwa zur selben Zeit, als in der zusammenbrechenden Ukraine schwere Pogrome gegen Juden stattfanden. Minderheitenschutz bedarf also der Garantie einer internationalen Unterstützung für bedrohte Minderheiten. So weit wollte der Völkerbund aber nicht gehen. Die Minderheitenpolitik ist immer wieder an der Staatssouveränität gescheitert. Staatenlosigkeit ist die dunkle Seite der Diaspora.

Das ist der Hintergrund für den besonderen Diaspora-Nationalismus jüdischer Intellektueller der Zwischenkriegszeit. Und das ist auch der Hintergrund für Arendts politische Philosophie und Praxis. Für Arendt – aber nicht nur für Arendt – war klar, dass der Begriff des Territoriums nicht unbedingt mit Land verbunden sein muss. Dies war auch ihre Argumentation, als sie erklären wollte, warum Israel ein Recht hatte, Adolf Eichmann den Prozess zu machen: »Israel hätte sehr wohl territoriale Gerichtsbarkeit für sich in Anspruch nehmen können, wenn es erklärt hätte, dass ›Territorium‹ im juristischen Sinne ein politischer und rechtlicher und nicht nur ein bloß geographischer Begriff ist. Territorium in diesem Sinne meint nicht so sehr, und vor allem nicht primär, ein Stück Land, es bezieht sich vielmehr auf den ›Raum‹, der zwischen den Gliedern eine Gruppe unweigerlich entsteht, wenn sie in jahrtausendealten Bezügen sprachlicher, religiöser und geschichtlicher Natur miteinander verbunden sind, die sich zudem in Sitten und Gesetzen niedergeschlagen haben, die sie gegen die Außenwelt schützen und untereinander differenzieren. Solche Beziehungen werden räumlich dadurch manifest, dass sie selber den Raum konstituieren, innerhalb dessen die verschiedenen einzelnen der Gruppe sich aufeinander beziehen und miteinander umgehen. Es wäre niemals zur Entstehung des Staates Israels gekommen, wenn das jüdische Volk in den langen Jahrhunderten der Zerstreuung sich nicht einen solchen Zwischen-Raum über alle geographische Entfernung hinweg geschaffen und bewahrt hätte, und zwar vor der Rückkehr in die alte Heimat.«[1]

Damit postulierte Arendt nicht nur die nationale Identität der Juden jenseits von territorialer Staatlichkeit, sondern auch die seit Jahrtausenden ungebrochene Existenz einer jüdischen Rechtsperson, ohne die der Zionismus nicht denkbar wäre. Freiheit ist für sie eine Konsequenz des politischen Handelns,

1 | Arendt, Hannah: *Eichmann in Jerusalem*, München: Piper Verlag 1986.

und diese kann auch jenseits von Staatlichkeit stattfinden. Aber ihre Einstellung dazu war immer ambivalent.

Im Oktober 1964, kurz nach Erscheinen ihres Eichmannbuches, wurde sie im deutschen Fernsehen von Günter Gaus interviewt.

Gaus: Und so war das jüdische Volk ein apolitisches?

Arendt: Das würde ich nicht ganz sagen, denn die Gemeinden waren natürlich bis zu einem gewissen Grade auch politisch. Die jüdische Religion ist eine Nationalreligion. Aber der Begriff des Politischen galt eben doch nur mit sehr großen Einschränkungen. Dieser Weltverlust, den das jüdische Volk in der Zerstreuung erlitten hat und der, wie bei allen Pariavölkern, eine ganz eigentümliche Wärme zwischen denen erzeugte, die dazugehörten: Dieses hat sich geändert, als der Staat Israel gegründet wurde.

Gaus: Ist damit etwas verlorengegangen, dessen Verlust Sie beklagen?

Arendt: Ja, man bezahlt teuer für die Freiheit. Die spezifisch jüdische Menschlichkeit im Zeichen des Weltverlustes war ja etwas sehr Schönes. Sie sind zu jung, Sie werden das gar nicht mehr gekannt haben. Es war etwas sehr Schönes: dieses »Außerhalb-aller-gesellschaftlichen-Bindungen-Stehen«, diese völlige Vorurteilslosigkeit, die ich sehr stark gerade bei meiner Mutter erlebt habe, die das auch gegenüber der jüdischen Gesellschaft praktizierte. All das hat natürlich außerordentlich großen Schaden genommen. Man zahlt für die Befreiung.

Was ist denn der Preis für die Befreiung? Und bedeutet dieses »Außerhalb-aller-gesellschaftlichen-Bindungen-Stehen« nicht mehr als Weltverlust? Arendt stand den Außenseitern nahe, die an die Ästhetik glauben. Sie bildet eine Brücke zwischen der politischen Analyse der Diaspora und der verspielten Variante eines ästhetischen Exils, das heute so beliebt ist. So bewegte sie sich, wie viele jüdische Intellektuelle nach 1945, zwischen der Welt, die universale Freiheit versprach, die keine Juden, sondern nur noch Menschheit kannte, und der Welt der Unterscheidung, der Identität, von der aus Politik konkret wird.

Sie hat aber auch Angst davor, ob diese Politik des Diaspora-Nationalismus den notwendigen Schutz bieten kann. Es ging ihr dabei immer um die rechtlichte Vermittlung zwischen jüdischer Besonderheit und Allgemeinheit des internationalen Rechts. Deshalb konnte Arendt sich nicht mit der universalen Leidenschaft von Rosa Luxemburg identifizieren, die 1917 folgenden Brief an ihre Freundin schrieb: »Was willst du mit den speziellen Judenschmerzen? Mir sind die armen Opfer der Gummiplantagen in Putumayo, die Negerin in Afrika, mit deren Körper die Europäer Fangball spielen, ebenso nahe. Ich habe keinen Sonderwinkel im Herzen für das Ghetto ... Ich fühle mich in der ganzen Welt zuhause, wo es Wolken, Vögel und Menschentränen gibt.«

Arendt bewunderte diese Einstellung, aber sie hielt sie für unpolitisch. Genau das war der Ausdruck jüdischen universalen Denkens, das Juden in Verbindung mit dem Marxismus Hoffnung auf Erlösung gab. In einem kleinen

Essay über Luxemburg beschrieb sie dies als die jüdische Illusion, vaterlandsloser Europäer sein zu können. Arendt holte also nach allen Seiten aus. Sie kritisierte den Zionismus, weil er zu bezogen war, und sie kritisierte Assimilation und Universalismus als Illusionen. Was bleibt, ist ein kreatives Verhältnis zwischen Ort und Ortlosigkeit, die durch politische Aktion miteinander verbunden werden mussten. Einen ästhetischen oder kulturellen Kosmopolitismus – die Illusion des nicht dazugehörenden Weltbürgers – lehnte sie gerade aufgrund der Erfahrungen des Krieges und der Judenvernichtung ab. Die Welt durfte nicht verneint werden. Gerade Juden konnten sich das nicht erlauben. Der Zionismus hatte die jüdische Situation in der Diaspora als Kategorienfehler analysiert. Für Zionisten lag die Ebene des Staates zwischen dem Persönlichen und dem Allgemeinen und damit wurde der Staat zum Garanten des Schutzes. Der Minderheitenschutz der Zwischenkriegszeit hatte sich ja gerade für Juden als fatal erwiesen. Er konnte sie nicht schützen. Aber man zahlt für die Freiheit, wie Arendt bemerkte. Der Preis ist normale Machtpolitik. Die ästhetische Einstellung der Diaspora kann nicht in die Nationalstaatlichkeit gerettet werden.

Für Arendt wurden es im Laufe der Jahre mehr und mehr die Vereinigten Staaten von Amerika, die diese beiden Pole miteinander versöhnen konnten. Dort sollte sich der Traum einer sicheren Existenz in der Diaspora erfüllen. Dort konnte man eine »Nation in einer Nation« sein. »Bindestrichamerikaner« war schon immer die Definition der amerikanischen Staatsbürgerschaft. Nationale Differenzen wurden in Amerika zu alltagskulturellen Unterschieden. Kultureller Pluralismus, eine der wichtigen amerikanischen Doktrinen der Zwischenkriegszeit, ist ein Vorläufer der heutigen multikulturellen Diaspora-und Identitätskonzepte.

Juden in Amerika sind heute keine Minderheit mehr. Im Laufe der letzten Jahrzehnte der amerikanischen Geschichte wurden sie sozusagen weiß. Und das ist mit ein Grund, warum die aus den Vereinigten Staaten kommenden Theorien der postmodernen Diaspora auch Abstand von der jüdischen Erfahrung nehmen müssen. Jüdische Existenz bewegt sich bis heute zwischen der Nationalstaatlichkeit Israels und dem amerikanischen Pluralismusmodell. Nach 1945 war der Diaspora in der Tat keine ästhetische Freude mehr abzugewinnen. Das musste man der postkolonialen Theorie überlassen.

Diese hat den Begriff der Diaspora nicht nur seiner theologischen Metaphysik, sondern auch seiner historischen Bezugspunkte beraubt. Dadurch konnte der Begriff in den letzten Jahren gerade im anthropologischen Diskurs verallgemeinert werden. So hat etwa James Clifford in einem programmatischen Artikel von 1994 mit dem bezeichnenden Namen »Diasporas« gefordert, die jüdische Geschichte und Erfahrung nicht als normatives Modell zu benutzen und damit den Begriff auch konzeptionell zu öffnen. Diaspora wurde zu einem politischen Kampfbegriff, der einen Zwei-Fronten-Krieg gegen Universalismus auf der einen Seite und Souveränität auf der anderen Seite führte und die diasporische

Existenz als eine Alternative zu feiern begann. Es gibt durchaus Berührungspunkte zwischen der postkolonialen und der jüdischen Diaspora. Diese sind: Kritik an der Aufklärung, Kritik am Universalismus, Kritik am modernen Staat, Kritik am vermeintlichen Säkularismus.

Aber es scheiden sich auch die Wege. Diaspora-Nationalismus kann sehr rigide sein und gerade Minderheitskulturen bauen hohe Mauern um sich herum. Der vom Judentum losgelöste postkoloniale Diasporabegriff ist offener, aber auch unfassbarer. Es geht dabei um Mobilität, Transnationalität, Migration, Fremdarbeiter, Flüchtlinge, den »Anderen«. Es kommen Begriffe in den diskursiven Raum wie »Postnationalismus«, »Transnationalismus«, »Globalisierung« usw. Die semantischen Möglichkeiten sind hier endlos. Das heißt dann natürlich auch, dass der Minderheitenbegriff erweitert wird und nun alles Subkulturelle mit einschließen kann. Grenzen, geographische und kognitive, ebenso wie Homogenität werden in Frage gestellt, während der Diaspora-Nationalismus Grenzen zieht.

Und das bringt uns zum jüdischen Ausgang dieses Problems zurück. Auch in der jüdischen Geschichte haben Hebräisch oder Jiddisch nie Homogenität erreicht. Vielsprachigkeit war schon immer das Symbol der jüdischen Lebenswelten. Eine der unbekanntesten Veröffentlichungen von Arendt ist eine Liste, die sie im Rahmen ihrer Tätigkeit für die amerikanisch-jüdische Organisation »Jewish Cultural Reconstruction« – deren Aufgabe es war, erbloses jüdisches Kulturgut aus Europa herauszuschaffen – anfertigte. Diese Liste mit dem Namen »Vorläufige Zusammenstellung jüdischer Kulturgüter in den von den Achsenmächten besetzten Gebieten«, die sie zwischen 1946 und 1948 in der Zeitschrift »Jewish Social Studies« veröffentlichte, liest sich wie ein Katalog der jüdischen Diasporakultur in Europa vor der Katastrophe. 3,5 Millionen Bücher und 5000 Manuskripte aus mehr als 430 Bibliotheken sind aufgeführt. Und fast alle europäischen Sprachen sind dort neben Hebräisch und Jiddisch vertreten. Diese Liste ist aber heute nicht mehr als ein Erinnerungsort für das, was einst als europäische und jüdische Kultur galt.

Da der jüdische Diasporabegriff auch ein theologischer ist, der Exil als Strafe versteht, ist er immer im Konflikt mit der eigenen Partikularität. Das sollte auch eine Warnung sein, in wieweit ein Begriff noch Bedeutung hat, wenn er zu sehr erweitert wird. Der jüdische Begriff kann mit dem postkolonialen Diasporabegriff einige Berührungspunkte haben, aber er kann die Diaspora nicht als Idealzustand zelebrieren, wie das heute in vielen jüdischen Museen getan wird. Exil ist nicht unbedingt Freiheit. Es ist ein Raum, in dem man, so gut es geht, politisch handeln muss. Es ist keine ästhetische Attitüde, keine künstlerische Wahl, keine modernistische Form des Widerstands, die man kultiviert und mit der man kokettiert. Sicher, die Welt hat sich verändert und wir müssen unser Reden über die Welt mitverändern. Aber wir müssen auch vorsichtig sein. Vermeintliche Dichotomien wie Diaspora und Nationalismus sind auch konzeptuelle Fallen, vor denen wir uns hüten sollten. Wie schrieb noch Arendt in einem ihrer ersten Artikel nach ihrer Ankunft in den USA im März 1942 in der Emigrantenzeitschrift »Der Aufbau«: »Die Geschichte der Menschheit ist kein Hotel, in dem man sich beliebig einmieten könnte; auch kein Vehikel, aus dem man willkürlich ein- und aussteigen kann. Unsere Vergangenheit wird uns solange eine Last sein, unter der wir nur zusammenbrechen können, als wir uns weigern, die Gegenwart zu verstehen und für eine bessere Zukunft zu kämpfen. Erst dann, dann aber sofort, wird aus der Last ein Segen werden, nämlich eine Waffe im Kampf um Freiheit.«

Israel

Warum Israel die Diaspora neu begründet

Zwölf paradoxe Thesen

Hanno Loewy

> »After fifty years of experience with the tortured contradictions of the Jewish state it is time to ask the new question of Israel's place among the diasporas.«
> (Daniel und Jonathan Boyarin, *Powers of Diaspora*)

1. **Die Existenz Israels hat nicht das Ende der jüdischen Paradoxien gebracht, sondern sie nur noch einmal radikalisiert.**

Für viele ist Israel als »jüdischer Staat« die Erfüllung und das Ende der jüdischen Diaspora, die Erlösung aus der Zerstreuung. So jedenfalls wird das Verhältnis von Diaspora und Israel in den großen Nationalmuseen Israels inszeniert. Theodor Herzls Utopie war dabei zunächst weniger von der orthodoxen Vorstellung einer messianischen Erlösung geprägt als von europäischen Vorstellungen ethnisch definierter, weitgehend homogener Nationalstaaten. Dass diese Vorstellung den Realitäten in Europa auch schon damals kaum entsprochen hat, hat ihn nicht angefochten. Ihm ging es um eine Normalisierung, ein Ende der jüdischen »Sonderexistenz«. Dass diese jüdische Sonderexistenz ihm, Herzl, dem Wiener Kaffeehausvisionär, gerade deswegen unerträglich wurde, weil die Nationalstaaten damals in die Krise gerieten und das Judentum zum Sündenbock für diese Krise erklärten, auch das hat Herzl in seiner Utopie der Normalisierung nicht gestört. Eine Utopie voller Widersprüche: Letztlich ging es ihm wohl darum, das Judentum durch ein israelisches Staatsvolk zu ersetzen. Ein Staat freilich, wie er in »Altneuland« schrieb, der sich nicht darin einmischen sollte, ob seine Bürger im Tempel, in der Kirche oder in der Moschee, im Theater oder im Konzerthaus nach dem Höchsten suchen würden. Und wer als Jude diesen Weg nicht mitgehen wolle, der solle sich assimilieren, wo eben er sei.

2. Doch seit 1948 lebt eine Mehrheit der Juden der Welt freiwillig in der Diaspora.

Die Diaspora ist heute eine Existenzform der Wahl, und sie ist es nicht das erste Mal in der Geschichte. Schon in der Antike lebte die Mehrheit der Juden außerhalb des alten Israels und das auch, als sie aus Babylon dorthin zurückkehren durften. Juden definierten ihre Zugehörigkeit damals schon auf unterschiedliche Weise. Die Diaspora, das Exil, Babylon war es, was uns die Thora mit auf den Weg gab. Das Judentum ist existenziell von der Zerstreuung geprägt. Und was das heißt, beginnen wir erst jetzt langsam zu begreifen. Dass die Diaspora heute eine Existenzform der Wahl ist, das erlebt Israel – oder präziser: die Ideologen des »jüdischen Staates« – gerade in diesen Tagen einmal wieder schmerzhaft als Kränkung, wenn zum Beispiel die Juden Teherans der israelischen Regierung mitteilen, dass sie sich auch durch finanzielle Anreize nicht nach Israel locken lassen, sondern das Leben in der Diaspora in Teheran einem Leben in Israel vorziehen. So prononciert, so zugespitzt haben wir diesen Widerspruch zumindest in den letzten 50 Jahren nicht wahrgenommen.

3. Israel ist bis heute ein Einwanderungsland für Juden aus aller Welt. Und es ist zugleich ein Auswanderungsland geworden.

Es stimmt, die Zahl der Israelis steigt und die Zahl jüdischer Gemeindemitglieder in der Diaspora sinkt. Das hat mit vielen Faktoren zu tun, von denen die Alijah, die Einwanderung nach Israel, allerdings nur einen kleinen Teil ausmacht. Interkonfessionelle Ehen (vulgo Mischehen) sind in der Diaspora eine Selbstverständlichkeit geworden, über die man sich freilich nur in den USA wirklich offen zu reden traut. Auch in Europa sind Mischehen eine alltägliche Tatsache. Aber das will man dort eher nicht wahrhaben. Man reagiert darauf mit Unbehagen, mit Stigma oder mit schlechtem Gewissen. Doch dieses Stigma verstärkt nur den Effekt der Entfremdung zwischen Juden unterschiedlicher Identität und der Entfremdung vieler Juden von den jüdischen Gemeinden. Was bleibt, ist eine immer größer werdende Zahl von Menschen, die sich die Antwort auf die Frage »Wer ist Jude?« nicht mehr von Institutionen, nicht mehr nur von der Tradition oder ihrer herrschenden Auslegung alleine diktieren lassen will, woraus zunächst einmal einfach nur ein ganzes Bündel offener Fragen entsteht, von denen ich nicht sagen kann, wie sie in 20 Jahren beantwortet werden. Eine kleinere Zahl von Menschen sucht den Weg aus diesem Dilemma zurück in die Tradition, in die Neoorthodoxie oder in die moderne Orthodoxie.

Daraus ergibt sich selbst im traditionell halachischen Sinne durchaus kein Rückgang jüdischer Bevölkerung in der Diaspora, wie es beispielsweise Bernard Wasserstein als Menetekel an die Wand gemalt hat. Denn auch Mischehen machen Juden. Im Gegenteil, durch Mischehen wächst die Zahl der Menschen, die sich in der einen oder anderen Form auf das Judentum beziehen, stärker, als wenn es sie nicht gäbe – freilich wächst auch die Pluralität dieser Beziehungen.

Die jüdische Bevölkerung in Europa schrumpft nicht durch Mischehen, wohl aber können die Gemeinden schrumpfen, weil sie eine immer größere Zahl von Juden nicht mehr zu organisieren, an sich zu binden vermögen – eine Frage, die sich auch in den USA stellt, wo es aber offenbar leichter fällt, die Pluralität jüdischer Lebensentwürfe in verschiedenen Gemeinden zu repräsentieren.

Zugleich aber wächst eine Zahl, die in den Bilanzen der Alijah tunlichst verschwiegen wird: die Zahl der jüdischen Israelis, die permanent oder zeitweise im Ausland, also in der Diaspora, leben.

4. Es gibt heute nicht eine, sondern viele verschiedene jüdische Diasporas, zum Beispiel auch eine israelische.

Mit der Migration zwischen der Diaspora und Israel in beide Richtungen hat sich die Diaspora selbst verändert. Zu ihr gehören heute nicht mehr nur Juden, für die die Erfahrung der Diaspora selbst der Ausgangspunkt ihrer Identität ist, die kulturellen und religiösen Traditionen des Judentums, die sich gerade der Zerstreuung und der Begegnung mit einer nichtjüdischen Umwelt verdanken. Zugleich bilden nun Israelis eine eigene Diaspora. Israelis, deren Judentum in nationaler Geschichte, Sprache und Folklore verwurzelt ist, und deren Verständnis von Diaspora damit sich in mancher Hinsicht mit Diasporaerfahrungen und Identitätsentwürfen ganz anderer migrantischer Bevölkerungen deckt oder mit ihnen konkurriert. Die jüdische Diaspora kann auch je nach ihrem Ort eine völlig unterschiedliche Prägung erfahren. Das betrifft vor allem den Vergleich zwischen den großen europäischen jüdischen Lebenswelten, England und Frankreich, und dem jüdischen Leben in den USA.

5. Die meisten Juden in der Diaspora leben heute in den USA. Aber viele halten die USA gar nicht für eine Diaspora.

Es sind amerikanisch-jüdische Schriftsteller, Künstler und Theoretiker, die die Dimensionen jüdischer Diaspora besonders radikal artikuliert und intensiv erkundet haben. Wenn man sich auf die Suche nach Literatur über Diaspora macht, stellt man fest: 98 Prozent aller Titel sind auf Englisch erschienen, und von diesen 98 Prozent sind nur sehr wenige in deutscher Übersetzung hier wirklich öffentlich diskutierbar geworden. Dabei geht es nicht nur um Bücher. Ob man die Filme von Woody Allen oder die Romane von Philipp Roth nimmt, Äußerungen von Künstlern wie Kitai, der mit seinen diasporistischen Manifesten auf sich aufmerksam gemacht hat, oder die Schriften von Daniel und Jonathan Bojarin, die die Diaspora grundsätzlich rehabilitieren wollen – sie alle stehen für eine selbstbewusste und auch selbstironische Diaspora. Und in keinem Land der Welt hat sich eine derartige Pluralität jüdischer Lebenswelten, Selbstentwürfe und Kulturen entwickelt wie in den USA. Zugleich aber konkurriert das Selbstbild der amerikanisch-jüdischen Diaspora mit dem Selbstbild Amerikas als gelobtes Land: Die USA behaupten von sich, das Ende der

Diaspora zu sein. Diese amerikanische Vision einer »Heimkehr« in die neue Welt scheint für viele amerikanische Juden ein Angebot zum Aufgehen in einer amerikanischen Identität, einer Assimilation an Amerika zu sein, die zugleich eine Sonderbeziehung zwischen den USA und Israel nahelegt.

Wenn man sich die Struktur dieser Sonderbeziehung genauer ansieht, die Spielregeln und den historischen Kontext dieses Einverständnisses und dieser kulturelle Nähe, dann stößt man freilich weniger auf jüdische als auf christliche Wurzeln einer behaupteten »Verwandtschaft«. Es waren die christlichen Pilgerväter der USA, die ein neues Jerusalem im Westen suchten, um das Versprechen des alten in einer chiliastischen Perspektive des neuen zu erfüllen. Die neue Welt sollte das Tor zur Erlösung aufstoßen, und sei es, so wie Heinrich von Kleist es in einem ganz anderen Zusammenhang formuliert hat, eine Hintertür, indem man einmal um die Welt in die falsche Richtung fährt. Vor diesem Hintergrund sind die Bemühungen mancher Pilgerväter und späterer amerikanischer Kirchenväter besser zu verstehen, die immer versuchten, den Beweis zu führen, dass die Indianer der verlorene Stamm Israels seien und durch deren Bekehrung die alte christlich-apokalyptische Weissagung zu erfüllen und die Geschichte zu einem Ende zu bringen sei.

6. Apokalyptische Endzeitvisionen und die zionistische Abwertung der Diaspora per se als bloße Vorstufe der Erlösung vertragen sich offenbar gut. Aber auf Kosten des Judentums.

Die Abwertung der jüdischen Diaspora war zunächst einmal vor allem eines: eine christliche Idee. Die Bibelstellen, die die Diaspora als Strafe Gottes darstellten, wurden insbesondere von den frühen Christen als Beweis dafür herangezogen, dass sie die Erfüllung des Judentums seien und mit ihnen die Erlösung von diesem Fluch gekommen sei, die Aufhebung der Strafe, die über das Judentum verhängt worden sei. Die abwertende Vorstellung vom ewig wandernden Juden steht komplementär dazu.

Die Juden, das sind fortan die Übriggebliebenen, die die neue Heilsbotschaft eben nicht akzeptieren und weiter in der Diaspora, und das heißt im Zustand der ewigen Wanderung, gefangen bleiben. Wir kennen dieses Bild.

Ob christlicher Zionismus des evangelikalen Mainstreams in den USA oder Beschwörung des Abendlandes in Europa: Als Front gegen den Orient oder den Islam laufen beide gleichermaßen auf ein apokalyptisches Weltbild hinaus. Offene Gesellschaften, Diasporas und vor allem Juden *als* Juden haben da keinen Platz. Entweder sie erfüllen als Israel ihre Funktionen im Heilsplan der evangelikalen Apokalyptiker – und werden dann mit der apokalyptischen Wiederkunft des Messias vor die Alternative gestellt, Christen zu werden oder unterzugehen – oder, das wäre die Alternative, die wir in Österreich oder in Deutschland immer wieder erleben, sie lassen sich von den Verteidigern des christlich-jüdischen Abendlandes mit einbunkern als Museumsstück der christlichen Vorgeschichte. So schillert das christliche Verhältnis zu seinen jüdischen Ursprüngen weiter zwischen der Sehnsucht danach, den »Vater« zu ermorden und das Erbe anzutreten – und dem Versuch einer philosemitischen Entmündigung des »Vaters«, der zugleich als Zeuge dafür gebraucht wird, dass einem diese Erbschaft wirklich gehört angesichts eines umstrittenen Testaments.

Am anderen Ende des politischen Spektrums färbt auch die »postkoloniale« Beschwörung der Gegensätze von Ost und West, Nord und Süd, die Kritik am »Westen«, an »westlichem« Nationalismus, »westlichem« Imperialismus und »weißem« Rassismus die Wahrnehmung kulturalistisch ein und kommt unter anderen Vorzeichen zum gleichen Ergebnis. Auch aus dieser Sicht werden die Juden als »Weiße« vereinnahmt, als Teil des kolonialen Syndroms. Auch diese angebliche »Gesellschaftskritik« produziert vor allem eines, den Mythos von authentischer Kultur. Auch wenn sich dieser Diskurs selbst als »links« versteht, in einem Spektrum, das von »Attac« bis weit in links-liberale Kreise reicht: Auch hier geht es letztlich um die Sehnsucht nach einer Kultur vor dem Sündenfall von Geschichte, Zivilisation und Aufklärung. Und so immunisiert sich dieser Diskurs vor der unbequemen Frage danach, wie sehr auch die Geschichte außerhalb des »Westens« immer schon von Rassismus und Sklaverei, von Imperien und gesellschaftlichen Widersprüchen geprägt war und ist.

Am Ende ist so für die christlichen Apokalyptiker und die Verteidiger des Abendlandes, aber auch für die antiwestlichen Zivilisationkritiker der Staat Israel das gleiche: das gefährlich zweideutige Bindeglied zwischen Ost und West, eine Vorhut christlicher Eroberung des heiligen Landes und ein Einfallstor des Orients im Westen, das Symbol weißen Imperialismus und ein nützliches Bollwerk eines sich einbetonierenden Abendlandes.

Doch, um es mit den Brüdern Bojarin zu sagen:

7. **Genau das ist es, was die jüdische Diaspora ausmacht, dass sie sich nämlich diesem Gegensatz von Ost und West, von welcher Seite auch immer identifikatorisch besetzt, radikal entzieht.**

Man muss gar nicht darauf warten, dass die Apokalypse mit regnenden Fröschen und all den anderen Dingen stattfindet, wenn der Tempel gebaut worden ist. Vom christlichen Zionismus zum Judenhass ist es auch in der Gegenwart nur ein kleiner Schritt.

Die Instrumentalisierung von Juden für christliche Endzeitvisionen ist ein deutliches Zeichen dafür, dass die Integration des Judentums ob in den amerikanischen Traum oder in den Traum des christlich-jüdischen Abendlandes ausgesprochen trügerisch ist – angesichts eines christlichen Radikalismus, dessen pro-israelische Propaganda jederzeit wieder in judenfeindliches Ressentiment oder offenen Judenhass umschlagen kann. Und das durchaus im selben rhetorischen Auftreten, in den gleiche Medien, zur gleichen Zeit. Es gibt Zeitschriften der Evangelikalen – die besonders in Süddeutschland und in der Schweiz inzwischen eine echte Massenbasis besitzen, dort wo Pietismus eine lange Tradition hat – wie »Christen für Israel«, »Nachrichten aus Israel« oder »Herzen für Israel«, wo Israel glühend gegen seine »arabischen Feinde« verteidigt wird, Spendenaufrufe für Israel publiziert werden und Israel aufgefordert wird, keinen Zoll breit »jüdischen Bodens« in der Westbank preiszugeben. Man kann dort aber auch lesen, welche eigentümlichen Errungenschaften es in Israel gibt, zum Beispiel neue Techniken, mit denen man durch Wände und in Gehirne schauen kann, Gedanken lesen, Menschen manipulieren und Flugzeuge vom Boden aus fernsteuern. Interessante Fantasien, die sich in nichts von antisemitischen Verschwörungstheorien unterscheiden. Da finden sich die traditionellen judenfeindlichen Ressentiments und das christlich-zionistische Bekenntnis zur Unterstützung Israels auf einer Doppelseite.

Natürlich ist die politische Koalition zwischen jüdischen Organisationen und eben jenen evangelikalen Apokalyptikern in den USA kein besonders gutes Zeichen für den politischen Spielraum, in dem sich israelische Politik bewegt. Solche Freunde sind kein pragmatischer Unfall, sondern ein ernsthaftes Warnsignal.

8. Israel kann eine Antwort auf das Bedürfnis geben, eine Heimat zu haben. Aber es beantwortet nicht die Frage danach, was jüdisch ist.

Wie jüdisch ist Israel? Es ist eine Gesellschaft, die in Teile zerfällt, die diese Frage unterschiedlich beantworten werden, sobald sie nicht mehr eine Existenzfrage von Ja oder Nein sein wird. Eine knappe Mehrheit ist westlich (oder russisch), jüdisch, säkular mit Identitätsentwürfen, die von säkularem Nationalismus bis zur Bejahung einer liberalen Zivilgesellschaft reichen. Eine große Minderheit orientalischer, um nicht zu sagen arabischer Juden erlebt sich häufig in unmittelbarer Konkurrenz zu arabischen und muslimischen Nachbarn und steht in der israelischen Gesellschaft meist am unteren Ende des sozialen Spektrums. Religiöse Minderheiten reichen von Gruppen, die den jüdischen Staat als zu melkendes Übel, bestenfalls als Mittel zum Zweck ansehen, ein traditionelles religiöses Leben im heiligen Land führen zu können, bis zu jenen, die einer militanten Siedlungspolitik und der Vision einer gottesstaatlichen Priesterherrschaft nachhängen und die mit christlichen Apokalyptikern gemeinsam von der Wiedererrichtung des Tempels träumen, und davon, den Messias auf die Erde zu zwingen, egal ob er zum ersten oder zum zweiten Mal kommt. Daneben eine kleine Zahl religiöser Eiferer, die als Einzige zugleich an der Orthodoxie und an dem jüdischen Axiom festhalten, dass es nicht die Menschen sein können, die das Erscheinen des Messias und die Erfüllung der Geschichte erzwingen können – eine Position, die zumindest konsequent ist, wenn sie auch innerhalb des politischen Spektrums Israels eigentlich nur noch von Sektierern vertreten wird. Und nicht zuletzt eine stetig wachsende arabische Minderheit, die im gegenwärtigen israelischen Diskurs immer weniger mit den jüdischen Israelis gemeinsame Symbole und Werte finden kann.

9. **Die Schnittmenge von Judentum und Israel ist für viele eine bequeme Antwort auf ihr eigenes Bedürfnis nach Identität. Doch das Jüdische droht in dieser Schnittmenge zu einer nationalistischen Folklore zu verkommen.**

Der Monotheismus, die universalistische Vorstellung vom einen Gott, der als Schöpfergott für alle existiert, droht in Israel dem chauvinistischen Anspruch auf »unseren Gott« zu weichen. Doch das wäre die Rückkehr des alten tribalistischen Gottes, der Gott des Polytheismus, der mit den Göttern der anderen konkurriert, den Krieg mit den anderen legitimiert. Dem Monotheismus der Diaspora bleibt nicht viel anderes übrig, als dagegen den Gott des Zweifels, der Ironie, den Gott der Relativierung in sein Recht zu setzen. Ein schwacher Gott. Aus den jüdischen Feiertagen, die von Befreiung und Rettung erzählen, die die Treue zum Monotheismus beschwören und der Prüfung des Gewissens gewidmet sind, aus diesen Feiertagen des Trotzdem werden im Kontext einer nationalen Kultur nationale Feiertage, Tage der Beschwörung einer mythischen, nun erfüllten Vorgeschichte, Rituale der Abgrenzung und der Feier militärischer Siege. Dazu kommen seit der jüdischen Staatsgründung die wiederentdeckten Erntedank- und Fruchtbarkeitsfeste die vieles sind, nur nicht besonders »jüdisch«...

Oder wie es Amos Oz in seinem Roman »Sumchi« schon für die Zeit des englischen Mandats vor 1948 formuliert hat: »An Chanukka lernen alle Kinder Israels die bösen Griechen zu hassen. Und an Purim hassen sie die Perser. An Pessach hassen wir die Ägypter. Und an Lag ba-Omer die Römer. Am 1. Mai finden Demonstrationen gegen die Engländer statt. Am 9. Aw fasten wir gegen Babylon. Und am 11. Adar müssen wir uns in alle Ewigkeit daran erinnern, was die Araber Trumpeldor und seinen Freunden am Tel Chai angetan haben. Nur an Tu be-Schwat, dem Neujahrsfest der Bäume, haben wir mit niemandem gekämpft und nichts erlitten. Und ausgerechnet an Tu be-Schwat – nur um uns zu ärgern – regnet es fast immer.«

Was wird aus den jüdischen Feiertagen in der Diaspora? Eine Konvention, die sich selbst entleert, immer weniger Menschen bindet? Oder feiert man sie mit dem Blick auf ihre neue, sozusagen »israelische« Bedeutung? Dann wird aus den Feiertagen freilich leicht eine Folge von Ritualen der Heuchelei und der Selbstverleugnung, der Verneinung der eigenen Existenz. Man feiert eine Erlösung, an der man selbst nur als Zuschauer sozusagen aus sicherer Entfernung teilhat, eine Entfernung, die man in Wirklichkeit gar nicht aufgeben will, weil für die Erlösten diese Erlösung bis heute Krieg, Tod und Angst bedeutet. Man feiert sein eigenes schlechtes Gewissen. Oder man feiert als Israeli im Ausland und nicht als Jude. Feiert etwas, was man gar nicht ist.

Feiert man aber die jüdischen Feiertage als *jüdische* Feiertage, so feiert man die unerlösten Hoffnungen, die andere schon für erfüllt halten, im Bekenntnis zu einem *Trotzdem*. Man feiert im Wissen, dass der jüdische Staat eben nicht das Ende der jüdischen Geschichte ist, eben nicht ihre Erfüllung, sondern eine Etappe mit offenem Ausgang, eine Stufe der Entwicklung, von der man noch nicht weiß, wohin sie führt. Doch das zu tun erfordert einigen Mut, jedenfalls jüdisches Selbstbewusstsein.

Sich von dieser vermeintlichen Identität von Israel und Judentum, die 50 Jahre das öffentliche Bild jüdischer Identität beherrscht hat, ein Stück weit zu befreien, bedeutet freilich auch, sich von etwas zu befreien, von dem man nicht weiß, was an dessen Stelle treten wird, bedeutet, die Offenheit der Geschichte zu ertragen.

10. Sich in diesen Widersprüchen bewegend sind die säkularen und auf eine pragmatische Friedenslösung orientierten Kräfte Israels und der Diaspora zugleich stark und schwach.

Sie sind stark, weil sie die eigentliche Hoffnung des Lebens repräsentieren, ein Leben ohne fortwährende Bedrohung, ein Leben jenseits eines schon beinah unendlich währenden Ausnahmezustands, der korrumpiert und ermüdet. Und sie sind schwach, weil der Anspruch Israels auf eine jüdische Identität und ein historisches Territorium zugleich nur jenseits säkularer Vorstellungen religiös explizit legitimiert werden kann.

Eine Friedenslösung aber kann nur pragmatisch sein und sie muss notwendigerweise Fragen nach Identität unterlaufen. Auch wenn israelische Politiker heute eine explizite Anerkennung Israels als jüdischen Staat von seinen Nachbarn verlangen und auch wenn palästinensische, arabische und muslimische Wortführer heute genau diesen Anspruch explizit verneinen, eine Friedenslösung kann es nur geben, wenn genau auf die Klärung dieser Frage verzichtet, wenn statt Identitäten pragmatische Fragen verhandelt werden. Und das gilt für beide Seiten. Dan Diner hat einmal geschrieben, es gebe drei verschiedene mögliche Legitimierungen des Staates Israel. Eine historische: das Erbe von Auschwitz. Eine überhistorische: das biblische Versprechen. Und eine pragmatische: den demographischen Status quo, das Lebensrecht der Menschen, die dort leben. Das letzte sei die schwächste Legitimation, aber zugleich die einzige, die einem völkerrechtlichen Universalismus standhalten könnte, die einzige, über die es eine Vereinbarung, einen Vertrag auf Gegenseitigkeit, geben könne. Eine schwache Legitimität. Aber die einzige, die diesen Namen überhaupt verdiene, jenseits des schieren Rechts des Stärkeren. Aus einer nichtapokalyptischen Perspektive betrachtet, aus einer Perspektive, die die Welt nicht im Stadium der Endzeit wähnt, aus einer Perspektive der langen Zeit – und darin haben wir Juden eigentlich ein bisschen Erfahrung – kann kaum ein Zweifel daran bestehen, dass Israel im Nahen Osten sich auf das Recht des Stärkeren nicht verlassen kann. Und das gilt freilich auch für die Palästinenser.

Was aber würde geschehen, wenn tatsächlich die notwendigen Bedingungen bestünden, dass ein pragmatischer Vertrag über das Existenzrecht eines israelischen und eines palästinensischen Staates abgeschlossen werden könne?

Was würde geschehen, wenn Israel das Vertreibungsunrecht von 1948 anerkennen würde? Und wenn auch die arabischen Staaten das Unrecht ihres Überfalls auf Israel 1948 anerkennen würden? Was wäre, wenn die Israelis den Anspruch darauf aufgeben würden, Teile der 1967 besetzten Territorien gegen den Willen ihrer Nachbarn auf kaltem Weg zu annektieren, und wenn die Palästinenser ihren Anspruch auf Rückkehr auf israelisches Territorium aufgeben würden, freilich gegen finanzielle Kompensation? Wenn Israel beispielsweise sein exklusiv jüdisches Rückkehrgesetz zeitlich limitieren würde, weil es auf Dauer einem säkularen Einwanderungsgesetz im Weg steht, und wenn beide Seiten ihren Anspruch auf ganz Jerusalem definitiv aufgeben würden? Wenn Israel und Palästina bereit wären, sich jeweils eine säkulare, die Menschenrechte aller Staatsbürger gleich welcher Religion oder ethnischer Zugehörigkeit in den Mittelpunkt stellende Verfassung zu geben, und in beiden Fällen darauf verzichten würden, Staatsbürgerschaft explizit ethnisch oder religiös festzuschreiben?

Man verlangt das freilich immer nur von Israel, aber auf die Idee zu kommen, das Gleiche vom Iran oder von Syrien – oder einem zukünftigen palästinensischen Staat – zu verlangen, darauf kommt man in der Diskussion in Europa seltsamerweise nicht so häufig.

Was also würde geschehen, wenn statt ethnisch-religiös-exklusiven Staatsvorstellungen am Ende ein modus vivendi erstrebt würde, der davon ausgeht, dass es historische, aber keineswegs unwandelbare kulturelle Prägungen gibt? Und was würde geschehen, wenn die Palästinenser mit einer Anerkennung Israels auch die Anerkennung eines demographischen Status quo, eine jüdische Nationalsprache und damit auch eine Bindung Israels an die jüdische Geschichte akzeptieren müssten? Und wenn die jüdischen Israelis zugleich eine Verfassungswirklichkeit akzeptieren würden, die diese Bindung eben vor allem als historische und nicht als eine heilsgeschichtliche Verpflichtung begreift, also als Bestandteil israelischer Identität, aber nicht als Fluchtpunkt jüdischer Identitäten?

11. Normalität für Israel wird erst dann möglich sein, wenn es den Anspruch aufgibt, ein Projekt für alle Juden und ein Projekt von allen Juden zu sein, wenn es den Anspruch aufgibt, das Judentum zu definieren, wenn es den Anspruch aufgibt, die Erfüllung der jüdischen Geschichte zu sein.

Dies setzt erst recht voraus, sich nicht von einem Projekt christlich-apokalyptischer Endzeitvisionen abhängig zu machen und dessen antiislamischer Agenda. Israel würde ein Land unter anderen werden, in dem Juden leben können, freilich ein Land mit einem selbstbewussten jüdischen Erbe – ein Erbe, das Teil einer israelischen Identität wäre, aber eben nicht ihr einziger bestimmender Faktor, ein Erbe, das Teil würde einer israelischen Identität, gerade *indem* es kompatibel ist mit universellen Werten, einer Gesellschaft, mit der sich auch nichtjüdische Bürger identifizieren können. Israel wäre ein historisch jüdisch geprägtes Land im Nahen Osten, vielleicht auch ein möglicher – aber bestimmt nicht der einzige – Zufluchtsort in Momenten der Krise, aber keine endgültige Antwort auf jüdische Fragen.

Eine solche Normalität, sie wäre dann immer noch genau so anormal wie die Tatsache, dass Deutschland heute nicht mehr nur ein Land von *Native Germans* ist und Österreich zwar eine christliche Geschichte, aber eben auch eine von Muslimen mitgeprägte Gegenwart besitzt. Es wäre eine Normalität, die auch in Israel eine offene Frage ist und bleibt. Letztlich eben jene Normalität, von der Herzl irgendwann in Wien geträumt hat, und die am Ende darauf hinausläuft, dass Israel selbst einmal wieder ein Teil der Diaspora sein wird, so wie auch das historische Königreich Teil einer jüdischen Diaspora gewesen ist, die viel größer war als die jüdische Bevölkerung im historischen Israel.

12. Die Geschichte ist weder zu Ende, noch wird sie von uns geplant. Ein solches Israel würde die Diaspora nicht länger einem *double bind* aussetzen.

Es wäre dieses Israel also selbst Teil der jüdischen Diaspora – einer Diaspora, aus der man zwar an jedem Ort der Welt, auch in Israel, aber doch nur um den Preis von Vergessen und Selbstverleugnung vollständig austreten könnte. Und auch das nur mit offenem Ausgang. Denn, wie die Geschichte gezeigt hat, entdecken Juden auch in der zweiten oder dritten oder vierten Generation nach einem Bruch mit der eigenen jüdischen Geschichte wieder etwas in sich oder eben in ihrer Geschichte, das sie einst vom Judentum entfernt hat und vielleicht wieder zum Judentum zurückführt. Viele entdecken ihre *eigene, ganz persönliche* jüdische Frage wieder.

Aber auch das gehört zu den vielen offenen Enden, die wir in der Hand halten.

Ob man aus dem Judentum »austreten« kann, hängt wohl vor allem damit zusammen, ob die Welt um uns weniger besessen von Identität und Zugehörigkeit und Abgrenzung ist, ob Säkularisierung und Globalisierung der Welt voranschreiten oder krisenhaft in Widersprüche geraten. Bis jetzt war dies noch immer der Fall – und hat so Diaspora immer wieder neu als Realität begründet.

So bleibt der »Austritt aus dem Judentum, der Austritt aus der Diaspora« jenseits der kleinen Fluchten individuellen Lebens – eine Utopie. Bei Israel ben Menasse heißt es irgendwo, der Messias könne nur dann kommen, wenn die Diaspora total wäre, wenn die Juden wirklich überall auf der Welt leben würden. Man könnte auch sagen, wenn die Juden wirklich überall auf der Welt leben können, dann braucht es keinen Messias mehr.

Die Geschichte der jüdischen Diaspora bleibt jedenfalls an die Geschichte der Welt gekettet. Eine Abkürzung zur Erlösung gibt es nicht, es sei denn um den Preis der Apokalypse. Aber das ist nicht göttliche, sondern menschliche Panik. Und sie bringt alles, nur kein Heil.

Ist Israel (noch) gut für die Juden?

Tony Judt

Ich möchte mit zwei kurzen Geschichten beginnen. Bei der ersten geht es um New York, wo ich lebe, auch wenn ich den größten Teil meines Lebens in England und einen kleineren Teil in Israel zugebracht habe. Vor einiger Zeit habe ich in der »New York Review of Books« einen umstrittenen Artikel über die Zukunft Israels veröffentlicht. Kurz nach seinem Erscheinen sollte ich dem »Jewish Chronicle« ein Interview geben. Als ich dort ankam, meinte die Redakteurin: »Bevor wir anfangen, habe ich noch eine Frage: Wie halten Sie es nur mit diesen schrecklichen amerikanischen Juden aus?« Die jüdische Diaspora ist ein sehr merkwürdiger Ort.

Meine zweite Geschichte: Kürzlich war ich bei einem eleganten Dinner zur Preisverleihung eines Freundes in New York. Hunderte Menschen drängten sich im Saal. Es war eine dieser typischen New Yorker Gesellschaften, wo Kultur auf Geld trifft, das Geld ein gutes Gewissen hat und die Kultur Geld bekommt. Als das Gespräch an unserem Tisch politisch wurde, äußerte sich ein elegant gekleideter Herr sehr besorgt über den zunehmenden Antisemitismus: »Gäbe es nicht Israel, man könnte meinen, wieder im Jahr 1938 zu sein.«

Daraufhin sah ich mir die 500 oder 600 Leute um mich herum an, die meisten waren Juden. Ich dachte mir: Das ist die wohlhabendste, erfolgreichste, bestintegrierte, kulturell bedeutendste und wirtschaftlich einflussreichste jüdische Gemeinde aller Zeiten. Und trotzdem hielt dieser Mann die Situation für so gefährlich – und die Juden heute für so schwach –, dass wir den Staat Israel nicht kritisieren dürfen, um uns nicht in einem neuen 1938 wiederzufinden. Ich fragte ihn dann, ob er allen Ernstes eine neue Kristallnacht befürchte. »Natürlich«, antwortete er. »Was wäre dann?« »Dann«, meinte er, »würde ich nach Israel gehen.« Das ist mein Thema: der Zusammenhang zwischen den Ängsten und Identitäten der jüdischen Diaspora in unserer Zeit und dem Staat Israel. Meine Frage lautet: Ist Israel (noch) gut für die Juden?

Gäbe es einen jüdischen Staat, einen normalen Staat wie alle anderen, außer dass er eben ein jüdischer Staat wäre, dann wäre die Diaspora kein Problem mehr. Das wäre das Ende der besonderen Situation der Juden. Aber so ist es natürlich nicht.

Von 1948 bis 1967 war der kleine säkulare und insgesamt links der Mitte stehende sozialistische Staat Israel absolut zentral für die jüdische Identität. Ein Gutteil der Welt, einschließlich Westeuropa, mochte, bewunderte und identifizierte sich mit Israel – vor allem Linke. Daher war Israel von 1948 bis 1967 meiner Meinung nach sehr gut für die Juden. Es wurde dadurch zwar nicht normalisiert, aber der Traum Theodor Herzls wurde auf gewisse Weise verwirklicht. Es gab einen säkularen jüdischen Staat, den die übrige Welt als einen normalen Staat ansah und dem man ein gewisses Wohlwollen entgegenbrachte; ein Staat, mit dem sich die Juden in der übrigen Welt identifizieren konnten, ohne wegen seiner unpopulären Politik – und deren Folgen für die Palästinenser – Position gegen ihr eigenes Land beziehen zu müssen.

Aber Israel ist kein normaler Staat. Erstens ist es neben der Europäischen Union die einzige staatliche Struktur innerhalb der Vereinten Nationen, die bis heute ihre endgültigen Grenzen nicht festgelegt hat. Es ist also ein Staat ohne Grenzen. Das alleine ist schon einmalig.

Zweitens ist Israel nach wie vor ein Projekt. Südafrika ist kein Projekt, China auch nicht. Amerika ist eine Art von Projekt, aber auf andere Weise. Das Projekt Israel lautet, die Juden zurückzuholen – daher das Rückkehrgesetz, daher das Fehlen erklärter Grenzen. Kritikern von außen unterstellt man – anders als etwa bei der Kritik an Rumänien oder an Mexiko – Hintergedanken, weshalb an Israel ein anderer Maßstab angelegt wird.

Drittens ist Israel insofern nicht mit anderen Staaten dieser Welt vergleichbar, als der Zionismus verwirklicht wurde. Es gibt einen jüdischen Staat, einen Staat der Juden. Das Problem dabei ist, dass diese Identifizierung Israels mit allen Juden bedeutet, dass alle Juden in der Diaspora mit Israel identifiziert werden.

Ich bin Jude. Ich weiß, dass dem so ist, weil es für mich und für andere gilt, die wir nicht zu Israel Stellung beziehen können, weil wir nicht dort leben, keine israelischen Staatsbürger sind und – natürlich – dort nicht wahlberechtigt sind. Wir sind in Israels Handlungen eingebunden, aber ohne jedes Mitspracherecht. Und zwar nicht deshalb, weil irgendein antisemitischer Schlägertyp in der Pariser Banlieue sagt: »Du bist Jude und ich mag Israel nicht, also mag ich dich auch nicht«, sondern weil Israel behauptet, im Namen aller Juden zu handeln. In diesem Punkt sind sich israelische Politiker und Antisemiten einig: Alle Juden überall auf der Welt sind in Israels Handlungen eingebunden. Israelis halten das für gut, Antisemiten für schlecht, aber beide meinen, es sei so.

Das bringt uns in eine einzigartige Lage. Wo immer man lebt, man wird in die Handlungen eines tausende Meilen entfernten souveränen Staates – dessen Staatsbürger man nicht ist, in dem man nicht wahlberechtigt ist, dessen Sprache man vielleicht nicht spricht, in dem man vielleicht noch nie gewesen ist – politisch, moralisch und ethisch eingebunden. Und man kann nichts dagegen tun, da man nicht wegen dem, was man sagt, oder dem, was man wählt, involviert ist, sondern nur, weil man jüdisch ist. Und so ist es kein Zufall, dass die traditionellen Antisemiten in Europa aus ebendiesem Grund Israel mögen. Jean-Marie Le Pen, der historische Führer des französischen Front National, Held des Terrors im Algerien der 1950er Jahre und bekennender Holocaust-Bagatellisierer, hat mehr als einmal gesagt, dass er Israel sehr gut finde. Er teile die israelische Ansicht, dass Araber Bürger zweiter Klasse sind und dass alle Juden nach Israel gehen und dort leben sollten.

Die Handlungen Israels waren in der Vergangenheit oft umstritten, aber heute spielen sie eine größere Rolle. Das hat zwei Gründe. Der erste ist ganz einfach. Alles, was in den 1950er und 1960er Jahren, ja sogar noch in den 1970er Jahren im Nahen Osten vor sich ging, war zumeist sehr undurchsichtig. Die Menschen im Westen, in der Sowjetunion, in Afrika hatten keine genaue Vorstellung davon. Heute wird – dank Internet und Satellitenfernsehen – alles, was im Nahen Osten passiert, interpretiert, gesendet, erklärt, unter die Lupe genommen und ist in Echtzeit via Computer und Fernsehen weltweit zugänglich – auch einer anderen Diaspora: nicht der jüdischen, sondern der arabischen und der muslimischen Diaspora in der ganzen Welt. Vor dem Schlafengehen sieht ein Jugendlicher in einer der schrecklichen Vorstädte von Paris noch auf seinem Computer, wie Israel ein Haus in Gaza in die Luft sprengt. Tags darauf geht er zur Schule. Dem ersten jüdischen Schüler mit Kippah, der ihm begegnet, versetzt er einen Hieb – als seine Art der Identifikation mit den Palästinensern, als Ausdruck seiner Solidarität und seines Zorns gegen Israel. Es gibt heute einen unmittelbaren Zusammenhang zwischen dem, was im Nahen Osten und dem, was außerhalb davon passiert, den es so vor 10, 15 Jahren noch nicht gab. Dadurch hat sich alles verändert, nicht nur das Verhältnis, das Israel zu seiner Diaspora, das andere Länder zu ihrer Diaspora haben, sondern auch die Einstellungen *innerhalb* der jüdischen Diaspora.

Die jüdische Diaspora ist nicht einzigartig. Sie erinnert sehr an die ukrainische oder an die kroatische Diaspora, die Franjo Tudjman während der Balkankriege finanzierte, oder an die extremeren Mitglieder der griechischen Diaspora, die Ultranationalismus und Fremdenfeindlichkeit in der griechischen Politik aktiv befördern. Die Situation ist dieselbe. Sie ist auch analog zur pakistanischen Diaspora in England, die wesentlich anfälliger für einen radikalen Islam und viel eher geneigt ist, terroristische Handlungen zu unterstützen, als die Pakistanis zuhause in Pakistan. Die gewaltbereitesten palästinensischen Extremisten leben nicht in Gaza, auch nicht im Westjordanland. Sie leben in der palästinensischen Diaspora, im nahen Damaskus und im fernen Chicago: Die Palästinenser dort treten viel eher für extreme Reaktionen gegenüber Israel ein als die Palästinenser, die vor Ort mit der realen Situation leben müssen. Die armenische Diaspora in Los Angeles ist ein notorisches Problem für den kleinen

Staat Armenien, da sie extrem antitürkische Propaganda finanziert, während der Kleinstaat Armenien gezwungen ist, mit der Türkei zu leben, zusammenzuarbeiten, mit der Geschichte des türkischen Völkermords an den Armeniern umzugehen und trotzdem ein normales Leben weiterführen muss.

In mancher Hinsicht ist die jüdische Diaspora ganz genauso. Der Großteil des Geldes, mit dem die extremistischsten Siedlungen im Westjordanland unterstützt werden, stammt von einer relativ kleinen Zahl von Juden an der Ostküste der USA; genauso wie die kroatischen Faschisten in den Bosnienkriegen hauptsächlich von einer Handvoll kroatischer Geschäftsleute aus dem Mittelwesten der USA finanziert wurden, die ein Großkroatien wollten und kategorisch jeden negativen Verweis auf die Ustascha und die kroatischen Faschisten im Zweiten Weltkrieg von sich wiesen. Die jüdische Diaspora ist weder besser noch verhält sie sich anders. Und wenn man irgendeinen israelischen Politiker der Mitte bei ausgeschaltetem Mikrofon fragt, was er von den jüdischen Politikern und Lobbyisten in den USA hält, ist die Antwort wenig schmeichelhaft. Aber natürlich nur inoffiziell.

Es gibt einen – allerdings sehr wichtigen – Unterschied. Die ukrainische Diaspora kommt aus der Ukraine. Die kroatische Diaspora besteht zum größten Teil aus einer Schar alter Männer, die nach dem Zweiten Weltkrieg aus Kroatien geflohen sind. Die polnische Diaspora geht auf den Nationalsozialismus und auf den Kommunismus der 1930er Jahre zurück. Anders ausgedrückt, sie alle kommen von dem Ort, mit dem sie sich identifizieren. Und wenn sie nicht selbst von dort kommen, dann zumindest die Mutter oder der Großvater. Und wenn sie die Sprache nicht sehr gut sprechen, dann bemühen sie sich wenigstens zuhause darum, bis auch die letzte Großmutter gestorben ist, die sie noch gesprochen hat, und dann ist Schluss.

Die jüdische Diaspora kommt nicht aus Israel. Von wo kommt sie? Sie kommt aus Russland, Rumänien, Polen, Österreich, Mähren, der Ukraine usw. Wenn man weit genug zurückgeht, landet man in Spanien und Portugal. Es braucht schon viel historische Fantasie, um sie als Diaspora aus dem Nahen Osten zu verstehen. Erstens müsste man im günstigsten Fall 2000 Jahre zurückgehen. Zweitens müsste man die große Menge an Integration und Assimilation, die dabei entstand, ausklammern. Und drittens bedeutet es, dass die jüdische Diaspora – im Gegensatz zu den anderen – keine Erinnerung an das Heimatland hat. Sie spricht nicht Hebräisch. Die meisten amerikanischen Juden, die ich kenne, sprechen weder Hebräisch noch Jiddisch – übrigens auch nicht Französisch oder eine andere Fremdsprache. Viele von ihnen waren noch nie in Israel. Die meisten Amerikaner waren übrigens noch niemals irgendwo. Sie sind einfach so wie die anderen Amerikaner.

Bis zu einem gewissen Grad sind auch die britischen Juden so. Die meisten Mitglieder meiner Familie, die aus Rumänien, Russland, Polen und Litauen stammen, sprachen keine der jüdischen Sprachen. Die Letzte, die fließend

Jiddisch konnte, war meine Großmutter. Und ich spreche nur zufällig Hebräisch, da ich in Israel gelebt habe. Normalerweise hat meine Generation auch zu dieser Sprache keine Beziehung. Die jüdische Diaspora ist also eine höchst seltsame Diaspora.

Wir dürfen sie nicht mit der israelischen Diaspora verwechseln. In New York City leben 350.000 Israelis, also ziemlich viele. Und sie betrachten sich keineswegs als Teil der jüdischen Gemeinde. Sie bilden eine israelische Diaspora. Sie haben Israel verlassen, weil sie nicht Militärdienst im Westjordanland leisten wollten, sie sind Verweigerer oder sie sind weggegangen, weil sie in Amerika bessere Jobs finden, oder weil die letzten 30 Jahre sie so deprimiert haben. Sie bilden eine echte Diaspora. Mit einem Unterschied: Sie sind in der Regel liberaler als Israel, wohingegen die meisten Diasporas reaktionärer sind als das dazugehörige Land.

Die jüdische Diaspora ist also ein höchst seltsamer Ort. Nehmen wir zum Beispiel die riesige jüdische Gemeinde in Amerika, die zweitgrößte weltweit. Worin besteht ihre Identität? Es ist nicht dieselbe Identität wie die der anderen Amerikaner. Wenn ich jemanden als Afroamerikaner anspreche, dann ist er darauf stolz. Nenne ich jemanden einen irischen Amerikaner, springt er vor Freude. Das sind stolze Identifizierungen. Es ist eine Art, Amerikaner zu sein, so wie man asiatischer, afrikanischer oder indianischer Amerikaner ist. Aber niemand würde sich selbst oder jemand anderen je als jüdischen Amerikaner bezeichnen. Das hätte einen antisemitischen Beiklang.

Was ist also die Identität der Juden in einem Land, in dem Identität so wichtig ist? Man identifiziert jemanden anhand seiner Herkunft, seiner spezifischen religiösen, historischen, ethnischen, gastronomischen Kultur. Ich werde Ihnen sagen, was jüdische Identität im heutigen Amerika bedeutet. Die Religion kann es nicht sein. Die überwiegende Mehrheit der amerikanischen Juden hat noch nie eine Synagoge von innen gesehen. Die Sprachen sind es auch nicht.

Es ist vielmehr eine doppelte äußere Identifikation: eine räumliche mit Israel und eine zeitliche mit Auschwitz. Jude in Amerika zu sein, heißt Auschwitz zu erinnern und Israel zu verteidigen. Beides ist miteinander verknüpft. Und diese Verknüpfung ist das Problem. Wenn Jüdischsein immer die Erinnerung an Auschwitz und immer das Eintreten für Israel bedeutet, dann verwechselt man am Ende beides. Genau wie der Mann bei jenem Dinner in New York, der sagte, man dürfe Israel nicht kritisieren, weil es sonst zu einem neuen Auschwitz käme. Zu dieser Identifikation kam es nicht zufällig. David Ben Gurion, der erste Premierminister Israels, hat bewusst den Holocaust als Teil der Legitimierung des Staates Israel betont. Das war sicherlich historisch richtig. Ohne den Holocaust hätte es den Staat Israel ziemlich sicher nicht gegeben. Ben Gurion versuchte aber, damit eine moralische Lektion zu verknüpfen: Man darf nicht an Israel rühren, da es durch die Erinnerung an die Vernichtung der europäischen Juden geschützt ist. Der prononciert linke Außenminister Israels, Abba Eban, behauptete 1967, die Landkarte Israels sei deren »Auschwitz-Grenze«. Das ist Teil der Identifikation des Staates Israel mit der Erfahrung, dem Leid, der Katastrophe und der Vernichtung der Juden außerhalb Israels. Politisch ist das äußerst folgenreich.

Die erste Folge betrifft den Nahen Osten selbst. Wenn die Normalisierung der Nachbarschaftsbeziehungen, der Palästinenserkonflikt und die Gebietsfrage von der einzigartigen Erinnerung an die jüdische Opferrolle gleichsam in Geiselhaft genommen wird, dann wird Israel nie ein normaler Staat werden. Auch wenn viele Israelis eine Normalisierung wollen, so gibt es auch viele, die das eben nicht wollen.

Man darf nicht vergessen, dass die israelisch-palästinensische Situation keineswegs einzigartig ist. Sie ist nicht so alt wie das nordirische Problem, das seit 300 Jahren besteht. Es ist zumindest bisher nicht so schlimm wie das ebenfalls ältere und wesentlich schlimmere Problem Südafrika. Es gab auch andere Fälle, in denen weit ärgere Konflikte friedlich gelöst wurden. Dinge können sich ändern. Selbst wenn man die seit 1967 ums Leben gekommenen Palästinenser und Israelis zusammenrechnet, ist es nicht der blutigste Konflikt. Deren Zahl macht nicht einmal zehn Prozent der im selben Zeitraum in Nordirland getöteten Katholiken und Protestanten aus, ganz zu schweigen von den Opfern baskischer Terroristen in Spanien im selben Zeitraum. Der Konflikt ist lösbar. Aber natürlich nicht, wenn man ihn mit dem schlimmsten Verbrechen der dokumentierten Menschheitsgeschichte verbindet und sagt, dass man wegen der Erinnerung an dieses Verbrechen nicht daran rühren darf.

Aber das zweite, wichtigere Problem bringt uns in die Diaspora. Und auf einem seltsamen Umweg bringt es uns auch zu dem Zettel, der am Eingang verteilt wurde.[1] Ich habe darauf meinen Namen gesehen und es gelesen. Dazu werde ich nichts sagen, aber ich möchte sehr wohl etwas zu der Diskussion sagen, um die es dabei geht. Was hat es zu bedeuten, dass man Kritiker Israels, mich eingeschlossen, des Antisemitismus bezichtigt? Es heißt, dass in Deutschland, in Österreich, aber auch in England, Frankreich und Amerika der Antisemitismus entwertet wird. Er wird einfach auf die Beschreibung eines Menschen reduziert, der die Politik des souveränen Staates Israel kritisiert. Das ist sehr gefährlich für Israel. Aber es ist noch gefährlicher für die jüdische Diaspora. Denn die Identifikation mit Auschwitz mag ein Fehler sein, aber die Erinnerung an den Holocaust ist kein Fehler. Die wichtigste Erfahrung der Juden im 20. Jahrhundert, die es zu erinnern gilt, ist das, was ihnen in Mitteleuropa zugefügt wurde. Und ich weiß aus meiner eigenen Lehrerfahrung in den letzten 10 bis 15 Jahren, dass wir einen Umschwung erleben. Was Ende der 1980er,

1 | Tony Judt bezieht sich hier auf ein Flugblatt, das vor dem Eingang verteilt wurde, um gegen seinen Vortrag zu protestieren.

Anfang der 1990er Jahre endlich normal wurde – dass es wichtig ist, den Holocaust zu vermitteln, Antisemitismus zu verstehen und seine Bedeutung in der Geschichte Europas zu begreifen –, hat nun einer Einstellung Platz gemacht, die noch nicht Zynismus, aber doch ein nachlassendes moralisches Interesse ist: das Gefühl, dass Antisemiten Menschen sind, die für die Palästinenser und gegen die Israelis sind.

Wir sind dabei, das Tabu des Holocaust zu neutralisieren. In den ersten Jahrzehnten nachdem Ben Gurion den Holocaust zur Rechtfertigung der Existenz Israels benutzte, funktionierte das Tabu noch sehr gut. Seit 1967, insbesondere aber in den letzten 20 Jahren, haben sich die Zuschreibungen gewandelt. Wer gilt heute in aller Welt als Opfer? Wenn es heute ein internationales Klischee für politische Opfer gibt – so wie es die spanischen Republikaner in den 1930er Jahren waren –, dann sind es die Palästinenser. Für viele junge Menschen an den Universitäten der westlichen Welt, die – wenn man so will – von den Politikern missbraucht werden, hat die Sache der Palästinenser einen ähnlichen Stellenwert. Sie sehen darin das moralische Anliegen ihrer Zeit.

Die Folgen eines derartigen Denkens sind für die jüdische Diaspora, für die Sensibilität gegenüber dem Antisemitismus und für die Erinnerung an den Holocaust äußerst gefährlich. Und wenn wir nur das vom Nahen Osten lernen können: Wir müssen den Konflikt zwischen Israelis und Palästinensern und den innerisraelischen Konflikt zwischen Befürwortern und Gegnern einer Zweistaatenlösung trennen von der Identität der Juden und der Geschichte des Antisemitismus in der restlichen Welt. Wenn wir das nicht voneinander trennen, wird Letzteres wegen seiner missbräuchlichen Verwendung durch Ersteres in Vergessenheit geraten. Und in diesem Sinne ist auch die Frage gemeint, die ich im Titel meines Vortrags gestellt habe: Ist Israel noch gut für die Juden? Ich fürchte, nein.

Eine Frage (gestellt von Tony Judts damals 10-jährigem Sohn): Ich als dein Sohn musste miterleben, dass man dir vorwarf, ein antisemitischer Jude voller Selbsthass zu sein – könnte es sein, dass diejenigen, die dich kritisieren, einfach nicht zugeben wollen, dass Israel einen falschen Weg eingeschlagen hat, oder glauben sie wirklich noch an Israel?

Tony Judt: Ich meine, dass etwas von beidem mitspielt. Ich bin Menschen begegnet, die zutiefst davon überzeugt sind, dass es zwischen den Juden und Gott eine Art Grundbesitzvertrag gibt, der besagt: Dieser Streifen Land gehört auf ewig den Juden. Selbst wenn sich Juden dort schlecht benehmen, bleibt es ihr Land und alle anderen sind dort bestenfalls ihre Gäste. Daher gibt es auch keine Besetzung. Das Wort Besetzung verwenden sie nicht gerne für die Gebiete, derer sie sich im Krieg von 1967 bemächtigt haben. Das ist sicher nur eine Minderheit in Israel, die so denkt. Aber sie sind zutiefst davon überzeugt, dass, wer Israel kritisiert, sich gegen das Projekt der Rückkehr der Juden stellt. Und wer gegen dieses Projekt ist, muss antijüdisch sein. Und wer antijüdisch ist, ist Antisemit.

Meiner Meinung nach gibt es aber viel mehr Menschen so wie viele meiner Freunde, ehemaligen Freunde, die sehr unglücklich über die Ereignisse in Israel sind, wie etwa der sehr bekannte Herausgeber eines mir einst nahestehenden renommierten Magazins in den Vereinigten Staaten, der mir sagte: »Vieles von dem, was Du sagst, stimmt, aber sag es bitte nicht vor den Gojim.« Damit meint er, dass es ein Problem ist, das die Juden untereinander lösen müssen. Das diskutiert man nicht vor aller Welt. Zwei andere Freunde sagen, Israel ist vom richtigen Weg abgekommen und zwar durch die Siedlungspolitik. Die Mehrheit der Israelis teilt diese Auffassung, also ist auch nichts daran auszusetzen, wenn andere das so sehen. Aber sie sehen nur eine Zweistaatenlösung. Damit bleibt der Zionismus das Herzstück: Ein jüdischer Staat für Juden, ein palästinensischer Staat für Araber. Ansonsten ist der Zionismus gescheitert. Und das wollen sie nicht akzeptieren. Eher kämpfen sie gegen die Realität, als die Realität zu akzeptieren und – wie du sagst – zuzugeben, dass der Zionismus hier einen falschen Weg eingeschlagen hat.

Palästina

Es war einmal ein Land

Ein Leben in Palästina

Sari Nusseibeh im Gespräch mit Isolde Charim

[Dem Gespräch voran ging eine Lesung des deutschen Vorworts von Sari Nusseibehs Autobiographie[1]]

Isolde Charim: Ist das nicht eine wunderschöne Metapher, der eigenen Geschichte zuhören, ohne auch nur ein Wort zu verstehen? Ist das Ende der Geschichte[2] nicht einfach ein Märchenende? Die drei pflanzen den Baum, was aber macht der Rest der Gesellschaft? Wird der Baum gefällt?

Sari Nusseibeh: Mir ist es noch nicht gelungen, die Geschichte zu publizieren. Daher erzähle ich Ihnen auch nicht genau, worin das Geheimnis besteht und wie es funktioniert. Worum es geht: Die drei pflanzen gemeinsam den Baum, dessen süßer Duft den Rest der Gesellschaft dazu bringt, Frieden zu schließen und eine auf Frieden ausgerichtete Kultur zu pflegen.

Kommen wir zu Ihrer eigenen Geschichte. War Ihr »Friedensabkommen« mit Ami Ajalon im Jahr 2003 nicht so eine Art Baumpflanzung?

2003 kam Ami Ajalon – der frühere Leiter des israelischen Inlandsgeheimdienstes Schin Bet und zuvor Oberbefehlshaber der israelischen Marine – mit einer Idee zu mir. Wir sollten versuchen, von der Basis her Druck zu machen, um so die Führung oben zum Abschluss eines Friedensabkommens zu ermutigen oder zu drängen. Ich hielt das für eine wunderbare Idee, hatte er doch in

1 | Nusseibeh, Sari: *Es war einmal ein Land. Ein Leben in Palästina*, München: Antje Kunstmann 2008.

2 | Nusseibeh erzählt im Vorwort eine märchenhafte Geschichte, in der das gemeinsame Pflanzen eines Geißblattbaumes zu einem versöhnlichen Ende zwischen einem palästinensischen Jungen, einem jüdischen Jungen und einem englischen Mädchen führt.

seinem bisherigen Leben weder mit der Linken noch mit der Friedensbewegung in Israel auch nur das Geringste zu tun gehabt, sondern kam aus dem Geheimdienst. Wir setzten also einen Prozess in Gang, der sehr mühevoll war. Es gelang uns aber schließlich, eine halbe Million Unterschriften zu sammeln, ein absolutes Novum in der Geschichte des israelisch-palästinensischen Konflikts; eine halbe Million, ziemlich gleichmäßig auf beide Seiten verteilt. Für ihn und seine Organisation war es leichter, die Unterschriften zusammen zu bekommen, da es in Israel Internet gibt. Für uns hingegen bedeutete es Beinarbeit im wahrsten Sinn des Wortes. Ich musste zu den Menschen gehen, auf Plätzen, in Dörfern, in Gemeinden Überzeugungsarbeit leisten, um die Menschen zu einer Unterschrift zu bewegen. Aber am Ende hatten wir so viele Unterschriften gesammelt. Leider hat das nicht zu dem politischen Ergebnis geführt, das wir erhofft hatten. Einerseits starb Jassir Arafat und auf der anderen Seite verschwand auch Ariel Sharon von der Bildfläche. Aber die Idee war eindeutig: Die Mehrheit auf beiden Seiten will eine Lösung und zwar eine Zweistaaten-Lösung. Und wir dachten, dass die Menschen nur ihren Wunsch zum Ausdruck bringen müssten, dann würde diese Lösung auch zustande kommen.

Glauben Sie, dass der Inhalt des Nusseibeh-Ajalon-Abkommens, zwei Staaten innerhalb der Grenzen von 1967 und vor allem der Verzicht auf das Rückkehrrecht, noch mehrheitsfähig bei den Palästinensern ist?

Ich glaube schon. Aber dazu bedarf es einiger Dinge. Sollte es eines Tages eine Zweistaaten-Lösung geben, dann wird sie mehr oder weniger auf diesen sechs Prinzipien beruhen, die wir auf einer halben Seite zusammengefasst haben. Also nicht schwierig zu verstehen. Würde man solch eine Lösung, solche Rahmenbedingungen präsentieren, dann wären die Menschen auf beiden Seiten dafür zu gewinnen. Sie würden vielleicht etwas zögern. Aber sie werden dafür sein, weil keine Seite annimmt, dass die andere Seite dafür ist. Angenommen, Abbas[3] und Olmert[4] ziehen sich in einen Raum zurück und unterzeichnen ein solches Abkommen und gesetzt den Fall, sie treten dann vor die Menschen und sagen ihrer jeweiligen Bevölkerung: Wir haben das unterzeichnet, wir wissen, dass wir das eigentlich nicht hätten tun sollen, deshalb wollen wir durch eine Volksbefragung feststellen, ob ihr uns bei der Umsetzung dieses Abkommens unterstützt. Ich glaube, beide Politiker würden bestätigt werden, weil die Mehrheit beider Völker einen Frieden auf der Grundlage eines derartigen Abkommens will.

3 | Mahmud Abbas (Abu Mazen) ist seit 2005 Präsident der palästinensischen Autonomiebehörde.

4 | Ehud Olmert war von 2006 bis 2009 israelischer Ministerpräsident.

Aber das klingt immer noch wie ein Märchen. Sechs Punkte, zwei Männer, zwei Unterschriften. Wenn es so einfach wäre, warum geschieht es dann nicht?

Das stimmt, es klingt wie ein Märchen. Ich bin ein Mensch, der an Magie glaubt, auch im Politischen. Politische Magie ist, wenn Menschen daran glauben, dass sie in sich selbst die Macht tragen, etwas zu verändern. Es ist die Überzeugung, dass Geschichte nicht anderswo von jemand anderem, sondern von den Individuen selbst geschrieben wird. Wenn ich den Menschen also sage, dass Olmert und Abbas sich einfach zusammensetzen und ein Abkommen unterzeichnen können, dann werden mir natürlich vor allem Theoretiker und Politiker sagen, ich sei verrückt. Aber wenn man es sich genauer überlegt, dann kann sie eigentlich nichts davon abhalten. Es gibt kein metaphysisches Hindernis, auch keine Wände aus Stahl, die diese beiden daran hindern, sich einfach in einem Raum zusammenzusetzen. Alles, was sie brauchen, ist ein Blatt Papier und ein Stift, um ein solches Abkommen zu paraphieren.

Aber warum geschieht es nicht?

Aus zwei Gründen. Zum einen sind die beiden Seiten nicht unbedingt derselben Auffassung. Anders gesagt, Abu Mazen und Olmert können sich vielleicht nicht einigen. Und auf israelischer Seite könnte es tatsächlich Bedingungen geben, die unannehmbar sind. Auf Seiten der Palästinenser kann es möglicherweise Bedingungen geben, die unannehmbar sind. Die erste Voraussetzung, damit es zustande kommt, ist eine Übereinstimmung der Meinungen und der Ansichten der beiden Politiker. Für eine solche Erklärung müssen sich beide völlig einig sein. Und die zweite wesentliche Voraussetzung ist, dass die Personen auf beiden Seiten daran glauben müssen, dass sie das tun können. Sie müssen an die Fähigkeit der Menschen glauben, durch ihre Taten Geschichte zu schreiben, sie müssen das Selbstvertrauen haben, Dinge bewegen zu können. Es gibt also zwei Voraussetzungen.

Bedarf es nicht noch einer dritten Voraussetzung? Muss man nicht auch daran glauben, dass die Lösung gewaltfrei sein muss, bedarf es nicht eines Gewaltverzichts? Von außen betrachtet hat man den Eindruck, dass dieser Glaube an die Gewaltfreiheit vielleicht während der ersten Intifada, an der Sie ja teilgenommen haben, Mainstream bei den Palästinensern war.

Machen wir uns nichts vor. Menschen – egal, ob wir von Arabern, Europäern oder Amerikanern reden – neigen zu der Annahme, dass sich Ziele durch Gewalt eher verwirklichen lassen. Leider ist das eine allgemein menschliche Einstellung. In diesem Sinn tendierten auch die Palästinenser zum Einsatz von Gewalt, aber ebenso die Israelis. Dass es eine Besetzung gibt, ist ja bereits ein gewaltsamer Zustand. Die zentrale Frage dabei ist jedoch: Können wir weiter sehen als das Gegebene, können wir uns etwas anderes vorstellen? Können wir einen Zustand des Friedens, der Koexistenz zwischen Israelis und Palästinensern auf Grundlage eines Einverständnisses über unsere Interessen herbeiführen? Zurzeit gibt es zehn, zwölf Millionen Israelis und Palästinenser, die sehr dicht gedrängt in einem kleinen Land leben. Am Ende des Tages ist es für beide Gemeinschaften, beide Völker, beide Nationen vernünftiger, miteinander in einer stabilen und sicheren Umgebung in Frieden statt in Angst zu leben und aufeinander zu schießen. Die Zeit wird kommen, da beide Seiten erkennen werden, dass sie dasselbe Anliegen haben. Es mag seltsam klingen, aus meinem Mund zu hören, dass Israelis und Palästinenser ein gemeinsames Interesse haben. Und doch ist es so. Israelis und Palästinenser haben ein gemeinsames Ziel, ein gemeinsames Anliegen, das Zukunft heißt. Dieses gemeinsame Interesse schafft eine Verbindung zwischen Israel und Palästina, wie es sie weder zwischen Israel und den USA noch zwischen Palästinensern und wem auch immer gibt. Objektiv gesehen leben wir jeweils vor der Haustüre des anderen. Und früher oder später werden beide Seiten begreifen, dass es deshalb in unserem gemeinsamen Interesse liegt, ein für beide Seiten annehmbares Leben zu schaffen.

Ich würde Ihnen gerne glauben.

Weshalb tun Sie es dann nicht?

Ich denke, es gab eine Zeit, zu der Ihr Credo, Ihre Überzeugungen, Ihre Meinungen und die historische Situation zusammenfielen, um die erste Intifada herum. Aber ich glaube, dass sie nach Beginn der zweiten Intifada auseinandergedriftet sind. Das ist mein Eindruck. Ist der richtig?

In einer Hinsicht haben Sie natürlich Recht. In anderer Hinsicht aber auch wieder nicht. Wenn Sie sich zum Beispiel fragen, wie weit die beiden Seiten voneinander entfernt sind in Bezug auf die Ausarbeitung eines gemeinsamen Abkommens, werden Sie feststellen, dass sie einander heute wesentlich näher sind als vor 50, 40, 30 oder 20 Jahren. Warum? Weil es einen rationalen Bewusstwerdungsprozess auf beiden Seiten gab. Man begann zu realisieren, dass wir einander Raum geben müssen, dass wir eine gemeinsame Zukunft haben. Die Menschen scheinen langsam zu begreifen, dass eine Einigung unausweichlich ist. Trotz ihrer Macht, ihrer Atommacht, trotz ihrer bisherigen Gewaltanwendung kommen die Israelis zu der Erkenntnis, dass sie den Willen des palästinensischen Volkes nicht brechen können. Es ist unmöglich, das Volk der Palästinenser loszuwerden, es verschwinden oder plötzlich seine Rechte vergessen zu lassen. Umgekehrt müssen auf der anderen Seite auch die Palästinenser zu dem Schluss kommen, dass man, egal durch welche Gewaltanwendung, den Willen des israelischen Volkes nicht brechen kann. Es ist also eine Pattsituation. Beide Seiten müssen begreifen, dass Gewalt nicht funktioniert, und dass das Einzige, was funktioniert, eine Lösung auf dem Verhandlungsweg ist. Es braucht ein System der Koexistenz, in dem beide Seiten denselben Wert haben. Es braucht ein Gleichgewicht, ein Gleichgewicht des Respekts, der Würde und der Anerkennung. Darauf bewegen wir uns langsam zu. Das dauert sehr lange. Bis dahin gibt es viel Leid, Blutvergießen und Tod auf beiden Seiten. Ich bin aber überzeugt, dass es eines Tages in 10, 50, 100 Jahren zwischen Juden und Arabern, Israelis und Palästinensern ebenso friedliche Beziehungen geben wird wie heute in Europa zwischen Ländern, die einander in der Vergangenheit bekriegt haben. Es wird dazu kommen. Die Herausforderung für uns im Nahen Osten liegt darin, dies so schnell wie möglich zustande zu bringen, mit einem Minimum an Leid auf beiden Seiten.

Ich bin sehr erstaunt, dass Sie meinen, es gäbe eine Rationalisierung des Konflikts. Gab es nicht viel eher eine Veränderung der Natur des Konflikts? Früher ging es um Land oder um Öl. Jetzt geht es um Religion und Identität. Das ist ein ganz anderer Diskurs. In der Theorie unterscheiden wir zwischen teilbaren und unteilbaren Konflikten. Letztere sind nur lösbar, wenn identitäre Fragen in quantitative verhandelbare Inhalte, also in teilbare Konflikte, verwandelt werden. Was wir in der letzten 10, 15 Jahren gesehen haben, war genau der andere Weg: eine Aufladung des Konflikts mit identitären und religiösen Begriffen.

In gewissem Sinne haben Sie Recht. Wenn man einen oberflächlichen Blick auf die politische Landkarte wirft, sieht man eine Radikalisierung der Standpunkte auf beiden Seiten und eine religiöse Aufladung. Leben, Entscheidungen, politische Einschätzungen der Menschen werden wesentlich stärker von religiösen Faktoren bestimmt als zuvor. Ich halte jedoch daran fest, dass es sich dabei um eine oberflächliche Veränderung handelt. Ich behaupte sogar, dass das auf eine gewisse, verquere Weise sein Gutes hat, da wir es noch immer mit einem Problem zu tun haben, das gelöst werden muss. Wie gehen wir mit den drei Glaubensbekenntnissen, den drei abrahamitischen Religionen um? Die Zeit ist reif für eine offene Auseinandersetzung mit der Frage, welche Botschaft für Gläubige wichtiger ist: dass Abraham einen Sohn namens Isaak oder einen Sohn mit Namen Ismael opfern wollte – oder ist es wichtiger, einfach zu glauben, dass Abraham bereit war, seinen Sohn zu opfern, gleichgültig ob er Isaak oder Ismael hieß? Darüber müssen wir uns klar werden. Wir müssen auch eine Antwort auf die Jerusalem-Frage finden. Wie religiös, wie säkular ist die Stadt? Ich verstehe Gottes Botschaft so: Als Abraham seinen Sohn opfern wollte, nach jüdischer Überlieferung auf jenem Felsen, auf dem die Al-Haram-Moschee erbaut wurde, zeigte ihm Gott eine Alternative, sodass Abraham von dem Opfer

Abstand nehmen konnte. Ich interpretiere das so, dass Gott Abraham und Abrahams Kindern sagt, ihr sollt keines Menschen Blut hier auf diesem Felsen um meinetwillen vergießen. Was aber tun wir, die Kinder Abrahams? Wir vergießen genau an dieser Stelle Blut. Vielleicht ist die Zeit gekommen, dass Menschen mit einer religiösen Identität sich mit der Frage auseinandersetzen, was Religion insbesondere an einem Ort wie diesem bedeutet. Welchen Wert hat für uns ein Fels und welchen Wert ein Menschenleben?

Im Nachwort zu Ihrem Buch schreiben Sie: »[...] auf einer tiefen metaphysischen Ebene sind Juden und Araber ›Verbündete‹, und jeder Versuch, sie zu trennen – zum Beispiel Scharons Mauer –, ist das Produkt des modernen europäischen Mythos von einer »reinen«, von Fremden gesäuberten Nation«[5]. Wenn wir auf Ihr politisches Engagement zurückkommen, dann haben Sie immer für einen palästinensischen Nationalstaat gekämpft. Wie würden Sie Ihren Nationalismus definieren? Worin unterscheidet er sich von demjenigen, den Sie gerade skizziert haben?

Es stimmt nicht, dass ich immer für eine Zweistaaten-Lösung war. Mein politisch naiver, angeborener Wunsch war immer ein einziger Staat. Ich bin kein geborener Nationalist und so habe ich das immer für die bessere Lösung gehalten. Inzwischen bin ich aber zu der Überzeugung gekommen, dass eine Zweistaaten-Lösung besser ist; nicht, weil ich persönlich dies für eine ideale Lösung halte, sondern weil ich erkannt habe, dass den Menschen diese Lösung im Allgemeinen lieber wäre. Ich hielte es für die beste Lösung, Menschen ein gleichberechtigtes Zusammenleben unabhängig von Rasse, Religion oder Nation zu ermöglichen. Ich bin in einer Familie aufgewachsen, die anderen Religionen gegenüber immer sehr offen war, vielleicht weil wir viel mit Christen zu tun hatten. Diese Einstellung wird nicht von allen arabischen Familien geteilt. Ich habe mich selbst nie in erster Linie als Palästinenser oder Muslim empfunden, sondern immer zu allererst als Mensch. In Europa war die Situation möglicherweise eine andere. In Europa gab es das jüdische Problem zuerst. Und in Europa wurden auch Grenzen zwischen Nationen errichtet, um die besseren Menschen von den weniger guten zu trennen. Deshalb finde ich, dass die Trennmauer zwischen Nationen und Kulturen mehr eine europäische Erfindung ist als eine des Nahen Ostens oder der Levante. Die Welt der Levante war vielleicht offener, grenzenloser, durchlässiger für Kulturen und Religionen, als das je in Europa der Fall war.

Aber liegt der Vorstellung eines eigenen palästinensischen Nationalstaats nicht das europäische Konzept der Nation zugrunde?

---

5 | Ebd., S. 508.

Weitgehend ja. 1978 kam ich aus den USA zurück, um an der Bir Zait Universität zu unterrichten. Ziemlich bald kam ich mit Studenten und politischen Aktivisten in Kontakt und mir wurde klar, dass die Leute dort eigentlich nur den Wunsch nach einem eigenen Staat hatten. Seither trete ich für einen palästinensischen Staat ein. Nationalismus ist für mich eine erlernte Ideologie.

Aber Sie glauben nach wie vor, dass dies eine Lösung ist?

Ich glaube, eine Zweistaaten-Lösung ist die einfachste, unmittelbarste und annehmbarste Lösung für die Menschen auf beiden Seiten. Deshalb ist sie die beste Lösung.

In Ihrem Buch gibt es ein eindrucksvolles Beispiel für gewaltfreien Widerstand an Ihrer Universität in Jerusalem. Nach 34 Tagen gewaltfreier Proteste ist es gelungen, den Verlauf der Grenzmauer zu verschieben. Die jungen Leute, die für ihr Fußballfeld kämpfen, das ist ein starkes Bild.

Lassen Sie mich auf die Praxis der Gewaltlosigkeit bei den Palästinensern im Allgemeinen eingehen. Ich glaube nicht, dass die Behauptung zutrifft, die Palästinenser hätten historisch in ihrer Auseinandersetzung mit Israel oder im Zuge ihres Widerstandes gegen Israel nur Zuflucht zu Gewalt genommen. All die Jahre haben die Palästinenser vor allem auf Gemeindeebene, an der Basis, ihre Interessen gewaltfrei vertreten, durch gewaltfreie Demonstrationen, Streiks und verschiedenste andere Aktionen. Es wird Sie überraschen zu hören, dass der gewaltfreie Widerstand der Palästinenser unter anderem in israelischen Gefängnissen begann. Palästinensische Häftlinge in israelischen Gefängnissen hatten natürlich keine Waffen, mussten jedoch jahrelang kämpfen, um Dinge wie Seife und Schreibpapier zu bekommen oder radiohören und fernsehen zu können. Das gelang ihnen mithilfe gewaltfreier Aktionen der Gefangenenbewegung in den israelischen Gefängnissen, die langsam aber doch die gewünschten Ergebnisse brachte. Diese Art von Strategie oder Kultur des Widerstands ist sehr palästinensisch. Sie war nicht immer und überall erfolgreich. Und sehr oft sehen die Palästinenser Gewaltlosigkeit nicht als einzige Waffe. Das ist ein großes Streitthema. Ich hatte argumentiert – und würde das auch heute noch –, dass die Macht der Gewaltlosigkeit nicht nur in der Gewaltlosigkeit selbst liegt, sondern darin, dass sie das einzige Instrument ist, das Veränderungen bewirken kann. Wenn sie das Instrument der Gewaltlosigkeit gemeinsam mit Gewalt anwenden, dann verliert es viel von seiner Macht. Im Fall der Universität ist es uns gelungen, die Mauer zu verschieben. Als Israel mit der Planung der Mauer begann und wir erkannten, dass die Mauer mitten durch unsere Universität verlaufen und den Campus in zwei Teile zerschneiden würde, wurden die

Menschen an der Universität sehr schnell aktiv, ehe die Bulldozer ihre Arbeit aufnehmen konnten.

Was haben wir also dagegen unternommen? Wir haben uns zusammengesetzt und gemeinsam beratschlagt, was zu tun sei; wir beschlossen, umgehend den Sportplatz zu besetzen, vor dem bereits die Bulldozer unter dem Schutz der Soldaten Stellung bezogen hatten. Dann nahmen wir Kontakt mit den Studierenden auf. Diese Diskussionen sind mir noch lebhaft in Erinnerung, denn Studenten sind ja generell heißblütig. Ich sagte ihnen, dass alles friedlich ablaufen müsse. Wenn dort auch nur einer damit beginnt, einen Stein gegen die Soldaten zu werfen, werden sie auf uns schießen und den einen oder anderen tödlich verletzen. Dessen Bild würde zwar tags darauf als Märtyrerheld in den Zeitungen erscheinen, aber schon am folgenden Tag würde mit Sicherheit der Befehl zur Schließung der Universität kommen. Und wenn die Universität geschlossen ist und ihr Helden und Märtyrer seid, werden die israelischen Bulldozer ihre Arbeit fortsetzen. Deshalb müssen wir friedlich, ohne Steine, aufmarschieren und dort ausharren. Wir gehen jetzt also auf den Sportplatz und bleiben dort. Alle diese Studenten der verschiedensten Fraktionen – Fatah, Hamas, wie sie alle heißen – ließen sich überzeugen. Wir waren ungefähr 1000 Personen, die auf das Feld strömten. Die Anspannung der israelischen Soldaten war mit Händen zu greifen. Man konnte sie an ihren Augen und am Zupacken der Gewehre ablesen. Als wir die Mitte des Spielfelds erreicht hatten, sahen sie, dass wir nichts weiter taten, also rührten auch sie sich nicht. Und dann lief auch noch unser Team in Sportdressen ein. Sie liefen genau im richtigen Augenblick zwischen den Demonstranten und den Soldaten aufs Feld. In dem Moment waren die israelischen Soldaten überrumpelt und konnten nichts mehr tun. Sie ließen ihre Gewehre sinken, zogen sich zurück und überließen uns das Feld. Und wir blieben dort. Wir luden alle Diplomaten zu einem Augenschein ein, sie sollten sich ansehen, was die Israelis mit unserem Fußballfeld vorhatten und was ganz allgemein mit der Mauer vor sich ging. Damals war die Mauer noch kein großes Thema. Durch uns wurden die Menschen darauf aufmerksam. Wir organisierten dort alle erdenklichen Veranstaltungen, Graduierungsfeiern und Vorlesungen. Auf dem ganzen Feld wurden Prüfungen abgehalten. Es gab Mitarbeitertreffen, Fakultätssitzungen. Untertags füllten wir den Raum mit unseren Aktivitäten. Und am Abend holten wir Leute, die Volksmusik machten, tanzten usw. Wir veranstalteten ein Fußballturnier zwischen allen Universitäten. Es gab Reitsportaktivitäten und vieles andere mehr. Und wir blieben – und appellierten an alle, uns zu unterstützen. Dieser Appell mobilisierte tausende Wissenschaftler auf der ganzen Welt, auch aus Israel, die nicht nur unseren Aufruf unterzeichneten, sondern auch zu uns kamen, um unseren Protest gegen die Mauer zu unterstützen. Schließlich und endlich mussten die Verantwortlichen im israelischen Verteidigungsministerium diesem Druck – auch von amerikanischer Seite – nachgeben. Das war übrigens die einzige Stelle im gesamten Verlauf der Mauer, wo es gelungen ist, die Mauer ohne gerichtliche Verfügung zurückzudrängen. Nur aufgrund einer Vereinbarung zwischen uns und den Israelis, unter Aufsicht der USA.

Sie haben die Mauer zurückgeschoben. Aber am Faktum der Mauer selbst hat es nichts geändert. Sie ist nach wie vor da.

Das stimmt. Aber es zeigte, dass Gewaltlosigkeit etwas bewirken kann, auch wenn es nur ein Weniges ist, wie in diesem Fall. Wir haben damals ja auch nicht mehr gefordert; aber Gewaltlosigkeit funktioniert auch in Bezug auf ein Friedensabkommen zwischen Israelis und Palästinensern.

Im Publikum sitzen zahlreiche Mitglieder der jüdischen Gemeinde. Ich sagte Ihnen das schon im Vorfeld und Sie meinten, das sei immer so. Warum? Wie erklären Sie sich ihren Erfolg bei den Juden? Wie reagieren die Palästinenser auf Ihr Buch, auf Ihre Ideen?

Wenn die jüdischen Gemeinden im Ausland hören, dass ich komme, wollen sie sich einfach rückversichern, da sie Palästinensern nicht trauen. Ich halte einen Vortrag und sie wollen sich selbst ein Bild machen, ob es sich um das Original oder ein Plagiat handelt. Die Araber, die Palästinenser sind eine gespaltene Gemeinschaft. Was ich sage, ist bei meinen eigenen Leuten nicht sehr populär. Aber sie lehnen es auch nicht völlig ab. Verständlicherweise argwöhnen sie, ihre (politischen und geistigen) Führer könnten sie verraten. Wenn ich mit ihnen spreche, ist meine größte Herausforderung, sie davon zu überzeugen, dass mein Vorschlag im Interesse unseres Volkes ist. Ich verfolge kein persönliches Interesse und will auch keinen abgekarteten Deal verkaufen. Ich sage den Menschen: »Ich tue das nicht, weil ich irgendeine offizielle Funktion anstrebe. Ich tue das, weil ich es für meine Pflicht halte. Ich muss mir in die Augen sehen können, wenn ich am Abend zu Bett gehe.« Wenn ich also für eine Zweistaaten-Lösung eintrete, dann heißt das, wir müssen Kompromisse in grundlegenden Fragen machen. Es ist schmerzlich, so etwas hören zu müssen. Ich sage aber auch, wir müssen an die Zukunft denken, und nicht an die Vergangenheit. Wir müssen ein neues Leben schaffen. Und das ist nicht erfreulich, denn die Menschen sehnen sich danach, dass man ihr Leid, das Leid, das ihnen in der Vergangenheit zugefügt wurde, anerkennt. Das ist aus psychologischen Gründen notwendig. Das verstehe ich. Aber ich komme, um darüber zu sprechen, wie man die Voraussetzungen dafür schafft, dass kein neues Leid entsteht. Das ist mein Fokus. Aber sie wollen von ihrem Leid der Vergangenheit sprechen und von einer Welt, in der es vollkommene Gerechtigkeit gibt. Vermutlich ist das der Grund, weshalb die Palästinenser nicht in Scharen zu meinen Vorträgen kommen.

Politik der Versöhnung

Bashir Bashir

Dieser Text handelt von einem anderen Israel. Einem demokratischeren, humaneren, gerechteren, einem integrativeren – mit anderen Worten: von einem bi-nationalen Israel. Es gibt mindestens drei Faktoren, die uns angesichts der untrennbaren Verknüpfung dieser beiden Nationen dazu zwingen, den Konflikt zwischen Palästina und Israel im Allgemeinen, vor allem aber die Beziehung zwischen der palästinensischen Minderheit in Israel und dem Staat Israel aus einem anderen Blickwinkel zu betrachten. Diese drei Faktoren sind erstens die empirisch-faktische Dimension, also die Tatsache, dass Araber und Juden im historischen Palästina (sowohl in Israel als auch in den besetzten Gebieten) geographisch, demographisch, ökologisch und ökonomisch untrennbar miteinander verbunden, verstrickt und voneinander abhängig sind. Zweitens die demokratische Dimension, in der es in erster Linie um die Prinzipien der Reziprozität, der Selbstbestimmung und der Legitimität geht. Die dritte Dimension ist die der historischen Versöhnung.

Mir geht es im Folgenden hauptsächlich um die dritte Dimension. Welchen Beitrag kann eine Politik der Versöhnung zur Beilegung des Konflikts leisten? Wenn wir solch eine Politik ernst nehmen, kommen wir vermutlich zu dem Schluss, dass ein neues Israel entstehen muss.

Vorweg möchte ich noch kurz den allgemeinen theoretischen Kontext umreißen, in dem diese Versöhnungspolitik bisher abgehandelt wurde – die Debatten über demokratische Integration und Verständigung. Diese Debatten beziehen sich hauptsächlich auf einzelne Gesellschaften, gefestigte westliche Demokratien wie Kanada, Amerika, Australien und Neuseeland. Dennoch möchte ich sie hier erörtern, da die große Mehrheit der israelischen Wissenschaftler sich ihrer bedient, um Politik und Beziehungen zwischen Israel und Palästina zu rechtfertigen, zu beurteilen, zu untersuchen und neu zu entwerfen.

Nach dem Zweiten Weltkrieg war das im Westen vorherrschende Modell die sogenannte aggregative Demokratie. Das war im Wesentlichen ein Mehrheitsdemokratiemodell, demzufolge Individuen Präferenzen und Interessen haben, die schon vor dem politischen Prozess festgelegt sind. Gemäß diesem

Modell ist Politik der Raum, in dem unterschiedliche Interessensgruppen um Entscheidungen ringen und diese miteinander aushandeln. Die Bürger werden dabei grundsätzlich als passive Akteure gesehen, die nur einmal alle vier Jahre zur Wahl zu gehen haben, während der Großteil des politischen Handelns von Parteien und sonstigen Gruppierungen wahrgenommen wird. Entscheidungen werden hier durch Mehrheitswahlen getroffen. Dieses Modell hat sich jedoch als problematisch erwiesen. Die Einwände dagegen kommen von Theoretikern unterschiedlicher Weltanschauungen. Manche republikanischen oder aristotelischen Theoretiker lehnen dieses Modell aus perfektionistischen Gründen ab. Sie bemängeln, dass es den Bürgern keine Möglichkeit zu einer sinnvollen Teilnahme an der *res publica* gibt und sie damit daran hindert, ihre Bürgerrechte und -tugenden wahrzunehmen. Andere wiederum sind aus epistemologischen Gründen gegen diese aggregative Mehrheitsdemokratie. Ihrer Ansicht nach ist dieses Modell deshalb problematisch, weil es keine informierten rationalen kollektiven Entscheidungen zulässt.

Hier interessiert uns mehr ein dritter Kritikkomplex, demzufolge dieses Modell hinsichtlich der Diversität in einer pluralistischen Demokratie per se ausgrenzend ist. Die aggregative Mehrheitsdemokratie ist von vornherein assimilatorisch, da ihr Ziel die Bildung einer homogenen Nation ist. Viele gefestigte Demokratien haben sich unter dem Einfluss dieser Prinzipien auf eine Nationenbildung eingelassen, durch die Minderheiten ausgegrenzt oder unterdrückt wurden. In diesen pluralistischen Gesellschaften wurde die homogene Nation in Anlehnung an die dominierende Gruppe geformt und Minderheiten einfach assimiliert. Kurzum, dieses Modell ist problematisch, weil es keinen passenden Umgang mit der existierenden Multikulturalität und Pluralität dieser Gesellschaften gefunden hat. Es ist blind für Unterschiede und will eine homogene Nation herstellen, mit einer einheitlichen Kultur, einer einzigen Nationalsprache und einem einheitlichen Symbolsystem. Wie aber geht das mit Versöhnung zusammen?

Die Kritiker, die dem aggregativen Mehrheitsmodell vorwerfen, auf Assimilation abzuzielen und kulturellen Pluralismus und Minderheitenrechte nicht ernst zu nehmen, können wir ganz allgemein als Multikulturalisten bezeichnen. Dank ihnen ist es in mehreren gefestigten Demokratien zu einer Verschiebung von einem ausgrenzenden Mehrheitsmodell zu einer multikulturellen Politik des Ausgleichs gekommen, die kulturelle Vielfalt und Minderheitenrechte anerkennt und unterstützt. In Demokratien wie den Vereinigten Staaten von Amerika, Kanada, Australien und Neuseeland finden wir historische Unrechtstaten, die Aborigines, Ureinwohnern und Afroamerikanern zugefügt wurden. In gefestigten Demokratien, in denen einzelne Gruppen der Bevölkerung am Erbe eines historischen Unrechts tragen, reicht aber eine Politik des Multikulturalismus nicht aus, um solcher Ausgrenzung und Marginalisierung entgegenzuwirken. Aus dem ererbten historischen Unrecht infolge von Rassismus,

Unterdrückung und Ausgrenzung entsteht eine ganze Reihe von Ansprüchen, denen eine multikulturelle Politik nicht gerecht wird. Diese postuliert häufig Integrationsverfahren und Gerechtigkeitstheorien als ausreichendes Gegengewicht zur Ausgrenzung. Aber wenn es um historisches Unrecht geht, sind multikulturelle Parameter und Lösungen zu wenig. Warum? Generell bedürfen Gruppen, die in der Vergangenheit Opfer von Unrechtstaten wurden, nicht nur der Anerkennung ihrer Kultur, Identität, Religion und Sprache. Sie verlangen mehr als die reine Anerkennung. Es lassen sich vier Prinzipien bestimmen, die historisch benachteiligte Gruppen direkt oder indirekt geltend machen. Diese bilden die Grundlage einer Politik der Versöhnung: Erinnerung, Anerkennung, Verantwortung, Bereitschaft zur Entschuldigung und Wiedergutmachung. Diese möchte ich nun im Zusammenhang mit der palästinensischen Minderheit in Israel untersuchen.

Israel hat sich bei seiner Gründung 1948 für ein nichtdifferenzierendes, assimilatorisches Mehrheitsmodell, den sogenannten Schmelztiegel, entschieden. Das eigentliche Ziel dieses Modells war die Schaffung einer homogenen israelisch-jüdischen Identität anhand der Werte der osteuropäischen Aschkenasim. Aufgrund dieses Modells wurde die palästinensische Minderheit in Israel – etwa 15 Prozent der Bevölkerung – systematisch unterdrückt und von dieser neuen Identität ausgeschlossen. Die Zugehörigkeit zu diesem Schmelztiegelprojekt beruhte auf Ethnizität, das heißt ob man Jude war oder nicht. Aber auch die Misrachim, Juden aus arabischen und muslimischen Ländern, waren einer repressiven Assimilationspolitik ausgesetzt, die ihre Identität, ihren Geschmack und ihr Verhalten nach dem Vorbild der Aschkenasim formen wollte. Israel verfolgte also eine assimilatorische Nationenbildung, und wählte für seine Politik ein Mehrheitsmodell, das die jüdische Hegemonie sichern sollte. Nach diesem Modell sind Wahlen der wichtigste Mechanismus zur Entscheidungsfindung. Wenn dem so ist, dann sind die Palästinenser automatisch ausgeschlossen, da sie ganz einfach überstimmt werden. Wenn Beschlüsse durch Mehrheitsentscheidungen zustande kommen und die Mehrheit Juden sind, dann dienen diese Beschlüsse leicht den Interessen und Rechten der Juden. Aber Israel stellt diesbezüglich keinen Einzelfall dar. Viele Länder in der ganzen Welt verfolgen ein Projekt der Nationenbildung. Die meisten dieser Projekte waren assimilatorisch, ausgrenzend und minderheitenfeindlich – mit einem wesentlichen Unterschied: Im Gegensatz zu Israel haben viele demokratische Länder ihre Politik zugunsten einer inkludierenderen Demokratie revidiert. Israel hat die israelischen Palästinenser nicht nur von der Definition des Gemeinwohls ausgeschlossen, sondern hat sie bis 1966 auch unter Militärverwaltung gestellt. Das bedeutete im Wesentlichen eine Verweigerung der meisten ihrer Rechte mit Ausnahme des Wahlrechts. Das Wahlrecht hatte man ihnen nur deshalb zugestanden, weil die israelischen Palästinenser nach der Nakba meistens Listen der Mapai-Partei Ben Gurions wählten, die als Stimmenfang für diese arabischen Wähler erstellt wurden. In jener Zeit waren die Palästinenser in Israel traumatisiert und von Angst und Sorge um ihr Überleben geleitet.

Verschiedene israelische Wissenschaftler haben eingeräumt, dass dieses Politikmodell aufgrund seines ungeheuren Assimilationsdrucks auf die Misrachim sowie seiner systematischen Ausgrenzung und Diskriminierung der Palästinenser in Israel problematisch ist. Sie gehen in ihrer Kritik an der vorherrschenden israelischen Politik unterschiedlich weit, aber sie haben versucht, eine demokratische Politik der Inklusion und des Ausgleichs anzuregen. Ich möchte hier drei neue Modelle herausgreifen und erläutern, weshalb diese meiner Meinung nach zu kurz greifen.

Eines der prominentesten Modelle ist die »ethnische Demokratie« des Geisteswissenschaftlers Sammy Smooha. Dieses Modell gesteht den Palästinensern in Israel zwar einige Minderheitenrechte zu, ist jedoch insofern problematisch, als es die Hegemonie der jüdischen Gruppe unangetastet lässt. Somit kann Israel so lange als ethnische Demokratie funktionieren, als es der Minderheit wenigstens subjektiv das Gefühl vermittelt, Einfluss nehmen zu können – wenn auch nicht auf allgemein politische Entscheidungen, so doch in den Angelegenheiten, die sie direkt betreffen. Ein höchst problematisches Modell also, da es die Vorherrschaft der jüdischen Gruppe durch Privilegien und Sonderrechte aufrechterhält. In den Genuss dieser Privilegien und Rechte kommt man nur, wenn man der richtigen ethnischen Gruppe angehört, nämlich Jude ist. Ein ganz grundlegendes und bestimmendes Merkmal von Demokratie ist jedoch, dass sie auf *demos* und nicht auf *ethnos* basiert.

Es gab ein weiteres Modell, das auf die Politologin (und bis vor kurzem israelische Bildungsministerin) Yael Tamir zurückgeht, den sogenannten »liberalen Nationalismus«. Sie entwickelte dieses Modell während ihres Studiums an der Oxford University. Das Problematische an ihrem Entwurf eines liberalen Nationalismus im Falle Israels ist seine normative Rechtfertigung für die Hegemonie der jüdischen Gruppe. Hinter Tamirs philosophischer Analyse steht der Versuch, den jüdischen Charakter Israels zu rechtfertigen und zu erhalten.

Es gab noch andere Modelle, wie die der Theoretiker und Misrachim-Aktivisten Yossi Yona und Yehouda Shenhav, die ein multikulturelles Israel entwarfen. Einige in Israel lebende palästinensische Wissenschaftler wie Amal Jamal entwickelten ebenfalls Modelle, die in Richtung Multikulturalismus gehen. Sie sind insofern überzeugender, als sie Israel zu einer integrativeren demokratischen Politik bewegen wollen. Im Gegensatz zu den anderen Modellen zielen die multikulturellen Modelle dieser Wissenschaftler auf strukturelle Veränderungen. Meiner Ansicht nach scheuen sie sich jedoch, die historische Dimension der Unterdrückung in Israel wirklich ernst zu nehmen. Die politischen Forderungen der palästinensischen Minderheit in Israel beschränken sich nämlich nicht auf die bloße Achtung ihrer Kultur, ihres Brauchtums, ihrer Identität und ihrer Sprache. In den letzten vier Jahren wurden drei ganz wichtige

Dokumente veröffentlicht: die Erklärung von Haifa, die Zukunftsvision und die Adallah-Verfassung. Darin erörterten palästinensische Intellektuelle, Politiker, Journalisten und Aktivisten, wie sie sich ein anderes Israel vorstellen. Selbst wenn in einigen der Dokumente von einem multikulturellen Israel die Rede war, so gingen die Forderungen in Richtung einer historischen Versöhnung.

Was sind nun die Voraussetzungen dafür? Die Versöhnungspolitik stellt genau genommen keine Alternative zum Multikulturalismus, sondern dessen Ergänzung dar. Ihr geht es nämlich um jene Anforderungen, die der Multikulturalismus nicht erfüllen kann. Wenn wir also in Israel zu einer wirklich effektiven und integrativen demokratischen Politik kommen wollen, dann bedarf es einer Politik der Versöhnung mit ihrem Anspruch auf kollektive Erinnerung, Anerkennung, Verantwortung, Entschuldigung und Wiedergutmachung.

Beginnen wir mit der kollektiven Erinnerung an die Ausgrenzung. Dieses Erinnern ist ganz wichtig, da sich daraus ein anderes historisches Narrativ von der Geschichte des Konflikts entwickeln kann, eine andere Erzählung von der Kultur, der Gesellschaft und dem Land im historischen Palästina. Das kollektive Andenken der Palästinenser an ihre Ausgrenzung dient als Gegennarrativ zum hegemonialen Meister-Narrativ des Staates Israel, das vom offiziellen Israel einschließlich der wissenschaftlichen Geschichtsschreibung inszeniert wird. In Israel dominiert nach wie vor eine Erzählung von der Entstehung des Staates, wonach das Land größtenteils unbewohnt gewesen sei. Die palästinensische Erinnerung erzählt eine andere Geschichte. Sie lässt sich nicht ausradieren und hält daran fest, dass Palästina eine überaus blühende, aktive und dynamische Kultur und Gesellschaft war, mit Städten, Dörfern, einer Aristokratie, Eliten, Kinos, Theatern, Journalismus und vielen anderen Merkmalen einer verwurzelten und funktionierenden Gesellschaft. Gemäß dieser Erinnerung wurde der Staat Israel auf den Ruinen eines anderen – des palästinensischen – Volkes errichtet.

Ich behaupte nicht, dass die Palästinenser ein Einheitsgedächtnis haben. Aber die Erinnerung an ihre nationale Katastrophe, die Nakba, und die ethnische Säuberung ihrer Heimat hat sich tief eingegraben und ist in ihrem Gedächtnis und in ihrer Geschichtsschreibung vorherrschend. Ich versuche damit keineswegs, eine Symmetrie zwischen dem palästinensischen und dem zionistischen Narrativ herzustellen. Es handelt sich vielmehr um eine eklatante Asymmetrie zwischen unterdrückten Palästinensern und dem israelischen Unterdrücker. Die kollektive Erinnerung ist unter anderem deshalb so wichtig, weil sie Symmetrien dieser Art dekonstruieren und unterlaufen hilft. Die Palästinenser in Israel und andernorts verlangen nicht nur, dass man ihre Erinnerung ernst nimmt. Sie wollen, dass der Staat Israel anerkennt, dass den Palästinensern historisches Unrecht zugefügt wurde. Die Palästinenser in Israel leiden am vergangenen Unrecht sowie an jenem, das ihnen bis heute angetan wird. Tatsächlich hängt die heutige Situation der Palästinenser in Israel, die von Ungleichheit und einer völlig disproportionalen Ressourcenverteilung gekennzeichnet ist, eng mit dem Unrecht der Vergangenheit zusammen. Deshalb bestehen die Palästinenser auf einer Anerkennung dieses historischen Unrechts – bei dem es sich nicht um zufällige historische Ereignisse handelt, sondern um Handlungen infolge bestimmter Ideologien und Praktiken. Das bringt uns zum Prinzip der Verantwortung. Die Tatsache, dass ich in der Lage bin Unrecht anzuerkennen, reicht nicht aus. Die Palästinenser in Israel verlangen daher, dass der Staat Israel als Täter auch die Verantwortung dafür übernimmt. Es ist nicht so, dass den Palästinensern plötzlich nach 40 Jahren bewusst wurde, dass ihre Infrastruktur unterentwickelt ist. Diese verzerrte Sichtweise ist vielmehr die Folge davon, dass der Staat Israel die Palästinenser von jeher systematisch diskriminiert, misshandelt, ausgrenzt. Er schließt sie von der Definition des *demos*, von der Definition des Gemeinwohls sowie von wichtigen Entscheidungen über ihr eigenes Schicksal aus.

Aber Verantwortung ist eine komplizierte Sache, besonders in einer Einwanderungsgesellschaft wie Israel. Weshalb sollte ein Einwanderer die Verantwortung für die Taten anderer übernehmen? Wenn frühere Generationen diese Gräueltaten, diese Ungerechtigkeiten, diese Diskriminierung begangen haben – weshalb soll nun er dafür einstehen? Dasselbe gilt auch für Einwanderungsgesellschaften wie Amerika oder Kanada. Einerseits sollten wir die moralische Komplexität der Verantwortung anerkennen, andererseits ist es aber auch einleuchtend, eine Verbindung zwischen früheren Generationen und heutigen Einwohnern und Einwanderern herzustellen, da Letztere Nutznießer des vorhandenen Wohlstands sind. Der gegenwärtige Entwicklungsstand der herrschenden Gruppe ist teilweise das Erbe von Diskriminierung und Ausbeutung, die den Ausgeschlossenen in der Vergangenheit widerfahren sind. Hier müssen wir unterscheiden: Die aus der Gesellschaft Ausgeschlossenen fordern häufig politische und nicht so sehr persönliche Verantwortung. So wissen beispielsweise Holocaust-Überlebende und ihre Nachkommen, dass die psychologische Angst vor Verfolgung und Auslöschung von einer Generation auf die nächste übertragen werden kann. Es ist also durchaus berechtigt, einen direkten Konnex zwischen gegenwärtiger Ungleichheit und vergangenem Unrecht herzustellen.

Versöhnung geht aber über die bloße Übernahme von Verantwortung hinaus. Verantwortung übernehmen verlangt symbolische ebenso wie materielle Handlungen und Veränderungen. Versöhnung aber bedarf der Bereitschaft zu Entschuldigung und Wiedergutmachung. Die Palästinenser verlangen vom Staat Israel, dass er für das Leid und Unrecht, das er ihnen angetan hat, um Entschuldigung bittet. Aber ein bloßes Lippenbekenntnis reicht hier nicht aus. Damit eine Entschuldigung überzeugend und nachhaltig ist, muss sie ehrlich, tief empfunden und aufrichtig gemeint sein. Gruppen, denen in der Vergangenheit Ausgrenzung und Unrecht angetan wurden, verlangen häufig nicht nur eine Entschuldigung, sondern auch eine Wiedergutmachung. Dazu gehört normalerweise eine Neuverteilung von Ressourcen, Land, wirtschaftlichen Privilegien und Zahlungen. Das sind unabdingbare Voraussetzungen.

Bei meinen bisherigen Überlegungen und Forderungen geht es nicht um eine Politik, die auf Schuld, Rache oder einer fortgesetzten Opferrolle gründet. Ich trete vielmehr für eine integrativere und menschlichere Politik ein, deren Basis Freundschaft und Zusammenarbeit und menschlicher Anstand sind. Um diese Art von Politik geht es bei Versöhnungspolitik.

Welche neue Vision für Israel/Palästina eröffnen diese Prinzipien? Ich habe bisher – wenn auch nur indirekt – zu argumentieren versucht, dass der Staat Israel nicht zugleich ein jüdischer und demokratischer Staat sein kann. Die Politik der Versöhnung bringt zwei Forderungen mit sich. Erstens muss der Staat Israel der Staat aller seiner Bürger sein, das heißt die israelische Staatsangehörigkeit berechtigt jeden, unabhängig von seiner ethnischen Zugehörigkeit, seiner Rasse oder Religion, alle individuellen Bürgerrechte wahrzunehmen. Das ist eine eindeutige Kampfansage an faschistische Fanatiker wie den Knesset-Abgeordneten Avigdor Lieberman, der selbst aus Russland eingewandert ist und nun eine rassistische Politik gegenüber den palästinensischen Bürgern Israels vertritt. Der Diskurs um die Staatsbürgerschaft beendet jene skandalöse Politik, die jedem eingewanderten Juden, egal aus welchem Land er kommt, im Moment seiner Ankunft mehr Rechte zugesteht als den Arabern, die in diesem Land geboren sind und deren Familien seit Generationen hier leben. Das ist jedoch nur die individuelle Ebene. Ich fordere, dass Israel nicht nur der Staat aller seiner Bürger sein muss, sondern auch den kollektiven Ansprüchen von Arabern und Juden gleichermaßen Rechnung trägt. Ein liberaler demokratischer Staat scheint zwar aus moralischen Gründen zwingend, doch sind kollektive Rechte auf eigene Kultur und Identität für Araber wie für Juden gleichermaßen unverzichtbar. In Israel gibt es zwei nationale Gruppen, die israelischen Juden und die palästinensischen Araber. Unsere Vision ist ein anderes Israel, ein Israel, das der Staat aller seiner Bürger und Nationen ist. Diese aus einer Versöhnungspolitik hervorgehenden Prinzipien einer bi-nationalen Lösung sind eng mit dem Konflikt zwischen Zionismus und palästinensischer Nationalbewegung verbunden.

Der Bi-Nationalismus berücksichtigt die Auswirkungen des Nationalismus in der neueren Geschichte insofern, als er von keiner der beiden Gruppen den Verzicht auf nationale Rechte oder Identitäten verlangt. Er stellt für beide Gruppen das Recht auf nationale Selbstbestimmung sicher und gewährt daher Schutz und Autonomie. Der Bi-Nationalismus, der den Juden Zuflucht in Sicherheit und Schutz bietet, nimmt darüber hinaus die Geschichte der Verfolgung, des Antisemitismus und des Holocausts ernst, die das jüdische Volk erlitten hat. Die ausdrückliche Anerkennung des Selbstbestimmungsrechts der Juden muss Teil der historischen Versöhnung mit dem palästinensischen Volk sein, doch soll dieses Recht nicht in Form eines souveränen unabhängigen Staates eingelöst werden. Der bi-nationale Staat gibt diesem Recht einen anderen institutionellen – föderalistischen – Rahmen. Die zionistischen Juden haben ihren Nationalstaat zufällig auf den Trümmern einer anderen Nation – des palästinensischen Volkes – errichtet. Die Palästinenser haben ein beachtliches Durchhaltevermögen bewiesen und diejenigen von ihnen, die im historischen Palästina geblieben sind, leben als Ungleiche neben den Juden. Daher stützen Überlegungen zur historischen Gerechtigkeit und zur Versöhnung sowie die miteinander verflochtenen Lebensrealitäten die Prinzipien des Bi-Nationalismus. Natürlich ist dies keine neue Idee. Sie wurde zu verschiedenen Zeiten von jüdischen wie von arabischen Intellektuellen gedacht.

Aus dieser kurz skizzierten Versöhnungspolitik ergibt sich ein neuer Ansatz für das Israel-Palästina-Problem. Sie bringt uns zu Einsichten, die über die Teilungslogik und die Zweistaatenlösung hinausgehen. Die Versöhnung eröffnet eine Form der Politik, die uns zu Optimismus und Hoffnung berechtigt. Die Grundsätze des Bi-Nationalismus verwerfen die Zweistaatenlösung als einzige Alternative. Es ist an der Zeit, gewohnte Denkmuster zu verlassen und die palästinensisch-israelische Frage unter einem neuen Blickwinkel zu betrachten. Es ist offensichtlich, dass die Zweistaatenlösung seit ihrer Verabschiedung 1988 bis heute den Konflikt nicht beizulegen vermochte und daher ausgedient hat. Das Oslo-Abkommen und der sogenannte Friedensprozess waren nicht in der Lage, eine friedliche Regelung herbeizuführen. Die Palästinenser werden die von Israel vorgeschlagenen Vertragsbedingungen für eine mögliche Zweistaatenlösung nicht akzeptieren. Sie werden eine Zweistaatenlösung nur dann akzeptieren, wenn sie ihre Mindesterwartungen erfüllt und von mehreren UN-Resolutionen und der Arabischen Initiative unterstützt wird. Wenn die Schlüsselprobleme in diesem Konflikt – wie man mit Fug und Recht behaupten kann – die Flüchtlinge, die Siedlungen, die palästinensische Minderheit in Israel, das Recht der Juden auf nationale Selbstbestimmung sowie das Ressourcenproblem und Jerusalem sind, dann eröffnet uns der Bi-Nationalismus einen neuen Zugang. Jerusalem muss nicht geteilt bleiben. In einem einheitlichen Staat ist die Frage der Teilung Jerusalems irrelevant. Wir müssen auch die meisten Siedlungen nicht mehr niederreißen, wenn wir Entschädigungsmechanismen für die betroffenen Palästinenser schaffen. Das Flüchtlingsproblem findet leichter eine Lösung, wenn das Selbstbestimmungsrecht der Juden konstitutionell und institutionell abgesichert und garantiert wird. Die Flüchtlinge werden nicht verlangen, dass man die jüdischen Siedlungen einfach zerstört, damit sie ihre Häuser zurückbekommen, d.h. sie werden nicht Recht durch neues Unrecht wiederherstellen wollen. Die palästinensische Minderheit wird keine Minderheit mehr sein. Was jedoch bringt die Zwei-Nationen-Lösung der jüdischen Bevölkerung? Das Recht auf nationale Selbstbestimmung, das so verankert ist, dass ihr Einfluss – selbst wenn sie in der Minderzahl wäre – im Allgemeinen und insbesondere im Falle von Entscheidungen über ihre Zukunft und Identität usw. nicht geschwächt wird. Und zur Beruhigung derjenigen, die befürchten, dass Israel dann kein sicherer Ort für verfolgte Juden aus der ganzen Welt mehr wäre, könnten eigene Verfassungsartikel ausdrücklich festschreiben, dass der bi-nationale Staat unter genau definierten Bedingungen verfolgte jüdische Gemeinden und Gruppen schützt und ihnen eine sichere Zuflucht innerhalb seiner Grenzen bieten wird.

Ich habe aufzuzeigen versucht, dass eine ernstzunehmende Politik der Versöhnung zwischen Israel und Palästina den Weg zu einem kreativen neuen Ansatz und zu neuen Möglichkeiten für eine Beilegung des Konflikts ebnen könnte. Diese Ideen sind natürlich keineswegs ausgereift, und bedürfen einer Weiterentwicklung, Überarbeitung und Prüfung. Sie sollen jedoch zeigen, dass wir an die Israel-Palästina-Frage aus einem neuen Blickwinkel und jenseits von eingefahrenen Denkmustern herangehen können, wenn wir uns dabei von Gerechtigkeit und Fairness leiten lassen.

Kapitel VI

Experimente: Kreative Anwendung des Begriffs Diaspora

Stray Cats: Streunen, Verabreden, Abhauen

Jugend, Gegenkultur und Diaspora

Diedrich Diederichsen

Mein Bezug auf das Thema der Diaspora ist zunächst mal der einer Aufgabe. Versuche, bestimmte Überlegungen zu Jugend und Gegenkultur mit einem Begriff in Verbindung zu bringen, den Du bisher nicht darauf angewendet hast! Das könnte im Sinne eines gedanklichen Bildes geschehen, einer Metapher, die es erlauben könnte, diese Überlegungen in einem schärferen Lichte zu sehen, oder aber indem tatsächlich dieser Begriff »Diaspora« als Tertium Comparationis funktioniert und so ein neues Feld eröffnet, das immer entsteht, wenn zwei Dinge durch ein solches Drittes eine Gemeinsamkeit erzielen. Gegeben war also die Reihe zum Diasporabegriff auf der einen und jahrelange Beschäftigung mit Gegen- und Jugendkulturen auf der anderen Seite. Merkwürdig allerdings, dass mir der Gedanke noch nie kam, die Jugend- und Gegenkulturen selber als diasporisch zu beschreiben, dass es der Anregung von außen bedurfte, um »Diaspora« als Begriff oder Begriffsbild auf diese Formation anzuwenden.

Dabei gab es ja in der Auseinandersetzung mit Jugend- und Gegenkulturen immer schon ein diasporisches Gegenüber, das dort eine entscheidende Rolle gespielt hat: die afro-amerikanische Diaspora oder die afrikanische Diaspora in den USA. Spätestens durch Paul Gilroys klassische Studie »The Black Atlantic«, die in den mittleren Neunzigern dann auch in Europa rezipiert wurde – also im nicht englischsprachigen Europa, obwohl sie skandalöserweise immer noch nicht übersetzt vorliegt –, setzt sich der Begriff der »Diaspora« für die durch den Sklavenhandel um den Atlantik verstreuten Afrikaner immer mehr durch. Und zwar nicht in einer simplen Analogie zu anderen Diasporamodellen, sondern auf eine sehr spezifische Weise. Diese Durchsetzung war auch mit der Einschätzung verbunden, dass die verschiedenen diasporischen Hybridkulturen um den Atlantik, insbesondere die musikalischen, enger miteinander zusammenhängen als nur durch den gemeinsamen Ursprung in einer oft sehr unbestimmten afrikanischen Vergangenheit. Seit den frühen Neunzigern gibt es also einen Begriff von vor allem afro-diasporischer Musik. Und damit sind belgisch-kongolesische Antworten auf Jazz ebenso gemeint wie die afro-brasilianische, die afro-karibische und die US-amerikanische, die afro-amerikanische Musik im klassischen Sinne, also die Nachfahren von Blues und Jazz. Diese Diaspora war lange Zeit und in immer neuen Konfigurationen so etwas wie das Kerngebiet unter den Sehnsuchtskontinenten der Jugendkulturen.

Und es ist sicher bezeichnend, dass dies im Gegensatz zu anderen diasporischen Ideen kein unmittelbar territorial gekennzeichnetes Gebiet war. Es gab zwar immer wieder teilweise eher religiöse oder fiktionale, teilweise eher politisch gedachte Versuche, die afro-amerikanische Community mit einer ganz bestimmten, etwa westafrikanischen Ursprungsgeschichte in Verbindung zu bringen, oder sie an die einschlägigen afrozentrischen Erzählungen von je und je, Ägypten oder Äthiopien als schwarze Wiege der Zivilisation, anzudocken. Aber das jugendkulturelle und gegenkulturelle Publikum, von dem hier die Rede sein soll, interessierte sich für diesen Aspekt der afrikanischen Diaspora erst in den Neunzigern, angeregt durch den damals vorübergehend politisierten Hip-Hop. Davor waren eher Blues und Soul die Bezugspunkte. Und die emblematischen Figuren der Blues- und Soul-Erzählungen boten keinen Bezug zu diesen afro-diasporischen Diskursen. Die Heimatlosigkeit des Wanderarbeiters etwa im Blues, ob man sie historisch und kulturell situiert, ihren Ursprung in den amerikanischen Zwanziger und Dreißigern festlegt, oder anthropologisch überhöht, wie das etwa der Popmusiktheoretiker Greil Marcus gemacht hat, ist nicht die eines von einem konkreten und benennbaren Ort Vertriebenen, sondern sie ist sozusagen in jede Richtung unendlich. Wenn es überhaupt einen Ort gibt, auf den sich »Rollin' and Tumblin'« oder der »How Long Blues« oder »Train Kept A-Rollin'« oder all die anderen, bezeichnenderweise immer von Bewegungsbildern überschriebenen, Bluese beziehen, dann liegt dieser Punkt in der Zukunft.

Zuvor aber zurück zu den Gegen- und Jugendkulturen des globalen Nordwestens, die trotz ihrer Projektion auf den Afro-Diasporismus bisher noch nicht als »Diaspora« beschrieben worden waren. Wenn wir uns auf dieses Bild, diese Metapher einlassen wollen, dann liegt es nahe, Parallelen zunächst auf struktureller Ebene zu suchen. Jugend- und Gegenkulturen lassen sich nicht direkt historisch mit den Diasporageschichten vergleichen, die mit Verfolgung, Verschleppung und Vertreibung oder aber auch mit Aufbruch, Auswanderung und Neubeginn verbunden sind. Aber wer die Inhalte der Jugend- und Gegenkulturen nur auf der Ebene der expliziten Verlautbarungen sucht, die von diesen ausgehen, gerät ohnehin nur immer wieder in die Falle, in der sich zurzeit gerade diverse Jugendpolitiker befinden, die immerzu den Dialog mit irgendwie einschlägigen und vor allem einschlägig auffälligen Jugendkulturen suchen und dann so schrecklich überrascht und entsetzt über das sind, was diese Jugendlichen so von sich geben, wenn sie mal explizit werden. Ich plädiere eher dafür, die Einsätze und Inhalte von solchen Kulturen auf der Ebene zu suchen und zu bewerten, wo sie implizit deutlich werden, und daher auch mehr sagen, als die Betreffenden in der Sprache des Klartextes gelernt haben zu sagen. Eine solche strukturelle Beschreibung der Jugend- und Gegenkultur geht von der Tatsache aus, dass diese namhaft und als Phänomen bekannt wurde, indem ästhetische und pragmatische Vorlieben und Handlungsmuster parallelisiert wurden. Nehmen wir als Beispiel für eine solche abstrakte Parallele Geschwindigkeit oder Lautstärke. Zu einer bestimmten Zeit mögen Jugendliche sehr schnelle Musik, schnelles Sprechen, schnelle Bewegungen, gehackten, überspitzten, hektischen Habitus. Sagen wir um 1979. Zu einer anderen präferieren sie in allen Lebensäußerungen die Langsamkeit. Sagen wir 1973. Solche Übereinstimmungen von ästhetisch-geschmacklichen Präferenzen mit habituell-alltagspragmatischen Gewohnheiten wären das Material für solche strukturellen Beschreibungen von Jugend- und Gegenkultur, die einen klaren Unterschied markieren zu den separierten und ausdifferenzierten Sphären des Alltags Erwachsener.

In diesem Zusammenhang bin ich auf die drei Begriffe meines Titels gekommen: Abhauen, Streunen und Verabreden. Ich habe diese Trias gewählt, die zweifelsohne für die Handlungsästhetik klassischer Jugendkultur eine Rolle spielt, als eine mögliche Gemeinsamkeit auch mit einem wie weit auch immer zu öffnenden Begriff von »Diaspora«. Das Wort »Handlungsästhetik« versucht dabei, die genannten strukturellen Ähnlichkeiten zwischen Kunst und Alltagspraxis zu benennen, die ich oben andeutete.

Das Abhauen ist in den späten Fünfzigern, also den Rock'n'Roll-Jahren, vom Jugendbuch und vom Künstlerroman – also von Dickens und Delinquenz – nach und nach in den Mainstream gewandert. Das ungeregelte, einseitig beschlossene Verlassen des Elternhauses gelangt in das Handlungsrepertoire mittelständischer Jugendlicher. In den mittleren Sechzigern konstatiert bereits ein Dokumentarfilm mit dem Namen »Herbst der Gammler« ein Massenphänomen jugendlichen Aussteigens. Das von den Beatles in »She's Leaving Home« auf die Formel gebrachte optimistische, zukunftsbegeisterte Ausbrechen muss gar nicht selbst durchgeführt werden. Es genügt erstmal das Erwägen.

Dieses Abhauen aber steht in einer engen Verbindung mit einer musikalischen Figur, zunächst mal des Jazz: die Flucht oder das Entkommen, was im Solo in den klassischen Jazzformaten seit dem Swing immer wieder thematisiert wird. Sowohl in Werk-Titeln wie in musikalischen Termini herrscht über die Semantik des Solo im Jazz relative Einigkeit. Selbst ein Jazz-Gegner wie Theodor W. Adorno erkannte 1936 in seinem »Über Jazz«, dass das Solo etwas zu tun hat mit einem Ausbruch, mit einer Flucht, um dann allerdings dem Jazz als scheinbefreit vorzuhalten, dass der Solist ja immer wieder ins Glied des gemeinsam gespielten Themas zurückkehrt. Die Geschichte des Jazz ist aber eine des Ausbaus der Solofluchten und auch der Modifikation dieser Rückkehr. Der Einzelne befindet sich immer im Widerspruch zum Kollektiv. Aber dieses

Kollektiv entpuppt sich je und je entweder als Verfolgerkollektiv und dann wieder als die eigene, schützende und entlastende Gemeinschaft. Im Jazz geht es entweder darum, dies gerade offen zu lassen oder aber auch, vor allem im Zuge der Identitätspolitik seit den Sechzigern und den postkolonialen Aufbrüchen, für diesen Unterschied unterscheidende Formen zu finden, ohne dass das prinzipielle Schillern zwischen gutem und bösem Kollektiv als prinzipielle Conditio des Jazzbewusstseins ganz aufgegeben wird. Es korrespondiert darin mit dem Begriff des »Double Consciousness«, den William E.B. Du Bois zu Beginn des 20. Jahrhunderts in »The Soul of Black Folks« entwickelt hat und der im Wesentlichen besagt, dass der psychologische Alltag der urbanen Afro-Amerikaner in der Zeit nach dem Bürgerkrieg von der Tatsache bestimmt wird, beständig in zwei, oft einander antagonistisch gegenüberstehenden kulturellen Rahmen agieren zu müssen.

Es geht aber nicht um Jazz, sondern um Jugendkultur. In der Rock- oder Popmusik der fünfziger Jahre spielen lange Soli und dramatische musikalische Aufbrüche keine besondere Rolle. Entsprechend gewinnen aber auch die dem einzelnen Abhauen gegenüberstehenden Welten keine konkrete Kontur und bleiben in der Latenz des Strukturellen. Die Kontur bleibt so schemenhaft wie die Fluchten der jugendkulturellen Subjekte noch wenig von so großen existenziellen Problemen geprägt waren wie die der afro-amerikanischen Fluchten, die mit Formen des Jazz symbolisch ausagiert werden oder symbolisiert sind. Die tatsächlich möglichen großen Veränderungen, von denen diese Jugendkultur der Fünfziger handeln könnte, können als solche ja noch gar nicht symbolisiert werden, weil ihre Dimensionen noch unbekannt sind. Es muss daher darum gehen, genau dieses Verhältnis aus kleiner Handlung und unbekannt großem symbolischen Horizont in den Griff zu bekommen. Was es nämlich gibt in der Musik der fünfziger Jahre, ist der mikroskopische, der miniaturisierte Aufbruch. Die Popmusik der Fünfziger ist voll von kleinen Gesten des Heraustretens aus dem traditionellen musikalischen Format des Songs. Das reicht von den sprechend heulenden Saxophonen über Schluckauf-Vocals bis zu den provozierend allein gestellten Figuren elektrischer Gitarren, wie etwa in Link Wrays »Rumble«. Oft sind diese kleinen herausfallenden Figuren und Motive durch technische Gags entstanden, die sich dann in den nächsten Jahren verselbstständigen und zu eigenen Formen führen. Die nur einen Sound ausstellenden, frei gestellten E-Gitarren von 1958 sind schon 1962 Moleküle des Surf-Gitarrensounds, um ein Beispiel von vielen für solche Entwicklungen zu nennen.

Es sind also kleine Aufbrüche, die sich im Laufe der Sechziger verstetigen, die aber immer wieder das eine symbolisch inszenieren: eine konventionelle, in sich geschlossene Form, die Risse bekommt, durch kleine außerkonventionelle oder gar ganz außermusikalische Momente, die den Charakter von Aufbrüchen haben, die zwar inspiriert sind von ihren Entsprechungen im Jazz, sich aber dennoch auch stark davon unterscheiden. Ein Gebäude, das Risse bekommt, ist vielleicht das passendste Bild, weil es aus dieser Perspektive überhaupt keine Vorstellung davon gibt, was jenseits dieses Hauses ist oder sein sollte, aber durchaus davon, dass ein Außen existiert.

Das zweite Bild nach dem Abhauen, das Streunen, steht nun vor allem für das Verhalten nach erfolgter kleiner (oder auch der größeren) Flucht. Es besteht vor allem aus Techniken des Sich-empfänglich-Machens für Begegnungen und Unvorhersehbarkeiten der sozialen Welt aller Art, Techniken des Abhängens, und hat sicher mit demjenigen diasporischen Verhalten zu tun, sich und seinesgleichen zu definieren, zu identifizieren und mit ihnen einen kulturellen Austausch zu unterhalten, obwohl man ja die Infrastruktur der Fremde benutzt, in der zu leben man nunmehr gezwungen ist.

Diese Fremde, ob sie nun als Erwachsenenwelt und nur wegen des jugendlichen Alters der Betreffenden als fremd wahrgenommen wird, oder ob es gegenkulturell gedacht schon Argumente gegen sie gibt, und sie Establishment oder Spießerkultur heißt, diese Fremde besteht aus den Verkehrsmitteln, Gastronomien und Architekturen der Stadt und der Suburbs. Je weniger Infrastruktur da ist, desto prekärer und angreifbarer werden die Orte des Streunens, das Gelände des Streunens, bis nur noch Tankstellen und Straßenecken zur Verfügung stehen. Das ist ja auch die Klage, die man vom amerikanischen Rock'n'Roll der 1950er und 60er kennt, dass es eben außer Tankstellen und Straßenecken auch nichts anderes gibt, um zu streunen und sich empfänglich zu machen für die anderen seinesgleichen.

Musikalisch entspricht das Streunen weniger dem Fremdwerden im vertrauten Genre wie der Ausbruch, von dem oben die Rede war, als dem Versuch, die fremde Infrastruktur der Traditionen für die eigenen Zwecke nutzbar zu machen. Hier spielen all die emotionalen Übersetzungen von Wanderarbeiter- und Fluchtschicksalen in solche des optimistischen Abhauens, des Prekären ins Freie, der Einsamkeit in genossene Bindungslosigkeit, und vor allem musikalisch von der Verzweiflung in Intensität – also vom Wenden der emotionalen Semantik bestimmter vorgefundener traditioneller Formen, indem man stark negativ besetzte intensive Zustände umdeutet. Das Streunen und die musikalisch-semantische Umcodierung von Geschichten und Bildern des Herausfallens in eine verfügbare Welt der Selbstbestimmung ist eine verbreitete Strategie jugendkultureller Produktion der Sechziger. Der erst britische und dann auch in den USA nachvollzogene Boom sogenannten weißen Bluesrocks ist nichts anderes als die Übertragung von Verfolgungserfahrung in positive Freiheitsversprechen. Dies klingt auf den ersten, undialektischen Blick wie eine überaus naive und frivole Enteignung afro-amerikanischer Erfahrung, die es ja auch tatsächlich und vor allem auf der ökonomisch-kulturindustriellen Ebene gegeben hat. Sicher ist der jubelnde Ton suspekt in den Verlorenheitserfahrungen, die von abgesicherten Mittelschichtskindern als Utopien vorgetragen werden. Aber diese Dialektik von Freiheit und Verfolgung ist ja nicht ganz ohne. Die Identifikation mit dem im weiteren Sinne Aus-der-Welt-gefallen-Sein, ja womöglich sogar Verfolgt-Werden der authentischen afro-diasporischen Erfahrung schärft ja auch die Sinne dieser Generation für die Kosten und Grenzen ihrer Freiheit und Freiheitsmöglichkeiten. Was als Selbstverwirklichung mit *Daddy's Car* im »Summertime Blues« 1956 beginnt, weiß um 1963 schon um eine existenzielle Komponente im geliebten Blues, deren Übertragbarkeit auf das eigene Leben sich seltsam anzufühlen beginnt. Freiheitsideen, die aus dem Streunen geboren werden und sich an Bluesmotiven versuchen, beginnen sich das Leben zu suchen, das dem entspricht, was man bis zu diesem Zeitpunkt nur singen kann.

An dieser Stelle ist dann vielleicht noch eine kleine Erklärung nötig. Es könnte jetzt der Eindruck entstehen, als stünden in meiner Rekonstruktion diasporischer Elemente, Projektion oder Identifikation in Jugend- und Gegenkulturen der letzten 50 Jahre zwei sauber getrennte Einheiten einander gegenüber. Hier die westlichen, weißen Mittelschichtsjugendlichen, dort die diasporischen und überwiegend afro-diasporischen Bezugspunkte dieser Jugendlichen. Zum einen ist die Jugend- und Gegenkultur in westlichen Nachkriegsgesellschaften zuallererst durch ihre Jugendlichkeit bestimmt. Und das ist ein Attribut, das Arbeiterjugendliche ebenso mit einschließt wie solche, die ihrerseits einen diasporischen Hintergrund haben. Natürlich spielen die Mittelschichtsjugendlichen eine wesentliche Rolle bei der Entstehung von diesen Jugendkulturen und ihrer Transformation in Gegenkulturen. Aber nicht einfach nur in einem reinen Gegenüber von Projektion und Identifikation. Zum anderen stehen diese Entwicklungen natürlich in einem vielfach bestimmten Verhältnis zu den allgemeinen politischen und kulturellen Entwicklungen der Nachkriegszeit und der ökonomischen Dynamik eines langsam vom fordistischen Disziplinarkapitalismus in einen postfordistischen Informationskapitalismus kippenden ökonomischen Paradigmas.

Aus dem Streunen aber folgt ein neuer Zustand: Ich bin jetzt in der fremden Infrastruktur unterwegs. Ich habe Mittel und Wege gefunden, meinesgleichen zu erkennen. Das ist ein wichtiger Punkt in dieser Operation. Durch die Risse im Haus scheint die Sonne. Man begegnet sich in dessen Trümmern. Zu der Freiheitsemphase kommen reale Antagonismen, die man noch nicht Verfolgung nennen muss, aber die man doch als eine massive Ablehnung durch die Mehrheitsgesellschaft empfinden kann. Situationen dieser Konfrontation intensivieren und erleichtern dann auch das Herstellen der eigenen Gegengemeinschaft. Die relegierten Schüler und die aufsässigen Lehrlinge lernen einander kennen. Der nächste Schritt aber, nach diesem mittleren Schritt des Streunens, ist die Verabredung. Verabredungsgewohnheiten stehen im Mittelpunkt aller modernen städtischen Jugendkulturen und verbinden zwei Formen von kultureller Produktion: das Auswählen und Definieren eines Raums, aber vor allem eine Technik, die ermöglicht, zur gleichen Zeit das Gleiche tun zu können. Die

Popmusik der Sechziger mit ihren Gitarrenbands liefert das perfekte Bild dieser Entwicklung. War die Musik der neuen Jugendkulturen bis dahin durch zwar perforierte, aber mehr oder weniger intakte traditionelle musikalische Formen gekennzeichnet – zuweilen hatte die Wahl der jeweiligen Tradition zwar eine spezifische Semantik, zuweilen aber auch nicht –, so ging es seit dem Beginn des Erfolges der Beat- und der Gitarren-orientierten Bands, und strukturell ähnlich auch schon bei ihren britischen Vorläufern in Skifflebands, nicht mehr um die formalen Imperative, die von diesen überplausiblen Akkordfolgen ausgingen, sondern nur noch um formale Gelegenheiten, etwas zur gleichen Zeit gemeinsam zu tun. Alle weiteren Entwicklungen, und dabei auch die Suspension traditioneller Formate, bauen nun auf diesem Prinzip auf, dass es großartig ist, etwas in verabredeter Form zu tun, ohne dass es dafür einen anderen Grund als die Form der Verabredung gibt. In den »befreiten«, nämlich in die Länge gezogenen, formlos werdenden Formaten des Progressive Rock der siebziger Jahre ist diese Legitimation durch Verabredung bei oft gleichzeitiger Abwesenheit plausibler musikalischer Gründe oft ebenso beeindruckend wie albern. Die Verabredungskultur und die Kunst der Verabredung ist sicherlich auch in anderen als der musikalischen Form der Jugend- und Gegenkultur der siebziger Jahre auffällig. Fast alles, was von Situationisten und Aktionisten, Demonstranten und Straßentheatermachern entwickelt wurde, baut auf dieser Gleichzeitigkeit von illegitimen Akten auf und auf dem Legitimitätsgewinn durch die Gleichzeitigkeit. Durch die Bestimmtheit, die in der Gleichzeitigkeit aufscheint, wird ein Maximum an anderweitig unbestimmter und illegitimer Aktivität möglich.

Man kann natürlich sagen, dass dieses Verhalten und diese Künste bis zu dem Punkt gehen, wo die Verabredung in der K-Gruppe oder beim Marsch durch die Institutionen endet, oder da, wo die Musiker genügend musikalische Immanenz gebunkert haben, um sich nun wieder aus musikalischen Gründen bei einer ganz bestimmten Zählzeit zu treffen.

Aus Gründen, die näher zu erläutern hier vielleicht zu weit führen würden, würde ich aber auch spätestens vom Ende der Punkkultur an – die Punkkultur war ja eine weitere große Verabredungskultur und eine Verabredungsmusik – nicht mehr von Gegenkulturen sprechen. Aber die jugendlichen Verabredungskünste haben auch ohne das antagonistische Selbstverständnis der Gegenkulturen nicht aufgehört, im Zentrum urbaner Massenkultur zu stehen. Man denke nur an das, was heutzutage mit Handys passiert.

Hier noch ein kleiner Einschnitt. »Walking around in your reality« singt das Sun Ra Arkestra in »Discipline 27 II« auf dem Album »What Planet is This?«, um die auf dem im Albumtitel gestellte Frage zu antworten, »Not my planet«, und »Sorry, it's yours«. Dies ist sicher eine maximale Metapher für diasporische Fremdheit und den mit ihr verbundenen Stolz. Ich besuche euren Planeten nur, aber ihr armen Trottel müsst hier bleiben. Doch Sun Ra steigert das noch. »You are so in love with your reality. You did not realize I am real, too. I am not a myth.« Um dann auch dem noch eins draufzusetzen, dass nämlich die Bewohner dieses traurigen Planeten möglicherweise selber irreal sind und nur Mythen, während das, was sie für Mythen halten oder wie Mythen behandeln, ihre afro-amerikanischen Mitbürger zum Beispiel, oder auch die Götter des alten Ägypten, die eigentliche Realität ist. Am Ende singen sie »This is not my creation. This is not our world.«

In Wechselwirkung zwischen afro-diasporischer Selbstbestimmung und der großen Weltraum- und Science-Fiction-Begeisterung der Mainstream-, aber auch der Jugendkulturen seit den 1950er Jahren entstand das, was man seit einigen Jahren Afrofuturismus nennt und den man vielleicht auch stark vereinfachend als eine gemeinsame Produktion eines diasporischen mit einem jugendkulturellen oder einem gar massenkulturellen Motiv beschreiben könnte. Die Versuche, innerhalb der afro-diasporischen Community sich einer Ursprungs- und Vertreibungsgeschichte zuzuordnen, sind immer schon sehr heterogen und unterschiedlich ausgefallen. Die Narrative verschiedener, oft religiöser Gruppierungen von Marcus Garvey bis zu Elijah Muhammad sind zu einem Teil – oft erkennbar – fiktional, zum anderen Teil wurden diese Fiktionen aber durch die Organisation des aktuellen Zusammenlebens der jeweiligen Gruppierung, die Formulierung von Forderungen, die sich auf politische und menschenrechtliche, weniger auf diasporische Legitimationsgeschichten bezog, geerdet. In diesem Zusammenhang gewann der Weltraum, der Exodus zu einem fremden, aber eigentlich angemesseneren Planeten, oder die Flucht mit einem *Mothership* als popkultureller, aber teilweise auch sehr ernstgenommener Gegenmythos eine immer größere Bedeutung, die sich mit der zukunftsbezogenen Mythologie der Hippies durchaus traf. Man fand sich in Formulierungen wieder wie der, dass man aus einem zukünftigen Paradies in diese schlechte Gegenwart vertrieben worden sei. Walter Benjamins Engel der Geschichte wurde zu einem populären Bild bei den eher politisierten Hippies, auch wenn dieser ja von einem Sturm, der vom ursprünglichen Paradies ausging, rückwärts schauend mit dem Rücken nach vorn in die Gegenwart geblasen wurde, während die Hippies sich eher vorwärts schauend vom zukünftigen Paradies aus in die unbefriedigende Gegenwart zurückgeblasen fühlten. Jedenfalls wenn man einige Texten von Joni Mitchell, Tim Buckley, Jefferson Airplane und anderen auf ihre politische Theologie hin zugegebenermaßen etwas gewaltsam zusammendenkt.

Für den Afrofuturismus haben jedenfalls John Akomfrah und Edward George diesen Zusammenhang in einem Film formuliert, den ihre Gruppe, das Black Audio Collective, im Zusammenarbeit mit dem ZDF hergestellt hat und der »The Last Angel of History« heißt. In diesem wird von einer planetaren Zukunft aus auf eine afrikanische Technodiaspora zurückgeschaut, die ihren Zusammenhang erst in dieser Zukunft enthält. Diese Beschreibung der Bevölkerung des Black Atlantic mutet dieser in der Tat ein massives utopisches und also auch politisches Potenzial zu, wenn nicht sogar eine Verpflichtung. Die

»kommende Gemeinschaft« ist in diesem Fall dann nicht abhängig von den Anstrengungen, die wir heute auf uns nehmen, um sie herzustellen, von utopischen Ideen, die zu entwickeln wir frei sind, sondern auch von einem bereits bestehenden Zusammenhang, der aber einstweilen in der Latenz diasporischer Verstreuung bleibt und doch schon auf das Kommende hinwirkt. Seine Symptome sind Musik, bestimmte Musik. Solche fast schon eschatologischen Motive für die Umdrehung der Diaspora auf dem Zeitpfeil sind in den gemeinsamen politischen Hoffnungen von sich emanzipierenden Gruppen der Sechziger vielfach zu finden. Und die Jugend- und Gegenkulturen waren mit den meisten von ihnen verbunden und lieferten ihnen zuweilen künstlerisches und kulturelles Fleisch, lebensgeschichtliche Substanz.

Mit dem Zerfall des Zusammenhangs dieser vielfachen Aufbrüche in lauter partikulare Emanzipationsgeschichten, die irgendwann auch in vielen Fällen ihren emanzipatorischen Gedanken verloren und zu religiösen oder identitären Gruppen wurden, verschwand auch die Verknüpfung solcher Hoffnungen mit gegenwärtiger politischer und kultureller Aktivität. Es blieb ein Vokabular der Jugend- und Gegenkulturen, das noch immer Zusammenhalt und Verbindung unter denjenigen herstellte, die meinten, es zu verstehen, obwohl es nicht mehr von geteilten Inhalten handelte. Dieses Vokabular aber hatte durchaus eine Realität; selbst wenn seine Inhalte unscharf wurden, so blieb die Tatsache, dass es an bestimmten Stellen zu finden war und an anderen nicht. Es war global, aber nicht überall. Jugendliche und Städter verstanden es vielleicht schneller. Und andere Leute waren nur davon überzeugt oder davon angezogen, wieder andere angewidert. Vielleicht stand dieses Vokabular inhaltlich gerade noch für den Unterschied von traditionell und neu oder hip und unhip. Das war der Stand gegenkultureller Äußerungen um 1980. Bald darauf, mit der Zunahme immaterieller Produktion, der globalen Verbreitung von Logo und Zeichenprodukten, wurde diese Sprache einer Internationalen ohne Territorium die neue Verständigung des Marktes, das Gesicht der neuesten Spirale des Triumphes von Tauschwert über Gebrauchswert, die Grammatik der neuesten Rationalisierung dieses Vorgangs. Man konnte jetzt die global verstreuten Zeichen nicht mehr nach einer eigenen Logik der Verstreuung auf dem Planeten verteilt vorfinden, wie zu gegenkulturellen Bedingungen, und die Gemeinden, die sie verstehen, in gleicher, zunächster unbekannter Weise verstreut, sodass diese Verstreuung etwas erzählen würde von der Dialektik von Einsamkeit und Gemeinsamkeit einer ausgeschlossenen oder freiwillig ausgetretenen Gruppe. Nein. Nun verteilten sie sich wieder nach der Logik von Bildungsgraden, von arm und reich und den üblichen symbolischen Kapitalmengen, die eine Weile gebrochen war. Notabene: gebrochen nicht in einem spirituellen, irrationalen, sondern in einem gezielt utopischen Sinne der Bildung nichtterritorialer, nichttraditioneller Gemeinschaften. Alle, die seitdem dergleichen versuchen, sei es als politische, sei es als soziale Projekte und oft neuerdings in Bezug auf eine digitale

Weltkultur, sind auf diese Erfahrungen der Jugend- und Gegenkulturen, ihres Aufstiegs und Falls, verwiesen. Und das wäre das Tertium Comparationis von zu Gegenkultur gewordener Jugendkultur einerseits und Diaspora andererseits. Nichtterritoriale, nicht marktförmige Verstreuung. Der Unterschied dürfte in der Regel in dem Bezug auf einen Ursprung im Gegensatz zu einem nichttraditionellen Bezug auf ein Ziel, ein Territorium der Zukunft, zu finden sein.

Diaspora der Erinnerung

Timothy Snyder

Ich möchte ein Thema entwerfen, das ich als »Diaspora der Erinnerung« bezeichne. Als Historiker beschäftige ich mich mit den Massenmorden im 20. Jahrhundert. Ich werde mich dabei auf den Zeitraum 1933-1945 konzentrieren. Unsere Auseinandersetzung mit diesem sehr kurzen Jahrhundert ist stets eine Auseinandersetzung mit dem Morden. Mein etwas unorthodoxer Zugang besteht nun darin, diese zwölf Jahren als Geschichte zu betrachten und nicht als Erinnerung oder Gedenken.

In diesem Zeitraum, in diesen zwölf todbringenden Jahren, können wir fünf Grundstrategien erkennen, wie Europäer unzählige andere Europäer ermordeten. Die erste Strategie könnte man als Modernisierungsprogramm bezeichnen. Die Sowjetunion verfolgte vom Beginn der 1920er bis in die 1930er Jahre eine Politik, die eine damals im Wesentlichen rückständige Gesellschaft sehr schnell in einen modernen Industriestaat verwandeln sollte. Beschleunigung lautete die Devise. Die Sowjetunion wollte schnell aufholen und mit dem industrialisierten Westen, mit Deutschland und Großbritannien gleichziehen. Dahinter steckte auch eine tiefliegende Angst. Die Sowjetunion war ein revolutionärer Staat an einem Ort, wo niemand eine Revolution erwartet hätte. Der Marxismus sagte ja eine Revolution in den industrialisierten Ländern vorher. Das Zarenreich war aber nur da und dort, in den Randgebieten und in einigen Städten, industrialisiert. Das war den Bolschewiken seit Stalin durchaus bewusst. Sie mussten also in einem großen Sprung die Geschichte, die sie haben sollten, einholen. Und das in einer ihnen feindlich gesinnten Welt, in der sie keine verlässlichen Freunde, jedoch viele verlässliche Feinde hatten. Und so erfolgte dieses Modernisierungsprogramm als Industrialisierung mittels Zwangskollektivierung. Kollektivierung bedeutet Enteignung von freiem Ackerland und Verwandlung in ein staatliches Unternehmen.

Das alles klingt sehr abstrakt und harmlos. Wie könnten Industrialisierung und Modernisierung schlecht sein? In der Praxis bedeutete das aber, Millionen Menschen mit unglaublicher Brutalität Grund und Boden wegzunehmen. Eine traditionell ländliche Gesellschaft auf diese Art in eine moderne Industriegesellschaft zu verwandeln, hieß, den Menschen die Kontrolle über ihren Grundbesitz zu entziehen, ebenso wie über ihre Lebensmittelproduktion. Im Zuge dieser Zwangskollektivierung kam es zur bis dato schlimmsten Hungerkatastrophe der Geschichte. Sie wäre die schlimmste geblieben, hätte nicht Mao 25 Jahre später das Verfahren wiederholt. Allgemein wenig bekannt ist, dass rund 1,3 Millionen Menschen im sowjetischen Kasachstan ums Leben kamen. Ihren Höhepunkt erreichte die Hungersnot in den Jahren 1932 und 1933, als in der sowjetischen Ukraine über drei Millionen Menschen verhungerten.

Das war zum Teil die Folge der Modernisierungspolitik, zum Teil war es auch eine gezielt gegen bestimmte Gruppen gerichtete Politik. Als die Hungersnot in der Ukraine wütete, fand Stalin dafür eine politische Erklärung: die Hungersnot sei politischen Feinden zuzuschreiben. Diese Feinde waren insbesondere ukrainische Kommunisten, die angeblich vom Ausland, vor allem von polnischen Geheimdiensten, unterstützt und finanziert wurden. Diese politische Erzählung rechtfertigte zahlreiche Repressionen in der Ukraine, die sicherstellten, dass noch mehr Menschen der Hungersnot zum Opfer fielen. Vermutlich waren es nicht einige 10.000, sondern Millionen – was einen großen Unterschied macht. Worin bestanden nun die politischen Strategien? Unter anderem wurden sämtliche Grenzen der ukrainischen Republik dicht gemacht, sodass die Menschen das Land nicht verlassen konnten. Über einzelne Kolchosen oder Dörfer wurde eine Blockade verhängt, sodass nichts aus der übrigen Sowjetunion dorthin gelangen konnte. Und den Menschen wurde ihr Nutzvieh weggenommen, das sie vor Hunger und Tod schützte. Diese Strategien bewirkten, dass Millionen Menschen auf erbärmliche und grauenhafte Weise zugrunde gingen. Das war damals auch allgemein bekannt. So fing es 1933 an, während im Hintergrund Adolf Hitler an die Macht kam.

Das zweite Massenvernichtungsprogramm war eher eine Art Rückzug: der große Terror in der Sowjetunion. Das war die Absage an den Anspruch, Sozialismus ohne große Risiken verwirklichen zu können. Zehn Jahre zuvor hatte Stalins großes Modernisierungsprogramm begonnen, durch das er sich viele Feinde geschaffen hatte. Die größte Gruppe von ihnen waren nach Meinung Stalins die Bauern selbst. Man kann durchaus nachvollziehen, wie Stalin zu diesem Schluss kam. Die reicheren Bauern, die sogenannten Kulaken, hatten häufig nicht nur die Zwangskollektivierung, sondern auch die Hungersnot, den Gulag und andere Formen der Unterdrückung überlebt. Sie hatten nicht nur Grund und Boden, sondern oft auch Familienangehörige verloren. Die Vorstellung, die Bauern könnten Feinde seien, war also nicht so weit hergeholt. Zu dieser Vorstellung kam noch die – in den späten 1930er Jahren nicht ganz absurde – Angst vor einem Angriff von außen hinzu. Der Terror begann 1937, der Zweite Weltkrieg nur zwei Jahre später. Dieses Gefühl einer doppelten Bedrohung war Auslöser eines Massenerschießungsprogramms. In weniger als zwei Jahren wurden über 400.000 Bauern erschossen. In der zweiten Phase des Großen Terrors wurden Menschen in der Sowjetunion aufgrund ihrer ethnischen oder nationalen Zugehörigkeit erschossen. Somit war Stalin der Erste, der in den 1930er Jahren in Europa Menschen wegen ihrer nationalen oder ethnischen Zugehörigkeit erschießen ließ, nicht Hitler. Von 1937 bis 1938 wurden in der Sowjetunion rund eine Viertelmillion Menschen aufgrund ihrer Volkszugehörigkeit erschossen. Auch die zweite wichtige Phase des Großen Terrors hatte mit diesem Rückzugs- oder Bedrohungsgefühl zu tun, wobei nicht die Nationalitäten im Zentrum der Sowjetunion, die Russen, sondern die Nationalitäten an der Peripherie, die man mit einem Krieg oder irgendeiner Bedrohung in Verbindung bringen konnte, erschossen wurden – zu allererst die Polen. Mehr als 100.000 Polen wurden aus keinem anderen Grund erschossen, als dass sie Polen, »polnische Spione« waren. Letten, Finnen, Koreaner und andere, mit denen man eine ausländische Bedrohung assoziieren konnte, wurden ins Visier genommen. Laut sowjetischen Aufzeichnungen kostete der Große Terror schließlich 682.691 Menschen das Leben.

Ich betone das deshalb so nachdrücklich, weil man mit dem Terminus Großer Terror im Allgemeinen die Schauprozesse und die Säuberungen in der Partei und der Roten Armee assoziiert. Die gab es natürlich auch – und sie forderten 40.000 Menschenleben. Aber die Größenordnung des Ereignisses ist nicht an den Eliten ablesbar. Es ging nicht um Parteimitglieder, Prominente oder Mächtige. Es war vielmehr eine gezielte Massenaktion gegen Arme, Unterdrückte und Angehörige nationaler Minderheiten.

Das dritte Massenvernichtungsprogramm im Europa jener Zeit könnte man als eine Politik der Ent-Aufklärung oder der Zerstörung der Aufklärung bezeichnen. In Osteuropa und insbesondere in Polen war die Idee der Aufklärung immer sehr stark in der sogenannten Intelligenzija beheimatet. Die Intelligenzija war eine Gruppe gebildeter Menschen, die an ihre politische Mission glaubten, wobei darunter sowohl eine kulturelle als auch eine politische Mission zu verstehen ist – eine sehr osteuropäische Vorstellung. Das Charakteristikum der deutsch-sowjetischen Besatzung Polens von 1939 bis 1941 war die Vernichtung der polnischen Intelligenzija. Die Deutschen und die Sowjets hatten zwar unterschiedliche Begründungen für die Ermordung gebildeter Polen, ihr Vorgehen war aber auffallend ähnlich.

Diese Phase von 1939 bis 1941 ist insofern verwirrend, als in dieser Zeit ein politisches, militärisches und wirtschaftliches Bündnis zwischen der Sowjetunion und Deutschland bestand. Zu dieser Zeit bricht der Zweite Weltkrieg aus. Er begann mit der sowjetischen Erlaubnis eines räumlich und zeitlich begrenzten Krieges der Deutschen. Und er begann mit dieser gemeinsamen Okkupation Polens, eines ziemlich bedeutenden europäischen Landes. Die Sowjets lieferten den Deutschen Nachschub, während diese in Norwegen, in den Niederlanden und in Frankreich einfielen. Zwischen Deutschen und Sowjets herrschte Frieden, als Letztere die Baltenstaaten und das nordöstliche Rumänien besetzten. Es ist also eine Phase der Reichsbildung auf beiden Seiten, in der beide gemeinsam Polen besetzten. Und dort, in Polen, wurde dieses Ent-Aufklärungsprojekt als groß angelegtes Massenvernichtungsprogramm durchgeführt. Etwa 200.000 meist gebildete Polen – ein Großteil der gebildeten Klasse also – wurden ermordet. Zu diesen 200.000 Ermordeten kamen noch eine Million Deportierte hinzu. Diese Okkupation war also äußerst repressiv.

Das vierte Massenvernichtungsprogramm kennen wir am besten: die Entmodernisierungsstrategie, der deutsche Zugang zur Sowjetunion als einen von Juden gegründeten unrechtmäßigen Staat. Alles, was dieser zustande gebracht hatte, war künstlich. Die Industrie, die er aufgebaut hatte, war wertlos. Die Städte, die er gegründet hatte, sollten zerstört werden. Das Bevölkerungswachstum der 1920er und 1930er Jahre war als Überschuss zu verstehen, Menschen, die verschwinden sollten. Aus deutscher Sicht sollte die Sowjetunion zerstört werden und an ihrer Stelle etwas Besseres, eine Art Grenzreich für die deutsche Rasse, entstehen. Dafür hatte man einen vierteiligen Plan.

Der erste Plan war der Blitzsieg, der davon ausging, die Sowjetunion würde zerfallen und wie ein Kartenhaus einstürzen. Der Krieg an der Ostfront sollte in neun bis zwölf Wochen vorüber sein. Tatsächlich verlief der Krieg dann nicht nach dem deutschen Kriegsplan. Die Soldaten hatten keine Mäntel, die deutsche Kriegsindustrie war nicht mehr für Herbst und Winter 1941 gerüstet, da dann der Krieg schon vorüber sein sollte.

Der zweite Plan war der sogenannte Hungerplan. Nach Einmarsch und Zerstörung der Sowjetunion sollten rund 30 Millionen sowjetische Bürger im Winter 1941/1942 verhungern. Die Hauptbetroffenen wären die Menschen in den Städten der westlichen Sowjetunion, insbesondere Russen, Weißrussen und Juden gewesen. Der Hungerplan zielte auf die Auslöschung von rund 75 Prozent der jüdischen Bevölkerung der Sowjetunion ab.

Der dritte Plan der Deutschen war die Endlösung. Diese war zum Zeitpunkt des Einmarschs in der Sowjetunion noch nicht ganz ausgearbeitet. Bei der Endlösung ging es bekanntlich darum, die Juden aus Europa zu beseitigen, Europa »judenfrei« zu machen. Was das bedeuten sollte, war zunächst nicht klar. Nach dem Einmarsch wurde es sehr klar.

Der vierte und ehrgeizigste Plan war der sogenannte Generalplan Ost. Nach dem Sieg sollten über einen Zeitraum von zehn, 15 oder 20 Jahren rund 50 Millionen Slawen ermordet oder deportiert werden. Die übrigen sollten sich als Sklaven der Deutschen zu Tode arbeiten. Die gesamte westliche Sowjetunion sollte entvölkert werden, um später als deutsche Kolonie im Grenzland wiederzuerstehen, dünn besiedelt mit Deutschen und deren Sklaven. Der Plan sollte 50 Millionen Menschen betreffen, nachdem man bereits 30 Millionen verhungern lassen hatte.

Das also war der Plan. Wir wissen, dass die Wirklichkeit schrecklich war, doch sie war weniger schrecklich als der Plan.

Was geschah nun tatsächlich? Der Blitzsieg ging schief, was bedeutete, dass auch die anderen Pläne nicht erwartungsgemäß funktionierten. Sie waren damit zwar nicht hinfällig, mussten aber alle angepasst werden.

Der Hungerplan wurde wesentlich zurückgeschraubt. Die Deutschen konnten nicht alle aushungern. Sie brauchten Leute, die für sie arbeiteten, und sie brauchten eine funktionierende Gesellschaft. Und man kann Menschen nur dann aushungern, wenn man sie völlig unter Kontrolle hat. Wie in Leningrad, wo man während der Belagerung von 1941 bis 1944 rund eine Million Menschen vorsätzlich verhungern ließ. Das war keine Belagerung im herkömmlichen Sinn. Von Anfang gab es die Absicht, alle umzubringen. Und danach sollten die Kriegsgefangenenlager drankommen. Nach dem Holocaust war das Aushungern der sowjetischen Soldaten in den Kriegsgefangenenlagern das zweite große Kriegsverbrechen der Deutschen. Insgesamt starben an die 3,3 Millionen Kriegsgefangene, die meisten von ihnen verhungerten. Die sogenannten Lager – wobei Lager hier ein Euphemismus ist – waren meist nichts anderes als eingezäunte Wiesen, wo die Menschen eingepfercht waren. Auf diese Weise waren bis Anfang 1942 bereits rund zwei Millionen Kriegsgefangene gestorben. 1941 war die Gruppe, die die meisten Todesopfer unter deutscher Okkupation zu beklagen hatte, weder die Juden noch die Polen, sondern die sowjetischen Kriegsgefangenen. Rechnet man zu diesen Kriegsgefangenen die Opfer von Leningrad hinzu, kommt man auf über vier Millionen Tote. Bezieht man noch weitere Städte wie Charkow und Kiew ein, dann steigt die Zahl der Todesopfer auf über 4,5 Millionen. Also deutlich weniger als die im ursprünglichen Plan vorgesehenen 30 Millionen.

Die Endlösung wurde beschleunigt. Die Deutschen hatten die Absicht, die Endlösung nach Kriegsende durchzuführen. Sie dachten, das wäre bereits 1941. Stattdessen wurde sie nun, noch vor Kriegsende, durchgeführt. Hitler ersetzte einen Sieg im Krieg durch einen, wie er es sah, Sieg über die Juden und erklärte im Dezember 1941 die Vernichtung der Juden zum eigentlichen Hauptziel des Krieges. Und das war der Umschwung. Die Deutschen fanden eine Methode zur Vernichtung der Juden. Mehrfach hatten sie es mit Deportation versucht. Sie hatten eine Deportation der Juden nach Madagaskar, nach Polen, nach Sibirien erwogen. Nichts davon hatte sich als praktikabel erwiesen. Praktikabel war, was Himmler im Osten gefunden hatte: die Juden zu erschießen. Das war die erste erfolgreiche Version der Endlösung. Bis Dezember 1941 hatte man eine Million Juden umgebracht, die meisten wurden vor offenen Gräben erschossen. Die Version der Endlösung, die wir alle kennen, die Vergasung der Juden, wurde Anfang 1942 in großem Maßstab aufgenommen und sollte den Deutschen die Sache überall erleichtern, insbesondere dort, wo sie weniger Personal hatten. Doch die endgültige Version der Endlösung lautete, Juden überall umzubringen, wo sie einem begegneten.

Generalplan Ost, der Kolonisierungsplan, wurde ausgesetzt, jedoch niemals aufgegeben. Natürlich konnte es keine Kolonisierung geben, solange der Osten nicht erobert war. Gewisse Teile des Generalplans Ost wurden jedoch tatsächlich umgesetzt. Odilo Globocnik, einer der schlimmsten deutschen Kriegsverbrecher, dessen Name häufig vergessen wird, führte den Generalplan Ost im Distrikt Lublin im besetzten Polen durch und ließ hunderttausende Polen deportieren, wobei jedes Mal Tausende ermordet wurden. Auch die Entscheidung der Deutschen im Sommer 1944, Warschau dem Erdboden gleichzumachen, stand im Einklang mit dem Generalplan Ost.

Für das fünfte Massenvernichtungsprogramm sind die Deutschen und die Sowjets gewissermaßen gemeinsam verantwortlich. Es ergab sich aus der Eskalation rund um den Partisanenkrieg, den die Sowjets unterstützten, worauf die Deutschen ihrerseits mit der Ermordung tausender Zivilisten reagierten. Das nahm grauenhafte Ausmaße an, alleine in Weißrussland wurden im Zuge solcher Vergeltungsaktionen über 350.000 Zivilisten umgebracht, in Warschau waren es zwischen 100.000 und 200.000 und auch in Serbien war die Zahl der Opfer ungeheuer groß.

Wenden wir uns nun dem Erinnern zu. Ich glaube nicht, dass das eben Beschriebene Geschichte ist, denn es wird normalerweise nicht in der Art, als Ermordung von rund 14 Millionen Zivilisten innerhalb kürzester Zeit – fünf Jahre – in einem relativ kleinen Teil Europas, wahrgenommen. Für mich liegt hier das zentrale Ereignis der europäischen Geschichte, aber es ist kein Ereignis *in* der europäischen Geschichte, da es bisher nicht als solches beschrieben wurde. Wir haben etwas anderes, das viel verstreuter, partieller und nationaler ist.

Man könnte einwenden, das was ich hier beschrieben habe, sei nicht Geschichte, aber der Holocaust, ein zentraler Teil meiner Argumentation, sei zweifellos Geschichte: 5,7 Millionen Menschen, die ganz gezielt und vorsätzlich ermordet wurden in der Absicht, eine Gruppe von Menschen ganz auszulöschen, in einer noch nie dagewesenen Größenordnung – wie sollte das nicht Geschichte sein? Ich glaube nicht, dass dem so ist. Es gibt den Holocaust als deutsche Geschichte und es gibt ihn auch als jüdische Geschichte. Aber es gibt ihn nicht als europäische Geschichte. Es gibt ihn als eine europäische, als eine amerikanische und natürlich auch als eine israelische Kultur ethnischer Memorialisierung. Das ist jedoch keineswegs dasselbe wie eine internationale Geschichte, über die wir wohl noch nicht verfügen. Meiner Meinung nach entstehen durch den Versuch einer Memorialisierung des Holocausts vielfältige Spannungen mit der Geschichte, da die Memorialisierung eine gewisses Maß an Festlegung und grundsätzlichem Einvernehmen voraussetzt, das über historische Ereignisse sehr schwer herzustellen ist.

Von den rund 17 Millionen Zivilisten, die von den Sowjets und den Deutschen umgebracht wurden, wurden der Großteil, 14 Millionen, in einem ganz kleinen Teil Europas ermordet – im Wesentlichen in der Ukraine, in Weißrussland, Polen, Leningrad. Die Morde fanden zu über 80 Prozent in ein und demselben Gebiet statt. Dieses Gebiet lässt sich vielfältig definieren, nur nicht als Europa. Das sind keine Orte, die im Zentrum der europäischen Geschichte stehen. Das sind keine Orte, die im Zentrum des europäischen Erinnerns an den Zweiten Weltkrieg stehen. Auch wenn dessen Gräuel zentral sind, so werden die Orte, wo sie begangen wurden, allgemein nicht einmal als Teil Europas wahrgenommen. Wenn ich nun behaupte, dass der Schwerpunkt des Leidens der Zivilbevölkerung im Zweiten Weltkrieg in Weißrussland lag, was wohl unbestreitbar ist, gefolgt von der Ukraine und Polen, dann wird das die Europäer nicht dazu bewegen, ihre jeweilige Gedenkkultur auf Weißrussland auszurichten – was zeigt, wie unterschiedlich Geschichte und Erinnern sind.

Es gibt fünf oder sechs Gründe dafür, dass sich das, was geschah, so sehr von dem unterscheidet, was im Gedächtnis bleibt. Fast jeder stimmt zu, dass die Massenvernichtung erinnert werden sollte, dass sie für die europäische Geschichte, Erinnerung und vielleicht sogar Identität wesentlich ist, möglicherweise sogar für den Versuch einer europäischen Ethik. Doch steht sie seltsamerweise heute keineswegs im Mittelpunkt der Memorialisierung. Warum ist das so? Eine Erklärung wäre die geopolitische Verschiebung, durch die das Zentrum des Geschehens – die Ukraine, Weißrussland, Polen – seine Bedeutung eingebüßt hat. Auch die Tatsache, dass viele, wenn nicht sogar die meisten jüdischen Überlebenden in der Folge auswanderten, ist von großer Bedeutung. Dazu kam noch, dass Israel in der Folge die Aufgabe der Memorialisierung eines Ereignisses übernahm, das nicht im Vorderen Orient, sondern in Osteuropa stattfand. Damit wird aber das Gedenken und die Memorialisierung in Israel aus denselben Gründen wie in den Vereinigten Staaten zu etwas Abstraktem. Zur gleichen Zeit passierte aber etwas mit Russland. Gegen Kriegsende definierte Stalin die Sowjetunion als eine Art »Russland Plus« und die Russen als jene Nation, die sich im Zweiten Weltkrieg an die Spitze der anderen Nationen gestellt hatte. Russland war die erste aller Sowjetnationen, Russland hat am meisten gelitten, Russland trug das größte Risiko. Das stimmt natürlich nicht ganz. Aber so wurde der Krieg in der Sowjetunion und damit indirekt auch von uns in Erinnerung behalten. Das geographische Zentrum der Diskussion hat sich also verschoben: südlich nach Tel Aviv und nördlich nach Moskau.

Hinzu kommt, dass der Eiserne Vorhang auch eine geistige Barriere war. Alle Orte, an denen die Sowjets Menschen in großer Zahl umbrachten, lagen hinter dem Eisernen Vorhang. Das ist wenig überraschend. Aber auch die Stätten der deutschen Massenvernichtung lagen alle – ohne Ausnahme – hinter dem Eisernen Vorhang. Daher scheiterte jeder Versuch, sowohl die sowjetischen als auch die deutschen Strategien und Gräuel verstehen zu wollen, schlicht und einfach an der Unzugänglichkeit der sichtbaren Zeugnisse, aber auch an einer verbreiteten mangelnden Ortskenntnis. Während des Kalten Krieges reisten nur ganz wenige Menschen dorthin, außer nach Auschwitz. Erst nachträglich entstand der Totalitarismus als Denkschule des Kalten Kriegs zum Verständnis von Sowjetunion und Nazideutschland. Aber die Totalitarismustheorie behandelt sie als politische Systeme und nicht als territorial operierende Herrschaftsregime. Sie macht aus dem Ganzen einen Interessenskonflikt zwischen Moskau und Berlin, eine Art intellektueller Politikgeschichte, und lenkt dadurch unsere Aufmerksamkeit von den realen Räumen und Menschen ab.

Eine weitere Erklärung ist, dass im Verlauf der europäischen Integration so etwas wie eine europäische Geschichtspädagogik oder europäische Medien – abgesehen von Büchern – nicht entstanden. Zeitungen und Pädagogik sind nach wie vor sehr national orientiert. Die Osterweiterung der Europäischen Union im ersten Jahrzehnt des 21. Jahrhunderts löste das Problem nicht. Sie erhöhte nur die Anzahl der betroffenen Nationalgeschichten. Fügt man die estnische Geschichte der portugiesischen, rumänischen und irischen hinzu, wird das Ganze unüberschaubar. Nun gab es einen eigenen russischen, einen osteuropäischen und einen westeuropäischen Zugang. Für sie alle steht der Zweite Weltkrieg im Mittelpunkt, doch wird er von ihnen allen ganz unterschiedlich behandelt.

Und zum Dritten begannen die Osteuropäer, Institutionen des Erinnerns aufzubauen, die häufig die Archive, die historische Publikation und die strafrechtliche Verfolgung der Verbrechen kontrollieren. Das führte tendenziell zu einer Homogenisierung und Vereinfachung und politisierte die Nationalgeschichte sichtlich.

Was hatte die Europäische Union den osteuropäischen Ländern angeboten, um die Spannungen zwischen ost- und westeuropäischer Geschichte zu reduzieren? Auf welche Art und Weise fanden die Tragödien, die in Osteuropa stattgefunden hatten, Eingang in den europäischen Diskurs? Die Europäische Union hatte zwei Dinge anzubieten – das eine war unmöglich und das andere viel zu einfach. Unmöglich war das europäische Fortschrittsnarrativ, das mit dem Ende des Zweiten Weltkriegs einsetzt und über die verschiedenen Formen der Integration in Politik, Handel, Wirtschaft und später Kultur bis Maastricht geht. Diese Fortschrittsgeschichte hat ganz einfach für Osteuropa keine Geltung. In diesen 45 Jahren machte Osteuropa ganz andere Erfahrungen! Was die Europäer sonst noch zu bieten hatten, war Standardnationalgeschichte, wie sie nach wie vor im Schulunterricht in Frankreich, Portugal, England, Irland, Spanien und Deutschland gelehrt wird. Die konnten die Osteuropäer akzeptieren. Ohne aber ihre eigene osteuropäische Geschichte darzulegen, übernahmen sie ein Gesamtpaket institutioneller und rhetorischer Praktiken, mit den in Europa üblichen nationalen Normen. Sie haben sich nur allzu gut in Europa integriert.

Was folgt daraus? Da ist erstens das Problem, keine eigene geschichtliche Position zum wichtigsten historischen Ereignis zu haben. Es gibt ein überragendes historisches Ereignis, den Holocaust. Man kann aber den Holocaust wahrscheinlich nur dann verstehen, wenn man weiß, was rundherum geschah.

Wir neigen dazu, das Erinnern über die Geschichte zu stellen. Das reine Gedenken marginalisiert aber die Ökonomie. Man gedenkt nicht der politischen Ökonomie des Nationalsozialismus oder derjenigen des Stalinismus. Ohne diese beiden politischen Ökonomien ist es jedoch völlig unmöglich, die Geschehnisse – einschließlich des Holocaust – zu verstehen. Wenn Geschichte den Zweck hat, dafür zu sorgen, dass sich die Dinge nicht wiederholen, dann muss man auch die Wirtschaft als eine Art von Versuchung verstehen. Wenn verrückte Kriege um Ressourcen zu Gräueln führen, dann sollte man darüber Bescheid wissen.

Das zweite Problem ist, dass Gedenken anders als Geschichte zu einer gewissen Identifikation mit den Opfern neigt. Der Täter gedenkt man nicht. Beim Gedenken ist das auch durchaus angebracht.

Das dritte Problem ist eine gewisse gleichgültige Toleranz. Ich toleriere deine Nationalgeschichte, weil sie mir egal ist. Und du tolerierst meine Nationalgeschichte, weil sie nur mich berührt. Aber jeder ist nur so lange gleichgültig, bis es zum Konflikt kommt. Und dann bricht diese Toleranz zusammen. Die Erinnerungskultur führt also zu einer Art von Multinationalismus.

Mit dieser Geschichte ist dasselbe passiert wie mit einem schwarzen Loch – eine Art Urknall. Alles hat sich in alle Richtungen verteilt. Es kam zu einer Art anhaltenden Zerstreuung. Ich behaupte nicht, dass Erinnerungen oder nationale Geschichtskulturen unveränderlich sind. Sie entwickeln sich nach wie vor. Diese Zerstreuung vollzieht sich zurzeit und geht weiter. Doch ihr Ausgang hängt von Entscheidungen ab, die jetzt getroffen werden. Ob Geschichte oder Erinnern muss noch entschieden werden. Was heißt eigentlich Zerstreuung? Zerstreuung heißt Diaspora. Wenn die Erinnerung zerstreut wird, dann endet das in einer Diaspora der Erinnerung. Und ich fürchte, genau das passiert zurzeit. Und somit ist dies ein Plädoyer für die Geschichte.

Heimatlos in der Heimat

Die Diaspora der Obdachlosen

Cecily Corti im Gespräch mit Isolde Charim

Isolde Charim: Obdachlosigkeit ist nicht gerade das, was man unter Diaspora versteht. Aber man muss sagen, Heimatlosigkeit hat viele Gesichter, die der Migranten misst sich in geographischen und in kulturellen Distanzen, die der Obdachlosen in sozialen Abständen. Deshalb hat das Thema einen Platz in unserer Reihe. Cecily Corti, was ist ihre Initiative, die »VinziRast«?

Cecily Corti: Die »VinziRast« hat sich im Lauf der sechs Jahre, die sie besteht, gewandelt. Aber gedacht war sie ursprünglich als niederschwellige Notschlafstelle für inländische obdachlose Männer.

Was heißt niederschwellig?

Niederschwellig heißt, dass keine Bedingungen gestellt werden für die Aufnahme. Inzwischen ist es nicht nur eine Notschlafstelle für Männer. Wir haben noch, bevor wir eröffnet haben, beschlossen, dass wir Hunde mit aufnehmen, dann nach wenigen Wochen auch Ausländer und Frauen, wenn wir freie Plätze haben, und dass nicht nur Alkoholiker, sondern auch Drogen- bzw. Substitutionsabhängige Aufnahme finden. Später sind in dem Haus, das wir gleich am Anfang kaufen konnten, etliche Wohnungen frei geworden. Das hat schließlich eine Generalsanierung ermöglicht. Dabei sind 16 Wohnungen entstanden. Wir haben mittlerweile also nicht nur eine Notschlafstelle – wo die Menschen am Abend kommen und morgens wieder gehen müssen –, sondern in den neuen Wohnungen können Menschen, die wir eine Zeit lang in der Notschlafstelle begleitet haben und die dazu bereit scheinen, erste Schritte in eigene Verantwortung lernen.

Ganz kurz ein paar Daten: Wie viele Plätze gibt es in der Notschlafstelle, wie viele Betten gibt es da?

Das sind 48 Stockbetten in einem großen, L-förmig angeordneten Raum. Wir haben meist zwischen 55 und 60 Gäste jeden Abend. Wir nehmen auch Paare auf, die zusammen in einem Bett schlafen dürfen. Manchmal ist es der Vater mit dem Sohn, manchmal ist es ein Ehepaar oder Freunde. Da wir von Anfang an Matratzenlager am Boden ausschlossen, ermöglichen wir in bestimmten Situationen, wenn die Gäste das selber vorschlagen, dass sie ein Bett teilen.

Es gibt also diese 48 Betten in diesem L-förmigen Raum und dazu gibt es noch 16 Wohnungen, die für Einzelpersonen sind.

Nein, das sind Ein- oder Zwei-Zimmer-Wohnungen. Auch die Ein-Zimmer-Wohnungen sind zum Teil von zwei Menschen bewohnt. Und die Zwei-Zimmer-Wohnungen sind von zwei oder drei Menschen bewohnt. Das handhaben wir sehr flexibel.

Sie sind ein privater Verein, der durch private Gelder finanziert wurde. Wie muss man sich das vorstellen?

Wir sind ein privater Verein. Außer dem Geschäftsleiter engagieren sich bei uns ausschließlich ehrenamtliche Mitarbeiter, finanziert wird das Projekt nur durch private Spendengelder. Wir sind selber erstaunt, dass dies bis heute gelingt. Das hat eigentlich niemand für möglich gehalten. Von Anfang an wurde mir prophezeit, dass das Projekt zum Scheitern verurteilt sei, dass kein Mensch für betrunkene Obdachlose arbeiten oder Geld spenden würde. Aber es hat sich, auch zu meiner Überraschung, anders entwickelt. Schon nach einem Jahr hat die Stadt uns eine Förderung angeboten, die wir dann aber nach gründlicher Überlegung ablehnten. Wir wollen, solange es uns möglich ist, vollkommen unabhängig bleiben, um ganz frei entscheiden zu können, wie wir agieren, welche Regeln wir einführen, was wir verändern. Ich denke, dass das einen Teil der Freude unserer vielen Mitarbeiter ausmacht.

Anfangs gab es Spendengelder, um das Haus zu kaufen. Aber ich nehme an, auch wenn einem das Haus gehört und trotz ehrenamtlicher Mitarbeit gibt es doch genug laufende Kosten. Warum konnten Sie es sich leisten, das Angebot der Stadt Wien abzulehnen?

Bis jetzt haben die Spenden gereicht. Dazu muss ich sagen, dass wir sehr sparsam agieren. Unsere Mitarbeiter erhalten nicht einmal Spesenersatz, im Gegenteil, viele tragen zusätzlich durch Spenden aller Art bei – Lebensmittel, Blumen, auch Geld.

Jenseits von Geld, was hätte es denn bedeutet, wenn die Stadt Wien da in irgendeiner Form unterstützend eingestiegen wäre? Was hätte das an Veränderung gebracht?

Wir müssten uns den vorgegebenen Regeln unterwerfen. Das bedeutet, bei der Aufnahme bestimmte Kriterien zu beachten, sowohl was die Nationalitäten, als auch die Aufenthaltsdauer betrifft. Die »bedingungslose Akzeptanz«, die für uns eine zentrale Rolle spielt, hätten wir aufgeben müssen.

Die Stadt Wien nimmt also keine ausländischen Obdachlosen auf?

Nein, soweit ich weiß nicht.

Wenn ein Obdachloser zu der zentralen Stelle der Stadt Wien kommt, dann muss er sich als Österreicher ausweisen?

Er muss jedenfalls vom österreichischen sozialen System erfasst sein. Wir hatten das große Glück, dass wir ganz am Anfang durch die substanzielle Spende eines Unternehmers das Haus in der Wilhelmstraße kaufen konnten, das in einem relativ guten Zustand war. Das Erdgeschoß war zum größten Teil leer stehend, im kleineren Teil war noch ein Juwelier. Er meinte, er sei schon drei Mal überfallen worden, bevor wir eingezogen sind.

Und danach?

Danach haben die Überfälle aufgehört. Es waren ja viele Leute da, die aufpassen konnten. Alles entwickelte sich anders als erwartet. Wir konnten erleben, was Vorstellungen ausmachen und wie hinderlich sie sind. Es war für mich ein wichtiger Teil meiner Entscheidung, mir keine Vorstellungen zu machen, einen Schritt ins Unbekannte zu wagen. Ich hatte ja bis dahin nichts mit Obdachlosen zu tun gehabt, außer ein paar Monate Erfahrung in Paris bei einer Obdachlosenstelle für Frauen.

Was war Ihre persönliche Motivation, was hat Sie dazu gebracht, diesen doch sehr ungewöhnlichen Schritt zu machen, zumal Sie ja nicht aus der Sozialarbeit kommen?

Es gibt äußere Gründe, es gibt innere Gründe. Meine Söhne waren erwachsen, mein Mann gestorben, sodass ich Raum und Zeit hatte. Dazu kam eine große Sehnsucht nach einer anderen Welt, in der nicht Konkurrenz, Leistung, Macht und Urteil herrschen. Daraus kam wohl auch die Kraft, persönlich Verantwortung über mein unmittelbares Umfeld hinaus zu übernehmen. Das hat sich dann in dieser Initiative ausgedrückt.

Als ich Sie in der »VinziRast« besucht habe, ist mir aufgefallen, dass Sie keinerlei Berührungsängste haben mit den vielen Abgründen, denen man dort begegnet. Sie haben einen äußerst angstfreien Umgang mit etwas, was den meisten Menschen eigentlich sehr fremd ist.

Angst hatte ich von Anfang an nicht. Ich hätte nicht gewusst, wovor ich Angst haben soll. Natürlich gilt es, ganz da zu sein, wach, achtsam. Die Menschen, die zu uns kommen, suchen in erster Linie ein Bett für die Nacht. Meist haben sie Angst, die Nacht im Freien verbringen zu müssen. Und man lernt auch sehr schnell in der Begegnung. *Den* Obdachlosen gibt es nicht. Es gibt eine unglaubliche Vielfalt von Menschen, die zu uns kommen. Aber sie sind zurückgeworfen auf die Grundbedürfnisse, einfach nur Wärme, Obdach, ein Essen, frische Kleider und eine Duschmöglichkeit zu bekommen. Und sie sind auf einer ganz anderen Ebene seelisch sehr bedürftig. Es ist klar, dass die materielle Ebene befriedigt werden muss. Das gehört zur Grundwürde des Menschen. Aber diese Menschen sind zutiefst heimatlos.

Ist es denn wirklich die Aufgabe von privaten Initiativen, diese Art von Arbeit zu leisten? Ist das nicht etwas, das eigentlich die Öffentlichkeit, das der Staat leisten sollte?

Ich glaube, dass der Staat oder jedenfalls die Stadt Wien wirklich sehr viel tut. Da gibt es ganz großartige Einrichtungen. Aber ich bin davon ausgegangen, dass wir als Individuen Verantwortung übernehmen müssen für die Qualität des Lebens. Am Anfang, als ich noch bei den zuständigen Stellen mein Vorhaben vorgestellt habe, gab es einen starken Vorbehalt. Sie haben uns spüren lassen, dass sie nichts davon halten. Denn wir haben mit der schwierigsten Gruppe von Obdachlosen, den Alkoholabhängigen, zu tun. Wir nehmen auch Menschen auf, die – bildlich gesprochen – mit der Bierflasche kommen. Früher (inzwischen hat sich das geändert) gab es keine offizielle Stelle, wo die Menschen ein Bier trinken durften. Da haben es viele vorgezogen, auf der Straße zu bleiben.

Und in der »VinziRast«?

Wir schenken keinen Alkohol aus. Aber bei uns ist Wein und Bier erlaubt, keine schweren Alkoholika. Die schummeln sie manchmal rein. Das ist dann ein Grund, dass sie wieder gehen müssen. Jeder bekommt die Information, was bei uns möglich ist und was nicht. Es ist sehr viel möglich.

Wenn eine private Initiative wie Ihre etwas übernimmt, von dem man denkt, das sollte Aufgabe der Öffentlichkeit sein, dann scheint der Unterschied darin zu liegen, dass keine Disziplinierungsmaßnahmen vorangeschickt werden.

Sicher. Der Staat stellt sich in erster Linie die Aufgabe der Reintegration, der Resozialisierung. Wir versuchen, diesen Menschen die Möglichkeit zu bieten, erst einmal Boden unter ihren Füßen zu finden. Das dauert sehr lange. Ich glaube, der Staat will schneller und nach ganz bestimmten Kriterien wissen, welche Schritte zu setzen sind und wie lange das dauern kann. Uns geht es um die Qualität der Beziehung, der Begegnung. Die Menschen sollen spüren, dass sie willkommen sind, dass wir uns keine Urteile erlauben, was sie tun sollen, um ihr Leben besser zu leben. Wir stellen uns dem, was im Augenblick zu tun ist. Und wenn es nur ist, uns neben jemanden hinzusetzen oder ihm ein Essen zu geben. Als allererstes kommt ohnehin die Materie – das Bett, waschen, duschen, das Essen (das ist bei uns sehr gut, weil wir Ehrenamtliche haben, die jeden Abend kochen).

Resozialisierung klang jetzt sehr negativ. Als ob es nur darum geht, die Leute so schnell wie möglich wieder funktionstüchtig zu machen. Es gibt doch bei Ihnen auch einen Zugang zur Resozialisierung. Es gibt dieses »zu ebener Erd'« und »im ersten Stock«, also die Leute, die unten in dem L-förmigen Raum wohnen, und jene, die dann aufsteigen dürfen in die Wohnungen. Gibt es da nicht auch so einen Gedanken von Resozialisierung?

Die Aufnahme in der Notschlafstelle vollzieht sich nahezu bedingungslos. Es gibt einige wenige Regeln. Drei der allerwichtigsten: im Schlafraum darf nicht geraucht, es darf nicht gespritzt und es darf keine Gewalt angewendet werden. Übertretungen sind mit einer sofortigen Sperre verbunden, da sie gefährlich für alle anderen sind. Es gibt dann noch kleine Regeln, die aber individuell und flexibel gehandhabt werden. Vorrang hat, dass die Leute zur Ruhe kommen können und sich angenommen fühlen, wer und wie sie sind. Für die Wohnungen stellen wir dann gewisse Bedingungen. Da gibt es ein Antragsformular, in dem einige Voraussetzungen formuliert sind. Dazu gehört das Bezahlen einer Miete und die Bereitschaft, in einer Gemeinschaft leben zu wollen. Die meisten Obdachlosen bekommen (wenn sie Österreicher sind oder im österreichischen System erfasst sind) eine Mietbeihilfe. Wir haben also Mieteinnahmen. In der Notschlafstelle zahlen sie einen Euro für die Nacht, Abendessen, Frühstück, duschen und Wäsche waschen. Immerhin, wenn 50 Leute jeden Abend kommen, sind das 50 Euro pro Tag. Weitere Bedingungen sind, dass sie die Wohnung sauber halten und kleine Aufgaben im Haus übernehmen. Jeder hat irgendeine Aufgabe: Fenster, den Boden, den Gang oder das Stiegenhaus waschen, Brot holen – also eine Form von Solidarität. Die Idee ist, dass sie lernen, füreinander im kleinen Rahmen zuständig zu sein, dass sie ein bisschen Verantwortung übernehmen für die Nachbarn oder die, denen es gerade schlecht geht, also dass sie eine Form von Gemeinschaft zu bilden beginnen. Das fällt einigen ganz leicht und anderen sehr schwer. Und dann haben wir mit jedem Einzelnen längere

Gespräche, wo vereinbart wird, was sie vorhaben, ob der Wohnplatz nur ein Übergang ist, weil sie erst kürzlich eine Wohnung verloren haben. Wir wollen diesen Personen eine Chance geben, einen Job zu finden. Ohne Adresse kann man keine Arbeit bekommen. Eine andere Bedingung ist, dass sie bereit sein müssen, über sich Auskunft zu geben. Die Grundlage ist Vertrauen. Wir bemühen uns, ihnen das Gefühl zu vermitteln, wir nehmen sie ernst.

Manchen, meist ältere oder kranke Menschen, sichern wir von vornherein zu, dass sie bei uns bleiben können, wenn sie sich an die Vorgaben halten. Sie können hier in Würde altern. Das spielt für viele eine große Rolle, endlich wissen sie, wo ihr Zuhause ist. Im öffentlichen System gibt es verschiedene Formen des begleitenden Wohnens bei ehemals obdachlosen Menschen.

Was ist begleitetes Wohnen?

Eine ziemlich intensive Begleitung durch Sozialarbeiter.

Also begleitetes Wohnen heißt kontrolliertes Wohnen.

Natürlich ist die Aufgabe des professionellen Sozialarbeiters viel komplexer. Wir machen auch Kontrollen, aber wir versuchen, die Kontrolle nicht in den Vordergrund zu stellen. In den Wohnungen ist etwa Alkohol erlaubt. Auch Tierhaltung. Jeder Bewohner im Haus hat einen ehrenamtlichen Begleiter, der ihn besucht, der mit ihm Sachen bespricht, der schaut, ob die Wohnung sauber ist. Wir haben monatliche Zusammenkünfte mit allen Bewohnern, mit allen Mitarbeitern. Wir machen Ausflüge. Wir haben eine Malwerkstatt, eine Schreibwerkstatt, wir bieten Qi Gong an. Das ist unsere Art von Therapie. Es dauert lang, bis Vertrauen entsteht. Erstaunlich ist, dass wir immer wieder erleben, dass jemand von einem Tag auf den anderen beschließt, mit dem Trinken aufzuhören. Natürlich kann es wieder einen Rückfall geben. Wir üben, keine Erwartung zu haben, dann sind wir auch nicht enttäuscht. Das ist eine der größten Herausforderungen, da wir ja mit Erwartungshaltungen zu leben gewohnt sind. Es ist aber auch entlastend: Wir setzen uns und auch die Bewohner keinem Druck aus.

Sie sind so eine Art Business Class unter den Notschlafstellen. Dieser Luxus des Zugangs ist aber gepaart mit einer relativ begrenzten Zahl. Wie viele Leute sind maximal im ganzen Haus da?

48 in der Notschlafstelle und 29 Wohnplätze im Haus. Das variiert sehr. In der Notschlafstelle sind jetzt viele ausländische Gäste, die nicht der ursprünglichen Zielgruppe entsprechen, das heißt sie sind nicht krank, schwach, alt oder schon mehrere Jahre auf der Straße, sondern sie sind ausländischer Herkunft, jung, gesund, kräftig und suchen Arbeit. Und sie sprechen meist kein oder sehr we-

nig Deutsch. Wir können oft mit ihnen überhaupt nicht verbal kommunizieren. Das ist eine zusätzliche Herausforderung. Kommunikation muss dann anders stattfinden. Wir wollen diesem Gast trotzdem vermitteln, dass er willkommen ist, was er ja in Österreich nicht gewöhnt ist. So sind wir dazu übergegangen, Österreicher und Ausländer nur für vier Wochen aufzunehmen. Einige bleiben kürzer, andere länger, je nach Bedürftigkeit. Das entscheiden wir im Lauf der Tage, die sie bei uns sind. Da sind wir sehr flexibel. Und, wie schon erwähnt, liegen oft zwei in einem Bett. Die Zahl variiert also stark. Jedenfalls müssen wir fast täglich Menschen wegschicken, weil wir keinen Platz haben.

Bei einem Österreicher kann man sich ja vorstellen, wie jemand in die Obdachlosigkeit schlittert. Aber wie kommt ein ausländischer Obdachloser eigentlich nach Wien?

In der Regel hat er irgendwie das Geld. Sie kommen aus der Slowakei, viele aus Rumänien oder aus Polen. Wir fragen nicht danach.

Kommen die schon aus der Obdachlosigkeit?

Viele von ihnen kommen aus der Obdachlosigkeit. Andere sind Hilfsarbeiter am Bau, selten mal ein Schweißer, Krankenpfleger hatten wir auch schon. Aber auch Menschen mit abgeschlossenem Studium. Das ist allerdings die Ausnahme. Und sie sagen, sie haben zuhause nichts, sie haben keine Familie, sie haben keine Arbeit, und das Leben auf der Straße in ihrem Land ist nicht vergleichbar mit dem Leben auf der Straße in Wien.

Es gibt also eine Obdachlosenmigration. Wie ist das Verhältnis zwischen österreichischen und ausländischen Obdachlosen? Gibt es da Probleme?

Ich wurde sehr gewarnt, dass das zu großen Problemen führen würde. Es gibt Spannungen, weil der österreichische Obdachlose auf den ausländischen herunterschaut. Der Schwächere ist immer derjenige, den man nicht will. Also Rassismus ist deutlich spürbar, aber auch innerhalb der Ausländer. Wir haben Schwarzafrikaner und immer wieder auch Roma. Die Rumänen, die Polen oder die Tschechen blicken dann auf die Roma herab. Da kann es zu Konflikten kommen, aber in der letzten Zeit deutlich weniger. Es hat sich herumgesprochen, dass wir das nicht dulden. Wem unsere Gäste nicht passen, der oder die kann sich was anderes suchen.

Man würde ja denken, dass aufgrund dieser wirklich bedrängten sozialen Lage Ausländer keine Kategorie ist, die eine Rolle spielt. Glauben Sie eigentlich, dass das allgemeine gesellschaftliche Klima sich in den Haltungen der Obdachlosen widerspiegelt?

Ja, ich denke schon. In erster Linie ist es die Angst, die nehmen mir was weg. Ob das jetzt ein Job ist oder eine finanzielle Unterstützung. Und es ist das Fremde. Da greifen die Slogans, die sie auf Plakaten oder im Fernsehen mitbekommen. Es heißt immer, jeder kann obdachlos werden. Das stimmt nur in Grenzen. Der »klassische« Obdachlose kommt in der Regel aus zerrütteten Familien, aus ganz schwierigen Familienverhältnissen. Er hat nie Geborgenheit, Zugehörigkeit erlebt und ist sehr empfänglich für Feindbilder.

Das wäre dann eine Grundhaltung. Aber haben Sie den Eindruck, dass sich das in den letzten Jahren verändert hat? Es gibt ja gesamtgesellschaftlich eine absolute Verschlechterung des Klimas gegenüber Ausländern.

Wir hören vermehrt von unseren inländischen Gästen: »Der ist ja Ausländer, warum nehmt ihr den, jetzt habt ihr einen Österreicher weggeschickt.« Manchmal wird uns auch zugetragen, dass weniger Österreicher zu uns kommen, weil wir so viel Ausländer haben. Aber wirkliche Konflikte auf dieser Ebene haben wir in der »VinziRast« sehr selten.

Es gibt ein sehr vehementes Wiederauftauchen von Bildern der Armut mitten in der Stadt. Früher hat es in Wien kaum Bettler gegeben. Verändert sich die Dringlichkeit der Bedürftigkeit, die Quantität der Leute, die in die Bedürftigkeit rutschen? Gibt es Auswirkungen der Krise?

Es gab sicher eine Intensivierung. Wir waren am Anfang nicht jeden Abend so voll, wie wir das heute sind. Ich sehe in der Stadt viel mehr Armut.

Es gibt zwei Kategorien von Obdachlosen: solche, die nirgends erfasst sind, die in der vollkommenen Obdachlosigkeit sind, aus der man auch nicht mehr herauskommen kann; und dann gibt es Leute, die zumindest ein paar Fäden mit dem Rest der Gesellschaft verbinden, die noch ein paar Anknüpfungspunkte haben.

Solche, die nirgends erfasst sind und das auch nicht wollen, die gibt es wirklich. Und einige von diesen haben wir in der »VinziRast«. Sie wollen mit der Gesellschaft nichts mehr zu tun haben und wollen nur das Bett, die Wäsche, die Verpflegung. Sie sind sehr verträglich, machen keine Probleme, sind auch nicht kommunikativ. Aber dankbar, dass sie in der »VinziRast« ihre Art von Heimat gefunden haben. Und dann gibt es die Menschen – und das ist die Mehrzahl –, die Kurse beim Arbeitsamt besuchen, die in Kontakt mit einer Sozialarbeiterin sind, die vielleicht einen Antrag auf eine Gemeindewohnung gestellt haben. Bis sie das bekommen, nächtigen sie bei uns.

Machen Sie da einen Unterschied?

Wir machen keinen Unterschied. Wir schauen nur, dass jene, wo die Bedürftigkeit wirklich sichtbar ist, länger oder unbeschränkt bleiben können. Manche sind jahrelang bei uns in der Notschlafstelle.

Sie geben eine Broschüre heraus, die erstaunlicherweise »Mitten Drin« heißt und nicht etwa »Von den Rändern«. Wieso?

Wir sind mitten drin im Leben, in Wien, in der Armut, in der Bedürftigkeit. Auch in der Orientierungslosigkeit. Und wir wollen die Menschen vom Rand der Gesellschaft in die Mitte holen. Wir gehören zusammen.

Autorinnen und Autoren

Abadan-Unat, Nermin: Pionierin der Migrationsforschung. Professorin am Institut für Politikwissenschaften und am Women's Research and Education Centre der Boğaziçi University in Istanbul, lehrte von 1953 bis 1989 Soziologie an der Ankara University. 1979: Großes Verdienstkreuz der Bundesrepublik Deutschland. Publikationen u.a.: *Migration ohne Ende*, Berlin: Ed. Parabolis 2005.

Allam, Khaled Fouad: Soziologe und Islam-Experte, lehrt an den Universitäten von Triest, Urbino und Florenz. Seit April 2006 Mitglied des italienischen Parlaments. Publikationen u.a.: *Der Islam in einer globalen Welt*, Berlin: Wagenbach 2004, *La solitudine dell'Occidente*, Mailand: Rizzoli 2006.

Anderson, Benedict: Prof. emer. für International Studies an der Cornell University. Mitglied der American Academy of Arts and Sciences, der American Association of Asian Studies, Träger des Lifetime Achievement Award und des Fukuoka Prize for Oustanding Scholarship on Asia. Publikationen u.a.: *Imagined Communities. Reflections on the Origin and Spread of Nationalism* (*Die Erfindung der Nation. Zur Karriere eines folgenreichen Konzepts*, Berlin: Ullstein 1998).

Auer Borea d'Olmo, Gertraud: arbeitete für diverse Theater und Museen in Wien und Paris. 1991-1995 Mitarbeiterin des Bundesministers für Unterricht, Wissenschaft und Kunst. Seit 2005 Generalsekretärin des Bruno Kreisky Forums.

Bashir, Bashir: Fellow am Gilo Centre for Citizenship, Democracy and Civic Education der Hebrew University of Jerusalem und am Van Leer Jerusalem Institute. Publikationen u.a.: Kymlicka, Will, Bashir, Bashir (Hg.): *The Politics of Reconciliation in Multicultural Societies*, Oxford: Oxford University Press 2008.

Bauböck, Rainer: Professor für soziale und politische Theorie am Europäischen Hochschulinstitut in Florenz. Stv. Obmann der Kommission für Migrations- und Integrationsforschung der Österreichischen Akademie der Wissenschaften. Publikationen u.a.: (Hg.) *Citizenship Policies in the New Europe*, Amsterdam:

Amsterdam University Press 2007; (Hg.) *Acquisition and Loss of Nationality. Policies and Trends in 15 European States*, 2 Bände, Amsterdam: Amsterdam University Press 2006.

Bauman, Zygmunt: Prof. emer. für Soziologie an der University of Leeds. Publikationen u.a.: *Leben in der flüchtigen Moderne*, Frankfurt a.M.: Suhrkamp 2007, *Wir Lebenskünstler*, Frankfurt a.M.: Suhrkamp 2010.

Bhabha, Homi K.: Professor an der Harvard University. Publikationen u.a.: *Nation and Narration*, London: Routledge 1990; *Die Verortung der Kultur*, Tübingen: Stauffenburg Verlag 2000.

Bingül, Birand: Redakteur im WDR-Fernsehen. Er ist CvD und Reporter in der Abteilung Zeitgeschehen Aktuell (Tagesschau-Redaktion) in Köln und Kommentator der ARD Tagesthemen. Publikationen u.a.: (Hg. mit Aysegül Acevit) *Was lebst Du?*, München: Droemer Knaur Verlag 2005.

Charim, Isolde: langjährige Lehrtätigkeit an der Philosophischen Fakultät der Universität Wien, freie Publizistin, wissenschaftliche Kuratorin am Bruno Kreisky Forum.

Corti, Cecily: Leiterin des »VinziRast-CortiHaus«.

Diederichsen, Diedrich: ehemaliger Redakteur der Musikzeitschriften *Spex* und *Sounds*, Professor an der Universität für Bildende Kunst in Wien, lehrt an diversen Kunstakademien. Publikationen u.a.: *Eigenblutdoping. Selbstverwertung, Künstlerromantik, Partizipation*, Köln: Kiepenheuer & Witsch 2008.

Judt, Tony (gestorben 2010 in New York): Direktor des Remarque Instituts an der New York University, Professor für Geschichte. Publikationen u.a.: *Die Geschichte Europas von 1945 bis zur Gegenwart*, München: Carl Hanser Verlag 2006.

Liska, Vivian: Professorin für Literaturwissenschaften und Direktorin des Instituts für Jüdische Studien an der Universität Antwerpen. Publikationen u.a.: *Giorgio Agambens leerer Messianismus*, Wien: Schlebrügge Editor 2008.

Loewy, Hanno: Direktor des Jüdischen Museums Hohenems in Vorarlberg, Österreich. Literatur- und Filmwissenschaftler. Publikationen u.a.: *Taxi nach Auschwitz. Feuilletons*, Berlin/Wien: Philo 2002.

Mignolo, Walter D.: Professor für Literatur an der Duke University, Publikationen u.a.: *Local Histories/Global Designs. Coloniality, Subaltern Knowledges and Border Thinking*, Princeton: Princeton University Press 1999.

Nusseibeh, Sari: Präsident der Al Quds University Jerusalem, Professor für Philosophie, Co-Chairman, Israeli-Palestinian Science Organization (IPSO). Publikationen u.a.: *Es war einmal ein Land. Ein Leben in Palästina*, München: Verlag Antje Kunstmann 2008.

Sassen, Saskia: Professorin für Soziologie an der Columbia University, NY. Publikationen u.a.: *Das Paradox des Nationalen*, Frankfurt a.M.: Suhrkamp 2008.

Scheffer, Paul: Professor für urbane Soziologie an der Universität von Amsterdam. Publikationen u.a.: *Die Eingewanderten. Toleranz in einer grenzenlosen Welt*, München: Carl Hanser Verlag 2008.

Schnee, Renate: Leiterin des Stadtteilzentrums Bassena und Lehrbeauftragte für Gemeinwesenarbeit am Studiengang Sozialarbeit, FH Campus Wien. Publikationen u.a.: *Partizipation am wirtschaftlichen Leben?* Wien: Campus 2009.

Snyder, Timothy: Professor für Geschichte an der Yale University. Publikationen u.a.: *Bloodlands. Europa zwischen Hitler und Stalin*, München: C.H. Beck 2011.

Spivak, Gayatri: Professorin für Literaturwissenschaften an der Columbia University, Gründerin der Pares Chandra and Sivani Chakravorty Memorial Literacy Project. Publikationen u.a.: *Can the Subaltern Speak? Postkolonialität und subalterne Artikulation*, Wien: Turia+Kant 2007.

Strasser, Sabine: Associate Professor an der Middle East Technical University in Ankara. Publikationen u.a.: *Bewegte Zugehörigkeiten: Nationale Spannungen, transnationale Praktiken und transversale Politik*, Wien: Turia+Kant 2009.

Sznaider, Natan: Professor für Soziologie am Academic College in Tel-Aviv. Publikationen u.a.: (Hg.) *Globales Amerika. Die kulturellen Folgen der Globalisierung*, Bielefeld: transcript 2003; *Gedächtnisraum Europa. Die Visionen des europäischen Kosmopolitismus. Eine jüdische Perspektive*, Bielefeld: transcript 2008.

Terkessidis, Mark: Freier Autor, Moderator für WDR »Funkhaus Europa«. Publikationen u.a.: *Interkultur*, Berlin: edition suhrkamp 2009.

Trojanow, Ilija: Freier Autor und Publizist. Publikationen u.a.: (mit Ranjit Hoskoté) *Kampfabsage. Kulturen bekämpfen sich nicht, sie fließen zusammen*, München: Karl Blessing Verlag 2007.

Kultur und soziale Praxis

Anil Al-Rebholz
Das Ringen um die Zivilgesellschaft in der Türkei
Intellektuelle Diskurse, oppositionelle Gruppen und Soziale Bewegungen seit 1980
April 2012, ca. 408 Seiten, kart., ca. 33,80 €,
ISBN 978-3-8376-1770-2

David Johannes Berchem
Wanderer zwischen den Kulturen
Ethnizität deutscher Migranten in Australien zwischen Hybridität, Transkulturation und Identitätskohäsion
2011, 708 Seiten, kart., 42,80 €,
ISBN 978-3-8376-1798-6

Bettina Fredrich
verorten – verkörpern – verunsichern
Eine Geschlechtergeografie der Schweizer Sicherheits- und Friedenspolitik
Juni 2012, ca. 316 Seiten, kart., ca. 32,80 €,
ISBN 978-3-8376-2063-4

Daniel Gaxie, Nicolas Hubé, Marine de Lassalle, Jay Rowell (Hg.)
Das Europa der Europäer
Über die Wahrnehmungen eines politischen Raums
2011, 344 Seiten, kart., 32,80 €,
ISBN 978-3-8376-1626-2

Jörg Gertel, Ingo Breuer (Hg.)
Alltagsmobilitäten
Aufbruch marokkanischer Lebenswelten
2011, 452 Seiten, kart., zahlr. Abb., 33,80 €,
ISBN 978-3-89942-928-2

Sabine Hess, Nikola Langreiter, Elisabeth Timm (Hg.)
Intersektionalität revisited
Empirische, theoretische und methodische Erkundungen
2011, 280 Seiten, kart., 29,80 €,
ISBN 978-3-8376-1437-4

Silja Klepp
Europa zwischen Grenzkontrolle und Flüchtlingsschutz
Eine Ethnographie der Seegrenze auf dem Mittelmeer
2011, 428 Seiten, kart., 34,80 €,
ISBN 978-3-8376-1722-1

Matthias Lahr-Kurten
Deutsch sprechen in Frankreich
Praktiken der Förderung der deutschen Sprache im französischen Bildungssystem
April 2012, ca. 290 Seiten, kart., zahlr. Abb., ca. 34,80 €,
ISBN 978-3-8376-2017-7

Gertraud Marinelli-König, Alexander Preisinger (Hg.)
Zwischenräume der Migration
Über die Entgrenzung von Kulturen und Identitäten
2011, 292 Seiten, kart., zahlr. z.T. farb. Abb., 32,80 €,
ISBN 978-3-8376-1933-1

Minna-Kristiina Ruokonen-Engler
»Unsichtbare« Migration?
Transnationale Positionierungen finnischer Migrantinnen. Eine biographieanalytische Studie
April 2012, ca. 348 Seiten, kart., ca. 32,80 €,
ISBN 978-3-8376-1876-1

Leseproben, weitere Informationen und Bestellmöglichkeiten finden Sie unter www.transcript-verlag.de